U0903243

百年甘南实录

6

中国人民政治协商会议甘南藏族自治州委员会 编

《百年甘南实录》编委会

编辑部组成人员

目录

开放岁月

社会事业

民俗风情

开放岁月

甘南行

费孝通[①]

一、上高原访藏族

一个人大概总是会有一些想要做而事实上又不大可能做得到的事。在我来说，上西藏就是这样的事。1956 年，陈老总率领中央代表团去西藏，我当时还年轻，未过半百，而且又报上了名，但临行前却让医生给否决了，没有去成。我心里一直憋着一口气：不能上西藏，见不到藏族的实际社会生活，怎配得上说是个研究中国民族问题的人？时间过得真快，一瞬间已近 30 年，我亦老矣。年过 70 还要向医生乞求为我上西藏开绿灯，该认为不太有自知之明了吧。但是上高原、访藏族之心，我却并没有死。

1984 年我伴随民盟一批专家去甘肃，在考察定西种草种树时，听说从兰州坐一天汽车就可以到甘南。甘南是高原又是藏族聚居区，已建立自治州，称甘南藏族自治州。于是又打动了我上高原、访藏族之心。1985 年我再一次跟这批专家去定西，回到兰州，就同他们分道扬镳，单独南行了。西藏去不成，甘南不妨试一试。

---

① 费孝通（1910.11.2–2005.4.24），江苏吴江（今苏州市吴江区）人，著名社会学家、人类学家、民族学家、社会活动家，中国社会学和人类学的奠基人之一，第七、八届全国人民代表大会常务委员会副委员长，中国人民政治协商会议第六届全国委员会副主席。

西藏是世界屋脊，海拔平均4500米，拉萨市区据说不到4000米。甘南在青藏高原的东北隅，是它的边缘，和西北黄土高原相接；在长江和黄河的分水岭上，海拔在3000米上下。4000米我高攀不上，3000米也许还有我的份。我说服了接待我的主人，在保证“有反应，即回头”的条件下，取得试一试的机会。沿途还有医生同车，每天要检查血压三次。

1985年8月13日一早，我从兰州启程。同去定西考察的专家临行时还在汽车旁一再叮嘱：少说话，少活动，少劳累。为慎重起见，一天的路程分两天走，中途在临夏打尖休息，住一晚。临夏海拔1986米，离兰州160公里，刚逢有一段公路正在修整，车行近四小时。

第二天从临夏启程去甘南州首府合作。合作是个地方，藏语原名是ju:ou，意思是羚羊出没的草滩，音近汉语“作”字，好事者取民族团结之义，加上了个“合”字，这样的地名和青海的互助土族自治县，无独有偶。

合作海拔3000米，比临夏高1000多米。行程107公里，地势逐步上升，很少陡坡，对新客威胁不大。我闭目静坐，一任车座颠簸，时而瞌睡，时而清醒，不知不觉中竟被提升了千米。

海拔高，空气稀薄，氧分低，所以不习惯高原生活的人，突然被提升会有头痛、憋气的反应，心脏弱的人更会心跳加速，难受，晚上不易入睡。说来确实出于意料之外，我这次在合作三天，在夏河三天，又几次越过3000米上线到草原家访，活动频繁而体检正常，除了每过几分钟，自然地深呼吸一次外，没有发生什么高原的特殊反应。

18日从甘南归来，所见所闻的记录比较杂散，不宜成文，因用杂文体裁写《甘南行》。

二、陇西走廊南端的民族

我这次从兰州去甘南是沿洮河，靠着陇西黄土高原西部边缘南下的，到合作就跨入了青藏高原的东界。紧接青藏高原的这一缕黄土地区出现了一条成分复杂、犬牙交错的民族地带，不妨称之为陇西走廊。在现有的分省地图上，这条走廊正是甘、青两省接壤地区，往南延伸便到云贵高原的六江流域。这里是对民族研究工作者具有吸引力的地区。

我对西北各民族很不熟悉，过去只限于一些书本知识，书本上告诉我，在青海和甘肃接壤的地区居住着一系列的人口较少民族。这些民族不但人数少，而且只在这地方有。其中不满 1 万人的就有撒拉族、保安族和裕固族。较大的土族不到 1.5 万人，东乡族不到 3 万人。为什么有这么多人口较少民族挤在这个陇西走廊的南端呢?

这次路经临夏回族自治州，虽则只住了一个晚上，也没有下乡访问，但从言传口说中听到了许多富有启发的提示。临夏本身是个少数民族自治的地方——回族自治州，而在它境内却还包含了两个自治县：一个是东乡族自治县，另一个是多民族联合自治地方，即积石山保安族东乡族撒拉族自治县。这是一个少见的多民族聚居的地方。

从临夏到甘南的路上，汽车越爬越高，沿途我看到周围变化的景象，便开始体会到地形对民族分布的制约作用。海拔超过 3000 米之后，体质上不具备一些特有适应能力的人是住不长的，而且自然地理条件使高原上的生态环境与平原地带不同。这里一般不宜耕种；如要耕种，不长稻麦，只长青稞，但广阔的草原却适宜放牧。这些地方对于习惯农业生活的民族是不具有吸引力的。……

当然，我不是说其他民族不能上高原或没有上高原的人，何况人的体质是有适应能力的。但是看来历史上许多来源不同的民族一上青藏高原，就会逐步接受已在这个地区创造了适应这个地方的生活习惯的藏族文化，而和藏族相融合。这段历史现在还没有被人发掘出来。但是我们知道不同地区的藏族自称不同，有自称“兑巴”“藏巴”“卫巴”“康巴”，“巴”是藏语，译成汉语是人。在西藏北部、四川西北部、甘肃南部、青海地区的藏族却自称“安多娃”。藏语依地区划分为安多和卫藏及康三个方言，前者没有声调，而后两者有声调。这些事实表明藏族也和汉族一样，是个在历史过程中融合了许多不同成分的民族统一体。

那些上了高原的民族，很可能还留下一些人在靠近高原的黄土地区，或是有些外来民族移动到高原脚下就停住了。这样，高原的外围地区，如陇西走廊，就会存在一些保留了自己原有面貌的民族集团了。

现在居住在这走廊里的各个民族的人，大多还说得清他们的祖先并不是本地人，而是从别地方迁来的移民。从历史记载来看，汉族进入甘肃的时代很早，甚至早在秦、汉之前。但是，现在在洮河流域的汉人却很多还是明代移民的子孙。我去甘肃前从朋友处借到一本顾颉刚先生写的《西北考察日记》。这本日记是抗战初期 1937 年 4 月至 1938 年 1 月间写的。日记里有一段话说：洮河流域一带的汉人都说祖先来自南京、徐州、凤阳三地，乃“初明戡乱来此，遂占田为土著”。许多人家如宋姓、李姓等都有家谱，记录着可以追溯到明代封过官的祖先。看来明代曾在这一带用过兵，中原的军队带进了一批移民，扩大了汉人在甘肃分布的范围。

至于这个地区的回族，一般都认为：13 世纪蒙古军队征服了中亚，回戈东征时把中亚信伊斯兰教的各族人民编为“探马赤军”签发东来，称“回回”。后来其中相当重要的一部分就在甘肃河州一带“屯聚牧养”，蕃衍至今。临夏一带的回族就是其中的一部分。

在回族前后移入黄河两岸的还有驻扎在这军事要地的蒙古军队和其他中亚移民集团，他们的后裔形成了目前居住在这个地区的一些小民族。土族就是蒙古军队和曾经统治过这地方的吐谷浑的后裔霍尔人相混杂而成，至今说蒙古语。东乡族和保安族都是信仰了伊斯兰教的蒙古人的后裔，说蒙古语。撒拉族说撒拉语，属阿尔泰语系突厥语族，是另一群中亚移民的后裔，信伊斯兰教。

至于这些外来移民进入之前住在这地区的究竟是什么民族，我现在还说不清。这次访问甘南时，听到当地藏族说，他们的祖先曾经在洮河流域居住过，后来回族进入才退居高原。这种传说是否有根据，我也不能判断。但联系我上面所说的话，可以设想，原来有一些居住在青藏高原外围的民族，在某一个时期，由于某些原因移上了高原逐渐为藏族所吸收，成为现在居住在青藏高原北部的藏族，即自称为“安多娃”的藏人。这只是一种设想，是否符合历史事实，还待进一步研究。

包含在一个较大的少数民族聚居区里的某些民族小岛有它们的特点。这种“少数中的少数”在民族工作上很容易被忽视。这个问题在现代化发展过程中更为突出。由于人少，他们必然要和其他人口较多民族紧密协作才能开展自己的物质和精神建设。而在这种协作中既能贯彻开放和改革的方针进行现代化建设，又要维持民族平等的地位，发扬民族特点，确是个必须重视的问题。

三、藏族现代化的跳板

甘南在甘肃的西南角上，西接青海，南通四川，占甘肃省总面积的1/10，约4.5万平方公里。地方不小，但偏居于偏僻省份的偏僻地区，历来不太为人所注意。我本人对它也只有耳闻，多少有一点过高难攀之感。直到这次亲身到了这里，才发现地势不算过高，在现有交通设备下，离甘肃中心兰州也不算远，当天就能到达，而且在促进藏族现代化的工作上有它特殊重要的地位。

甘南是甘肃省内藏族聚居的地方，所以成立了藏族自治州。甘南藏族人口24.7万，占甘南全部人口的46%。在甘肃省总人口中虽然只占1.9%，但在整个藏族382万人中却占6%，而且相当于西藏藏族的1/10。甘南的藏族重要性不仅在其人口比重上，而且还在于它地处藏、汉接触的前哨。它有条件成为藏族现代化的跳板。

我们一提到藏族，一般就容易想到居住在西藏自治区境内的藏族。其实西藏自治区里的藏族只有174万多人，不到全部藏族的一半。有一半以上的藏族住在自治区以外的青藏高原上，分别建立了十个自治州（其中一个是和其他民族联合自治的）和两个自治县。这些自治州、县分布在甘肃、青海、四川、云南等省。甘南藏族自治州就是其中之一。

为什么各地建立起行政上不相隶属的同一民族的自治地方呢？这要回溯一下藏族的历史。在公元10世纪到12世纪期间，青藏高原分布着相互独立的许多藏族的部落，是一个分裂割据的局面。这时候甘肃中部和青海西部的藏族有些却已受中央王朝册封，并发展了汉、藏之间的茶马贸易。元代结束了藏族的分裂局面，使其统一在中央王朝的统治之下。为了适应当时具体情况，设立了三个行政区域，平行地直属中央领导。现在的青海和甘肃的藏族属于一个单位。这里采取了土司制度，分别册封当地上层，受中央王朝管辖。明、清两代这些地区均沿袭这种行政区划，西藏地区则实行着和甘、青、川各地藏族不同的行政体制。清朝末年到民国初年改土归流，取消了土司制度，西藏地区之外都实行了和内地一般的行政设置。各省区内的藏族早于西藏地区得到解放，先后在50年代按原来的行政区划成立了自治地方。嗣后西藏地区和平解放，西藏自治区才宣告成立。

这段历史告诉我们，藏族和汉族人民之间的接触最早是发生在青藏高原的西北部，也就是现在的甘青地区。我在这里提出这个历史背景是因为它还有现实的意义。藏族要现代化必须和其他民族一样走开放和改革的道路。开放要有具体渠道。熟门熟路，甘南藏族聚居区的历史地位值得我们重视了。

从地理上说，甘南离拉萨航空距离1400多公里，地形上看去更使人吃惊；要翻越多座重山峻岭，其中唐古拉山海拔6000米，真是比上青天更难。但是出乎我意料之外，听说甘南藏族竟有一半人到过拉萨，玛曲县的藏族去拉萨是人均1.8次。现在经常来往于甘南和拉萨搞运输的私人汽车有302辆，车上固然可以搭些人，但进藏的人并不都是坐汽车去的。他们和祖祖辈辈一样靠步行和骑马。

曾在拉卜楞寺住过多年的李安宅先生在他所著的《拉卜楞》一书中提到：从拉卜楞寺到拉萨共28个马站，就是说骑马要走28天，步行得好几个月。这样艰苦的路程对甘南藏族来说却并非畏途。这种勇气一般说来和他们的宗教信仰是分不开的，但是信仰后面却还有经济的动力。我已说过，在七八百年前甘南已经是汉藏茶马互市的中心。藏族生活上离不开茶叶，所以很早这个商品就成了汉藏接触的媒介。甘南也成了汉藏物质和精神文明流通的渠道。

甘南入藏的商道至今还是畅通的。上面所说302辆卡车主要是运输商品入藏的，其中单是酥油一项去年一共运出了75万公斤。这不是个小数目，试问在没有卡车运输的时代，要多少人，多少马才运得完？我们还听说，近来甘南运去的塑料底布鞋，在尼泊尔是项热门货。今天拉萨的自由市场据说基本上是由甘南藏族所控制的，拉萨市仅坐商中就有二三百人是从甘南去的。各种日用品都有出售，其中啤酒是重点。从西藏带回来的有不少从印度进口的手表、呢料，甚至西服。在拉卜楞，我们就看到有人穿印度制造的西装。

如果现代化和商品化是不可分离的话，甘南藏族已经在藏族聚居地区起着商品流通的作用，为现代化开了门。我们看到合作市内有许多运输用的马拉板车，一问很多是藏族，不少原是住在郊区的牧民。他们这几年发现运输业容易致富，就投入了这个行业。这不是件小事，藏族牧民开始变了。

少数民族的现代化必须由少数民族的人自己来搞。藏族的现代化就得在藏族聚居区里由藏族人民自己接受新的科学技术开始。从历史上看和从这次我访问的印象来说，甘南大有条件可以作为藏族现代化的一个起点。也就是说，我们可以集中一点力量，帮助这个地区的藏族在现代化建设上先走一步。

四、白龙江话林业

开发少数民族地区必须从发挥它的自然优势着手，以甘南来说，就是林和牧。先说林。

我这次去甘肃，先是重访定西。从定西回兰州，通过兰州经临夏去甘南。车出兰州，进入洮河流域，心神为之一畅，那是因为我已被光秃秃的黄土高原憋了一个星期的气。尽管说定西这几年种草种树大有成绩，但荒山面积太大，种上草、种上树的还不过是集镇附近的一些山头。沿公路看去，被急流冲刷成的条条深沟，把黄土割裂成为无数大大小小的丘壑，这些黄土丘壑像是剥光了皮、赤裸裸地撅起背脊、伏在大地上的大爬虫，看上去令人恶心难受。坐飞机去过兰州的人，谁也忘不了从机场到市区路上所见到寸草不生的一片荒山。想到这曾经孕育我中华民族文化的摇篮，现在被糟踏到如此地步，怎能让人心平气和呢？！

一进临夏境内，景色焕然一新。四周山色，虽说不上郁郁葱葱，但满山浅绿宜人。我不禁回头和同伴们说，哪一天全甘肃都能装扮得这样就好了。山坡上有草、有灌木，偶而还看得到一些范围不大的密林。平地上的村庄都有绿树为屏，公路两旁的穿天杨已粗壮成材。大田里的玉米长势正旺，割下的小麦，一垛一垛地排列成行。我好似从黄土堆里钻出来，看到这一派丰收景象，真觉得换了一个世界。向导见我露出欢愉的情绪，也笑了，但是接着他便说：假如你能早来20年，到甘南白龙江去看看，不知会高兴成啥样了。

白龙江藏名舟曲，东西横贯甘南南境，主要在迭部和舟曲两县境内，系嘉陵江的支流。甘南南部的岷迭山脉（海拔4920米），是洮河和白龙江的分水岭。洮河流入黄河，白龙江通过嘉陵江流入长江，属我国的两大水系。这两条河的两岸往昔同是甘南的富庶之区。

白龙江流域是我国重要的林区，盛产云杉、冷杉，面积220万公顷，木材蓄积量1.56亿立方米。这地区分属甘、川两省，但海拔都是三四千米，居民以藏族为主。1958年实现公社化，森林全部收归国有。1966年建立了直属于林业部的白龙江林管局。1972年下放到省，由川、甘分管。

自从林管局成立之后的20年里，林区的变化是很大的，向导所说白龙江媚人景象指的是20年前的事。据藏族人士告诉我，这个林区实际上并不同于东北的自然林区，绝大部分原来都属部落村寨所有。林区里住着16万多居民，90%是藏族。他们历代以林为生，这片森林同时也就受到居民的保护和栽培，因而能经久不衰，保持了山清水秀、熊猫出没的胜地美景。以林为生的藏民生活向来优于甘南的牧民和农民。但是，这20年里却颠倒过来了，林区居民已退居末位。甘南在甘肃原来是个偏僻的不发达地区，1984年全省人均收入是189元，甘南是156元，林区舟曲只有83元，最穷是40元。20年来的变化和林管局的经营大有关系。

看来林管局并不是依靠当地藏族来经营白龙江林业的。在这20年里，这里已从东北和四川移进了一万几千名林业工人，加上他们的家属现在已超过三万多人。据说林场和原来林区的藏民不同，对这个丰茂的林区除吸取经济收入外别无感情。砍伐很积极，栽培则无心。想一想，一万几千工人整天用现代化工具在这林区里砍伐木材，像是用剃刀刮胡子那样，怎能不很快地把白龙江两岸的山坡一片片地刮得精光？林线后退，生态破坏。被撇在一旁的藏民，对这片有着深厚情感的森林，现在只剩下保护的义务，而没有染指的权利了。他们只能在高寒山坡上种青稞度日，日子当然越过越穷。

据统计，现在和 50 年代比较，森林面积已缩小了 1/3，木材蓄积量已少了 1/4。完全是过量砍伐造成的。因而白龙江的含沙量增加了 60%，流量减少了约 8%，生态平衡已遭破坏，白龙江成了“黄龙江”，这些变化使甘南白龙江流域水旱受灾面积达 60 万亩，仅舟曲岩石滑坡就有 260 处。上游犹如此，对长江中下游的影响不言而喻了。

把破坏森林的责任全算在林管局的账上是不公道的。应该说，这主要是那个时代“左”的政策造成的恶果。在少数民族地区这样对待当地资源，明明是违反民族区域自治原则的。1980 年有了一些改正，村寨附近的林木大约 4.3% 的面积已划给藏族群众作为护村林，归群众自己管理，其他的还是由国家、州、县企业来经营，情况并没有根本扭转。问题不是在林场所有权上，而是在林木的经营权上。群众得不到直接利益，很难使他们对森林起保护作用。市场上买不到木材，在急切的需要下，就会纷纷到林场来自行砍伐。所谓滥砍乱伐的现象当然也就挡不住了。看来要使白龙江变成名副其实的白龙江，还得从经济体制上贯彻各民族共同繁荣的政策入手。这件需要下决心进行改革的事，在这“天高皇帝远”的地区，更需要有人替他们反映情况，说说话。

五、河源草甸的牧业

说过林，该说牧了。

甘南西部和青海接壤的边区，包括夏河、碌曲和玛曲三个县，地属青藏高原的边缘，海拔都在3000—4000米之间，这里是九曲黄河的第一曲，恰把玛曲县绕了个大半周。玛曲就是黄河的藏名。黄河的两条支流——大夏河和洮河都在这里起源。这里水源充沛，多开阔滩地。河谷宽广，形成一片片微有起伏的平岗。气候高寒湿润，适于长草，被称为亚高山草甸，是理想的优良牧场。甘南全州有草原3700多万亩，平均每亩产草165公斤，是甘南的一大资源。主要牧区就在上述三县。

这三个县坐落在高寒地区，常冬无夏，6月里会下雪，而且阴晴变化无常，忽而晴空万里，忽而大雨倾盆。我到夏河草场赴宴，算是好天气，虽遇到两场雨，不算大，也没有冰雹，大家说我福大。这里没有无霜期可言，除了一些谷地外，显然不宜于种植其他农作物；农作物中也只有青稞适应这片土地。但是，青稞播下20公斤种子，也不一定能收到100公斤粮食。甘南全州在1949年只有25万亩粮田，后来强调粮食自给，毁草种粮，最多时达110万亩，总产量不过1亿公斤。现在政策对了头，已退耕还草70万亩，1984年共收8500万公斤。看来，农业在这里是搞好的，要发挥当地优势，只有发展牧业。

我们打算到牧业的重点县——碌曲和玛曲去访问，但是主人怕我吃不消，竭力劝阻，所以只能在夏河参观了牧场。车子离开市郊不远就是开阔的草地，空气清新，使人胸襟为之一敞。正值草花盛开之季，阵阵香风，令人心醉。

车子停下来休息时，我一阵高兴，弯腰摘了满手的草花，有白、有紫、有黄，十分欣赏。不料主人却指着这些草花对向导说：

“这片草地怎么退化到这样地步，你看满地是这样的花。”原来开花的不是好草，有不少还是毒草，牛羊不吃。草场退化是当前甘南牧业的一个严重问题。

当地主人支起了三个帐篷，就在帐篷里设宴招待我们。大家边吃边谈，使我了解到当前牧业发展遇到的一些困难，草场退化据说主要是由于多年畜量超载。超载是指一片草地上负担的牲畜太多了，好草被吃掉，来不及长，毒草则蔓生，草场逐渐变质退化。

据统计，全州牲畜头数已有好几年超过了 90 万头。按每只羊单位需 7 亩草地计算（一头牛合 5 只羊单位），现有草地面积实际上已超载 20 万头。牛羊多而草少，结果越吃越不够。发展牧业不能只看存栏的牲畜头数，牲畜多不一定好。这是个牧业效益问题，在商品化之前牧民是看不到这个道理的。

有效地利用草地必须从自给牧业转变为商品牧业。也就是说，养了牲畜不是为自己食用，而是准备出卖，换得货币来购买消费品，从甘南来看，这种转变还刚刚开始。过去这几十年来，藏族牧民已过上了没有剥削的太平日子。我在合作镇通过翻译和藏民谈话，发现他们对当前生活充满着满足的乐观态度。一家人养两三头牛、三四十只羊，骑在马上扬鞭驰骋，真是其乐陶陶。当地民谚：“三十只羊、两头牛，骑上马，满山游。”当然在这种精神世界里讲求发展商品牧业是有困难的。

比如说要讲求效益，就得讲究畜群结构，多养那些强壮年轻的母畜，幼畜出生率就可以提高。及时出卖，以减轻草地负担。同样一片草地，同样定量的饲料，回收的价值就大得多了。这应当是很容易明白的道理，但是在自给牧业中就难以做到。牧民们只看谁家牛羊多就算谁家富，牛羊群里壮大的牲畜多就算养得好。而这种传统的标准恰恰与牧业效益相反。效益重在出栏率，畜群结构重在生育期的母畜所占比重，要牧民从传统意识中转变过来，还得加强工作。

然而，现实却在教育牧民。草地超载，秋天牛羊吃不饱，抓不到膘，到冬天就容易死亡，这点牧民是清楚的。但是怎么办呢？近来甘南出现了一种新的办法，就是在严冬降临之前，就把畜群赶到北面的临夏去出售。关于临夏，我在前面已说过，是回族自治地区。回民以务农为本，但各家各户都要养几只牛羊供自家食用。他们不从事放牧，而习惯于舍饲，各家各户把少数牛羊养在棚圈里，用饲料喂它们。这样到了冬天，既不怕寒冷的气候，也不愁饲料缺乏，因为这个地区种的是玉米，有大量的精饲料。他们在初冬从甘南牧民那里买回牛羊，舍饲一冬，长得肥肥的，过年上市，就可获得高利。这可说是商品牧业的开始。

我觉得这种区域间和民族间在牧业上的协作，是很值得有计划地推广的。这种协作可以使放牧和舍饲结合起来。甘南牧区牲畜超载，如果冬季把大批牛羊及时赶到临夏农区去催肥，不是可以减少目前畜群过冬大量死亡的情况发生么？看来发展牧业也需采用农牧协作的办法。这个办法会促进牧业的商品化。商品化使得牧民明白牧业效益的意义，而接受改良草地、防止退化的措施。不仅如此，这个办法也会在经济上把两个自治州结合起来，加强民族团结。这不是一举两得的好事么？

六、培养人才第一

按上两节所谈到的关于林牧的情况来看，把甘南建成藏族现代化的跳板是不是空想呢？我看不能这么说，但得承认，要实现这个设想确是要费一番工夫。甘南要在藏族现代化上先走一步，就得恢复林牧业和发展工业。发展工业一要原材料，二要能源，三要技术，四要资金。我说的不是空想，是因为甘南在原材料和能源上底子好，得天独厚；我说还得费一番工夫是因为技术和资金两不足。

得天独厚的资源主要是指森林和牧场。现在情况诚然不那么好，森林还在破坏，草场还在退化。但是情况一明，扭转局面决心就大，领导上确实是在为改变恶性循环、朝着平衡生态的方向努力，并采取了一些有效措施。金饭碗毕竟还是金饭碗嘛。

说到能源，甘南不用愁。它有两条江，即白龙江和洮河。它们分别是长江和黄河的上游，水势湍急，落差很大，大可发电。据估计可以利用的水力资源有 2400 万千瓦。现在只开发了 20 万千瓦，还不到 1%，可谓潜力巨大。

技术和资金不足是甘南发展工业的最大困难。技术要人工掌握。从目前情况来看，能够或已经掌握现代工业技术的人在少数民族中确是不多的，甘南也不例外。要迅速发展甘南的工业，第一位重要的是必须抓紧人才的培养和引进。培养人才之关键又在于教育。说到这里我们不妨了解一下甘南的教育情况。

民族地区办现代学校教育可不简单，民族间语言不同。如果缺少会说本民族语言的教师，上课时学生听不懂老师说的话，教学实际上是无法进行的。甘南在 1974 年前就碰到了这个困难。甘南人口几乎一半是藏族，但是连小学都找不到合格的藏族老师。请了汉族老师来，学生不懂汉话，教室里秩序很难维持。据说有一位老师在教学生念书时，学生乱闹，他大声喝了声“不要吵”，全堂顿时齐声跟着说“不要吵”，还以为是在念课文。这样的课堂自然吸引不住学生，学生到校率很低，有些家长索性不让孩子上学，入学率因之也很低。

1974 年以后，情况好些，少数小学里对藏族学生用藏语上课了。目前这个问题据说基本上已经解决了。但是教师质量不高，小学的入学率还不过 64%。我没有得到分民族的统计，说不出在入学率上藏、汉的比例。

这里的中学，除了民族中学外，其余都用汉语上课。之所以可以请汉族老师，是因为藏族学生已经学会汉语，语言上没有隔阂了。但是要到外地去请老师上高原来执教又很不容易。尽管已经采取优惠政策，在甘南工作的干部一律有高原津贴。现在一个小学教师每月的工资可以有 100 元；中学教师 150 元。可是这点优惠吸引力并不大，甚至留不住人。从 1979 年到 1985 年这 7 年里，省里分配到甘南来的师资名额为 193 人，实际报到的只有 157 人；同期调走的教师为 96 人，结果实增仅 61 人，平均每年不到 10 人。分配来的是新手，调走的大多数是老教师。可想而知，在这种情况下，要保证教学质量是很困难的。根据当地教育机关的统计，目前各中学共有教师 1400 人，缺额达 469 人，竟占 1/3。另一方面，1977 年恢复高考以来，从甘南录取的大专院校新生共 605 人，每年约 75 人，这些学生毕业之后回来的极少。甘南不仅教育战线上人才流动出现出超，其他战线上同样发生人才外流的情况，主要是外地干部要求回原籍工作。

当地人才要当地培养最为可靠，这是这几年的一条经验教训，甘南教育战线已有打算。他们准备设立一所培养本地小学教师的师范学院。这所学院的师资又从哪里去请呢？这又回到老问题上了，但是，现在他们已经摸到教师的心理，要把他们调到高原来是困难的。有句话说："上珠穆朗玛峰不怕，因为下得来；去甘南可不成，一去回不来。"因此，他们想出了个办法，这个学院筹划着要同兰州师范学院联办。教学部分由兰师负责，拨出一部分兰师的教师来甘南担任教课，每周、每月来回，半年、一年轮换都行，经费由甘南担负。

联办学校是一个提高民族地区教育的新构思，在甘南这样离开城市不远的民族地区是具有可行条件的。我想各地民族学院是否可以考虑采纳这种创见，灵活机动地发挥民族教育师资的作用，在民族地区就地培养本民族的工作干部。当然这种设想能否实现，还有待于甘肃省有关部门和兰师是否有决心、肯出力把甘南迅速发展起来。

甘南藏族的现代化可能是整个藏族现代化的先行者，而走上这条道路的第一步是培养人才，教育要先行。要办好教育，师资的培养又是第一位的。我对甘南师院的创建寄托厚望。

七、外助自立建设工业

我们花了一个上午和甘南领导同志讨论教育和人才问题，会上空气并不那么令人舒畅。虽则我们找到了联办师院的设想，但目前人才似乎还在流失。甘南是不是真的吸引不了人，又留不住人呢？

饭后，和我一起去的同志说皮鞋跟脱落，走不成路了。一打听，市中心街头就有修理皮鞋的摊子。我午休起来一看，那位同志的鞋跟竟然已经修好了，他兴冲冲对我说："谁说人们不敢上甘南，街上有的是内地来的手艺人。"接着他讲了以下的情况：

修鞋的是一位女工，浙江诸暨人，在这里设摊修鞋已经两年了。同她一起来的有 20 人，都是修鞋的。她和另外一个同伴合租一间房，月租 14 元，每天收入多则十几元，少则六七元，一年净收入可以达 2000 来元。家里有个孩子由婆婆带，每年回家一次，家里的田地请别人种。

从外地到甘南来做活的人并不只是修皮鞋，更多的是做成衣的，干木活的，理发的，等等，做成衣的南方叫裁缝师傅，他们在甘南有的只替人裁剪款式时兴的衣服，有的来料缝衣，还有的是备好各种花色的衣料，供顾客选择。顾客可以不费事就做成一件合身合意的衣裳，因此很受人欢迎。这些从内地来的手艺人有摆摊子的，有租房开铺营业的，有的还挂招牌。木匠大多是流动的，由顾客提供膳宿，承做各种家具，一家完工，再走一家，似乎没有空闲的日子，收入比修鞋的要多得多。最艰苦的要算养蜜蜂的人，他们以同乡关系结成一个小帮，搭火车，包卡车，到这遍地是花的草原上来放蜂采蜜。在公路上我们常常看到放蜂的帐篷，我曾经下车访问过他们。他们操着四川口音告诉我，他们每年结伙来草原，住四五个月，回家时可以净收 2000 多元，兼制蜂乳的人收入就更多了。采蜂的每人一个帐篷，食宿都在里面，基本上是各自经营，风风雨雨，生活十分艰苦。

这种流动的手艺工人，现在在边区各地都会碰到。1985 年我去赤峰，深入到小镇上去，就见浙江人挂牌的成衣铺。后来我在包头、伊克昭也见到这样的手艺工人。真想不到这次上高原，又遇到他们。他们分别来自浙江、江苏、四川等省，总数不好估计。从本乡来说，他们是劳动输出的一部分。我以前曾说过江苏省劳动输出大约有 1 万人，但只指地方集体单位同其他地方订立合同的建筑工人，并不包括这些单干的流动手艺工人。

这些流动手艺工人是以自己的劳力为边区居民服务的，所以受到边区居民的欢迎。边区城镇服务行业不发达，穿了皮鞋蹩了跟没人修，有这些手艺工人前来不是正中下怀么？这些外地手艺工人一方面是由于当前的户口规定不能落户，另一方面还有离乡不离井的习惯，所以他们有较大的流动性。通过这些流动手艺工人的手，边区每年要汇出大笔资金。我在伊克昭盟东胜市得悉，通过当地邮局每年汇到浙江去的小宗汇款总数达 40 万元。以每人汇去 2000 元计，50 个人就是 10 万元。东胜这个镇上的流动手艺工人不下 200 人。如果以此类推，整个边区通过这个渠道外流资金必然数以亿计。

从表面上看，这可以说是边区的资金流失。但事实上，这些外地工人把手艺送上门来，比向外地购买时兴服装、家具等消费品，还是便宜些。归根到底，边区自己的工业还不发达，手艺工人还没培养起来，第三产业尚未发展，资金外流是挡不住的。目前边区经济的实况只能用原材料到内地去换工业品，入不抵出，就要靠中央补贴。这决不是长远之计，可说是一种输血的办法。

变输血为造血，就应改补贴为投资，帮助边区发展工业。工业发展了，西北自己就有钱维持自己的行政机构，而且可以积累资金，自己发展工业了。这才是造血，也可以叫作外助自立。

当前边区技术力量不足怎样发展工业呢？看来，是得在人才上采取造血措施。上一节所说联办学校的意义就在这里。学校教育是基础工作，但远水救不了近火，当务之急是要引进一些手艺工人和工厂里的技工和工程师。手艺工人虽然已经来了，但是属流动性质。变流动为固定，首先是使那些愿意落户的人落下户来。更重要的是引进他们的手艺，培养一批本地工人。撒种出芽，落地生根。

我们那天下午参观了合作市的毛革厂。接待我们的是该厂负责人，一个藏族转业军人。这个厂原是夏河皮革厂的一个毛皮车间，1980 年独立建厂，当年投产。现在已有职工 286 人，其中 158 人是汉族，73 人是藏族，还有回族、满族，是个多民族的工人队伍。1985 年产值达 174 万元，利润 8.7 万元。一年定制皮夹克两万件，远销东北。厂里甚至想向国外“伸伸腿”，已经和美商联系出口兔毛皮加工品和土拨鼠皮毛套。我参观这个厂，看到这番情景很激动，这是甘南工业化的种子，生机勃勃，充满活力。我问起他们的技术状况，他们告诉我起先是从夏河制革厂里传下来的。这是我曾说过的乡镇工业细胞分裂法的例子。这位藏族转业军人，就在夏河厂里结识了三个南京同行，建立了联系。一个是南京皮革研究所的，一个是南京虹光皮革厂的，一个是南京黎明皮革厂的。靠这三个人，合作市的毛革厂得到了传递信息的渠道和技术支援。他们每年来甘南几次，带来制革所需的机械和化学药剂。1985 年这个厂为东北制造的皮夹克就是他们穿针引线的。这也是我曾说过的超距辐射。南京的技术能力可以直接辐射到甘南，不必经过中间梯度媒介。

我又问：南京人为什么愿意帮忙呢？他们说：一是有交情，二是靠优惠待遇，三是不要求他们长期住到高原来。他们还在南京供职，每年来几次就行了。但是，到甘南来的时间，工资加倍。

群众是聪明的，他们在实践中创造了符合当时当地具体情况的行之有效的办法。上述三条，我看也适用于其他民族地区。这是一条兴办新厂、吸引技术的道路。交情一条可以扩大一些，超出个人之间的关系，代之以支边的各种渠道。

我们对甘南人才外流的担忧，至少已看到了解决的办法。也就是说，“造血”有门了。如果能推广毛革厂的经验，最近几年甘南的小型企业就能搞出个底子来。更值得提出的是，在这里我们看到了少数民族工人队伍的形成。正是这支队伍在把甘南建设成藏族现代化的跳板。如果把这个实例和白龙江林区那种撇开当地藏民而去移入汉人来开采的情形相对照，何去何从，不是极为明白了么？

八、访拉卜楞寺

甘南行的最后一站是夏河拉卜楞寺。拉卜楞寺是甘青地区藏传佛教的圣地，每天有从各方来的藏族善男信女到这里朝拜。他们绕着寺院转经，口中念念有词，有些甚至每步一叩，四肢舒直，五体投地。拉卜楞寺自从开放以来又成了各国旅游者的胜地，他们手持相机，东跑西奔，寻觅新鲜镜头。

我去拉卜楞寺既非朝圣，又非猎奇，也许可说是还愿，偿还我很久以来的宿愿。人类学这门学科里最难念的一课应当说是宗教。一个无神论者怎样去认识另一个民族的宗教精神世界呢？耳闻不如眼见，我总想有个机会亲自访问一个藏族地区的佛教寺院。这次既然到了甘南，怎能不去久已闻名的拉卜楞寺呢？ 8 月 16 日午休后，我们从合作启程去拉卜楞寺的所在地夏河，行程只有 70 公里，但因正在修筑公路，傍晚才到达。

车子在曲折的山岗里走了半天，夕阳西下时刻，接近夏河，眼前豁然开朗。遥望山谷里一片人烟稠密之区，平顶土屋中矗立着不少寺院的金顶。公路穿过市区，一座座宏大的庙宇，闪过眼前。夏河市容别具一格，和临夏、合作迥然不同。直到此时，我们才真正感到身入藏区。

拉卜楞寺初建于清康熙四十七年（1708），正是《平定朔漠方略》编成的一年。这一年可说是清朝统一版图的鼎盛时期。其时与清皇室联盟的青海和硕特蒙古前首旗黄河南亲王创议在他的势力范围内的甘青地区建寺，一方面迎合清廷“兴黄教即所以安众蒙古”的政策，一方面用宗教巩固他的地方势力。他物色到了本地出生、正在拉萨“留学”的嘉木样大师，迎他返籍选择扎希奇谷地建筑这个寺院。最早称扎希奇寺，后来因为嘉木样的名声大振，就用他住所专称拉卜楞作为一般习用的寺名，而且在拉卜楞寺的势力扩大的过程中又被用成该寺控制地区的地名。

该寺创始人嘉木样一世，从他的传记来看，是一个好学深思、在神学上颇有造诣的佛教徒。他矢志要在他的家乡建立一个可以和拉萨匹敌的藏传佛教佛学中心。拉卜楞寺不只是一般祀奉神明的寺院，而主要是个藏传佛教的高等学府。从嘉木样一世起，拉卜楞寺在230年中不断发展，陆续建立了六个学院，不但在神学上，而且在天文、历算、医药、艺术等学科上都有专业设置，在保持和发扬藏族文化上起了很重要的作用。

拉卜楞寺作为一个高等学府，它的主干部分是嘉木样一世创业时（公元1710年）建立的闻思学院。在这里进行藏传佛教经典的基本训练，因而也是藏族文学的研究中心，学习时间最长，课程也多。解放前在学院学习的经常有3000僧人。其次是续部下学院，也是嘉木样一世1715年建立的，可称之为神学院。第三是时轮学院，1763年嘉木样二世所建，可称之为艺术学院，学习宗教舞蹈和音乐。第四是医药学院，1784年嘉木样二世所建。第五是喜金刚学院，可称之为历算学院，1881年嘉木样四世所建，学习天文和算法。第六是续部上学院，是与续部下学院性质相同的神学院，1939年嘉木样五世所建。在这五个专科学院里学习的僧人为数较少，最盛时也不过百余人。

作为一个高等学府，该寺有严格的学制、课程、班级、考试和学位。无论什么人都可以入学，但必须拜一个在寺的有学问的喇嘛为师。一个老师只收少数学生，负责指导他们参加学院各班级的日常功课学习。学生的生活都得自理，对寺院或老师不交学费，但要为老师服役。师徒之间存在着亲密的关系，听来他们确有尊师爱徒的好传统。寺内所有僧人都是由自己家庭供养的，只在有人来寺布施时才能吃到“大锅饭”。每个学院的公共厨房里都有个大锅，可以煮几百人的斋食。普通僧人生活清苦俭朴，当然寺庙本身过去拥有巨大的财产，因为许多信徒甘心情愿地把一生劳动的积累，一下子都施舍给寺庙，自己再去过乞讨的生活。

这座藏族的高等学府在群众眼里只是一般的大寺庙。在这里进香朝拜、做功课、祈求来世的幸福。我这个世俗者的心里实在有说不尽的感叹。这是一种社会制度，一个人生出来就在这种制度里成长，把这种制度的一切思想和行为规范视作当然，封锁在这笼子里过一生。他们那种忠厚虔诚的性格只应引起人们的尊敬，但是他们所得到现世的报答却是艰苦和悲惨，那又怎能使我心安呢？

我这次到拉卜楞寺作客被视为嘉木样大师的上宾。承蒙他和我同起同坐、同车出游，我对他的热情真是不胜感激。出行时，所遇到的藏民无一不毕恭毕敬地低着头，鞠着躬，摊开双手，站立在路旁。车子一停，他们就一拥而上，把头伸过来，意思是要求我们摩顶，有人甚至用头触碰我们的汽车，这些行为，完全是他们内心世界一片虔诚的自发流露。我对他们真是感愧交加。他们是值得尊敬的人，因为他们是有理想的人，没有理想怎能这么虔诚？但是他们自小从社会接受的理想又给他们带来了什么呢？如果一个无神论者也可以用祈祷来表达他的心愿，我很想祈求他们所信奉的神明能允许他们在现世预支他们后世应得的报应。

我参观拉卜楞寺的藏书院和医药学院时，听到闻思学院 1985 年失火的事件。当我看到这么多珍贵的经书重屋叠架地堆积在黑黝黝的经堂里，想的却是这样一大批藏族文物的安全保障。与其受灾之后动用大笔款项去重建，实在不如赶紧采取一些防卫措施，亡羊补牢，未为迟也。

1985 年 9 月

本文原载《瞭望周刊》1986 年第 2—4 期（连载），后收入《费孝通民族研究文集》（民族出版社，1988）、中国民主同盟甘肃省委员会编《费孝通与甘肃》（群言出版社，2014）。

一次有省委、省政府主要领导参加的甘南州委、州政府工作会议

杨应忠

1980年7月12日在甘南州合作召开了一次有省委、省政府主要领导参加的甘南州委、州政府工作会议。这次会上有省委第一书记宋平、省长李登瀛、副省长葛士英、李纪阳等出席，省上有关部门负责人30人出席会议。这次会议的本意是省委、省政府领导想研究帮助甘南加快发展的问题。宋平同志不顾旅途劳累，在会前用20多天的时间，到各县去调查研究，获取了大量的第一手资料，形成了许多切合甘南实际的看法和意见。据他自己的说法是“争取到了发言权”。这次会议本来要发一个会议纪要，由于某种原因，这个纪要始终未能出台。但是在会上，宋平同志两次讲话已经讲明了许多问题。省领导认为需要解决的问题，基本得到了解决。在李登瀛、葛士英、李纪阳同志的讲话中也讲述了重要意见。

宋平同志7月20日在会议开始时说：甘南地区在州委、各县委的领导下，做了很多工作，各方面都取得了较好的成绩，但在工作中也出现了这样或那样的问题，这些问题主要是由于过去的路线、方针、政策不对头造成的，不能完全由州委、县委干部负责。首先，应由省委负责，省委在讨论中央三十一号文件时，检

查了这方面的问题，我们对民族工作重视不够。对出现的一些问题认识不足，工作指导一般化，这都要很好地总结经验教训。这次省委派我们这些同志来，就是想通过调查研究，和同志们交换意见，使我们对甘南工作指导上更切合实际，减少一般化。我们对州上召开的这次会议寄予很大的希望，一定要开好。

中央三十一号文件提出：要加强地方民族地区经济和文化建设，改善人民生活。这就是我们这次会议的方针，也是这次会议要解决的问题。

为了开好这次会议，宋平同志讲了以下几个问题。

第一，贯彻中央的路线、方针、政策，一定要结合甘南的实际和特点，加以具体化。

一是要充分利用优势地理条件。甘南虽然气温偏低，但是有宜牧、宜林、宜农的地区，是一个农业结构很好的地区。我们要充分认识这里的自然规律和特点，发挥优势，因地制宜。在各县调查研究的基础上，制定出体现甘南特点、切合甘南实际的发展生产和经济建设的方针来。

二是要认真讨论经济政策。民族地区的各项政策要适当放宽，要把群众的积极性充分调动起来。甘南情况复杂一些，有农区、牧区、半农半牧区、半林半农区，采取什么政策，都要从自己的实际出发，具体分析，各有特点，方法也不同，不能强求划一，搞“一刀切”。也不能赶浪头，凭风办事。解决政策问题，要加强领导，做到心中有数，不能“大撒把”。

三是要广开生产门路。甘南地区农、牧、林、副、渔各业都有，真正搞起来，生产门路是很广的。迭部林区长着很多毛竹，可以砍伐搞纺织，林区盛产木耳，采集出售就能增加群众收入。林副产品的加工也有潜力，很有前途。大力发展制造民族用品的手工业、集体企业，这些事搞起来并不难，关键在于我们去组织、指导。我们要努力给群众创造尽快致富的条件。

四是要提高群众的物质生活和文化生活。加强民族区域自治。中心任务就是要把民族地区的经济、文化更快地发展起来，尽快提高人民的物质生活和文化生活。改善生活的关键是发展生产，经济发展了，生活就会改善。要教育群众过文明生活，有些地方群众收入不算低，但生活过得不文明，卫生条件也差。有些群众手中有钱也不会花，浪费很大。有相当多的牧民把全部收入用于去西藏朝拜，花得一干二净，甚至倾家荡产。要教育群众，让他们明白增加一点收入都来之不易；要引导群众，干部要做出样子，过上文明生活。当然，这要在尊重民族风俗习惯的基础上去做，不能强迫命令。

五是在经济建设中要正确处理好国家支援和自力更生的关系。国家要大力帮助民族地区，这是毫无疑问的，但要把甘南建设好，主要还得依靠甘南人民自身的努力。特别要注意，把国家支援的资金花好，尽快见效，还得依靠广大群众艰苦奋斗、苦干实干把生产搞上去。没有自身的努力，单靠国家支持也是搞不好的。

第二，要开好这次会议，还要解决干部安下心来的问题。

听说中央三十一号文件传达后，看到文件中讲在西藏工作的一些内地干部要撤回一些，再加上对县上的主要领导干部做了一些调整，有些同志心里就动荡起来了，产生了各种各样的思想，有些同志不太安心，特别是外来干部。如果我们心里七上八下的，老想着调动，这个会怎么能开好呢？我们贯彻中央三十一号文件，大胆地选拔一批民族干部，让他们挑重担，增长才干，尽可能地担负重要的领导职务，这对于我们实行民族自治，使班子年轻化，是很有必要的。这是我们党的政策，也是外来干部长期工作，帮助少数民族干部成长的一个目标，但不等于外来干部不再重要了，外来干部的任务已经完成了。我们这个地方经济文化的发展还很不够，而且不够快。“四化”建设的任务还很重，完成这些任务，最重要的是要把干部队伍建设好，需要大批坚决执行党的路线、方针，有专业、有技术知识和身强力壮的干部。现在，我们这样的干部还很少，队伍不够强大，少数民族干部更少。因此，凡是符合这些条件的要大胆提拔，予以重用。在民族地区，特别要注意提拔少数民族干部。另一方面，有些少数民族同志刚提到主要领导岗位，也还有一个熟悉工作、丰富经验的过程。如果原来在领导岗位上的外来干部都撒手不管，或者都要调走，必然影响“四化”建设，不少外来干部长期在这里工作，和少数民族干部、群众建立了深厚的感情，生活也习惯了，就应该有扎根的思想。甘南历史上就是民族杂居地区，把甘南建设好，是汉族干部和各少数民族干部共同的任务。

宋平同志最后说：“我这次接触了一些藏族干部，他们都很淳朴，很优秀。但发现有些同志文化程度比较低。我认为，应当给他们创造条件，要他们努力学习，提高文化程度。我建议给这些同志每天拿出两个小时学习文化。要基本上能达到中学程度，这件事情州、县做个决定，下决心解决。总之，不论外地干部，还是民族干部都要安下心来，互相支持、互相帮助，把精力集中到‘四化’建设上来。当然，对确实年老多病，不适应在这里工作的同志，组织上要负责安排好。省委已经把这件工作交省委组织部妥善办理，大家可以放心。”

7月16日下午，州委、州人民政府召开州级单位干部大会。省委第一书记宋平同志向州机关全体干部做重要讲话。

省委、省人民政府领导同志李登瀛、葛士英、李纪阳出席了大会。

参加州委、州人民政府工作会议的全体同志，以及州级单位2000多名干部，分别在人民会堂、民族学校礼堂和合作电影院听取了宋平同志的重要讲话。

大会由我主持。

首先，宋平同志代表省委和省人民政府，向各族人民，向党、政、军、民、学和企事业单位的藏族、回族、汉族和其他民族的全体干部和全体职工，向各界人士表示亲切的慰问。

在谈到甘南工作时，宋平同志以“成绩很大，破坏严重，任务艰巨，前途光明”四句话来概括。

接着，宋平同志全面阐述了如何从甘南的实际出发，贯彻执行中央三十一号文件和五十二号文件精神的问题，并提出摆在全州广大干部和各族人民面前的中心任务是：全面落实党的民族政策，加强民族地方自治，加强各族人民的团结，同心同德，加快发展经济、文化和科学事业，治穷致富，使甘南地区尽快改变贫穷落后面貌，逐步兴旺发达、繁荣富裕起来。

宋平同志说，为了实现这个目标，当前和今后一个时期，要做好以下几项工作：

一是认真落实党的民族区域自治政策。民族区域自治，中心是自治权，即自主权。没有自治，就没有各族人民的大团结，就没有因地制宜，就不可能把民族地区的工作做好。今后，省委、省政府以及省上的各个工作部门，要针对甘南的实际情况和特点，对不符合甘南情况的，或者不利于民族团结、不利于发展生产的，自治州和各县可以变通执行，或者报请省上同意执行。为了保护民族自治权利和少数民族的特殊利益，还可以按宪法规定，制定一些具体的法规、法令和条例。行使民族自治权，有两个问题我们在思想认识上需要明确：一个是弄清楚坚持党的统一领导和行使民族地方自治权的关系；另一个是弄清民族区域自治同“四化”的关系。把自己的工作重点和主要精力转移到建设上来，解决治穷致富的问题。这是当前全党的中心，也是民族自治地方的中心。

二是因地制宜，发挥优势，大力发展经济建设。要认真总结30年来的经验教训，从甘南的实际出发，把经济建设方针搞对头。从全州来讲，应当确立“以牧为主、牧林农结合，因地制宜，全面发展”的生产建设方针。

在发展牧业方面，要大力加强草原建设，狠抓畜种改良，改变畜群结构，增加适龄母畜比重，加速畜群周转，提高商品率。同时要认真做好农转牧的工作，重视农区畜牧业的发展。另外，还要注意认真解决好草原纠纷问题。

在发展农业方面，甘南实行“以牧为主”的方针是正确的，但一定要处理好农、林、牧三者之间的关系，发展农业，还是一靠政策，二靠科学。在农业为主的地区要适当发展牧业、林业。

在关于发展林业方面，林业是甘南的优势产业之一，到处都能植树，发展林业和林副业产品加工很有前途。发展林业要切实贯彻以营林为基础，造管并举，造多于伐，采育结合，大力发展林业。

在关于发展工业方面，要从当地条件出发，充分利用当地畜牧品和林副产品的优势，加快工业的发展。今后主要发展集体手工业、集体商业、饮食业，也可以国社联营、县县联营、社队联营，也允许个人自营。

在发展民族贸易方面，要促进生产的发展，做好农牧民生产和生活的供应。

第三，在所有经济战线上，要进一步放宽政策，促进生产的发展。

一是在牧区和农区，要继续贯彻中央两个重要农业文件精神，进一步解放思想，建立健全各种形式的生产责任制。

二是继续让农民休养生息，减轻负担。

三是减免税收。

四是调整财政收入基数，增强地方机动财力。

五是为了发展民族工业，在完成国家下达的畜产品收购任务以后，超额部分全部由州、县支配使用。

第四，积极发展民族教育和文化卫生事业。

为了甘南今后教育事业的发展，快出人才，多出人才，适应

“四化”建设的需要，必须下决心对现有学校进行合理的调整和必要的压缩，集中力量办好一批中小学。州上要重点办好民族学校、畜牧学校、师范、卫校和合作中学，各县要集中办好一两所中学和几所重点小学，公社集中办好几所小学。各牧业县在一二年内要各办一所民族重点小学和中学。有些中学设师范班，增加牧业、林业和农业课程。

努力开展民族地区的文化宣传，办好《甘南报》、甘南广播电台，搞好藏语电影译配，利用各种形式，深入开展对各族人民的爱国主义、社会主义、祖国统一和民族平等团结的教育。注意保护、搜集、整理少数民族文化遗产。进一步加强卫生医疗工作，积极开展计划生育的宣传教育，促进民族健康繁荣。努力开展科学技术研究工作。

第五，巩固发展爱国统一战线，做好宗教工作。

调动一切愿意同我们团结合作的民族宗教界爱国人士的积极性，为发展民族地区的经济文化做出贡献。要进一步加强对宗教工作领导和宗教活动的管理，对群众进行科学文化知识和唯物主义观的教育。

第六，继续处理好历史遗留问题，着重要从政治上解决问题，只能粗、不能细，团结起来向前看。

第七，正确执行党的干部政策，加强各民族干部之间的亲密团结。

培养少数民族干部是党的民族政策的一个重要组成部分。我们要争取在两三年内，使党政领导干部中的少数民族干部达到60%。对优秀的少数民族干部，要给他们压担子，要重点抓好现有民族干部的培养。文化程度低的，要组织起来学文化；外来干部要安下心来在甘南工作，为建设新甘南做出贡献。大家都要顾大局，讲团结，互相支持，互相帮助。友谊、支持和谅解在同志之间是最重要的。

第八，加强党的领导，搞好党风党纪。

一是继续解放思想，深入实际，深入群众，调查研究，根据甘南的实际情况，实事求是地处理问题。

二是把精神振作起来，扎扎实实地去做工作。

三是要认识我们的不足，发奋学习，不断提高文化水平、政治水平和业务能力。

四是大力发扬艰苦奋斗、自力更生的精神。

五是同不正之风作坚决斗争。各级领导干部要带头执行，以身作则，从自己做起，给大家做出榜样。

宋平同志最后说："甘南是个好地方，大有希望，大有前途。我们应当有信心、有勇气，把党和甘南各族人民交给我们的光荣任务担当起来。"他号召大家，在党中央的统一领导下，更紧密地团结起来，坚持党的四项基本原则，坚持党的政治路线、思想路线和组织路线，坚定不移地执行党的民族政策，同心同德，为建设团结、富裕、文明的新甘南而奋斗。

1980 年 9 月

本文选自《杨应忠文集》，青海人民出版社，2004 年 9 月。有改动。

杨复兴、贡唐仓参加调处扎尕梁草山纠纷

杨应忠

扎尕梁地区草山纠纷是历史遗留下来的长达近400年的、困扰这一地区牧民的老大难问题。清朝廷处理过，国民党政府处理过，中华人民共和国成立后处理过，都没有能彻底解决问题。在“文化大革命”中，将州、县领导作为“走资派”拉到草山纠纷现场批斗，提出了“只有斗倒‘走资派’才能解决草山纠纷”的口号，但事过不久，问题仍然出现。州委、州政府为解决这个问题，经过认真研究决定：将纠纷双方县、社的干部、群众代表请到州上学习，设法解决；请省人大副主任杨复兴、省政协常委贡唐仓来州参加调处；提出以解决好纠纷问题的实际行动，迎接党的十二大的胜利召开。州委达成共识以后，组织专门班子具体实施。

扎尕梁地区草山纠纷涉及夏河县美武买仁和卓尼县完冒、恰盖、康多等5个公社，是这一带草山纠纷中较为突出的一起纠纷。这起纠纷始于明末清初，长达近400年。多少次集兵，无数次械斗，使双方伤亡百余人，损失牲畜万余头（只），给人民的生命财产造成了极大的损失。对此，国民党甘肃省政府、甘肃省保安司令部、甘肃省岷县第一专署以及卓、夏两县曾多次派员调解，均未见效。中华人民共和国成立后，我人民政府十分重视这一纠纷，30年来省、州、县曾通过各种方法进行过多种调解，使纠纷有所

缓和，但问题一直没有得到解决。党的十一届三中全会以后，在纠正极“左”路线，拨乱反正，安定团结向“四化”建设进军的大好形势下，扎尕梁草山纠纷却隐藏着很多不安定的因素。为了解决这一问题，州委、州人大、州政府和两县都下了最大的决心。同时认为，在党的三中全会精神的指引下，在全国安定团结的大好形势下，彻底解决这一纠纷的条件、时机已完全成熟，只要我们努力工作，方法得当，这一历史遗留下来的纠纷，我们完全可以在历史发展的过程中消除。

扎尕梁草山纠纷调处工作是在州委、州人大、州人民政府的关怀和支持下，组成专门班子，邀请有关民族宗教上层人士协助，采取“背靠背”，上层人士和群众代表直接协商的方法进行的。参加这次调处工作的代表有两个县的县长、公社主任。这次调处工作从5月上旬开始到9月中旬结束，共进行了4个多月。5月4—10日，以7天的时间组织州、县、公社参加调处工作的干部认真学习了三中全会精神及中央、国务院、省、州有关解决草山纠纷问题的指示和文件，并结合扎尕梁草山纠纷的历史和现状，联系实际进行了讨论，使与会同志提高了思想，统一了认识，增强了信心，为调处工作的顺利进行消除了阻力，创造了条件。从5月11日至6月10日，在这一个月内，一方面贡唐仓活佛在两县纠纷涉及区调查了解掌握群众思想，做群众工作；另一方面州县各自了解纠纷的现状、调查纠纷的历史，为调处工作准备材料。6月10日，正式进行谈判。在谈判中提倡双方代表识大体、顾大局，该让步的地方就让步，力求解决问题，达成协议。9月9日经州人民政府批准，9月10—14日在扎尕梁进行具体划界，送达协议书，并宣布即日起生效执行。整个扎尕梁草山纠纷的调处工作就此结束。

这一草山纠纷之所以得到顺利解决，其主要原因如下：

一是州委、州人大、州人民政府对这一纠纷的调处工作十分重视，不时过问，参加商讨，几位参加调处的老干部，特别是张天信、李仲兴等老同志不辞辛苦，始终如一地具体领导和坚持了协调工作，实事求是，坚持原则，主持公正，深受双方代表的信任和欢迎。

二是在全国人民贯彻落实三中全会精神，拨乱反正、安定团结、向“四化”建设进军的大好形势下，双方纠纷涉及区群众都迫切希望能够有一个安定团结、发展生产的良好局面，和全国人民一道把民族地区的“四化”建设搞上去。他们从历史的惨痛教训中明确地认识到，草山纠纷是旧社会的产物，有些甚至是历代统治者出于政治目的有意制造的，它对民族地区的政治、经济、文化的发展起了很大的破坏作用，中华人民共和国成立后，党和人民政府为了民族事业的发展曾多次进行过调处，但问题并未得到彻底解决。三中全会明确指出，必须进一步巩固和发展安定团结的政治局面。如果现在再闹草山纠纷那就更不应该了，必须尽快解决才符合三中全会精神，才有利于民族地区各项事业的发展，他们也明确认识到，互相械斗不是解决草山纠纷的办法，它只会使矛盾越来越大，仇恨越结越深，给人民的生命财产造成更大的损失。只有依靠党和人民政府，双方通过协商的办法，才是解决草山纠纷的唯一途径。这就使得这一问题的解决有了广泛的群众基础。

三是充分运用和发挥了民族宗教中上层人士的作用。在民族地区依靠他们的协助搞好党的各项工作，实施政府的政策法令，搞好民族地区的社会主义建设，这是我们党的一贯方针政策。扎尕梁草山纠纷涉及卓、夏两县，在全州有较大的影响。因此，邀请在两县群众中颇有威信的省人大常委会副主任杨复兴同志和省政协常委、省佛协副会长贡唐仓活佛协助调解这一草山纠纷作用很大。在整个工作中，贡唐仓活佛不辞辛苦，亲自到两县深入实际走访群众，掌握情况，充分发挥其智能作用，从不同角度利用各种有利条件进行工作，这就使得扎尕梁草山纠纷最后能从牛江阳山各半达成协议起了关键性的不可否认的重大作用，也将是两县纠纷涉及区群众各自难以忘记的历史事实。杨复兴同志尽管身体欠佳，但他一直带病坚持工作，并在调处和协商中始终表现出为了党的事业，为了促进民族团结，不顾自己的安危，处处能够识大体、顾大局，本着求大同存小异的原则，耐心、妥善地做群众工作，求得这一问题的尽快解决。特别是在调处工作处于可能僵化的情况下，他还是以最大的决心和诚意与贡唐仓一起终于促成了协议的达成。

1982 年 4 月

本文选自《杨应忠文集》，青海人民出版社，2004 年 9 月。

甘南建州四十周年庆祝活动回忆

郝洪涛

1953年成立甘南藏族自治区（地市级），1955年改为甘南藏族自治州。1993年是建州四十周年。这年8月26日，我们在州府合作隆重地举行了声势浩大、盛况空前的庆祝大会。大会由我主持，州长杨镇刚讲话。7万名各族人民群众载歌载舞，敲锣打鼓，兴高采烈地庆祝这一节日。中央祝贺团，甘肃省代表团，各地、州、市代表团，四川、青海、西藏、云南的代表团到会祝贺。甘肃省民族歌舞团助兴演出。一连数日，草原新城成了人的海洋、花的海洋、歌的海洋，盛况空前，激动人心，历史永远铭记。

州庆活动大体上有以下五个特点。

一是筹备时间较长。

1990年12月，我与金巴、傅九大、陈志逊等赴阿坝藏族羌族自治州考察归来后，就向州委建议：及早着手州庆四十周年的准备工作。1991年几次讨论州庆方案。有的项目开始实施。11月，确定了10个硬件、17个软件项目。12月9日，州委召开现场会议，督促落实。1992年6月11日，进一步确定了软件项目：出版《甘南》画册、拍摄电视专题片、风情歌舞、藏戏《格萨尔王》、民族艺术节、赛马赛牦牛等，并分头落实。9月，派傅九大同志参加四川省凉山彝族自治州州庆。傅九大同志回来后，写了专题报告，对甘南州庆提出了具体建议，州委予以转发。1993年7月3日州委常委会确定了州庆事宜。8月7日，州委、州政府讨论州庆接待工作。8月10日，召开州直机关全体职工动员大会，要求全力以赴做好州庆活动。活动安排：一节五会，即艺术节、开幕大会、赛马会、产品展销会、经贸洽谈会、篝火晚会。日程安排：8月25日报到，26—28日3天参加活动。成立指挥部：总指挥杨镇刚；常务副总指挥丹正嘉；副总指挥傅九大、张性忠、赵祯祥、杜世昌、万作良。

二是建成了一批项目。

主要是合作影剧院、合作工贸商场、州政府招待所餐厅、合作西山过境公路、合作体育场、州电视台、合作科学宫、合作藏族中学、驻兰办事处、腊子口战役纪念碑、合作森林公园等。这些项目，在州庆前全部建成。

三是进行了商贸洽谈。

依据全州畜牧、林业、水力、矿产、旅游五大资源优势，州上建立了项目库，筛选出了七大系列32个重点项目，并推出了加快开放开发的14条优惠政策。州庆期间，举办了甘南产品展销会，同时举办商贸洽谈会。洽谈会期间签约了一些项目，达成了一些意向性经贸协议。更重要的是，为今后商贸洽谈积累了经验。

四是向上级领导汇报了工作。

我们抓住上级领导前来祝贺的机会，重点汇报了甘南经济开发的思路和项目、问题和困难，以求得支持和帮助。

中央祝贺团听了汇报后表示：学习、宣传、帮助甘南；稳定和发展是民族地区的两大主题，赞成甘南的工作思路；甘南应该坚持生态发展模式。青藏高原最大、最高、最年轻，是我国两大母亲河的源头，生态危机是大问题；甘南要发展，先解决制约因素，搞好投资环境，如交通、能源、通信等；发展乡镇企业；请求和建议，带回去研究。

省代表团听了汇报。厅局负责同志朱作勇、杜颖、胡国斌、黄德明、闫思圣、薛映承等针对具体问题做了发言，均表示支持。省长阎海旺指示：一要充分估价巨大成绩，鼓足干劲。二要加快甘南州经济社会发展。加强农牧业基础，加强基础设施建设。加快资源开发，加快集体、乡镇、私营企业发展。同时要重视两件事：发展教育，发展旅游业；注意“两个维护”，即维护民族团结，维护社会稳定。具体问题，各厅局研究解决。这次来，解决400万元资金，其中计委200万元、财政200万元。省委书记顾金池充分肯定了甘南的工作成绩，并表示祝贺，还提出了殷切的期望。

五是展示了甘南各族人民意气风发、蓬勃向上的精神风貌。

州庆期间，合作到处张灯结彩，火树银花，一派节日气氛。庆祝大会上，服饰表演、千人锅庄舞蹈，使来宾赞不绝口。赛马、赛牦牛等场面，使许多人欢呼雀跃，激动不已。古典神话藏剧《格萨尔王》，把民间传唱搬上戏剧舞台。大型歌舞《五彩的旋律》征服了千万观众，从此走出甘南，演到省城、省外，还受邀到欧洲十几个国家演出。在州庆后很长的一段时间里，在合作街道、临夏餐馆，甚至省城兰州的大街小巷，都能听到甘南州庆时的迎宾曲。这是根植于人民群众的、具有时代气息的、健康向上的、独特的、厚重的文化。看了这些节目，大家会对甘南、对藏族有更深、更全面的了解。

2008年3月8日于兰州

本文选自《甘南纪事》，甘肃人民出版社，2009年1月。本文标题为编者所加。

甘南州选派年轻干部到基层工作的经过

郝洪涛

20 世纪 80 年代，我在陇南工作。张学忠同志曾经选派一批干部到乡镇工作。当时，省委书记李子奇视察时，对这一做法给予充分肯定。他说："能当好乡镇书记，给一个县委书记问题不大。能当好一个县委书记，给一个地委书记问题不大。"后来，这一批干部成长起来了。

我到甘南工作时，推广了这一做法。

1991 年元月中旬，省委七届五次全委会议期间，我向省委组织部汇报了选派年轻干部下基层去，从实践中培养干部的想法，征得了同意。

3 月 15 日，听取州委组织部下派干部方案。

3 月 18 日，召开州直单位年轻干部座谈会，进行思想动员。

4 月 19 日，州委常委会议通过了下派干部名单。其中，40 岁以下的县处级干部有 7 名到各县工作，他们是豆格加、马建华、房和平、杨忠、曹生祥、李钰、刘志明。此外还有科级干部 13 名。

4 月 25 日，州委举行欢送下派干部大会。我在大会上讲了话。讲话强调："选派中青年干部去基层工作，是培养干部成长的必由之路。""只有通过基层工作锻炼，才能更深刻地理解和全面贯彻党的路线、方针、政策，才能在实践中获取真知，增强本领，在改造客观世界的同时，改造自己的主观世界，提高驾驭全局的能力，提高处理各种复杂矛盾的能力，提高综合协调、组织领导能力，在政治上日趋成熟。凡是有作为的人都是经过实践工作磨炼和考验的。古人说：‘宰相必起于州郡，猛将必发于卒伍。’讲的就是这个道理。”讲话中，还对下派干部提了几点要求。欢送会气氛热烈，影响较大。同时，各县下派到乡镇的干部有52名。

1992年6月11日，州委决定下派第二批干部到基层工作。其中有县处级干部5名，分别是马建功、旦智保、杨兴荣、姜世荣、王扎东，还有科级干部15人。各县下派干部50名。

6月14日，州委召开全州培养青年干部工作座谈会。马建华、李钰、刘志明、邢红云、杜根存、韩雪峰、敏占彪等同志在会上发言，畅谈了在基层锻炼的心得体会，交流了经验，并对今后的下派工作提出了宝贵的意见和建议。

总结两年来下派干部的经验，我写了《结合甘南实际，实行干部下派制度》一文，刊发在《甘南情况》上。文中指出：“今后五年内，州、县党政机关青年干部，凡没有在县以下基层工作过的，都应分期分批到基层工作两年左右；州直机关未经基层工作锻炼的40岁以下的处级干部和35岁以下的科级干部，根据本人情况和工作需要，一律到基层（包括企事业单位）挂职锻炼两年左右；1985年以来直接进入州直机关的大中专毕业生，安排到基层工作一两年，从中选拔优秀者补充机关缺员；未经基层锻炼的大中专毕业生一般不再直接分配到州直党政机关工作。”文中肯定：“坚持干部下派制度，符合马克思主义认识论的观点，符合干部成长的客观规律，符合中央关于在实践中选拔培养干部的政策，也符合甘南州的实际。对这一行之有效的制度，我们要继续大胆探索，总结经验教训，不断丰富、完善、发展，坚持下去。”

1991年和1992年两年，州、县共下派干部142名。此后两年，又陆续下派了一批干部，并逐步形成了制度。同时，州、县两级机关从下派干部中提拔了一些干部，州委还从州直机关选拔年轻干部到县上担任主要领导职务。几年后，这些干部茁壮成长，大部分已担当重任，涌现了一批地厅级干部。

此项工作由蒙炯明同志（时任州委组织部长、后任州委副书记）具体组织、实施。他思路清晰，作风严谨，工作勤奋，实施效果比较明显。

2008年2月27日于兰州

2008年7月4日改于兰州

本文选自《甘南纪事》，甘肃人民出版社，2009年1月。本文标题为编者所加。

甘南统战工作中难忘的几件事

徐强[①]

2010年12月，我从甘南州人民政府副州长岗位调任甘南州委常委、州委统战部部长，随后兼任州藏区工作协调领导小组办公室主任、州工商联党组书记、甘南社会主义学院院长。2015年5月至2016年11月又任州委副书记、州委统战部部长，先后负责全州统战、民族、宗教方面的工作近6年时间。

甘南州是以藏族为主体的民族区域自治地方，是以藏传佛教为主的多宗教地区，长期以来也是敌对势力利用民族宗教问题进行渗透、分裂、破坏活动的重点地区之一。做好统战工作，直接关系到全州经济发展、民生改善、社会稳定和维护好、实现好各民族的切身利益。6年来，我深感责任重大，始终满怀热情，尽心尽力尽责，为全州经济发展、民族团结、社会和谐、宗教和顺贡献了应有的力量。

这几年，甘南州统一战线的发展和统战工作的成功，一方面是由于中央正确的路线、方针、政策的指导和各级党委对统一战线工作的高度重视，更重要的一方面是统一战线广大成员不断增进思想共识、立足本职发挥优势、服务全州工作大局，为做好统战工作积极奔走，贡献智慧，做了大量富有成效的工作。在工作

① 徐强，政协甘南州第十四届委员会主席。

过程中，我经历了工作带来的挑战，也见证了与统一战线各成员和统战干部共同努力而取得的成绩，其中发生的许多事仍历历在目，令人难忘。

一、全程陪同班禅大师在甘南州参观学习

2011 年 8 月 11—20 日，第十一世班禅额尔德尼·确吉杰布大师到甘南州参观学习并开展佛事活动。这是自 2003 年以来十一世班禅第二次到访。作为藏传佛教格鲁派的两大活佛之一，十一世班禅的再次到来对甘南州经济社会发展、民族宗教和顺具有重大意义。

甘南州委、州政府高度重视此次活动，第一时间成立了由时任州委书记陈建华同志为组长的班禅大师甘南行活动领导小组，我在其中担任领导小组副组长。我从接待、参观、安保、佛事活动、群众工作等方面制订了详细的工作方案，对第十一世班禅额尔德尼·确吉杰布一行在甘南参观学习和佛事活动的各项工作做了周密安排。根据接待、安保、协调等方面工作考虑，省上要求我作为统战部长全程陪同，负责活动的安排、协调、服务等工作。

8 月 11—20 日，班禅大师一行先后到夏河县、碌曲县、合作市等地参观学习。在拉卜楞寺，班禅大师走访了贡唐仓、德哇仓囊欠，为医学院、印经院等开光，观看闻思学院辩经考试，并在大经堂为僧人讲经。在夏河县，班禅大师看望他的经师加羊加措，会见十世班禅母亲代表以及年老僧人和拉卜楞寺的代表。在夏河拉卜楞寺和科才寺、碌曲县西仓新寺和毛日寺、合作市合作寺等藏传佛教寺庙，班禅大师讲经说法、祈福祝愿，为僧俗群众摸顶赐福。在碌曲县，考察了游牧民定居点，并与宗教界代表人士举行座谈会。他表示，时隔 8 年再次来到甘南，感到广大信教群众充分享有宗教信仰自由，希望藏传佛教界人士要学法、懂法、守

法，按照“爱国爱教、护国利民”的要求，维护祖国统一和民族团结，不断提高佛法修行，做一名合格的僧人，更好地服务信教群众，努力使藏传佛教与社会主义社会相适应。

在陪同班禅大师的10天时间里，我按照工作方案，精心准备、一丝不苟，认真安排协调大师一行的参观学习、接待、拜访和佛事活动，确保了活动顺利有序进行，没有出现任何纰漏和差错。在与班禅大师的近距离接触过程中，大师渊博的经文知识和精深的佛学造诣，以及爱国爱教的崇高情怀、护国利民的高尚风范给我留下了深刻的印象。

班禅大师甘南行，极大地满足了广大僧俗信众的宗教需求，也使全州人民欢欣鼓舞、信心倍增。其间，我们也建立了深厚的友谊。活动结束后，有几次我到北京出差，专门去拜访了大师。大师一直嘱咐我要继续做好甘南经济社会发展和民族宗教工作。大师这种对甘南的关心和对藏区人民的热爱成为激励我做好工作的动力，这一段时光也成了我人生值得铭记的经历。

二、引导宗教界代表人士开展反自焚专项斗争

发挥宗教界人士和信教群众在促进经济社会发展中的积极作用，这是党对统战、宗教工作提出的具体要求，也是我们在工作中一贯坚持的原则。

2012年10月以来，甘南州连续发生自焚事件。面对严峻形势，中央和省委安排部署在我州开展反自焚专项斗争，并特别对发挥宗教界代表人士作用提出要求。州委成立工作领导小组，我担任宗教工作小组组长，具体负责引导教育宗教界人士，做好信教群众的疏导和解释工作。随后，我在第一时间通过登门拜访、电话联络、召开座谈会等形式，向我州宗教界人士和高僧大德传达中央和省委的精神，讲明全州维稳面临的严峻形势，动员他们

尽量减少外出活动，坚持驻寺值守，进村入户宣讲，积极配合各级党委、政府，做好信教群众工作。

从10月下旬开始，以省人大副主任、省佛协会长嘉木样活佛，省政协副主席德哇仓活佛，龙仁桑盖、赛仓、喇嘛噶绕仓、阿莽切哇仓、郭莽仓、嘉仓、索藏仓等为代表的宗教界人士和高僧大德，先后在拉卜楞寺、西仓寺、郎木寺、合作寺、贡巴寺、阿木去乎寺、博拉寺等寺院，开展“珍爱生命、反对自焚”、寺院法制宣传教育、形式政策宣讲等活动，教育广大僧俗群众认清自焚反人类、反宗教的本质，是违法犯罪行为，全面阐释宗教的内涵和教义，团结引导僧俗群众与党和政府保持高度一致，遵守法律法规，自觉维护社会稳定。我们还组织了由活佛、高僧大德、寺管会成员组成的30多个宣讲团，深入各重点寺庙、重点村组，向僧俗群众宣讲不杀生、反自焚的佛教教义，宣传党和国家的各项优惠政策、民族宗教政策以及经济社会发展成就，增强宣传教育的感染力和说服力，坚决纠正部分群众思想认识上的错误观念和模糊认识。同时，我们统筹协调各级党政组织和有关部门，由各级联村单位和联村干部组成工作组，深入重点县乡，进村入户、进寺庙入僧舍，大力宣传“两高一部”《关于依法办理藏区自焚案件的意见》精神，大张旗鼓地讲清法律底线，在全社会形成了人人维护稳定的良好氛围。

在各方的共同努力下，反自焚专项斗争很快取得全面胜利。甘南州宗教界人士切实在各自寺院和村组，积极为信教群众做疏导和解释工作，以实际行动证明了我们的宗教界人士是爱国爱教的，是与党和政府同心同德的。这一切，得益于全州各级党委、政府能够贯彻宗教工作要求，全面落实党政领导干部联系藏传佛教界代表人士制度，加强与藏传佛教界代表人士的联系沟通，各级统战、宗教部门能主动加强经常性联系，定期与他们交心交流，认真聆听他们的意见建议，尽心竭力地为他们解决一些实际问题，动员和引导他们发挥在经济社会发展中的积极作用，从而为做好统战工作打下了良好的群众基础。

三、制定规范寺庙管理《实施意见》

甘南州是一个以藏传佛教为主的多宗教地区，有藏传佛教寺庙123座，住寺僧尼10331人，活佛115人，信教群众约34万人，占全州总人口的46.7%。寺庙作为藏传佛教的物质载体和活动场所，具有悠久的历史、广泛的影响和深厚的基础，做好寺庙管理是统战部门的重要职责和工作的重中之重。

2014年3月15日，在中共甘南州委第64次常委会议上，时任州委书记魏建荣同志提出寺庙管理“十六个规范”，要求统战部牵头尽快研究制定切实可行的实施意见，并召开全州寺庙管理工作座谈会进行安排部署。州委之所以做出这样的决策，是因为当时甘南州寺庙管理中暴露出的问题仍未得到有效解决，工作仍存在一些薄弱环节，寺庙管理面临着许多新的困难和问题。同时，虽然制定出台了许多寺庙管理方面的政策文件，但比较碎片化、不系统，缺乏可操作性，影响了寺庙管理工作成效。

3月下旬，我与州政府分管民族宗教工作的刘永革副州长召集州委统战部、州藏区办、州宗教局等部门相关人员，认真学习州委决定精神，研究制定寺庙管理实施意见工作。会上确定了实施意见起草的指导思想、基本原则、起草依据等，并决定从有关部门抽调精干力量，由我和刘永革副州长分组带领赴各县市开展前期调研。4月初，我和刘永革副州长带领调研组通过听取县、乡党委、政府汇报，实地查看寺庙管理情况，入户走访僧尼和信教群众，同基层组织、寺庙管理机构负责人以及宗教界代表人士座谈听取意见建议等形式，掌握第一手资料，收集基础情况，全面了解甘南州藏传佛教寺庙管理现状，为实施意见的起草打下了坚实基础。

意见起草阶段，我们坚持了四个基本原则：一是不得与宪法、法律、地方法规和有关行政法规的基本原则相抵触；二是从维护社会稳定的高度，突出甘南州藏传佛教特点，规范寺庙和僧尼行为；三是认真总结以往寺庙管理的成功经验，研究和借鉴周边藏区寺庙管理方面的成功经验和政策；四是针对当前的突出问题和薄弱环节，制定具有针对性和操作性强的措施。意见初稿形成后，我和刘永革副州长召集有关部门在内部做了多次修改。随后，将征求意见稿呈送四大班子主要领导、分管领导、相关部门负责人和嘉木样副主任、德哇仓副主席以及赛仓、龙仁桑盖、丁科仓等宗教界代表人士。在采纳各方面的许多意见建议后，又征求了省藏区办、省委统战部、省宗教局的意见进行修改完善。

7 月下旬，我们将起草的实施意见经州法制办审查后，分别提交州政府常务会议和州委常委会议审议。州委、州政府研究审定后，下发《中共甘南州委甘南州人民政府关于进一步规范藏传佛教寺庙管理工作的实施意见》（以下简称《实施意见》，甘南发〔2014〕23 号）。《实施意见》涉及寺庙管理的总体思路和目标要求、寺庙管理体制、寺庙办管理职能、民主管理、依法管理、公共服务和社会保障、宣传教育和培训、保障措施共 8 个方面 40 条。8 月 20 日，州委、州政府召开全州寺庙管理工作会议，传达学习《实施意见》精神，对贯彻《实施意见》进行安排部署。

《实施意见》的制定出台，使甘南州寺庙管理的长效机制不断健全，使寺庙的管理步入常态化、法制化、规范化，寺庙依法管理工作得到加强和规范，寺庙基础设施极大改善，僧尼民生得到保障，有效地维护了社会稳定、寺庙和谐和藏传佛教健康发展。

统战工作是我们党的一项重要的政治工作和群众工作，具有政策性强、艺术性高、人情味浓等特点，涉及领域非常宽泛，有些工作需要在实践中不断地学习和把握，在实践中不断地总结和提炼。从事统战工作这几年，各方面工作面临着许多新情况、新问题，工作虽然取得了一些成绩，但是也存在不足，比如，民族宗教工作是我从州情考虑始终抓的重点，但对其他领域的一些工作兼顾不够到位，同时对一些具有复杂性和长期性的工作，缺乏全局性思考、前瞻性思维和整体性谋划，一些难点、重点问题仍然没有解决好。不过我相信，只要我们以新时代统一战线思想为指导，认真贯彻落实党的统战工作方针政策，牢牢把握大团结、大联合的主题，就一定能凝聚最大公约数，画出最大同心圆，开创甘南统一战线工作新局面。

2017 年 12 月

舟曲县泄流坡1981年抢险记

雒鸣岳

一、泄流坡滑坡的基本情况

泄流坡位于舟曲县城以下约7千米处的白龙江左畔，在武都县城上游约60千米处，居两城之间，地处要害。

泄流坡是历史上流传下来的地名，顾名思义，它是一个经常滑动的古老滑坡地段。据调查，自1907年以来的70多年间，较大的滑动出现过7次。1962年是最小的一次，滑坡体上的公路遭到破坏，交通断绝，坡头滑入白龙江中50～80米，侵占江道约三分之一至二分之一，危害不严重。1941年滑坡，虽然堵塞河道断流，但是因土体隆起不高，江水很快漫流，冲溃滑体，因流水不大，也未造成上下游的重大损失。滑坡规模比较巨大的是1963年9月14日发生的，由于滑坡缓慢，至24日才使坡体上的公路中断，10月2日滑坡头部伸入河道150余米，隆起部位高出河床40余米，河道宽度只有7～12米。由于白龙江来水量达244立方米/秒，泄水不畅，迅速抬高上游水位，水深至17米，迴水4.7千米，蓄水570万立方米，形成一个天然水库，淹没公路1千米多，民房20余间，果树50余棵，以及林业苗圃等，迁移居民10余户。滑坡体上200余亩耕地、林木全部遭到破坏，损失较重。

总滑动面积约101平方千米，滑深30～50米，总滑动体积估算为2500万立方米。滑动初期，最大滑速每天19米多，以后逐渐减低。70天后，每天仍以0.1米的速度移动，直到经历了115天后，才趋于暂时稳定状态。

1981年4月9日的滑坡，规模更大，范围更广，受害更重，威胁更急，在国内是空前的，在世界上也是罕见的。它是一个极为复杂又严重的滑坡群体所组成的大滑坡。滑坡体总斜长，仅从滑坡壁算起，约2250米，包括顶部形成裂缝区域，估计近300米。滑坡垂直高差约800米。滑坡体由三部分组成：顶部系由许多小滑坡群体构成，总宽约850米，长约700米，滑坡壁悬立如崖，光滑似镜，高差达30～50米；腰部形成明显的滑溜深槽，宽约500米，长1000多米，深30～50米，两侧槽壁高出滑体2～3米；前缘部分长约560米，其中伸入江中约200米，最窄处约200米。在临江边缘，滑体逐渐扩散，约有550米地面隆起，一般在15～20米，河道中最高处达30～40米。滑动体推动河床总深50～60米，并将河床的巨大漂石翻上河面，把古老的黑色泥质岩倒卷起来。全部总计滑动土石体积约4000万立方米。整个山坡土崩地裂，山石俱碎，林木东倒西斜，草谷脱根埋没。沿坡公路曲折歪斜，断断续续，不成一线。地面裂缝纵横，高低坑凸，数百亩良田化为荒地。由于滑坡体尚在继续移动，挤压白龙江迅速南移，紧接南山，最窄处只有3～4米，江水严重受阻，使滑坡体上游水位逐渐升高，集成水库，至4月16日，水深达207米，迴水长7千米，聚水约2100万立方米。舟曲县府门前的大桥，由于受水库迴水的冲击，通往县城的公路、通信设施，全被水库吞噬。县城粮站受水围困，油储库站已遭没顶之灾。附近南河大队等9个村庄60多户社员被迫迁移，300多间住房淹没，400多亩耕地一片汪洋。水库既严重地威胁着舟曲县城的安全，也严重地威胁着下游武都县城和白龙江两岸人民生命财产的安全，形势严峻，问题紧迫。

二、各级领导亲临现场、正确决策

4月9日的滑坡发生后，舟曲告急求援。“水情就是敌情，告急就是命令。”省政府即告在甘南州的年得祥副省长赶赴现场，并派水利厅副厅长郑治华同志和我等，会同兰州军区崔子扬副部长，分乘两架直升机，先到灾区抢险救援。由于武都云雾罩天，雷雨骤作，中途迫降天水，改乘汽车，翌日凌晨赶到现场。中国人民解放军某部工兵一连，也星夜兼程抵达，省委书记、省长李登瀛带领省政府办公厅、省计委、省农委的负责同志相继赶到现场。首先开展了以专家技术人员为主体的泄流坡实地调查研究。同时，省、州、县的领导同志分赴受灾村庄，进行视察慰问。李登瀛省长虽年事已高，也在滑坡体上和大家一同爬上爬下，察看山坡移动情况，倾听当地群众意见。我和水利厅李功受、马秉礼等高级工程师，重点是察滑坡，看水情，提措施。从滑坡脚部开始，逐步爬登，一直达到800多米高的滑坡后缘（顶部）——滑坡壁；从滑坡体的左侧边缘，跋涉到右侧边缘；从滑坡的腰部，手牵手地直到滑坡体的舌尖——白龙江畔；从恶浪滚滚的排水道进口，沿着随时有掉入江中危险的滑体边缘，直下到出口。反复观察，深入研讨。特别使人头痛的是，滑坡每天还在以12～14米的速度向后滑动，坡面一天一天地逼近南山，江水随时有被堵死的危险。

如何治防？这是泄流坡现场各级领导、解放军指战员、专家技术人员以及广大人民群众亟待解决的问题，抢险指挥部多次召开会议商讨决策。有的主张组织广大劳动群众搞人海战术，日夜用洋镐铁锨挖；有的主张用大炮来轰，调飞机来炸；有的还提出另从滑坡中有低凹处开辟新河道，使江水两处分流。专家技术人员耐心地听取大家提出的各种方案，对比其有利和不利条件，提出了采取人工开挖与小爆破相结合为主的方案。适当部位，必要时也可采用较大的爆破。充分发挥当地农民群众与解放军工兵连的作用，共同作战，加快进度。在泄水道咽喉地段摆开阵线，挖坑爆破，日夜用三班人轮换，白天黑夜连续干，抢在滑坡下移的前面。

三、军民齐奋战

中国人民解放军某师沈宝兴副师长，11日下午接到命令，立即率领部队日夜兼程，13日凌晨赶到现场，迅速把战士编成前线战斗小组，把民工按公社编成小队，战士与民工相互配合，民工负责挖除坡脚的泥土石块，开辟爆破作业面；战士负责挖爆破坑、装药和点爆。几天来，沈副师长既当指挥员，又是战斗员，既抓部队，又抓民兵，吃在工地，住在工地，夜以继日，连续奋战。

战斗一开始，人们急于炸开排水口，放大水量，迅速降低水位，排除险情，爆破坑挖得较大，炸药装得多了，震塌了南山上的悬石陡坡，反而加重了排水口的堵塞。眼看着泄水减少，水位上升，人们的心情十分焦急。沈副师长及时组织指战员总结经验，研究爆破方案，并发出命令“拿不下每秒40立方米流量，不下山见老乡”。专家和技术人员改进爆破实施方法，力求做到小炮（装药20多公斤）、深挖（罐子状）、多坑成排，采用延发雷管、秒差爆炸、层层剥皮、节节扩大的办法。分队指战员向抢险指挥部写了决心书：“争分夺秒排险情，全力以赴为人民，艰难险阻无畏惧，誓叫截流复通途。”当炸崩的块石堵塞急流时，连长董某首先跳下水去，腰系绳索，在激流中搬撬石块，疏通河道。三排长乔某负责装填炸药，认真细致，一丝不苟，保证了安全，提高了效率。战士张某日夜连续作战，休克在工地，苏醒后仍坚持不下火线。

爆破的好坏，水位的升降，紧紧地牵动着人们的心。一天天苦战着，前进着，坚持着，期待着。4月17日下午3时许，一声炮响，乌云遮天。人们在灰尘弥漫中，看到了10多丈宽的明花花的白乳带，整个工地顿时沸腾了。排水量由14日的7立方米／秒米，加大到近60立方米／秒，大于上游的来水量，舟曲县城的水位回落了1市尺，取得了抢险第一阶段的胜利。

四、一方有难，八方支援

大滑坡的险情，牵动了各级领导机关。国务院领导在得知险情后，立即责成水利部门研究，并派出工程技术人员前来帮助指导。省、地、州、县及兰州军区领导同志，一齐汇集现场，商讨应急措施，排除险情。各级有关业务部门也积极行动起来，为抢险救灾服务。工地急需的炸药、雷管、引线等，两三天就送来了230吨。邮电部门及时架起了通往县城的通信线路，保证了抢险工地与外界的电话联系。交通部门连夜调来了水上橡皮船、救生衣；水上作业技术人员也兼程赶到。商业、供销部门的负责同志深夜接到通知后，即刻起床，筹集帐篷睡具等货源，组织运送车辆，天明发运。建筑单位闻讯后，立即调派专车，送来了挖土机械、动力设备、照明器材以及运水车辆等，保证了抢险工作的急需。抢险一开始，甘南州、舟曲县就抽调了大批干部专门从事工地后勤服务工作，保证抢险施工的顺利进行。这一切，充分反映了在党的领导下，一方有难各方支援，团结战斗去争取胜利的共产主义协作精神。

这一次大滑坡造成的严重险情，经过4天4夜的艰苦奋战，化险为夷，转危为安，取得了根本性的胜利。

本文原载《甘肃文史资料选辑》，第34辑，甘肃人民出版社，1992年5月。

甘南民族地区改革开放的成功实践和经验

张来成①

改革开放30年来，甘南民族地区经济社会发展实现了历史性跨越。改革开放使甘南州的经济结构、社会结构和思想文化状态发生了深刻的变化，少数民族群众的生产方式和生活水平发生了历史性飞跃，全州城乡面貌、人们的精神状态和各级组织的工作理念有了显著的变化。但是，由于受特殊的历史文化背景、严酷的自然条件和薄弱的经济基础的制约，甘南的改革开放是低起点上艰辛的过程，纵向的发展成就是巨大的，而与其他地区飞速发展的形势相比，差距有明显拉大的趋势，甘南在全省、全国经济格局中仍处于弱势地位。回顾总结甘南民族地区改革开放的历程、发展成就和历史经验，对做好新形势下少数民族贫困地区工作和区域协调发展具有借鉴意义。

一、甘南藏区改革开放起点的特殊性

由于区域发展的不平衡性，各地区改革开放的起点是不相同的，有明显的层次性。甘南藏族自治州属边远少数民族地区，历史政治背景复杂，社会发育程度低，经济基础薄弱，改革开放的

---

① 张来成，中共甘南州委党史研究室副主任。

展开有低层次、低起点的特点。

（一）历史政治沿革的特殊性

中华人民共和国成立前，甘南藏区长期处于封建土司制和寺院“政教合一”的统治下，社会形态是半封建半农奴制的社会。据1949年9月统计，甘南境内共有大小封建部落和旗制110多个，藏族人口占三分之二强。各族人民深受封建农奴制的压迫、剥削，没有人身自由，没有机会接触先进文化和民主政治。中华人民共和国成立后，党带领甘南人民推翻封建剥削制度，逐步走上各族人民当家做主的新时代。中华人民共和国成立初期，党在甘南民族地区坚持慎重、稳进的工作方针，在州、县、乡政权建设中实行“三三制”（共产党员、非党进步人士和民族宗教中上层人士各占三分之一），“土改”时在牧区实行“不分、不斗、不划分阶级成分”的政策，维持了寺院和牧主的生产资料所有制，直到1956年年底才在牧区试行牧业互助组。在1958年的民主改革中，彻底摧毁了封建压迫剥削制度，没收寺院和土官头人占有的土地、牲畜、草山等生产资料，直接成立了“一大、二公”和“政社合一”的人民公社，使甘南牧业经济跨越初、高级社，“一步登天”地实现向社会主义全民所有制的过渡。打破旧的剥削制度，极大地解放了生产力，各族人民以满腔热情发展生产，全州农牧业经济快速发展，人民生活显著改善。但是，由于受“左”倾错误思想的影响，坚持“以阶级斗争为纲”，特别是“文化大革命”中，混淆民族和阶级问题，严重干扰和破坏了党的民族政策的落实和经济的正常发展，积累了许多严重的政治问题、经济问题、社会问题和民族宗教问题。

（二）地理区位的制约

甘南总面积 4.5 万平方千米，地处青藏高原与黄土高原及陇南山地的过渡地带，南部是迭岷山地，东部为丘陵山区，西部为平坦的高原草地。全州平均海拔 3000 米左右，地理气候复杂，全州除东部山区没有严寒期外，其他地方长冬无夏。甘南复杂的地质构造和独特的气候条件，虽然造就了较丰富的草原、森林、水、矿藏等资源，但区域内生产生活条件严酷，以小而全的自给自足的农牧业经济为主，生产力水平十分落后，没有明显的产业优势。另外，甘南虽然地处祖国腹地，但区位偏僻，远离中心城市和铁路干线。中华人民共和国成立后修建了一些简易公路，1978 年公路总里程达到 3000 千米，但全是沙砾土路，路况差，交通十分不便，对外交流少，封闭落后状况并未改变，对外开放任务十分艰巨。

（三）特殊的文化背景

古代甘南是游牧文化与农耕文化、羌蕃文化与中原文化交汇过渡地带，藏族与汉、回等民族杂居，有各种文化交融共存、潜移同化的传统。但由于长期的部落分割统治，再加上人口占多数的藏族全民信奉藏传佛教，排斥外来文化，阻碍了甘南文化的发展，区域内维持着一种稳定封闭落后的社会文化结构系统。建州后，党和政府采取各种措施，积极发展教育、科技、卫生等事业，甘南民族地区文化建设从无到有，发展很快，取得了很大成就。但由于基础差、工作难度大及落后传统观念的影响，到改革开放初全州科教文卫事业整体落后的局面并未彻底改变，青壮年文盲率仍高达 60%，每千人拥有医院床位 2.4 张，科技人才缺乏，干部群众文化素质低，思想保守陈旧，接受新事物慢。

（四）薄弱的经济基础

甘南是传统的农牧业地区，建州初基本是单一的农牧业经济结构，工业是空白。建州后，全州实现了生产资料公有制改造，建立了社会主义经济制度，在大力发展农牧传统产业的同时，初步建立了本州的工业体系和商贸流通网络，全州经济快速发展。但“文化大革命”中片面强调“以粮为纲”和社队管理的“大锅饭”，损害和迟滞了农牧业生产和全州经济的发展，到1978年，全州国民生产总值达1.7亿元，人均仅353元；财政收入仅有1094万元，农牧民人均纯收入仅为95元，社员每个劳动日价值只有0.39元，全州贫困面达85%。

甘南推行改革开放，既需要解决“左”的思想指导下和计划经济体制所形成的共性的矛盾和问题，也需要解决甘南自身特有的经济总量小、社会发育程度低、人口文化素质低、贫困面大及民族宗教等问题，甘南的改革开放要比其他地区付出更多艰辛和努力。

二、甘南改革开放渐进历程的回顾

甘南改革开放根据政策演进深化的过程，大体可分为前十年改革开放起步展开期，中十年向社会主义市场经济转变过渡期，后十年实施西部大开发战略、经济社会科学发展期三个阶段。

（一）改革开放起步展开期（1978—1988年）

党的十一届三中全会召开后，甘南州认真学习贯彻会议精神，1979年5月召开的中共甘南州第五次党代会以贯彻落实十一届三中全会为主题，要求全州要拨乱反正，及时把工作重点转移到经济建设上来。会后，全州广泛开展了真理标准问题大讨论，逐步解除“左”倾思想对人们思想的长期禁锢，在干部群众中树立解放思想、实事求是的思想路线。同时，恢复健全各级党政组织，平反“文化大革命”和历次政治运动中的冤假错案，调整社会关系，为改革开放的展开做好了思想和组织上的准备。从 1979 年开始，甘南州首先在农牧村开始以联产承包为主要内容的农牧村经济体制改革。年初，甘南州农区、半农半牧区在上年扩大并重新划分自留地、自留畜、饲料地的基础上，舟曲、临潭、卓尼等县有 66%的生产队划分了作业组。1980 年 5 月，甘肃省委书记宋平在《甘肃日报》上发表了《关于在贫困山区可以实行“责任田”的讲话》，引起了群众的强烈反响，甘南有许多生产队自动采取划青苗到户管理。到年底，全州所有农区、半农半牧区都实行了包产到户责任制。1981 年各农区社队建立了经济承包合同制，明确了承包户、集体、国家的权利义务，完善了农业承包责任制。甘南牧区经济体制改革比农区稍晚些。1980 年全州牧业社队实行了“两定一奖”生产责任制。1981 年 5 月，兰州军区第一政委、甘肃省委书记肖华到甘南调研，对卓尼县实行的牧业大包干到户生产责任制模式给予充分肯定，调研报告以省委文件印发，对甘南各级干部震动很大。随后，州委明确提出牧业要实行大包干到户责任制，牧业大包干责任制在全州牧区很快建立了起来。1982 年 5 月，甘南州委下发了《关于稳定、完善牧区生产责任制的几点意见》，指出牧业建立“牲畜归户、私有私养、自主经营”的生产责任制适合甘南牧区分散作业特点，适应甘南牧业生产力发展水平，并要求干部群众坚信“牧业必须坚持走社会主义集体化道路，草场等基本生产资料所有制是长期不变的，集体经济要建立生产责任制是长期不变的”，坚定了搞牧区承包责任制的信心，明确了改革方向。为了改变过去不顾自然气候条件，千篇一律搞“以粮为纲”的错误做法，在积极推行农牧村经济体制改革的同时，放宽经济政策，大力调整农牧村经济结构，宜农则农、宜牧则牧、宜林则林，退耕还牧，种草种树，促进了农牧村经济良性发展。改革开放初，甘南的工作得到了甘肃省委、省政府的大力支持和具体指导，省委、省政府多次召开甘南经济开发会议和全省少数民族地区经济工作会议，深入研究甘南州情，帮助甘南理清发展思路，确定发展目标，制定了一系列扶持农业、牧业、林业发展和财政方面的优惠政策，帮助建成了一批重点项目，有力地支持、带动了甘南各项改革的顺利进行和经济社会的发展。

在农牧村改革取得成功的基础上，从1984年起，甘南开始城镇经济体制改革。根据《中共中央关于经济体制改革的决定》，从扩大企业自主权、增强企业活力入手，实行简政放权，落实和完善厂长、经理责任制，推行企业承包经营。随着指令性计划的缩小和各种市场的发展，甘南经济运行机制向“国家调节市场，市场引导企业”方向发展。改革增强了甘南城乡经济活力，1978—1988年，全州国内生产总值年均增长12.8%，农业产值增加70%，农牧民人均收入增长了2.4倍。

（二）向社会主义市场经济转变过渡期（1989—1998年）

从20世纪80年代末开始的10年，是甘南从有计划的商品经济向社会主义市场经济过渡的10年。通过三年治理整顿，消除了重复建设、经济过热等问题，为改革开放的深入开展创造了有利条件。以邓小平南巡谈话和党的十四大为标志，我国改革开放和社会主义现代化建设进入了一个新的发展阶段。从1992年开始，甘南州以建立社会主义市场经济体制为目标的改革开放迈出了重大步伐。

一是粮价和分配放开，闯过了价格改革重要一关。改革初期，国家推行价格双轨制在于使计划定价逐步过渡到市场定价，1992年加大价格改革力度，国家将571种生产资料商品下放企业自行定价，国家直接管理价格品种由2000多种缩减为81种。1993年1月、4月国家全面放开粮食、食油价格，持续了40年之久的粮油统购统销和定购政策宣告结束。

二是国有企业改革步伐加快。甘南落实企业自主权，不断完善承包责任制，完成了三轮企业承包。从1992年开始，围绕贯彻《全民所有制工业企业转换经营机制条例》，把企业推向市场为目的，推行了“五自主、四开放”改革，进行了国有民营试点。1998年借鉴外地经验，以产权制度改革为突破口，探索公有制各种有效实现形式，以股份合作制为首选，国企改革达到100%。

三是统一所得税，为不同所有制企业竞争创造了条件；分税制出台，财政实施了转移支付和“三保一挂”管理体制；住房改革以推行和建立住房公积金制度为突破口，公房出售力度加大，新建住房向商品化过渡；社会保障、医疗改革稳步推进。

四是农牧村深化改革，统分结合的双层经营体制初步建立。1992年8月，州委、州政府发布了《关于加快甘南开放开发若干政策》，制定了开放开发、招商引资十四项政策，成功引进州佛阁藏药有限公司等一批项目。外宣、外贸及地区间经济协作取得新发展。坚持“先放开后规范”“放水养鱼”等原则，全州非公有经济得到较快发展。

（三）实施西部大开发战略、经济社会科学发展期（1999—2008年）

20世纪90年代末，党中央、国务院做出实施西部大开发的战略决策，给甘南的发展带来了难得的机遇。以西部大开发和国家政策倾斜、产业结构调整为契机，甘南大力进行基础设施建设，改善投资环境，加大招商引资力度，加快了优势资源开发步伐。在深入认识州情，按照科学发展观要求，科学提出了“1422253”发展战略，指导甘南依托优势资源，特色产业开发实现了重大突破，水电、旅游、矿产等已成为甘南新的支柱产业，甘南的经济建设步入了加速发展的快车道。1999年实施天然林保护工程后，全州进一步提高环境保护意识，资源开发的重点放到水电、旅游、藏药等可再生资源上。2003年甘南州全面完成了国有企业改革工作，按照转产权、转机制、变身份的思路，以企业产权转让、国有资本退出竞争性行业为形式，全州153户国有企业，通过股份制改制、产权转让、破产重组等形式，建立起了多元投资的规范法人治理结构，妥善安置了6300名职工。大力改革投融资体制，实行全方位的对外开放和招商引资，建立多元投资主体和发展格局，项目建设和招商引资成为甘南资源配置的最有效形式，外商和民间资本可以投资各种领域。以农牧业产业化为目标，实施农牧互补战略，坚持以草为本，农牧结合，通过产业化龙头企业的带动，获得规模经济效益，实现了畜牧业从粗放经营向集约经营的转变。随着改革力度的加大，社会体制改革随之深入。深化教育体制改革，优化教育资源配置，逐步缩小城乡教育发展差距，推动公共教育协调发展；深化文化体制改革，把发展公益文化事业作为保障人民文化权益的主要途径；深化医疗卫生体制改革，建立覆盖城乡居民基本卫生保健网络。

三、改革开放对甘南的深刻影响和取得成就的相对性

“改革是第二次革命。”改革开放对甘南民族地区的影响，无论是广度还是深度都是巨大的，可以说是翻天覆地的。但也由于起点低、基础差，影响发展的诸多问题仍然存在。

(一) 经济结构的巨大变革

改革开放最显著的成就是经济发展和经济结构的变化。甘南经济体制改革，使经济结构发生了三个巨大转变。一是实现了从僵化的计划经济向社会主义市场经济的转变。通过深化改革，全州各类市场得到较快发展，市场对资源的配置作用显著增强，生产向商品化、市场化发展。二是从单一的农牧经济向农、工、服务业现代复合经济发展。农牧业打破自给自足状况，开始向产业化方向发展。工业初步建成了有地方特色的电力、矿产、制药、建材为主导的工业体系。第三产业逐步形成了各种经济形式并存、行业门类比较齐全的群体。三是实现了从国有经济一统天下向多种经济成分并存共荣转变。随着州县属国有企业改制任务的完成，非公有制经济长足发展，占全州经济总量比重逐步提高。改革给甘南经济注入无穷活力，全州经济快速发展，经济实力日益增强，2007 年全州国内生产总值达到 35.37 亿元，是 1978 年的 20.8 倍，人均国内生产总值 5200 元，是 1978 年的 14.7 倍，财政收入 3.47 亿元，是 1978 年的 31.7 倍。同时也要看到，甘南经济总量小，基础薄弱，全州生产总值仅占甘肃省的 1.3%，在全国 30 个少数民族自治州中排在第 23 位，人均生产总值仅为全国人均水平的 27.7%，差距非常明显，经济总体仍然落后。

(二) 社会结构的深刻变化

封闭落后、基础设施差、现代因素少、农牧村为主体曾是甘南社会的特征。改革开放和经济发展推动着甘南社会结构发生了巨大变化，逐步从封闭社会向开放社会、传统社会向现代社会、农牧村社会向城镇社会的转型。改革开放以来，国家逐年加大对甘南城乡基础设施建设的投资，建成了一大批交通、能源、通信、水利、市政、社会事业项目，全州城乡面貌有了根本变化，城镇规模和容量不断扩大，城镇综合服务和辐射带动能力显著提高，城乡二元结构有所突破，全州城镇人口已达13.5万人，城镇化率为26.4%，比1978年提高14.4个百分点。采取多种措施扩大对外开放，招商引资，发展旅游业，输出农牧村剩余劳动力发展劳务经济，促进了人流、物流、资金流和信息技术流在城乡间、州内外的有效流动，城乡活力迸放，文明因素涌入，社会层级增多，社会运转进入良性轨道。在看到甘南社会良性转化的同时，甘南社会发育程度低、基础薄弱、现代文明因素少的困难依然存在，城镇化、工业化、现代化的道路还漫长。

（三）解决贫困问题有了较大突破

自然条件恶劣、生产水平低下、贫困面大，特别是少数民族群众生产生活方式落后、生活贫苦是困扰甘南发展的重大问题。改革开放以来，在国家的大力支持下，甘南加大投入改善农牧村生产生活条件，大力推广科学种田、科学养畜，进行农牧业综合开发，发展多种经济，不断增加群众经济收入。走整体推进、开发式扶贫路子，把与群众生产生活紧密相关的基本生产、基本生活、基本教育、基本医疗和生存环境建设作为扶贫重点，行政村基本实现了通路、通水、通电、通广播电视，贫困面大幅下降，大多数人口稳定解决了温饱，条件好的乡村开始向小康迈进。实施牧民定居工程，数万牧民结束了原始游牧生活。甘南每年频繁发生的旱、洪、雹、雪、地震等灾害，给农牧民生产生活造成了很大损失，全州每年投入大量财力、物力，抗灾救灾、救济扶困，及时救助受灾群众，保障他们的基本生活不受影响。努力完善社会保障体系，广泛建立城乡最低收入保障制度、医疗保险制度，重视和解决就业、教育、医疗、公共卫生以及社会公正等有关民生的社会问题，让发展的成果更多地惠及全州各族人民。人民生活质量和水平的提高是甘南改革开放的重要成果。但是还要看到，甘南还有一定数量的贫困人口；由于商品经济不发达、经济整体落后，群众增收困难，扶贫攻坚难度很大；农牧村基础条件差，新农村建设任重道远。

（四）政治文化的全面进步

改革开放30年，甘南州认真贯彻党在民族地区的各项方针政策，认真执行民族区域自治制度，研究把握民族地区工作的特点和规律，注意研究新情况、解决新问题，在广大干部群众中深入开展民族团结进步教育，依法加强对宗教活动的管理，积极引导宗教与社会主义社会相适应，“三个离不开”的思想已深入人心，“共同团结奋斗、共同繁荣发展”的观念已深入人心，平等、团结、互助、和谐的社会主义新型民族关系更加巩固。甘南州党委、政府积极实施科教兴州战略，大力发展民族教育，全州人口文化结构有了显著改善，文盲率由1978年的60%下降到8.3%，全州通过了“普初”“两基”工作；全州科技、卫生、文化、体育等事业得到较快发展。同时，坚持不懈地加强精神文明建设，努力用社会主义先进文化占领民族地区文化阵地，在干部群众中倡导开放、竞争、发展的现代意识，学习先进文化和先进技术，改变生产生活中的陈规陋习，大大提高了各族干部群众的思想道德和科学文化素质。但仍然有不少问题，甘南教育普及程度落后于全省、全国，全州平均受教育年限仅有4年，青壮年文盲率高，高中毛入学率仅为32.86%，高等教育毛入学率仅为16.76%；科技应用推广水平低，科技对经济增长的贡献率低，卫生、文化事业落后；宗教在一定范围内的影响将长期存在。

（五）对州情认识的深化和工作理念的转变

甘南改革开放的过程，也是深化对州情的认识、完善工作思路、改进工作方式的过程。改革开放后，甘南州委、州政府坚持实事求是的思想路线，探索和认识甘南的特殊性，理论结合实际，深化州情认识，确立战略目标，指导甘南发展。对州情的认识大体经历了三个阶段。

第一个阶段：20世纪80年代初，为了改变“以粮为纲”的错误做法和农村经济结构单一的现状，州委提出了“以牧为主，牧农林相结合，因地制宜，综合发展”的生产方针。这一工作思路延续到90年代初。这期间顺利完成了农牧村经济体制改革，进行了退耕还牧、种草种树等农村经济结构调整，发展多种经济，全州农牧村经济得到较快发展。

第二个阶段：党的十四大以来，为适应建立社会主义市场经济的要求，州第八次党代会提出经济发展的指导思想是：“以适应和建设社会主义市场经济体制为目的，加大改革力度，强化农牧业基础建设，加快发展民族工业，加快资源开发步伐，加快发展乡镇企业，大力发展第三产业和非公有制经济，形成比较合理的经济结构，提高民族经济的综合实力。”此后，全州积极推进社会主义市场经济的各项改革，加大了资源开发特别是森林资源开发力度，依托林业生产的地方工业和乡镇企业得到较快发展，培育了旅游等第三产业，非公有制经济有了较快发展。

第三个阶段：实施西部大开发战略和天然林保护后，州委、州政府站在新的理论和实践的高度上，深入分析甘南发展的有利条件和制约因素，准确把握发展机遇和政策动向，科学谋划甘南发展大局，在州委九届七次全会上提出了“1422253”发展战略，即：“围绕全面建设小康社会这个中心，认真实施科教兴州、工业强州、开放带动、项目拉动战略；突出抓好旅游和水电资源开发，实现跨越式发展；切实加强和规范矿产资源开发，提升农畜产品加工，实现加速发展；推进农牧业产业化和藏医药及山野珍品开发，实现稳步发展；继续搞好基础设施、生态环境、城市（镇）、非公经济发展和社会保障体系五大建设；把甘南建成甘肃重要的绿色畜产品加工、能源工业和特色旅游三大基地。”这个发展战略明确了甘南发展的总体目标、保障措施、发展方向、建设重点和产业格局，找到了依托资源优势搞好产业开发的切入点和加快甘南发展的突破口。近几年较好地贯彻落实了这个发展战略，全州经济社会有了快速发展，尤其是优势特色产业水电开发和旅游业有了跨越式发展，成为甘南新型支柱产业。全州发展思想进一步丰富，工作格局和工作理念有了很大的转变进步，新的战略目标和发展思路，必将推动甘南经济社会各项事业再上一个新台阶。

四、经验和展望

改革开放30年为甘南民族地区的持续发展进步积累了丰富的物质财富和精神财富，夯实了经济基础、政治基础、群众基础和思想文化基础，成功实践的经验必将引领甘南在新的历史起点上取得更大成就。

第一，继续坚持改革开放，不断增强甘南发展的活力。甘南今天的发展进步，都是由于坚持改革开放带来的。要进一步坚持解放思想和改革开放，勇于创新，着力解决不符合科学发展和市场经济规律的体制机制障碍，使深化改革取得突破性进展。扩大开放，招商引资，把甘南发展摆在全省、全国大格局中加以谋划，在引进资本的同时引进先进的思想观念、管理经验、体制机制，要致力于更大范围、更多领域、更高层次参与国内外合作与竞争。

第二，培育壮大特色产业，实现甘南经济又好又快发展。经济的较快发展是一个地区落实科学发展观的基础。甘南要优化经济结构，转变发展方式，实现科学发展，就必须统筹城乡发展，促进工农业的有机结合，走产业化发展路子，着力在培育壮大特色优势产业上下工夫。要认真实施州委“1422253”发展战略，以水电、旅游、畜产品加工、矿产等特色产业为重点，创新发展模式，延伸产业链，把资源优势转化为产业优势、经济优势。

第三，解决好民生问题，积极构建“和谐甘南”。对甘南来说，贫困面还比较大，低收入人群和困难群众较多，解决好民生问题是构建和谐社会的重要任务。在帮助农牧民发展生产、增加收入的基础上，尽力解决群众急需解决、最想解决的道路、通水、通电、上学、就医、就业、社会保障等问题，加快新农牧村建设步伐，关注城镇弱势群体，让改革发展成果惠及全体人民。

第四，全面贯彻落实民族区域自治制度，正确处理好甘南改革、发展、稳定关系。施行民族区域自治制度是我们党的一大政治优势，甘南坚持民族区域自治制度实现了各族人民当家做主和经济社会的快速发展，实现了与全国人民共同繁荣进步，必须一以贯之地坚持下去。要加强精神文明建设，用社会主义先进文化占领农牧村思想阵地，加强法制建设和社会治安治理，深入开展民族团结、民族政策教育，依法加强对宗教事务管理，坚决打击和反对达赖集团的分裂活动，全力维护安定团结、稳定和谐的政治局面。

第五，加大国家扶持力度，突出甘南生态和社会功能建设。从甘南在全国大局的地位看，经济贡献是很弱的，其作用主要表现在生态功能和社会功能上。甘南是西北地区不多的相对保存完好的绿地，是黄河、长江的重要涵养区，对维护大江大河水源和西北生态安全有重要作用。甘南是甘、青、川安多藏区经济文化和宗教活动中心，甘南的发展稳定对促进整个藏区、特别是安多藏区的和谐稳定有重要的意义，战略地位十分重要，社会示范功能作用大。甘南自我发展能力很弱，甘南的发展继续需要国家更多的扶持帮助。今后国家要突出对甘南生态建设和社会建设的扶持，使甘南在生态安全和社会稳定方面发挥更大作用。

第六，进一步加强和改善党的领导。党的领导是民族地区各项事业稳步推进的根本保证，要从甘南各族人民根本利益出发，按照“三个代表”重要思想的要求，全面加强党的建设。深入研究甘南发展稳定的深层次问题，改进工作方法，提高执政能力。加强基层组织建设，密切联系群众，求真务实，转变工作作风，更好地体现党的先进性。

甘南科学发展、和谐发展的总趋势已经确立，虽然在前进中会遇到各种困难和问题，但是甘南各族人民永远跟着共产党走、一心一意谋发展搞建设、建设幸福家园的意志坚不可摧，全州经济发展、政治民主、民族团结、宗教和顺、社会和谐的良好局面坚不可摧。有党的正确领导和全国人民的大力支持，有全州各级干部和各族人民的共同奋斗，甘南的明天一定会幸福美好。

本文原载《甘肃党史工作》，2008（4）。

我所了解的卓尼物资交流会情况

马永寿[①] 张建军[②]

卓尼的六月物资交流会，是清末按照当地藏族风俗，在每年农历六月初四举行的“骡马会”基础上形成的，其固定地点为“嘛尼滩”（现柳林小学所在地），“骡马会”期间有栽嘛尼旗杆以及摔跤等活动，会期 7 天，称“嘛尼市”。

1915 年因集会期间踩死一人，从此不再举行栽嘛尼旗杆活动。“嘛尼市”也就改称“六月四”，亦称“六月会”，而延续发展到现在。

此外，民国初期，还开辟了一个“十月会”，会期在每年农历十月二十四日至三十日，亦称“骡马会”。著名学者李安宅和于式玉夫妇的《黑错 · 临潭卓尼一带旅行日记 · 洮州歌》中对卓尼的六月会和十月会境况有详细的描述，现特摘录于后：“黄叶菜，黄又黄，洮州地方天气凉。三月四月穿皮袄，六月不见庄稼黄。老百姓全靠做生意，耕田务农莫指望。一年四季走番地，十月六月两会场；张三赶来一群马，李二赶来牛一帮，土拉保驼来十捆皮，麻目沙赶到五百羊，马又大来羊又肥，一天到晚卖了个光。”1937 年“卓尼博峪事变”后，六月会和十月会被中断。1953 年恢复集

① 马永寿，卓尼县党史地方志办公室主任。
② 张建军，卓尼县工商行政管理局副局长。

会，1958年又中断。至1979年，重新恢复“六月会”，亦称“物资交流会”，会期短则6天，长则10天不等。自1980年以来，随着国民经济的不断发展，每逢会期，外省、外县的客商纷至沓来，交易范围迅速扩大，除专门的骡马交易外，商品门类品种齐全。各种文艺、体育活动吸引着八方游人，人口流量达到数万人。

另外，卓尼县还有以物资交流会形式的集市和庙会多处，如1915年由土司杨积庆开创的每年农历“腊月二十六日集”。当地“四月八白塔寺”庙会和五月二十七日的“草岔沟神会”都延续至今；1985年6月23—27日在扎古录乡政府所在地举行的物资交流大会，虽然定为农历每月初五、十五、二十五为集日，但是由于该地区周围都是藏族牧民群众，没有赶集的习惯，未能延续下来。1985年10月15日在洮砚乡政府所在地哇儿沟村创办“哇儿沟集”，每逢集日，附近临潭、岷县等地的流动商贩以及当地广大群众带上自己的编织品、洮砚等工艺品和农副产品前来赶集进行交易，活跃了农村经济。

玛曲草原荒漠化加剧已危及整个黄河流域

张学虎

黄河从青海省发源后，在这里绕了一个优美的大弯，形成了著名的“天下黄河第一曲”。

这里曾因草场量大质优被誉为“亚洲第一优良牧场”。

这里是丹顶鹤、雪豹、白唇鹿等许多珍稀濒危动物的栖息乐园。

这里因支流众多，雨水充沛，补充黄河水量达45％左右而被誉为黄河的“蓄水池”。

而目前这里在人类活动和自然因素双重作用的影响下，大片草场出现了日益严重的干旱化、退化、荒漠化问题，生态环境急剧恶化，黄河“蓄水池”的功能逐渐被削弱，直接导致了黄河下游的断流。如果我们仍然漠视其状况，继续任其发展，黄河首曲在不远的将来会变成高寒荒漠，其结果是流淌了数千万年的母亲河将不复存在，这绝不是危言耸听。

玛曲县位于甘肃省西南部，地处青藏高原东端，与川、青两省交界，总面积为10190.8平方千米。全县地势高，地形多种多样，由西北向东南高度递减，最低海拔3300米，最高海拔4800

米。黄河从青海省果洛藏族自治州门堂乡进入玛曲县受南部松潘高原，东部岷山余脉，北部西倾山的阻挡，经南、东、北三面环绕玛曲，由西北部欧拉秀玛乡阿格托再返青海省。黄河干流在甘肃境内流程为740千米，而在玛曲县境内的流程为433.3千米，形成了著名的“天下黄河第一弯”。

玛曲县是一个以藏族为主的纯牧业县，因“玛曲”系藏语中黄河的译音而得名。全县总人口为3.7万人，其中藏族人口占89%。全县辖8个乡36个村委会，牧业人口占全县总人口的75%。近年来，玛曲县先后打通近10条省县乡公路，公路总长为520.7千米，实现“两通”的有8个乡20个村委会，并和四川省、青海省实现了交通并网。全县邮电通信线路总长330千米，目前在开通千门程控电话的基础上，又开通了无线寻呼、移动电话，并实现了全国联网。1993年玛曲县被国务院批准为对外开放县。1995年玛曲县摆脱了靠国家财政补贴过日子的局面，提前一年成为财政扭补县。1999年全县国民生产总值为2.1649亿元，财政收入达4636万元，牧民人均纯收入为2253元。

草地资源是大自然的主体部分之一，是人类赖以生存和发展的物质基础，是维护生态平衡的重要环节。玛曲县有量大质优的天然草场，是甘肃省主要的畜牧业基地之一，草场面积达85.9万公顷，占土地总面积的89.4%。由于黄河从三面环绕该县，使该县许多地方形成宽阔的滩地，如勘木日多滩、俄后滩、德务滩、扎西滩等。这里地表平坦，水草丰美，属川西藏东高原灌丛草甸区，是亚洲最优良的牧场之一，自汉代就有“羌中畜牧甲天下”之称。至1999年，全县存栏各类牲畜68.53万头（只、匹），主要畜种有“高原之舟”之美称的牦牛和闻名全国的欧拉羊、河曲马等优良畜种。

玛曲县幅员辽阔，地形地貌多样，植被类型较多，在诸种生态因子的共同作用下形成了适应高寒气候的野生动植物区系。其中属国家保护的珍贵动物有马鹿、麝、雪豹、白唇鹿、梅花鹿、棕熊、猞猁、丹顶鹤、黑颈鹤、天鹅、雪鸡、蓝马鸡、藏原羚等10余种。野生植物种类多，分布广。据初步调查，境内野生药用植物分属39科100属151种，遍及全县。

玛曲地处青藏高原东端，“九曲黄河”第一弯曲部，风景秀丽，形成了诸多独特的高原风景，如黄河之水天上来、西麦朵合塘（藏语意为“花的海洋”）、曲哈湖、当庆湖、宗喀、大水、西柯河、七仙女峰、乔科滩、鹅后滩、贡赛喀木道等。其间，雪山高耸，草地平坦，河汉交错，灌木丛生，是天然的旅游胜地。同时，玛曲素有“羌海”之称，自古就是党项、先零、钟存、迷唐、白兰和藏族居牧之地，汉代零天子之荼城（羌）遗址、唐时期的黄河桥遗址、吐蕃赞普赤德松赞的军事指挥部等，是考古和研究诸羌族、藏族的重要地区。

玛曲县素有黄河“蓄水池”之称，是黄河水量的主要补给地。黄河从青海省果洛藏族自治州门堂乡进入玛曲后，从南、东、北三面绕阿尼玛卿雪山后由西北部阿格托又进入青海省，流程达433.3千米，流域面积达9590平方千米，占全县总面积的94%，年平均流量544立方米／秒。黄河在这里支流众多，较大的一级支流有尕鲁曲、尕藏曲、当莫曲、张莫曲、塔玛曲、赛尔曲、头道河、黑河、曲河、瓦尔河、西科河、当庆曲、鄂尔瓦斯、吉勒河、加曲、尕甲河、腰斗曲、郎曲、斗郎曲等27条，较小的二、三级支流达300余条，均发源于玛曲县境内的阿尼玛卿山和西倾山的南翼。据测量，黄河从青海省门堂乡进入玛曲时水流量只占黄河总水量的20%，而从玛曲县欧拉秀玛乡境内再返入青海省河南县时，流量增加到黄河总水流量的65%左右，补给水量达45%左右。

近年来，随着玛曲草原干旱现象加剧，草场沙漠化扩大，许多泉水干涸，河水水量减小，生态环境急剧恶化，已向整个黄河流域敲响了生态恶变的警钟。

良好的生态环境是人类赖以生存和发展的基本条件，是实现可持续发展的基础。天然草场是玛曲县最主要的自然资源和广大牧民群众赖以生存的生产资料和生活资料。玛曲县草地以亚高山草甸为主，素有“亚洲第一牧场”的美称。在20世纪四五十年代，全县草场没有一点沙化，到处是一片风吹草低见牛羊的景象。到六七十年代，由于社会、环境、政策和人为因素，草场开始出现零星沙化。1980—1985年，沙化面积为2.16万亩，1986—1989年发展到25.78万亩，1990—1998年已发展到67.18万亩。从1980—1998年的19年间，平均沙化速度达21.8%。根据1976年和1994年卫星遥感图像对照比较，沙丘分布由以前的斑点状分布的半固定、半荒漠向集中连片，全沙化和流动沙丘演变。据甘肃省环保局、省沙漠研究所和甘南州县有关部门的专家调研，沙区范围为欧拉乡、尼玛乡、河曲马场和曼尔玛乡三乡一场。沙漠化的中心在该县曼尔玛乡境内，黄河因风力所致在草原上形成大大小小的沙丘，脚踩上去就会下陷，稀疏的牧场和沙生植物大多根茎裸露，几近枯死。近黄河边的植被区亦被黄河水长期浸蚀，淘空了植被下面的泥沙层，形成大面积塌陷沙滩，严重影响了黄河流域的水土保持和牧民的生产生活。1997年国际湿地组织的专家到玛曲考察后，对这片沙化草场深感忧虑。从卫星图像和实地调查结果看，该县目前沙化面积集中连片达到国家治理标准的4.2万公顷，有沙化点36处，面积达0.61万公顷。其中流动沙丘202公顷、固定沙丘400多公顷，部分沙丘高达12～15米。全县草场退化面积达46%以上，黄河岸边的沙化带有119千米长，沙化面积从1995年至1999年平均每年以299公顷的速度递增。在上述沙化区，生物多样性受到严重破坏，很多珍稀野生动物的栖息环境不断恶化，许多国家级保护动物濒临灭绝。沙进人退，导致曼日玛、欧拉两乡的可利用草场面积逐渐减少，沙区的2500多牧民，16.8万头（只）牲畜已完全退出沙区，沦为贫困人口。专家呼吁，若不治理这片沙化草场，任凭其恣意扩大，黄河首曲在不远的将来会变成高寒荒漠，其结果是流淌了数千万年的母亲河将不复存在。

造成如此严重的草场干旱沙化的原因主要有以下五个方面。

一是人类活动和自然因素双重作用影响的结果，而人类活动起着决定性的作用。草场沙化的加剧首先是当地牧民群众受传统思想的束缚，惜售心理严重，所饲养的牲畜大大超过了草场承载能力。根据玛曲县畜牧业发展情况统计，全县各类牲畜总量，20世纪50年代为24万头（只），60年代为33万头（只），70年代为45万头（只），80年代为64万头（只），1998年达70.53万头（只），可以说牲畜总量在过去几十年里呈直线增长。据不完全统计，1989年草场超载量达35万个羊单位，至1998年，超载40多万个羊单位。超载导致草场退化，草场质量下降，造成生态环境失衡，诱发土地沙化。

二是虫害、鼠害严重。中华鼢鼠、草原毛虫都是草原的大敌，专食草的根茎叶，危害植被。鼠虫害严重的地区，许多草场逐渐演变为沙化区。目前，全县鼠虫害重度危害面积达15万公顷，占全县可利用草场面积的18.1%。

三是黄河改道侵蚀。玛曲境内黄河干支流由于缺乏治理，致使水蚀、风蚀、重力侵蚀现象恶性循环。长期以来，促使水土流失向纵深发展，出现频繁的泥石灾害。河流、雨水冲刷冲击，使河岩疏松地段大面积塌方、滑坡，增加了黄河泥沙量，并逐年抬高河床，促使黄河频繁改道，使原河床河沙裸露，随风泛起，加剧了草场荒漠化进程。同时，暴风雨的侵蚀作用使植被浅薄地段发生剥蚀，使沙土层外露，在强风的作用下逐渐形成沙丘并不断前移，埋没草场，增大沙化面积。截至目前，玛曲县黄河干支流“干河”面积达4.3万公顷。

四是20世纪六七十年代用草皮围草库仑和近几年的挖药、采矿等人为破坏严重。由于玛曲草原土壤垂直分布为黑土层、黄土层和沙质交错分布，草场植被一旦遭到破坏和退化后，遇上大风和大雨，泥沙便四处蔓延，是导致沙化的原因之一。

五是近几年气候干旱，年降水量低于500毫米，直接影响了牧草的生长。据资料统计，由于受全球性“厄尔尼诺”现象的影响，该县降雨量从80年代至今一直偏小。1967—1987年平均为615.8毫米，1988—1997年降至530.2毫米。而年蒸发量为1000～1500毫米，大部分时期1300～1500毫米，个别时期超过降水量的5倍或更多。其结果是导致全县的天然草场植被正在向着不利于人类生产活动需要的方向演变，可食牧草产量从1981年的平均5860.5公斤／公顷，下降到1998年的4200公斤／公顷，下降28.3%。亚高山草甸草场的饱和度从40～45种／平方米减少到32～38种／平方米。各种毒杂草大量丛生，草层平均高度比17年前下降了15厘米左右。秦艽、甘肃贝母、红景天等药用植物在各类牧场已很难找到。同时，亚高山灌丛草甸中的灌丛面积不断减少。20世纪60年代航测图上有绿斑面积21.1万公顷，90年代航测图上只有4.9万公顷，减少了76.7%。干旱还致使组成若尔盖湿地的乔科沼泽大面积干涸，尼玛、曼尔玛、阿万仓、欧拉等乡境内的零星沼泽地已完全干涸，干涸沼泽地总面积达3.5万公顷，随之而来的是大片草场出现干旱化、退化、荒漠化，致使不能利用和已失去利用价值的草场面积达17.3万公顷，占全县草场面积的20.8%。随着干旱灾害的日益猖獗，大面积草场逐渐演变为干旱化、退化、沙漠化草场，使全县草场质量急剧下降，草场利用率降低，单位面积草场载畜量不断下降，草畜矛盾日益尖锐，个别地方和牧民群众甚至要到10千米外的黄河边背水、背冰块饮用。

由于草场干旱化、退化、荒漠化现象加剧，降水量减少，沼泽地大面积干涸，地下水位下降，部分泉水干涸，致使大部分支流流量减少，玛曲草原黄河“蓄水池”的水源涵养功能对黄河水量的补给作用正逐步被削弱。据资料分析，黄河玛曲段水情1960—1980年的年平均流量在每秒198～692立方米。1991—1997年年平均流量在每秒203～539立方米。据统计，近8年来，黄河玛曲段由于生态环境破坏，使这一地区补给黄河水流量减少了15%左右，直接造成了黄河下游的断流，给黄河中下游各省区的工农业生产带来了数以千亿元的经济损失。专家认为，加大黄河首曲草原干旱化、退化、荒漠化治理，改变黄河首曲生态环境已迫在眉睫。

针对日趋严重的生态问题，玛曲县早就发现其严重的危害性。近年来，玛曲县委、县政府从高度的政治责任感和历史使命感出发，加大依法治牧和依法治草力度，切实加强了《中华人民共和国草原法》《甘肃省草原管理条例》《甘南州草原管理办法》等法律、法规的贯彻落实，并通过举办有关草原法律、法规学习班，对草原监理机构的工作人员和乡、村基层领导干部进行轮训。在县城及乡村驻地和交通要道设立永久性宣传牌，在县有线电视台和县中波转播台设立固定节目，专题宣传草原管理法规，使依法保护和管理草原日益深入人心。同时，县上还在财力十分紧张的情况下，每年投入近千万元用于草原生态环境的治理。从1996年开始在全县各乡推行草场承包到户经营责任制引导牧民逐渐克服惜售思想，加大牲畜出栏力度，调整畜群结构，实行以草定畜，科学合理利用草场，在一定程度上减轻了草场压力，遏止了草场退化趋势，极大地调动了广大牧民群众建设草原、保护草原的积极性，为促进草场生态平衡奠定了基础。截至目前，全县共承包草场706.26万亩，占草场总面积的56.7%，采取牧民自筹为主，国家适当补贴的方式围栏草场126.11万亩。县政府每年还投入10万元用于草原灭鼠，先后治虫灭鼠面积达225万亩，投入360万元。每年种草规模达3万亩。其中，1996—1998年在国家农业部、省计委的关心下实施的牧区开发示范工程先后投资400万元，围栏24万亩，人工种草2000亩，建成5万亩抗灾保畜基地和1万亩防灾保畜育草基地，使围栏草地—人工种草—饲草料加工三位一体的防灾保畜体系得到了进一步加强，每亩增产青干草40.3千克。另外，良种繁育体系、疫病防治体系、技术推广服务体系建设取得了很好的效益。项目核心区尼玛、欧拉两乡的经济效益明显增长，欧拉乡达尔庆村第二村民小组牧业产值达64万元，牧民人均纯收入平均为2154元，比同期全县人均纯收入高出51元，同时县上于1998年积极争取由香港“乐施会”投资，兰州大学干旱农业国家重点实验室组织实施的高效畜牧业生态示范工程，通过围栏补播除莠、施肥、灭鼠等综合改良措施，在尼玛、欧拉两乡改良治理草场2万亩，为下一步规模治理提供示范推广作用，收到了良好的社会效益和经济效益。

随着国家西部大开发战略和生态环境建设工程的实施，玛曲县委、县政府认真贯彻国家和省上的有关方针、政策，加快“三化”草场治理，努力改善草地生态环境。通过人工增雨和修建蓄水池、引水管道，打压井等多种形式缓解了部分干旱草场缺水问题，一定程度上恢复了草场植被，为切实保证鼠虫防治取得实效，在灭治方式上，坚持点面结合，选取鼠虫害特别严重区，建立灭鼠示范点。在沙化草场的治理方面，采用围栏封育、补播种植多年生优质牧草的办法，促其恢复植被，提高植被覆盖率。但由于地方财力有限，退化草场面积大，草场干旱化、退化、荒漠化程度严重，荒漠化现象仍在进一步加剧。因此通过多种渠道加大资金投入，修建生态水利水保工程，解决干旱草场缺水问题，以恢复草场植被，改善黄河首曲草地生态环境显得尤为迫切。专家呼吁，改变黄河首曲荒漠化现象已刻不容缓，亟需出台一些政策、法规，更需国家在资金上大力支持。

本文原载《甘肃日报》，2000年6月14日。

甘南立法三十年

——甘肃省甘南藏族自治州民族立法工作综述

苏文俊[①]　乔玮[②]

民族自治地方立法权作为民族自治地方自治权的重要方面，是宪法和民族区域自治法赋予民族自治地方的一项基本权利。自 1980 年 4 月甘南藏族自治州第八届人民代表大会设立人大常委会以来，历届州人大常委会十分重视立法工作，不断深化对民族区域自治基本国策的认识，按照宪法和民族区域自治法确定的原则，认真贯彻实施民族区域自治制度，为确保自治州全面行使自治权，在民族立法方面做了积极大胆的探索和实践。30 余年来，州人大共制定自治条例 1 部、单行条例 22 部，其中单行条例废止 1 部，现为 21 部。其内容涵盖经济、政治、社会、文化和生态文明建设各个领域，体现了民族立法从无到有、特色鲜明，且立法程序日臻完善、立法质量稳步提升的发展历程，为确保自治州全面行使自治权，巩固和发展平等、团结、和谐的社会主义民族关系，推动民族自治区域的经济、政治、文化和社会各项事业全面发展提供了重要的法制保障。

1953 年 8 月，甘南藏族自治州宣告成立，成为全国最早实行

① 苏文俊，甘南藏族自治州人大常委会法制工作委员会主任。
② 乔玮，甘南藏族自治州人大常委会法制工作委员会办公室主任。

民族区域自治制度的地区之一。适逢甘南藏族自治州建州63周年之际，我们试图穿越历史时空，追寻和清点甘南藏族自治州人大及其常委会30多年时光留下的民族立法财富，特为编纂《百年甘南实录·甘肃卷》而作，仅供广大读者了解甘南立法工作。

一、甘南民族立法回顾

（一）自治条例：为实施民族区域自治权作保障

1984年5月31日，第六届全国人大第二次会议通过了《中华人民共和国民族区域自治法》，成为在《中华人民共和国宪法》这一国家根本大法基础上保障我国民族区域自治制度的基本法。它科学地总结了我们党和国家实行民族区域自治的经验，体现了全国各族人民的根本利益和意志，把党的民族区域自治政策法制化，为民族区域自治的健康发展提供了坚实的法律保障，标志着我国民族区域自治迈向一个新阶段。

为了认真贯彻落实民族区域自治法，历经8年多时间，自治条例草案先后十易其稿，于1989年8月7日甘南藏族自治州第十届人大二次会议审议通过了《甘肃省甘南藏族自治州自治条例》（简称《自治条例》），1989年9月27日甘肃省第七届人大常委会第十次会议批准，于10月1日正式颁布施行。《自治条例》是根据宪法和民族区域自治法规定的原则和新时期的任务要求，在认真总结经验的基础上，紧密结合甘南藏族自治州民族区域特点制定的，是保障民族区域自治制度在该州得以正确实施的自治法规。《自治条例》明确规定：自治州人民代表大会根据宪法和法律，按照本州政治、经济、教育、文化、卫生、体育等事业的特点，制定自治条例和单行条例，经甘肃省人民代表大会常务委员会批准施行；自治州人民代表大会常务委员会的组成人员中，藏族成员所占的比例应略高于藏族在全州人口中所占的比例，其他民族的成员也应有适当的比例。自治州人民代表大会常务委员会中必须有藏族的公民担任主任或者副主任；自治州州长由藏族公民担任。自治州人民政府组成人员中藏族人员所占比例应略高于藏族在全州人口中所占的比例，其他民族的人员也应有适当的比例。自治州的自治机关所属工作部门的干部中，要尽量配备藏族和其他少数民族的人员；自治州的自治机关在行使职权时，必须使用藏汉两种语言文字。自治州的国家机关、事业、企业单位的布告、公章、商标、票据、证件和标牌等，必须使用藏汉两种文字；自治州中级人民法院和自治州人民检察院的领导成员和工作人员中，必须有一定数量的藏族公民；自治州的自治机关依法保护、管理和利用境内的草原、土地、森林、矿藏、河流等自然资源，保护珍稀野生动植物，恢复和保持生态平衡。自治州境内部属、省属的企业，开发利用自治州的资源时，必须兼顾社会效益、生态效益和自治地方的经济利益，并且按照《甘肃省实施民族区域自治法若干规定》，在上缴的利润或所得税中，给自治州返还9%，向自治州缴纳一定的资源补偿费；自治州的自治机关完善农牧区家庭联产承包责任制。有条件的地方，在自愿的原则下，引导农牧业向专业化、规模经营的方向发展，并保护其合法权益；自治州的草原实行承包经营，谁使用、谁保护，谁受益、谁建设，长期不变，允许转包；自治州的自治机关对牲畜实行分畜到户，私有私养，自主经营，长期不变的政策；自治州的自治机关依法对州内国有林业企业、事业单位和集体林场的经营活动行使林政管理权和监督检查权，采伐计划须事先征求自治州人民政府的意见。同时，《自治条例》对自治机关的组成、经济建设、财政金融管理、人才培养、文化建设、民族关系等做出了明确规定。《自治条例》的主要内容充分体现了民族区域自治法赋予的自治权，并贯穿于条例之中。《自治条例》自公布实施以来，对于贯彻实施民族区域自治制度，保障甘南藏族自治州民族自治权利，巩固和发展平等、团结、和谐的社会主义民族关系，促进自治州经济、政治、文化和社会各项事业的发展，维护国家统一等方面发挥了重要的作用。但是，随着我国改革开放的深入发展，社会主义市场经济体制的建立，《自治条例》有许多主要条款是计划经济时代的内容，已不适应自治州经济、政治、文化和社会各项事业发展的需要，必须做相应的修订、补充和完善。为此，《自治条例》的修订工作，州委高度重视，社会各界十分关注，全州各族人民充满期待。2001 年年底，州委决定修订《自治条例》并成立领导小组，设立办公室开展工作。经过多年努力，数易其稿，使新修订的《自治条例》的内容与宪法、民族区域自治法的规定相一致，维护了法制统一。经 2010 年 3 月 31 日甘肃省十一届人大常委会第十四次会议审议批准，2010 年 4 月 16 日州十四届人大常委会第二十三次会议公布实施。修订后公布实施的《自治条例》主要有以下几个突出特点：第一，坚持法制统一原则。坚持以宪法、民族区域自治法以及其他法律为依据，从自治州实际出发，做到合法性和灵活性的有机统一。第二，充分保障自治州自治机关和自治民族的自治权。《自治条例》明确规定了自治州的自治机关行使同级地方国家机关的职权，同时行使“自治权”，如自治机关享有制定自治条例、单行条例的立法权，使用藏语言文字，培养使用少数民族干部，自主地发展经济和科学技术、文化、教育、卫生、体育等方面的自治权。第三，突出加快经济发展这一主题。在自治州的建设目标、基础设施建设、生态环境保护、资源开发、财政税收、金融管理等方面充实了新内容，为自治州的经济社会发展奠定了基础。第四，统筹兼顾，促进科教文卫等社会各项事业的发展。新修订的《自治条例》重视民族教育、科学技术、文化艺术、医疗卫生等事业的发展，对促进自治州社会各项事业协调发展具有重要意义。第五，坚持党的民族政策，促进民族团结。《自治条例》明确规定，自治州的自治机关要维护国家安全和祖国的统一，维护各民族的团结，坚持各民族一律平等，保障宗教信仰自由，禁止对任何民族的歧视和压迫，禁止破坏民族团结和制造民族分裂的行为。《自治条例》以专章规定了自治州的民族关系，强调自治州的自治机关重视发展平等、团结、互助、和谐的社会主义民族关系。《自治条例》的修订是州委、州人大常委会工作的一大亮点，也是自治州民主法制建设的一项重大成果。

（二）经济立法：为加快民族区域经济发展护航

随着甘南自治州实施农牧互补，推进“一特四化”发展战略的不断深入，畜种改良的步伐明显加快，随之发生疫情的风险也在不断增大。为了防止动物疫病的发生与传播，保障全州畜牧业的健康发展，1998年10月和2011年9月，甘南藏族自治州人大常委会先后制定了《甘肃省甘南藏族自治州家畜家禽防疫条例》及《甘肃省甘南藏族自治州牲畜引进防检疫管理条例》，对畜禽疫病的预防与扑灭、畜禽及畜禽产品检验、兽医卫生管理和监督法律责任等做了明确规定。这两部单行条例的公布实施，使家畜家禽传染病和寄生虫病、牲畜引进防检疫等疾病得到了有效控制，产生了良好的经济效益和社会效益。

为了将资源优势转化为经济优势，推动甘南旅游业持续、快速、健康发展，2001年5月制定的《甘肃省甘南藏族自治州旅游管理条例》对合理开发利用和保护旅游资源、建立良好的旅游发展环境、维护旅游经营者和旅游者的合法权益等方面做了明确规范，创造了良好的旅游市场秩序，九色香巴拉的美誉度和吸引力进一步提升。据统计，2015年，年接待游客770万人次，实现旅游综合收入达到34.7亿元，增长51.3%，实现历史性突破。推动了甘南旅游业持续、快速、健康发展。但随着旅游业的快速发展，规范旅游市场和依法行政工作的需要，条例已不适应当前和今后自治州旅游业发展的迫切要求，部分条款和内容不够完善。如对旅游行政管理部门、旅游者、经营者、从业人员的有关条款只规定义务而没有规定权利等不规范问题。2012 年 10 月新修订的《甘肃省甘南藏族自治州旅游管理条例》做了修改、补充、完善，避免了偏重义务、弱化权利等问题。《甘南省甘南藏族自治州旅游管理条例》对保护、开发、利用旅游资源，规范旅游市场秩序等方面做出了明确规定。同时，明确规范了对权利和义务的完整性、行为规范的统一性，体现了该条例的公平、公正性，对于促进政府部门依法行政，依法保障旅游者、经营者、从业人员的合法权益发挥了重要作用。

为促进非公有制经济的快速发展，2001 年 5 月制定了《甘肃省甘南藏族自治州个体工商户和私营企业权益保护条例》，该条例实施近 10 年来，依法保护了个体工商户和私营企业的合法权益，促进了非公有制经济的快速发展，2011 年，非公有制经济占全州 GDP 的比重达到了 35%。但随着国家制定的个人独资企业法、合伙企业法、公司法、物权法、行政许可法、劳动法及劳动合同法等关于私有财产保护、促进非公有制经济发展方面法律、法规的先后出台，以及国务院、省委、省政府支持非公有制经济发展有关政策的制定与实施，非公有制经济经营的范围和领域进一步拓宽。条例所涉及非公有制企业资产保护，支持企业发展的服务体系等内容与现行的有关法律、法规以及国家、甘肃省的相关政策不一致，实践中不再适用。因此，经 2011 年 9 月 29 日甘肃省第十一届人民代表大会常务委员会第二十三次会议批准，2011 年 10 月 23 日州十四届人大常委会第三十二次会议对该条例做出了废止决定。

改革开放 30 多年来，在党的民族政策的光辉照耀下，甘南农牧村公路事业快速推进，极大地改善了农牧村经济社会发展的条件，为社会主义新农牧村建设提供了良好的交通保障。但是，随着农牧村公路里程的不断增加，公路管理养护滞后的问题日益显现。一是农牧村公路养护责任主体尚不明确，机制不健全，责任落实不到位，部分农牧村公路已出现失管失养现象；二是目前农牧村公路养护缺乏稳定的资金来源，养护资金缺口大，仅靠省级安排用于农牧村公路大中修工程资金难以维持；三是一些跨区域超限超载运输车辆和工程机械为逃避干线公路收费或处罚，绕行农牧村公路现象日益突出，造成农牧村公路严重损坏。由于执法力量薄弱，难度大，这些违法行为难以处置。鉴于上述原因，为解决自治州农牧村公路管理养护工作中存在的问题，制定本条例非常必要。为此，2013 年 9 月 27 日制定了《甘肃省甘南藏族自治州农村公路管理养护条例》。该条例结合自治州农牧村公路管理养护工作实际，从管理养护职责、资金筹措、公路养护、路政管理以及环境保护等方面设定了权利和义务，进一步明确了责任主体。该条例的颁布实施，为依法保护自治州农牧村公路管理养护工作无疑将起到良好的推动作用。

(三) 生态立法：为了经济社会的可持续发展

维护生态环境对于实现经济社会可持续发展起着至关重要的作用。为了合理利用草原资源，有效保护和治理草原生态环境，促进民族区域经济社会可持续发展，1992 年 4 月制定了《甘肃省甘南藏族自治州草原管理条例》，确认了草原的两种所有制，使用权和所有权的分离，改变了对草原管理、使用上存在的“吃大锅饭”的状况，促进了草原建设和畜牧业生产的发展。随着牧区改革的进一步深化，2003 年 6 月对《甘肃省甘南藏族自治州草原管理条例》进行了修改完善，进一步明确规定了草原承包 50 年不变的原则；规定草原的承包经营权可依法有偿自愿合理流转，包括转让、转包、合作等经营形式，引导牧民调整畜群结构，减轻了草原载畜量过大对草原生态环境的压力，取得了显著成效。

环境污染实质是资源的浪费和不合理使用，保护环境的根本之策是节约资源。甘南是甘肃省矿产资源比较丰富的地区之一。20世纪90年代以后，州、县、乡人民政府将矿产资源开发列入重要议事日程，矿业经济建设取得了引人注目的成就。以国有、集体、个体等多种经济成分并存，以黄金生产为龙头，以建材生产为基础的矿业发展格局已基本形成，开发规模逐年加大，经济效益逐步增长，矿业已成为自治州的支柱产业和新的经济增长点。但管理工作相对滞后，影响了矿业经济的健康发展。矿产资源勘查、开采管理权限过于向上集中，自治州难以实施有效监督。相当一部分勘查、开采单位不重视综合勘查、综合开采、综合利用，矿山企业科技含量低，采、选、冶回收率不高，资源开采纠纷时有发生。为加强矿产资源的合理开发和有效保护，维护矿业权人的合法权益和国家的根本利益，保障自治州对本地资源开发利用的自治权利，促进自治州经济的发展，于2000年5月制定了《甘肃省甘南藏族自治州矿产资源管理条例》。该条例第五条规定，根据国家和省的规定，自治州对矿产资源勘查、开发实行统一规划、合理布局、综合利用、有效保护的方针，可以由本地方开发的矿产资源，自治州及所属县（市）企业法人、经济组织在同等条件下优先享有探矿权、采矿权。在自治州行政区域内开采矿产资源，应当照顾自治州的利益和当地人民群众的生产和生活。在自治州行政区域内开采省规划中的矿产资源，应征求自治州人民政府的意见。条例第十二条规定，探矿权人在法律、法规许可下，应当将在自治州行政区域内勘查矿产资源的情况通报自治州人民政府。勘查工作结束或者撤销后，探矿权人应当向自治州和勘查区所在县（市）地矿主管部门抄送项目完成报告或者项目撤销报告。条例第十三条第二款规定，开采自治州行政区域内储量规模小型以上的矿产资源需经自治州地矿主管部门初审后由部或者省地矿主管部门审批并颁发采矿许可证，并向自治州地矿主管部门报告。条例第二十一条规定，采矿权人开采矿产资源，给当地群众生产、生活造成损失的，应当依法予以补偿。各类矿山企业应当优先招用矿山企业所在地的富余劳动力。条例第二十四条第二款规定，根据自治州少数民族的特点，经必要的审批程序，自治州可使用部分金、银，生产民族特需饰品。条例第二十六条第二款规定，矿区乡（镇）人民政府、村委会应当教育组织当地群众支持和维护矿山企业正常的生产经营。这些条款的规定，以法律的形式进一步保障了自治州当地群众的权利，明确了当地群众应尽的义务，矿山企业可根据经营状况按规定给群众相应补偿。这样既有利于当地群众增加收入脱贫致富，也有利于矿山企业比较规范地照顾当地群众利益。条例对回填采坑、土地复垦、恢复植被的保证金、环境保护、安全生产、提供优惠政策、奖励运用科技成果、开采矿产资源、矿产品运营等做出了明确规定。《甘肃省甘南藏族自治州矿产资源管理条例》的实施，既依法规范了矿产资源的开发利用，又照顾了当地少数民族群众的生产和生活，促进了自治州矿业经济的发展。同时，条例规定矿产资源属于国家所有，鼓励州内外各种经济组织和个人合作、合资或独资开办矿山企业，明确了“谁开发、谁保护；谁破坏、谁赔偿；谁污染、谁治理”的开发原则，促进了采矿业的健康发展，有效制止了对自然资源的破坏。

随着形势的发展变化，为了大力实施生态立州战略，加强矿产资源的保护和管理，依法维护矿业秩序，促进矿业健康发展，2012 年 10 月修订的《甘肃省甘南藏族自治州矿产资源管理条例》重点删除了第四章矿产品的经营一章的内容，主要是：第二十二条凡从事矿产品经销活动的单位和个人，须经自治州、县（市）地矿主管部门批准，办理矿产品经营许可证，凭证到当地工商行政管理部门申办营业执照；第二十三条矿产品运输实行准运证制度，运输矿产品必须凭“采矿许可证”或者“矿产品经营许可证”到自治州、县（市）地矿主管部门办理矿产品准运许可证。矿产品销售实行统一发票制度，任何企业和个人不得销售无统一发票的矿产品；第二十四条国家规定由指定单位统一收购的金、银等矿产品，必须交售给指定单位，其他单位和个人一律不得买卖。根据自治州少数民族的特点，经必要的审批程序，自治州可使用部分金、银，生产民族特需饰品。以上三条中设立的矿产品经营、矿产品准运、许可和民族饰品使用金银审批等行政许可内容，自行设定了行政许可，违反了行政许可法。同时对有关内容进行了补充。条例明确规定了勘查、开发矿产资源应当遵守有关环保、水利、草原、土地等法律、法规和规章，坚持保护优先、合理开发、节约资源、永续利用的原则。自治州各级人民政府应当加强矿产资源的保护，保障矿产资源的合理开发利用。保护合法探矿权、采矿权不受侵犯，保护矿区和勘查作业区的生产秩序、工作秩序不受影响和破坏。禁止任何组织或者个人用任何手段侵占或者破坏矿产资源；探矿权、采矿权实行有偿取得制度。探矿权、采矿权可以通过招标拍卖挂牌的方式进行出让。探矿权、采矿权可以依法转让、出租、抵押。新修条例还进一步明确了开发与管理各方的职责、权利和义务，促进了采矿业的健康发展，有效地遏制了对矿产资源的破坏。

多年来，自治州还于1996年7月、1997年7月、1997年11月先后制定了《甘肃省甘南藏族自治州土地管理办法》《甘肃省甘南藏族自治州保护野生动物若干规定》《甘肃省甘南藏族自治州草原防火条例》，这一系列单行条例的制定，对保护现有自然资源、合理利用现有土地资源、有效保护天然草场、为珍贵野生动物创造良好的栖息生存环境、促进全州生态环境的改善发挥了重要作用。

甘南地处黄河、长江两大水系的上游，境内有丰富的草原、森林和湿地资源，是自治州经济社会发展的基础，也是黄河、长江上游的一道重要生态屏障，在全省乃至全国的生态系统中占有十分重要的地位。改革开放以来，全州经济社会发展取得举世瞩目的成就，但是随着全球气候的变化，地下水位下降、湿地面积萎缩、生物多样性减少，生态环境变得十分脆弱，各类自然灾害频繁发生。同时，由于自然资源的开发利用和草原超载过牧日趋严重，导致水土流失、土地沙化和河流污染。这种生态环境的变化不仅制约了自治州经济社会可持续发展，而且对黄河、长江中下游地区的生态安全也构成了威胁。为了遏制生态环境不断恶化，保护和改善自然生态环境，为自治州广大人民群众创造良好的生存和发展前景，州第十一次党代会提出“生态立州”和建设“生态甘南”的战略思路，首次把生态文明建设放在突出地位。州人大常委会为了认真贯彻落实党的十八大精神，决定制定《甘肃省甘南藏族自治州生态环境保护条例》。该条例的草案几易其稿，经2013年2月4日州十五届人大三次会议审议通过了该条例。2013年9月27日甘肃省第十二届人大常委会第五次会议批准了该条例。条例对生态环境保护的管理体制、生态功能区划、设立资源开发生态保护专项资金和生态资源开发有偿使用、资源补偿制度、限塑、禁塑、水电资源开发中减水河段生态用水等问题做了明确规定。条例的颁布实施，对全州保护生态环境、促进经济社会的全面发展意义重大，提供了法制保障。

（四）教育立法：保障适龄孩子享有平等教育权

随着经济、社会的快速发展，义务教育在城乡之间、区域之间、学校之间的差距日益明显，义务教育发展不均衡问题突出。为了保障民族地区适龄儿童、少年享有平等接受义务教育的权利，促进义务教育均衡协调发展，更好地实现教育公平，自1986年4月《中华人民共和国义务教育法》颁布以来，特别是1990年9月

《甘肃省实施义务教育法办法》及《甘肃省实施九年义务教育规划》颁布施行以来，自治州的基础教育工作取得了一定的成效。按照甘肃省政府普及九年义务教育规划，到2000年甘南全州要实现普及初等义务教育，2010年前，实现普及九年义务教育。要实现上述规划目标，时间紧、任务重，加之全州自然条件艰苦，经济发展缓慢，教育基础薄弱、学校布局不尽合理等客观因素，实施义务教育过程中存在许多困难和问题，特别突出的是适龄儿童入学率低、完成率低，在校学生辍学率高，青壮年文盲率高的“两低两高”问题。有学不上、弃学入寺、弃学经商的现象也比较普遍，新的文盲半文盲仍在产生。在实施普及九年义务教育的过程中，这种情况将会更加突出。教学质量低、办学效益差的状况至今未能得到改变。硬件建设方面，在国家和省上的大力扶持下，通过“贫三”项目和“义教工程”的实施，部分县的办学条件虽然得到了很大改善，但由于基础太差、欠账太多，形势还很严峻。全州近一半的中小学实行藏汉双语教学，教学设备、图书资料等硬件缺口较大。师资队伍建设的任务仍很繁重，特别是师资数量不足、业务水平不高的问题还未得到解决。事业发展和经费不足的矛盾仍处于主要地位，直接制约着义务教育的进一步发展。针对上述状况，结合甘南实际，1999年12月5日制定了《甘肃省甘南藏族自治州实施义务教育法条例》。条例规定自治州实施义务教育必须贯彻党的教育方针，坚持“实事求是、积极进取、分片规划、分类指导、分步实施、整体推进”，有步骤地推行九年制义务教育。自治州、县（市）、乡（镇）人民政府负责制定本辖区普及初等义务教育和普及初级中等义务教育规划，并组织实施。自治州承担实施义务教育任务的学校为：自治州、县（市）、乡（镇）三级人民政府设置或者批准设置（包括企业和各类民办）的村学、完全小学、九年制学校、独立初中、初级中等职业技术学校和完全中学等。同时，条例对实施义务教育中强化政府行为、就学中父母应履行的义务、教师队伍建设和提高教育质量、义务教育的经费投入和办学条件等做了明确规定。条例实施以来，为保障适龄儿童、少年享有平等接受义务教育的权利，保证义务教育的实施，提高民族文化素质，促进教育事业的发展发挥了重要作用。2012年10月，针对义务教育中出现的一些新情况、新问题，适时修订了义务教育条例。新修订的《甘肃省甘南藏族自治州实施义务教育法条例》将标题修改为《甘肃省甘南藏族自治州义务教育条例》，重点删除了该条例第十二条规定的实施义务教育的学校可收取有关学杂费的内容，以及第三十七条适龄儿童、少年的父母或其他监护人，有条件上学而未按规定送子女或者其他被监护人就学接受义务教育的，由所在地人民政府进行批评教育；经教育仍拒送被监护人就学的，可视具体情况处以罚款，罚款数额为每学年1000～3000元，并责令其子女或被监护人入学的规定，自行设定了行政处罚，同时对有关内容进行了补充。条例明确规定，本行政区域内的所有适龄儿童、少年应当接受义务教育，任何组织和个人不得妨碍义务教育的实施。对接受义务教育的学生不收学费、杂费，免费提供教科书；自治州、县（市）人民政府应当根据本行政区域内适龄儿童、少年的数量和分布状况、地理环境、交通条件以及城镇发展趋势等因素，合理调整学校布局，在偏远牧区和山区保留必要的教学点；学校应当推广使用国家通用语言文字。以招收藏族学生为主的中小学，应当实行藏汉双语教学，并提倡学习外语。自治州、县（市）人民政府和教育行政主管部门应当从本行政区域的实际出发，因地制宜，不断完善藏语文和汉语文双语教育体系，努力提高双语教育质量。同时，条例进一步明确了责任主体，并对学生、教师、教育教学、经费保障和法律责任设专章做出规定，明确了权利和义务，促进了自治州教育事业快速发展。

为了保障藏族公民使用、发展本民族语言文字的自由，1996

年6月制定了《甘肃省甘南藏族自治州藏语言文字工作条例》，规定了藏语言文字是自治州行使自治权的主要语言文字，依法保障藏族公民有使用、发展本民族语言文字的自由。条例还规定，对自治州内招收藏族学生为主的中小学，要逐步实行藏、汉双语教学；机关单位的公章、文头、标牌、奖状、标语、证件、布告、车辆、诉讼等使用藏、汉两种文字。这些规定，有力地推动了藏语言文字在自治州经济、政治、文化建设中的广泛应用，受到了广大藏族人民群众的欢迎。

（五）卫生立法：确保人民群众的健康权益

藏医药是我国民族医学的一朵奇葩，它的医药理论在长期的医疗实践中不断得到丰富和完善，形成了门类齐全、民族特色浓郁的医学理论体系，其系统的理论和独特有效的诊疗技术为藏族的繁衍和藏文化的系统发展做出了巨大贡献。

甘南的藏医药历史悠久、富有盛名，藏医药资源非常丰富。为了传承和发展藏医药，扭转甘南藏族自治州藏医药事业发展滞后局面，保障其规范健康发展，2001年9月制定了《甘肃省甘南藏族自治州发展藏医药条例》。条例就藏医药管理体制与职责、开发利用与保护、经费保障、教育与培训、科研与宣传等问题做出了明确规范。它的出台，为有效促进甘南藏族自治州藏医药事业的健康有序发展，保障民族区域各族人民的健康权益发挥了重要作用。

甘南是碘缺乏的高发区，为控制并最终消灭碘缺乏病，确保各族人民和后代的身体健康，1993年7月制定了《甘肃省甘南藏族自治州食盐加碘防治碘缺乏病管理办法》。为有效防治碘缺乏病，办法规定，病区居民必须长期食用加碘食盐，未经加碘的食盐不得进入甘南藏族自治州辖区，食盐加碘的比例严格按卫生部门的规定执行。各级卫生行政部门和盐业主管机构负责碘盐的检查、监督管理工作，并对违反本办法的行为进行查处。《甘肃省甘南藏族自治州食盐加碘防治碘缺乏病管理办法条例》实施20多年来，为控制并最终消灭碘缺乏病发挥了重要作用，各级人民政府及卫生行政部门和盐业主管机构做了大量富有成效的工作，取得了显著成效。

儿童计划免疫工作是一项功在当代、利在千秋的社会事业。与儿童计划免疫相应的六种传染病一直影响着甘南各族儿童的健康，制约人口素质的提高，20世纪60—70年代，由于没有开展儿童计划免疫，成百上千的儿童被传染病夺走生命或致残，给家庭和社会造成了沉重的负担。尽管从1981年开始开展了儿童预防接种工作，但由于措施不力，责任不明，重视不够，接种工作带有很大的盲目性和随意性，疫区应急接种的接种做法并没有真正落到实处，使大量的儿童漏卡、漏种，没有形成牢固的免疫屏障。到1987年，自治州“四苗”覆盖率只有14%，个别县只有2%，相应地，传染病发病仍居高不下。因此，为了预防、控制和消除传染病的发生与流行，保障各民族儿童的健康成长，1997年7月制定了《甘肃省甘南藏族自治州儿童计划免疫管理办法》，就儿童计划免疫的职责、调整范围、组织管理、实施、保障措施，儿童计划免疫保偿金的收取管理使用、预防接种事故鉴定处理及发病赔偿、法律责任等做了明确规定。自条例实施以来，依法保障和促进了儿童计划免疫的健康发展。为适应经济社会的发展需要，2012年10月新修订的《甘肃省甘南藏族自治州儿童计划免疫管理办法》将标题修改为《甘肃省甘南藏族自治州儿童免疫规划管理办法》，增加了规划的内容，重点删除了儿童的父母或监护人为儿童办理预防接种时应与医疗卫生保健机构签订保偿合同，缴纳保偿金的内容；并根据目前国际上免疫规划的范围和国务院有关决定，将免疫规划疫苗种类由原来的6种扩大到现在的14种，预防的传染病由原来的7种增加到现在的15种，对上述内容进行了补充完善，依法保障了各民族儿童的健康成长。

（六）行使变通权：维护群众合法权益

作为少数民族地区，甘南藏区和内地差异较大。根据我国宪法规定，民族自治区域可以对国家法律、法规中不适合民族区域自治地方的实际问题做出变通规定。

我国婚姻法规定，公民的结婚年龄男不早于22岁，女不早于20岁。考虑到甘南藏族自治州藏族群众结婚年龄偏早是历史长期沿袭下来的习惯，1989年10月制定的《甘肃省甘南藏族自治州施行〈中华人民共和国婚姻法〉结婚年龄变通规定》，结合自治州内的藏族和其他少数民族婚姻家庭的实际情况，变通了结婚年龄，规定男不得早于20周岁，女不得早于18周岁，鼓励晚婚晚育。1999年10月制定的《甘肃省甘南藏族自治州实施〈甘肃省计划生育条例〉变通规定》规定："提倡晚婚晚育、少生优生。夫妻双方是国家干部、职工或者其他非农业人口，符合下列条件之一，要求生育第二个子女的，可按计划予以批准：（一）夫妻一方是藏族的；（二）第一个子女经县以上医院确诊，州、县、市病残儿鉴定组鉴定、复诊后，确定为非遗传性残疾，不能成长为正常劳动力的。夫妻双方或一方为农牧民，要求生育第二、三个子女的，可按计划予以批准：（一）夫妻双方或一方为农牧民的，提倡生育一个子女，允许生育第二个子女；（二）牧业乡、林业乡的藏族提倡生育一个子女，允许生育第二个子女，合理安排第三个子女。"这样的规定既保证了国家、省上计划生育政策的贯彻执行，又照顾了当地少数民族的利益。

（七）维稳立法：构建和谐稳定的民族关系

经过20多年的改革开放，全州社会经济、人民生活水平都发生了前所未有的重大变化，人民安居乐业。但是由于受历史、地理、文化、经济、民族宗教等诸多因素的影响，全州经济、文化以及生产力发展与其他地区相比仍有一定差距，社会治安也形成了其特殊性，如群防群治网络不健全，综合治理经费不保障，杀人、故意伤害等重特大恶性案件时有发生，农牧区盗抢牲畜案件居高不下，因边界草场争议引发群体性事件增多，社会治安防范管理长效工作机制尚未建成。社会治安的现状与营造良好的投资建设、干事创业的环境和人民对社会治安的期望还有一定差距。为了维护社会稳定，切实加强社会治安综合治理工作，2004 年 12 月制定的《甘肃省甘南藏族自治州社会治安综合治理条例》，就完善社会治安综合治理组织机构、坚持全社会齐抓共管的基本原则、社会治安综合治理专项整治工作、社会治安综合治理目标管理责任制的考核、加强社会保障等工作做了明确规定。条例公布实施以来，自治州各级人民政府认真贯彻落实条例的各项规定，积极采取各种有效措施，促使城乡社会治安综合治理工作取得了明显成效，确保全州社会稳定发挥了重要作用。但是随着改革开放的不断深入和经济社会的快速发展，一些源头性、基础性、根本性的问题逐步显现。条例通过十多年来的实践，全州社会治安综合治理工作取得了显著成效。

草场是牧民群众赖以生存的物质基础和主要生产资料。甘南多数地方属牧业区，自治州下辖 7 县 1 市，其中 5 个牧业县(市)、3 个半农半牧县，草场总面积 4084 万亩，2 万多个放牧点。改革开放以来，随着自治州农牧村经济体制改革的不断深入，草场逐步承包到户或联户，其使用权和经营权长期不变，充分调动了广大农牧民的生产积极性，畜牧业生产快速发展。但是由于草场载畜量的不断增长，草畜矛盾越来越突出，农牧民之间、村与村之间的草场使用权争议日趋增多。因草场争议引发的械斗事件给双方群众的生命财产造成了很大损失，也给当地经济发展和社会稳定造成了很大影响。因此，调处草场争议是自治州各级政府的一项重要工作。但由于调处草场争议的依据和办法不统一，争议双方各执一词，给各级人民政府的调处工作带来了很大困难，为了使自治州各级人民政府将调处草场争议工作纳入法制化轨道，及时化解草场争议，维护农牧民合法权益，维护农牧区的社会稳定，2006 年 9 月制定了《甘肃省甘南藏族自治州草场争议调解处理办法》。为了有效防止重大草场争议升级，激化矛盾，该办法规定：在草场争议未解决前，由争议双方所在地人民政府协商划定临时搁置区，双方必须撤出争议地区；不得破坏草场及其设施，禁止抢夺公私财物、聚众闹事、械斗伤人。《甘肃省甘南藏族自治州草场争议调解处理办法》对草场争议的调处主体和责任主体，坚持依法调处，遵守划定的行政区域界限和草场承包经营界限做了明确规定。自办法实施以来，对依法调处草场纠纷、化解矛盾发挥了重要作用。

以上这两部单行条例的实施，为促进全州社会稳定、经济发展、民族团结、社会进步发挥了重要作用。

（八）寺庙立法：让宗教文化遗产得以保护和传承

拉卜楞寺是我国藏传佛教的著名寺院之一，是全国重点文物和古籍保护单位，也是安多藏区宗教活动及文化中心，在国内外享有盛誉。该寺院有六大佛学院，十几座经堂、佛殿和佛塔等具有宗教特色的建筑群，其中珍藏着数万件具有历史和文化价值的文物。因此，为了加强对拉卜楞寺的保护与管理，2011 年 7 月制定出台了《甘肃省甘南藏族自治州拉卜楞寺保护与管理条例》。条例规定，寺院的保护与管理工作由自治州和夏河县人民政府统一领导，纳入自治州和夏河县国民经济和社会发展规划，制定保护与管理措施，统筹安排保护与管理经费；按照属地管理的原则，当地人民政府的宗教、文物、旅游、公安、消防和环保等部门在各自的职责范围内，主管寺院宗教活动、文物保护、旅游服务、治安管理、消防安全和环境保护等工作；其他相关部门也应当在各自的职责范围内做好寺院的保护与管理工作；寺院民主管理委员会按照科学管理、依法保护、合理利用、措施到位的原则，加强内部管理，落实工作责任制，认真执行各项保护管理措施，并主动接受当地人民政府的指导、监督、检查。《甘肃省甘南藏族自治州拉卜楞寺保护与管理条例》也对治安与消防工作、宗教活动、文物管理、环境保护、旅游服务等方面做了明确规定，明确了责任主体及其职责。该条例的公布实施，对于依法管理、科学保护和合理利用拉卜楞寺的文化资源具有重大意义。

（九）“非遗”立法：为了继承和弘扬优秀传统文化，依法将非物质文化遗产的挖掘、保护、保存和传承工作纳入法制化轨道

非物质文化遗产是甘南人民群众世代相承的传统文化，是人类在生存与繁衍过程中的创造力、想象力以及智慧和劳动的集体结晶，是民族文化个性和精神的体现，是连接人民情感和人与自然和谐的纽带。保护和利用非物质文化遗产，对发展社会文化多样性和健康的文化生态，实现经济社会的全面协调和持续发展具有重要意义。但是非物质文化遗产受现代化进程的影响，许多文化遗产濒临消亡，大量珍贵遗产和资料被毁弃或者流失，滥用和过度开发非物质文化遗产的现象时有发生。甘南藏族自治州具有内涵丰富、数量众多的国家级、省级、州级、县级非物质文化遗产。近年来，随着自治州非物质文化遗产的挖掘、保护、保存和补充完善，保护工作的重要性和必要性日益显现，保护的外延也随之全面扩大和提升，非物质文化遗产保护工作的难度和复杂性日益加大。因此，为了继承和弘扬优秀传统文化，进一步加强自

治州非物质文化遗产保护、保存和管理工作，2015 年 7 月 31 日制定了《甘肃省甘南藏族自治州非物质文化遗产保护条例》。

条例规定了非物质文化遗产的界定范围。本条例所称的非物质文化遗产，是指自治州各族人民世代相传并视为其文化遗产组成部分的各种传统文化表现形式，以及与传统文化表现形式相关的实物和场所。其范围包括："(一) 传统口头文学以及作为其载体的语言；(二) 传统美术、书法、音乐、舞蹈、戏剧、曲艺和杂技；(三) 传统礼仪、节庆等民俗；(四) 传统技艺、医药和历法；(五) 传统体育、游艺；(六) 其他非物质文化遗产。"

条例规定，州、县 (市) 人民政府应当加强对非物质文化遗产保护、保存工作的领导，将非物质文化遗产保护工作纳入国民经济和社会发展规划及城乡建设发展规划。还规定，州、县 (市) 人民政府应当在文化行政部门设立非物质文化遗产保护机构，配备专业人员，保障专项经费。同时加强培养非物质文化遗产研究、挖掘、传承、传播、保护和管理人才，支持代表性传承人和传承保护单位开展优秀非物质文化遗产的活态传承与展示活动。

条例还明确要求州、县 (市) 相关部门，在各自职责范围内做好非物质文化遗产保护工作。乡镇人民政府、街道办事处应当配合县级人民政府文化行政部门做好非物质文化遗产保护工作。村民委员会、居民委员会应当协助当地人民政府做好非物质文化遗产保护工作。

条例对非物质文化遗产的调查与建立州、县 (市) 两级非物质文化遗产项目名录做了具体规定。州、县 (市) 人民政府文化行政部门应当组织开展对本行政辖区内非物质文化遗产进行普查、确认、登记工作，对非物质文化遗产进行真实、系统和全面的记录，建立非物质文化遗产数据信息库，妥善保存和管理。州、县 (市) 人民政府应当建立本级非物质文化遗产代表性项目名录。条例规定：申报为民族民间原生性文化生态保护区的，应当符合居住相对集中，民族、语言相同，能够原真性、整体性、活态性、集中性反映原生态民族民间文化的；传统生产、生活习俗有鲜明地域特色或民族特点的；传统建筑风格独特并有一定规模的；传统文化艺术以及手工技艺一脉相承的。申报为民间文化艺术之乡的应当符合民间艺术历史悠久、地方特色和风格鲜明的；传统技艺精湛，种类独特，世代相传，有较高艺术性和观赏性，具有广泛群众基础的；传统建筑民族特色独特，具有较高研究、利用价值的。申报为民俗文化村的，应当符合文化生态环境整体保存完好的；具有民族民间传统文化特征的；具有代表性的民族建筑和典型的民居建筑群的。民族民间原生性文化生态保护区、民间文化艺术之乡，由县（市）人民政府组织申报，州文化行政部门会同有关部门及专家组评审，经自治州人民政府批准命名后，报上一级文化行政部门备案。民俗文化村由乡（镇）人民政府申报，县（市）人民政府批准命名，报自治州人民政府文化行政部门备案。

非物质文化遗产的继承和发展，与传承人和传承保护单位密不可分。条例规定，州、县（市）人民政府文化行政部门对本级人民政府批准公布的本级非物质文化遗产项目名录，可以认定代表性传承人或传承保护单位。州、县（市）人民政府文化行政部门对确认的非物质文化遗产代表性传承人或传承保护单位予以公示。条例还对非物质文化遗产传承保护单位、代表性传承人应当享有的权利和义务做了明确规定。同时，对保护非物质文化遗产应当建立科学有效的传承机制，在依法保护传承人合法权利的基础上规定了激励机制，鼓励、引导和支持传承人或传承保护单位进行传习活动。对列入自治州保护名录的非物质文化遗产代表作中成就突出、技艺精湛的组织和个人，采取命名、表彰奖励等方式，给予物质、精神上的支持和鼓励。州、县（市）人民政府应当定期对非物质文化遗产代表性传承人、传承保护单位、文化生态保护区、民间文化艺术之乡、民俗文化村进行评估，丧失命名条件的，应当撤销其资格。

根据“保护为主、抢救第一、合理利用”的原则，条例对非物质文化遗产的保护与利用做了详细规定。州、县（市）人民政府对列入非物质文化遗产名录的项目实施抢救性、生产性、整体性保护，对所涉及的建筑物、传习所、展示馆及其附属物的制作技艺，应当建立档案，划定保护范围，做出标示说明。发现濒危并具有重要价值的非物质文化遗产项目，应当逐级上报。州、县（市）人民政府文化行政部门应当制定抢救性保护措施，并对其范围做了具体规定。州、县（市）人民政府设立的收藏、研究以及其他文化机构征集、收购和受赠的非物质文化遗产相关珍贵资料、实物属于国家所有。公民、法人和其他组织合法拥有的承载非物质文化遗产相关珍贵资料、实物、传习所、展示馆等，受法律保护。条例规定，州、县（市）人民政府鼓励扶持有关单位和个人在有效保护非物质文化遗产的前提下，合理开发利用非物质文化遗产资源，并与旅游文化深度融合。利用非物质文化遗产资源，应当尊重其真实性和文化内涵，保持原有文化生态和文化风貌，尊重当地群众意愿，不得歪曲、贬损。

条例规定，属于非物质文化遗产组成部分的实物和场所，凡属文物的，适用文物保护法律、法规的有关规定。第五章“法律责任”的设置，使条例的总体结构更为合理，约束力显著增强，对实际工作的影响力将明显提高，尤其是对国家工作人员玩忽职守，对侵占、破坏非物质文化遗产名录项目和珍贵资料的违法行为等方面规定了具体的法律责任。条例的出台，为继承和弘扬优秀传统文化，进一步加强自治州非物质文化遗产保护、保存和管理工作提供了法律保障。

除以上民族立法内容外，为了充分行使重大事项决定权，甘南藏族自治州人民政府结合甘南实际，做出了关于设立香浪节的决定，以便为全州打造文化旅游业营造氛围。

甘南藏族自治州设立香浪节的主要依据：一是中共甘南藏族自治州委办公室关于印发《州委十一届六次全委（扩大）会议主要目标任务分解表》的通知（甘南办发〔2014〕73号）关于“确定每年七月份的第三周作为干部浪山节，把浪山节作为一项重要内容，从规范性文件层面进一步明确，为全州打造文化旅游业营造氛围”。二是2013年12月11日《国务院关于修改〈全国年节及纪念日放假办法〉的决定》（国务院第644号令）第四条关于“少数民族习惯的节日，由各少数民族聚居地区的地方人民政府，按照各该民族习惯，规定放假日期”。

香浪是藏语采集木柴、采集药材之意。香浪节是流行在甘南民间的一个夏游节日，是藏族群众的传统民俗节日，尤其在拉卜楞一带非常盛行。节日期间人们举家出游，到风景秀美的草原、森林，搭起帐篷，携带炊具，备足美食，在野外过上十天半月轻松闲适的日子，置身于大自然中，接受一次原始、质朴、自由、难忘的洗礼。天长日久，沿袭成俗，形成了今天的香浪节，至今已有数百年的历史。

香浪节是甘南各地民间的一种群众性休憩娱乐、游山玩水活动。改革开放以来，随着人民群众生活水平的不断提高，香浪节的文化内涵更为丰富，对人民群众享受自然、陶冶心情、传承文化、营造和谐发挥着越来越重要的作用，已成为自治州旅游的重要品牌之一。但目前香浪节只在广大民间盛行，国家公职人员尚无明确规定随群众一起享受香浪节假日。为了全面贯彻“旅游兴州”战略，建设“旅游甘南”，进一步丰富全州各族人民群众和国家公职人员的精神文化生活，努力营造团结、安定、宽松、和谐的文化旅游发展环境，激发各族干部群众发展旅游，建设幸福美好新甘南的积极性和工作热情，州人大常委会主任会议按照州委的意见，于2014年11月19日制定了《甘南藏族自治州人大常委会关于设立香浪节的决定》。

《甘南藏族自治州人大常委会关于设立香浪节的决定》的主要内容：从2015年起，将每年公历7月第三周设立为香浪节，全州国家机关、企事业单位工作人员可与人民群众一道，自行安排各种形式的浪山活动；公安、医院、银行等特殊行业，可根据各自的工作实际，在不影响工作的前提下，轮流浪山；省属驻甘南单位可参照执行。决定的出台实施，激发了各族干部群众发展旅游，建设幸福美好新甘南的积极性和工作热情，受到社会各界的好评。

二、民族立法的主要体会

甘南藏族自治州民族立法的30年，是在党和国家民族政策指引下阔步前行的30年，是自治州历届人大常委会及立法工作者积极探索、努力实践的30年，也是民族立法不断走向成熟的30年。30年的民族立法实践，为今后的工作积累了诸多经验。

（一）牢牢把握民族立法基本原则

党的领导是做好民族立法工作的根本保证，法制统一是开展民族立法的基本前提。民族立法工作，始终坚持党的领导这一基本原则，牢固树立党的观念、政治观念、大局观念和群众观念，将民族立法工作服从和服务于党的工作大局，自觉地将党的主张通过法定程序上升为国家意志，成为自治州始终遵循的行为规范和准则。单行条例的制定保证了党的路线、方针、政策在自治州的贯彻实施，促进和保障了自治州改革发展稳定大局。同时，州人大常委会始终坚持以宪法和民族区域自治法为依据，不违背法律或者行政法规的基本原则，切实遵循宪法和民族区域自治法的规定以及其他有关法律、行政法规专门就民族自治地方所做的规定，将坚持法制统一与依法行使民族自治地方立法权很好地结合起来，在宪法和法律允许的范围内，充分行使立法权。

（二）严格遵循民族立法工作程序

作为一项特殊的地方性立法，民族立法有其特殊的立法程序。30 年来，自治州人民代表大会及其常委会切实按照民族立法的相关程序要求，不断规范立法程序，推动工作开展。在立法实践中，根据民族立法的不断发展和新形势下民族立法的需要，针对以往民族立法程序施行中的不足，以民族立法实践中形成的一些科学方法和规则为基础，根据《中华人民共和国立法法》等有关法律法规确定的民族立法原则，为了规范自治条例、单行条例的提出、审议和表决程序，坚持科学立法、民主立法、开门立法，提高立法质量，2006 年 6 月制定了《甘南藏族自治州人民代表大会及其常务委员会立法程序规则》，进一步规范了立法程序，明确了责任主体，为规范立法程序发挥了重要作用。为了充分发挥专家学者在民族立法中的作用，推进立法决策的民主化、科学化，进一步加强和改进立法工作，提高立法质量，2009 年 10 月制定了《甘南藏族自治州人大常委会立法顾问工作制度》，该工作制度明确了立法顾问的聘请程序、职责任务和参会要求。这两个工作制度的制定，为民族立法工作的科学化、程序化、规范化提供了制度保障，推动了民族立法工作的更好开展。

（三）维护法制统一原则

与一般的地方性立法相比，民族立法最明显的特点和最大的优势就在于变通，即根据宪法、民族区域自治法和其他法律法规所规定的原则，依照民族自治地方政治、经济、文化特点，对法律、行政法规、地方性法规做变通或补充。自治州人大常委会在起草自治条例草案和制定有关单行条例时，注意遵循以下原则：变通或补充不得违宪；对法律和法规的规定做出变通规定，但不得违背法律或者行政法规的基本原则，不得对宪法和民族区域自治法的规定以及其他有关法律法规专门就民族自治地方所做的规定做出变通规定。人大常委会在制定实施有关法律的单行条例时，将条例中的授权性规定、限制性规定、禁止性规定以及处罚规定等都严格掌握在国家法律规定的范围、原则和幅度之内。对国家尚未制定有关法律的，根据自治州具体情况和实际需要，认真学习和领会党和国家的有关方针、政策，使制定的单行条例与党和国家的有关方针、政策的基本原则和基本精神相统一。同时注意将立、改、废有机地结合起来，无论是实施性还是自主性的单行条例，在与国家法律相抵触时，都及时予以修改或废止。

（四）民族立法要突出地方特色

坚持立法的地方性，突出民族地方特色。在同宪法、法律、法规不相抵触的前提下，充分利用法律赋予民族自治地方的自治权，结合甘南藏族自治州的实际，围绕中心，紧扣经济社会发展中亟待解决的难点问题和特有的焦点问题，优先安排国家尚未立法而自治州急需的立法项目，以充分体现民族特点和地方特色，同时做到在单行条例选项上立足现实需求，在内容上注重探索创新，在体例上力求简洁实用，从而切实增强条例的地方民族特色和可操作性，为有效保证自治州依法行使自治权提供了有力的法规基础。

（五）坚持立法的计划性，推动立法工作规范有序开展

人大常委会在换届之初，在编制立法规划时，紧紧围绕州委

确定的中心工作和人民群众关注的热点问题，积极开展立法规划编制工作。公开征集五年立法规划项目，把人民群众迫切关注的立法项目列入立法规划，并依照规划的时序安排，制订年度立法计划，做到年度有计划、五年有规划，并随着形势的发展，适时进行调整。立法规划确定后，由人大常委会党组报州委审定，批准后实施。对立法工作中遇到的重大事项和重要问题，及时向州委请示报告。

30年来，甘南藏族自治州民族立法工作虽然成绩斐然，但是由于受到各种主客观因素的影响和制约，民族立法面临的困难和问题还比较突出，我们还需进一步研究、探讨，以不断改进工作方法，着力创新工作机制，努力使民族立法工作再上一个新台阶。

2016年7月26日

卓尼县勺哇土族乡成立经过

格日才让　常文华

一、自然风貌和村落分布

勺哇土族乡位于卓尼县北约100千米的白石山腰，西邻扎尕草原和夏河佐盖多玛乡，北依白石山麓，与临夏接壤，东接临潭县冶力关镇，跟康乐、临洮邻近。附近有兰冶公路直通省会兰州。

勺哇一带四周环山，山岭纵横，南面的冶木河水自西向东流经奇峡深谷注入洮河。群山屹立，峰峦翠嶂，抬头仰望真可谓头顶一线天，眼前觅路难，满山遍野的云杉翠柏，杂木郁郁葱葱，把雄壮美丽的山石装扮得更加壮观。西边广阔无际的扎尕草原，寒冬银光一片，春夏好似铺上了一层绿色的天然地毯。北面的白石山脉，海拔约3900米，一年四季，雪鸡啼鸣，獐鹿骋驰。东边十里多处的常爷池（阿妈周措）由两山自然封口，积水成平湖，池水清澈见底。冬天池面结冰，形成各种奇异的花纹图案，历代文人骚客称其为“冶海冰图”，是洮州八景之一。居住在这里的勺哇部落依山傍水，平坦处户户相邻，村村相连，居住非常集中。1986年时，土族总人口只有500余人，全乡总面积100平方千米，有耕地4900亩。2005年时，全乡总人口1773人，其中土族625人、藏族468人、汉族680人。

二、历史渊源和隶属关系

勺哇土族人自称为“勺哇绕”（勺哇部落），称自己的语言为“杓盖”，除此之外，再无别称。毗邻的康乐、临洮、临潭等地的汉族称勺哇人为“土族人家”，当地藏族人称其为“勺哇绕”或“霍哇绕”。其实“土族人家”就是“吐谷浑”的发音，而“勺哇绕”或“霍哇绕”就是“霍尔”的发音。“霍尔”就是唐代时期藏族人对吐谷浑的称呼。因而勺哇土族就是吐谷浑人的直系后裔，其原来共有三大部落，藏文史书中称为“杓纳卡松”（勺哇三族）。而吐谷浑是一个游牧民族，“随逐水草，庐帐为室，肉酪为粮”。西晋永嘉年间（307—313年）从阴山迁徙陇西，踞洮河，与羌人杂居。634年，唐李靖率军击败吐谷浑。663年，吐蕃进攻吐谷浑，占领了吐谷浑的游牧地区，其大部归降于唐，小部因躲避战乱，隐居深山，独成一支，与当地吐蕃人（或藏族人）保持友好关系，在历史长河中逐渐形成了今天的勺哇土族部落，该部落在漫长的发展过程中，与周边的藏族互相交流，互相影响，故其语言、信仰等方面与藏族基本上一样。

勺哇土族部落，原属卓尼土司管辖，清雍正年间（1723—1735年），杨土司大兴佛事，向藏、土人民苛派名目繁多的贡赋，引起了土族人民的反抗。1735年，以南拉秀、路加参为首的勺哇土族进行了反抗土司剥削压迫的斗争，迫使杨土司减轻了勺哇人民的负担。中华人民共和国成立前夕，勺哇土族是卓尼杨土司上冶三旗（即勺哇旗、康多旗、日多玛旗）的勺哇旗下属民，由力吾、热什、的力地、江卜那、瞎地、郭加、拉叭7个族组成，下设旗长或头人，另外土司还亲自委任“长宪”，长期居住在旗里（三四年一换，时间不定），督促旗长、头人贯彻一切杨土司军政命令。教权（即勺哇寺）也从第九代土司杨朝梁时期的1689年开始，隶属于卓尼禅定寺，成为禅定寺的108座属寺之一。勺哇土族在历史上基本丢失本民族语言，而且和当地藏族语言相近，其宗教生活也和藏族相同。

三、成立土族乡人民政府之经过

中华人民共和国成立后，勺哇土族在党的领导下当家做主，1957年12月，北山区建立了勺哇乡人民委员会，任命石旦巴为人民委员会乡长。1965年9月1日撤销勺哇乡建制归康多乡管辖。党的十一届三中全会后，经过拨乱反正，进一步落实党的民族政策，根据勺哇土族人民的意愿，甘肃省民政厅复字〔1985〕61号文件、州民政局〔1986〕28号文件做出了《关于恢复卓尼县勺哇土族乡的批复》和1986年3月17日州人大办公室电话通知意见，卓尼县着手进行了勺哇土族乡的建乡筹备工作。早在1986年1月6日，县委根据县政府党组《关于筹建勺哇土族乡有关问题的请示报告》，专此召开县委常委会议研究决定（此件于3月20日发）：同意将康多乡的光尕、大庄两个村委会15个自然村和恰盖乡的上、下利加、尖沟、尕巴村共19个自然村划归勺哇土族乡管辖。为了尽快进行筹建，成立勺哇土族乡筹备工作组，杨正（时任县人民政府副县长）任工作组组长，常元旦（时任恰盖乡党委书记）、杨建国（时任县民族宗教局副局长）为工作组副组长。县劳动人事局从县委统战部、县民族宗教局、县经计委、县财政局等单位抽调三至五人为工作人员；筹备工作中需要研究商定的问题，由县筹备工作组召集有关部门具体讨论解决（此件于3月21日下发）。3月26日，卓尼县人民政府在下发《关于成立勺哇土族乡筹备工作组的通知》的同时，以卓政发〔1986〕32号上报州人民政府《关于勺哇土族乡筹建中有关问题的请示报告》。报告称：勺哇土族乡的筹建工作，正在进行之中，在筹备过程中，上、下利加两个村的群众曾多次上访，对这两村由恰盖乡划出，归勺哇乡管辖有意见，考虑到历史原因和目前草山、林地等的使用现状，县人民政府认为上、下利加两村群众的意见是合理的，应该考虑，所以要求对原批复中的勺哇土族乡管辖村庄做以调整，调整的方案：

勺哇土族乡可由康多乡光尕、大庄两个村委会的15个自然村组成，恰盖乡的上利加、下利加、尖沟、尕巴4个自然村仍归恰盖乡管辖，再不划给勺哇土族乡。

如果按省批恰盖乡的上利加、下利加、尖沟自然村划归勺哇土族乡，鉴于地理位置、草场、林地权属和管理使用等因素，可将恰盖乡的尕巴村也划归土族乡管辖，这样勺哇土族乡就管理有15个自然村。

在上报请示和确定勺哇土族乡管辖村落范围的同时，筹备工作组对筹建过程中出现的有关问题，向县人民政府提出了《关于卓尼县勺哇土族乡解决修建经费的综合报告》。对此经1986年5月3日第八次县政府常务会议研究，于5月12日卓政批复字〔1986〕11号《对勺哇土族乡筹建当中有关问题的批复》特做如下批复：

一、同意将政府地设在嘛呢滩，由县卫生局很快化验水质，城建局协助搞好平面图设计工作，并征求县人民政府的意见，然后专题报告县人大审批。

二、关于修建公路一事，由筹备小组动员群众先打通道路，群众报酬记清工日待后申请资金补发，修路用炸药等由工交局从其他工程中调剂无偿支援。

三、86年集中精力先搞乡政府本身建设，关于修建兽医站，5年制寄宿学校，分销店、粮站、卫生院、派出所等单位的经费，除政府统一报告上级有关部门争取资金外，各业务部门也要向本系统上级主管部门申请拨款。

四、关于调配人员问题，由县人事局从行政部门抽调5人，供给一次调整到康多乡。

五、其他所需经费由筹备小组协同有关部门积极向上级主管部门争取投资，各有关部门对勺哇土族乡的筹建要积极协助，大力支持。

在恢复成立勺哇土族乡的筹建过程中，县城建局依据县人民政府卓政批复字〔1986〕11号《对勺哇土族乡筹建当中有关问题的批复》中的要求，于7月2日以卓城建字〔1986〕22号向县人民政府提出了《关于新建勺哇土族乡征用土地的报告》，对此县人民政府于7月5日第十三次县长办公会议研究，同意勺哇土族乡新建征用手续。在筹建过程中，为适应民族地区经济的发展和人民的生活需要，积极发展民族地区的经济、文化建设，县委、县政府决定：勺哇土族乡暂设乡人民政府、乡中心小学、乡卫生院、乡兽医站、乡邮电所等机关单位，并打通通乡人民政府驻地公路——勺哇公路（4.28千米）。为了使建乡工作顺利进行，县政府在地方财政相当困难的情况下，安排了5万元用于修建乡人民政府。截至8月中旬，除乡政府办公房工程正在紧张施工外，通乡人民政府驻地的公路也已打通便道。

1986年10月23日，勺哇土族乡的建乡筹备工作已基本就绪，经县政府研究决定：正式恢复卓尼县勺哇土族乡，管辖原康多乡光尕、大庄两个村委会的光尕、光尕湾、红土泉、拉叭、郭家嘴、洛巴、上洛巴、大庄、闹缠、力布湾、初路、地利山、地尕河、扎地寺、扎古15个生产队，乡政府驻地设在大庄；鉴于乡第一届人民代表大会还未准备就绪，勺哇土族乡成立大会和第一届人代会不能按人大要求同时召开。根据这一实际情况，县人民政府拟定勺哇土族乡成立大会于1986年10月26日召开。10月25

日，县人民政府以卓政知字〔1986〕48 号向全县各乡镇人民政府、政府各部门、县直各单位下发《关于勺哇土族乡辖区的通知》。通知指出："根据省民政厅〔1986〕28 号文件精神和县人大〔1986〕006 号、州民政局〔1986〕28 号文件精神和县人大〔1986〕18 号关于成立勺哇土族乡的决定精神，以及我县民族居住的具体情况，决定勺哇土族乡管辖原康多乡光尕、大庄两个村委会的光尕、拉叭、红土泉、郭家嘴、洛巴、上洛巴、大庄、闹缠、力布湾、初路、地利山、地尕河、扎地寺、扎古 15 个生产队。乡人民政府驻地设在大庄。"

10 月 26 日，朝阳从白石山麓东边的莲花山背后冉冉升起，灿烂的阳光在高峰寒冷的秋日里带着温暖的气流，照耀着这世外桃源般的小山村，居住在这里的勺哇土族人民迎来了当家做主庆祝勺哇土族乡恢复成立的喜悦日子，上午 11 时许，正在继续施工的勺哇土族乡人民政府驻地（当时还称大庄），在副县长杨正同志的主持下，中共卓尼县委、县人民政府主要领导在鞭炮声中亲自挂牌，正式成立了甘南藏族自治州人口最少的第一个少数民族乡——勺哇土族乡人民政府。莅临庆贺大会的省委副书记卢克俭同志代表省委、省政府做了口头讲话，大概意思是说："新成立勺哇土族乡是卓尼乃至甘南州的一个民族自治乡，它的成立，实际上就是解放以后 1957 年 12 月新建立的勺哇乡人民委员会的恢复，但勺哇乡人民委员会于 1965 年 9 月 1 日撤销了，今天重新恢复和成立，是依据 1984 年颁布的《中华人民共和国民族区域自治法》的具体落实，勺哇土族乡的成立，它有很多优惠政策，勺哇乡完全可以享受。再说，勺哇乡已经修通了道路，与世隔绝的时代已经一去不复返了，这里的沙棘等植物满山遍野，沙棘汁里的氨基酸是高营养的维生素，可以开发利用，改善人民群众的生活。勺哇土族同胞当家做主在管理本民族内部事务的同时，团结周边，搞好关系，在建设物质文明和精神文明中发挥更大的作用，勺哇乡的明天更加繁荣富强。”甘南藏族自治州人民政府副州长赵振业同志代表州四大班子做了口头讲话，中共卓尼县委书记蒙炯明同志代表县四大班子也做了口头讲话。卓尼县人大常委会主任孙维杰同志代表县人大常委会宣读了成立勺哇土族乡的决定。勺哇土族乡筹备领导小组副组长常元旦（时任恰盖乡党委书记）同志在会上做了筹备情况的汇报。勺哇土族群众为四方来客表演了土族民间文艺节目。下午2时许，莅临庆祝勺哇土族乡成立大会的省、州、县、乡来宾相继离开。

勺哇土族乡成立后，第一任土族乡党委书记常元旦（土族，勺哇地利山村人），乡人民政府乡长杨建国（土族，勺哇光尕村人），副书记杨文玉（汉族，临潭八角乡人），副乡长常文华（土族，勺哇拉叭村人），乡上的12名干部中7名是勺哇土族。至此，土族人民当家做主，在中共卓尼县委的领导下开始了土族乡的建设，使土族乡开始有了翻天覆地的变化。

四、土族乡的建设时期

勺哇土族乡从1986年10月26日恢复成立至1997年8月6日举办十周年庆祝活动的短短十年间，乡党委、政府先后在有关部门争取项目资金130万元，拓宽了通乡道路，引通了全乡70%的人畜饮水，架通了25千米的高压农电线路，续建了勺哇中心小学和洛巴、光尕两所村学，新建了乡兽医站、乡卫生院、乡供销社。在培养本民族干部方面，先后招聘了本地初高中毕业生和复转军人7名作为乡政府的干部，并争取优惠政策优先安排了本乡内的10名大中专毕业生的工作，现在勺哇土族的政治地位大大提高，有州人大代表1名、州政协委员2名、县政协委员2名、县人大代表3名。勺哇土族乡的经济建设也有了很大的发展，生活逐步得到改善。截至2005年年底，全乡各类牲畜存栏共8044头（匹、只），各类农用车120辆，汽车4辆，摩托车50辆，大型粮油加工点4处，个体工商7户，村村通车，户户通电，家家看上了电视，20%的农户安装了“村村通”和移动电话，方便了当地群众与外界的联系，带动了当地经济的发展。勺哇土族的文化教育也有了很大的发展，不仅有小学生、中学生，还有中专生和大学生，土族的文盲率从中华人民共和国成立初期的90%以上，至1997年时，通过普初扫盲，文盲人数明显下降。全乡在校学生265人，入学率达97%。这些事实都充分说明，勺哇土族乡的人民同其他民族一样，只有在党的领导和社会主义制度下，才能从政治、经济、文化等各方面享受到民族平等，走上民族繁荣进步的康庄大道。

2005年12月

本文选自中国人民政治协商会议卓尼县委员会文史资料委员会编:《卓尼文史资料》，第八辑，2010年10月。

尕海—则岔国家级自然保护区建设与发展亲历

陈有顺①

2002年11月11日，接到通知，我一大早从迭部县城赶往州府合作走进州委组织部，部长楚才元亲自约见了我。在部长办公室，我坐在他办公桌对面的椅子上，开始了对我的组织谈话。他说："组织安排你担任尕海—则岔国家级自然保护区管理局副局长，这是组织对你的信任，在以后的工作中要坚定政治立场，在大风大浪中要经得起考验……"谈话结束后，楚部长拿出一份文件，说："带上这份文件，去碌曲县政府找常务副县长徐强。"

到了碌曲，在县政府我找到徐强，将文件交给他，我说："楚部长让我来找你。"看了文件，他说："知道了，你先休息一下，我联系他们两个（指万玛加、王三喜二人）。"很快，万玛加、王三喜来了，我们四个人坐在一起，徐强宣布："根据州委、州政府通知精神，我们班子成员已到齐，管理局今天成立了。"

---

① 陈有顺，甘肃尕海—则岔国家级自然保护区管理局党委书记、副局长。

一、尕海—则岔

尕海，藏语称“姜托措”，意为湖泊，是自然形成的一处洼地，也称盆地，由降雨、山泉和地下径流汇聚而形成湖泊。其东南部因地势平坦、低洼，排泄不畅而发育成沼泽地。水是生命之源，孕育出丰富的生物多样性资源，由于沼泽地食物充足和便于鸟类筑巢繁殖，加之藏族有保护鸟类等野生动物的习俗，此地是候鸟理想的天然栖息场所，数万只各种鸟类在此觅食、繁育后代，这里成了鸟类的乐园。1982 年甘肃省人民政府批准建立尕海候鸟自然保护区。

则岔，藏语称为“则仓”，“则”意为“羚羊”，“仓”意为“家”，连起来就是“羚羊的家园”。这里曾经森林茂密，珍禽异兽数不胜数，因人们视为高原精灵和吉祥之物的羚羊漫山遍野，故而得名为“则仓”，即则岔。如今以紫果云杉为优势树种的森林生态系统依然保存完好，又栖息着雪豹、梅花鹿、林麝、岩羊、斑尾榛鸡、蓝马鸡等国家一级、二级保护动物，加之奇特的石林景观，1992 年甘肃省林业厅批准成立则岔省级自然保护区。

（一）国家级自然保护区的建立

1996 年由兰州大学、甘肃省自然保护野生动物管理局联合完成了保护区本底资源调查，出版了《尕海—则岔自然保护区》调查报告，为国家级自然保护区的建立打下了基础。甘南州人民政府上报省政府，请求将甘肃省尕海、则岔两个省级自然保护区合并为国家级自然保护区。1998 年 8 月 18 日，国务院批准建立甘肃尕海—则岔国家级自然保护区。由甘肃省机构编制委员会核定事业编制 30 名，处级建制，核定处级领导职数 4 名；隶属省林业厅，为省财政供给的全额事业单位。2002 年 7 月，甘肃省委组织部、省人事厅、省林业厅联合下发了《关于将甘肃尕海—则岔国家级自然保护区管理局委托甘南州进行管理的通知》。2002 年 11 月，甘南州政府任命碌曲县委常委、常务副县长徐强兼任管理局局长，王三喜、陈有顺为副局长；甘南州委任命万玛加为尕海—则岔国家级自然保护区管理局党支部副书记。

自四位局领导到齐，徐强宣布尕海—则岔国家级自然保护区管理局成立时起，我们开始商讨工作。11 月 13 日召开了领导班子第一次会议，研究相关问题：一是在碌曲县城临时租用房屋作为办公场所；二是收购原县医药公司场地作为局址；三是初步确定 2003 年元月上旬举行管理局成立挂牌仪式；四是借调工作人员，先试用后调入；五是计划修建管理局办公大楼和尕海、则岔两个保护站管护用房；六是对领导工作进行分工。根据省编委文件精神，管理局内设办公室、计财科、业务科三个科室。四位领导分工为：徐强总负责，刚卸任县政府办公室主任的万玛加分管办公室，原担任双岔林场场长的王三喜分管计财科，我分管业务科。

会后，经考察、协商租用了碌曲县农业银行招待所二楼 10 间房屋作为办公场所，从双岔林场借调了辛玉梅任会计，同时借用了 10 万块钱作为开办经费，开始开展工作。

(二) 保护区管理局揭牌

碌曲县委、县政府高度重视保护区管理局的建立。2003 年 1 月 6 日在县城举行了声势浩大的揭牌活动；保护区范围内的玛艾镇、尕海乡、拉仁关乡、西仓乡分别组织了规模宏大的摩托车队、牧民马队、民族服饰表演队、僧人乐队参加揭牌活动。他们身着民族服饰，沿着县城主街道列队前行，展示民族风采与喜悦心情，在县城中心广场汇聚。广场上彩旗招展、条幅高悬，万余名群众参与揭牌盛况。著名民族歌手德乾旺母、拉姆措三姐妹、桑那央金等与县歌舞团表演了精彩的文艺节目。省林业厅、畜牧厅、水利厅，省野生动物保护管理局、林科院、林勘院，祁连山、兴隆山、莲花山国家级自然保护区，四川省若尔盖县、红原县及甘南州四大班子领导，州直部门、七县一市等数十家单位领导参加了揭牌活动，近20家新闻媒体参与新闻宣传报道。甘肃省林业厅副厅长张生贤和甘南州委副书记范志斌为管理局揭牌，省林业厅人事处处长张肃斌宣读国家、甘肃关于成立管理局的批准文件，甘南州委常委、州委组织部长楚才元宣布管理局领导班子，副州长刘志民、县委书记安志英、县长才尕分别做了讲话，局长徐强致辞；省人大常委会副主任嘉木样·洛桑久美·图丹却吉尼玛、省政协副主席杨镇刚、德哇仓分别发来贺信贺电祝贺管理局成立。

（三）保护区资源特点

尕海—则岔国家级自然保护区，位于青藏高原东南边缘的甘肃省碌曲县境内，是甘、青、川三省交界地带，地理位置特殊，处于陇南山地、黄土高原和青藏高原的过渡带。碌曲县是藏族聚居地，全县总面积5296平方千米，总人口3万余人，其中藏族人口占84.4%，平均海拔3500米。保护区地跨黄河和长江两大水系，也是黄河重要支流洮河和嘉陵江重要支流白龙江的发源地。

尕海—则岔国家级自然保护区保护区生物多样丰富。受东南季风和地形的影响，属高寒湿润气候，全年没有夏季，冬季漫长，无霜期短，气候多变，因此形成了寒湿性中生植物为主组成的植被类型，属于我国温带森林草原带，植被的垂直分布很明显，有荒漠、草甸、灌木、森林及草甸草原5个植被类型，包括9个群系组和15个群系。保护区内既有被誉为“地球之肾”的大片湿地资源，又有被誉为“地球之肺”的大面积森林资源，还有曾经被誉为亚洲第一草场的草地资源；既有以黑颈鹤、黑鹳、大天鹅、雪豹、林麝为代表的珍稀野生动物资源，又有以紫果云杉、星叶草、桃儿七、冬虫夏草等为代表的珍稀野生植物资源。是我国少见的集森林和野生动物型、高原湿地型、高原草甸型三重功能为一体的珍稀野生动植物及其生态环境自然保护区。特别是尕海湿地与玛曲黄河首曲湿地统称为甘南高原沼泽湿地，是我国特有的高原湿地类型。2000 年 11 月，中国湿地保护行动计划确定甘肃尕海湿地为国家重要湿地，2011 年 9 月，被国际湿地组织指定为国际重要湿地。在保护生物多样性方面具有全球意义。

尕海—则岔国家级自然保护区总面积 247431 公顷，占碌曲县总面积的 46.7%，其中核心区 39095 公顷、缓冲区 81157 公顷、实验区 127179 公顷。湿地 57846 公顷，林地 41991 公顷，耕地 156 公顷，牧地 139708 公顷，其他 7730 公顷。在湿地中有季节性河流 1675 公顷、永久性河流 279 公顷、永久性淡水湖 4732 公顷、沼泽化草甸 51160 公顷；在林地中，有林地 4621 公顷、疏林地 156 公顷、灌木林地 37131 公顷、未成林造林地 83 公顷，森林覆盖率 14.5%。保护区内的森林资源和湿地资源对涵养洮河、白龙江的水源起到了十分重要的作用。

全区年均水资源总量为 36.39 亿立方米，其中地表水年总径流量为 34.11 亿立方米，地下水年总径流量 2.28 亿立方米。在 34.11 亿立方米地表水总径流量中，入境水 30.43 亿立方米，自产地表水 5.96 亿立方米，自产水总量为 8.24 亿立方米。保护区不但水资源丰富，而且水质优良，从而成为黄河主要的补给源区，是甘肃中东部地区生产、生活、生态用水的命脉之一。

据 1996 年本底资源调查，保护区内种子植物有 61 科 213 属 529 种。国家和省重点保护植物 16 种；有脊椎动物 5 纲 26 目 58 科 267 种。我国特有种 40 种。国家保护种类 38 种，其中一级 10 种、二级 28 种。有真菌 8 目 23 科 42 属 68 种，其中食用菌 43

种，食用兼药用菌 27 种，纯药用菌 17 种，毒菌 3 种。

尕海—则岔国家级自然保护区管理局成立以来至 2016 年年底，监测发现鸟类分布新记录 110 种、兽类 9 种、两栖类 1 种；植物分布新记录 153 种，使高等植物分布达到 682 种，分属 67 科 249 属。

（四）管理局机构设置

根据甘肃省编委文件精神，管理局为事业单位性质，处级建制，核定财政拨款事业编制 30 名，处级领导职数 4 名。内设办公室、业务科、计财科 3 个科室，下设尕海、则岔 2 个保护站，均为科级建制，核定科级领导职数 10 名。

2003 年 12 月，甘肃省编委批准设立保护区森林公安局，下设尕海、则岔两个派出所，核定事业编制 10 名，其中副县级领导职数 2 名、科级领导职数 4 名。根据 2005 年国务院办公厅《关于解决森林公安及林业检法编制和经费问题的通知》精神，2008 年，全省森林公安转制为政法系统，保护区森林公安局更名为甘肃省森林公安局尕海则岔分局，核定政法编制 20 名，成为甘肃省森林公安局直属的行政单位。内设办公室、法治科、刑侦科、治安科四个科室，下设尕海、则岔两个派出所。

随着保护区的建设与发展，原有的内设机构已经不适应发展需要。由于森林公安局的转制，原森林公安局事业编制保留在管理局，使管理局的事业编制增加到 40 名。2010 年 1 月，甘肃省林业厅批准增设湿地科、组织人事科、森林防火办公室、产业管理办公室。2011 年，批准设立石林保护站。到 2016 年，保护区内设机构为 7 科 3 站，分别是办公室、业务科、湿地科、计财科、组织人事科、产业管理办、防火办，则岔保护站、尕海保护站、石林保护站，编制增加到 43 人。

（五）管理局基础设施建设

国家林业局于2001年批准了保护区管理局一期工程建设项目，总投资1572万元，其中中央投资931万元、地方配套641万元。管理局挂牌运行后，立即着手一期工程建设项目的实施，在碌曲县委、县政府的大力支持下，征用了原碌曲县医药公司的土地作为局址，建设保护区科研办公楼；在尕海乡的秀哇村和西仓乡的贡去乎村分别建设尕海和则岔保护站。经过两年的建设，建成管理局科研办公楼2180平方米，尕海保护站及瞭望塔610平方米，则岔保护站713平方米，以及供暖、供水、供电等附属设施，同时修建了尕海、则岔两处气象观测站，设置了湖区围栏，购置了办公设备。一期工程建设，使保护区的基础设施得到改善，为管理、科研、保护、宣教等工作的开展创造了良好的工作条件，也为对外交流合作提供了场所。

（六）尕海湖区生态恢复工程

尕海湖是甘南草原上的一颗明珠，当地牧民群众把尕海湖誉为“神湖”，意为吉祥与幸福的象征。20世纪60年代，尕海湿地水草丰美，牛肥羊壮，当年地处尕海湿地的贡巴公社，是甘南州畜牧业发展的先进单位，曾经流行的口号是“工业学大庆、农业学大寨、牧业学贡巴”。从80年代后期开始，由于气候变化、过度放牧和人为的破坏活动，造成尕海湿地出现退化现象，90年代尤其严重，1995年、1997年、2000年尕海湖三次干涸，湿地面积急剧萎缩，人畜饮水遇到困难，湖中的鱼类等水生生物大量死亡，水鸟类数量大幅减少，引起地方政府和各界人士的广泛关注。2002年下半年，为了尽快恢复尕海湖水面和生态环境，碌曲县人民政府筹集30万元专款，由水利部门在尕海湖出水口修筑了一座长174米、底宽15米、顶宽6米、高7米的梯形滚水坝，还在滚水区以外的坝顶覆盖了一层草皮，既防止雨水冲刷，又基本保持了“神湖”的自然风貌。同时修建了一条4.7千米长的引水渠，将忠曲河水引入尕海湖进行生态补水，补充尕海湖水量，从而使尕海湖面积由480公顷扩大到1000余公顷，蓄水量增加到了2000万立方米，同时湿地生物多样性特别是鱼、虫数量有了很大恢复，进而使雁鸭类、黑颈鹤等水鸟数量明显增加。

（七）尕海湖草场置换

2004年1月，保护区管理局局长徐强调任舟曲县任县长。5月，州政府任命碌曲县委副书记刘志勇兼任管理局局长。刘志勇到任后，继续进行一期工程的后续建设。2002年实施的尕海湖生态恢复工程，效果开始显现。尕海湖水位快速回升，由2002年的480公顷，增加到1600公顷。水位回升，一方面使周边生态环境得到改善，另一方面淹没了湖区周边尕海乡加仓、秀哇两村1.6万余亩草场，56户牧民放牧受到影响，引发了新的矛盾。两村牧民群众多次到保护区管理局，要求对淹没草场进行补偿。

至此，恰逢原尕海军牧场撤销，碌曲县委曾于2003年2月25日召开四大班子联席会议，专题研究尕海军牧场交接工作有关事宜。其中提出：“尕海湖是国家级自然保护区的核心区，为了确保尕海湖水源涵养不受破坏，结合这次移交，尕海乡在尕海湖周围划分一定面积的草场为保护区，实行围栏、封育、禁牧，保护区面积、界限由乡上和有关村商定并报县政府审批后执行。划分保护区时，所占牧户已承包的草场，在移交的草场内按同等面积给予调整补偿。”2005年6月21日，尕海乡政府下发了《关于尕海牧场剩余草场与湿地保护区对换草场的决定》，并邀请保护区管理局、县民政局、县草原站技术人员参与，抽调加仓、秀哇村工作组和两村村级班子开展草场对换工作，经过实地测量，将湖区周边 5.1 万亩草场对换给管理局，相应从军牧场中补给牧户被占用的草场。管理局自筹 2 万元资金，对受损的牧户进行了补偿。草场置换，解决了牧民在尕海湖周边湿地放牧的问题，减少了人畜活动对野生动物的干扰，也为候鸟监测，开展观鸟和生态旅游打下了基础。

（八）国际泥炭地研究专家考察保护区

2004 年 7 月 7 日，接到省动管局通知，我和刘志勇局长前往兴隆山保护区管理局参加由国家林业局对外合作项目中心、中国野生动物保护协会、湿地国际、全球环境中心和甘肃省林业厅联合主办的“泥炭地保护、恢复与可持续利用国际研讨会”。联合国环境规划署全球环境基金以及其他合作者为本次研讨会提供资助。来自 11 个国家的政府机构、科研院所和非政府组织的 90 多位专家和代表参加了本次会议。国家林业局野生动植物保护司司长致开幕词。这是我们第一次参加如此高规格的会议，9 日上午我代表管理局做了《尕海湿地生态恢复效益评价》专题报告，与会专家对我拍摄的黑颈鹤及黑颈鹤幼雏照片引起了关注。10 日，我和刘局长随同来自德国、英国、丹麦、荷兰、俄罗斯、加拿大、马来西亚、日本的 22 位外国专家和 20 位国内专家，在湿地国际—中国办事处主任陈克林、省林业厅副厅长赵建林陪同下，到尕海自然保护区考察，这也是第一次多国专家集体考察本区。我和高级工程师李俊臻向考察团专家详细介绍了尕海湿地保护、泥炭地、生物多样性及黑颈鹤保护等情况。专家对尕海湿地的保护成效表示赞赏，并在尕海湖边集体合影留念。11 日考察结束后，专家前往四川若尔盖湿地考察。

这次会议发布了《泥炭地保护与恢复兰州声明》，呼吁政府部门、研究机构、非政府组织与当地组织和社区开展泥炭地保护行动，在泥炭地水资源管理方面开展合作和交流。在陈克林主任的协调下，甘肃省碌曲县、玛曲县，四川省若尔盖县、红原县，若尔盖湿地保护区、尕海—则岔保护区、黄河首曲湿地保护区、红原县日干乔湿地保护区，甘肃省野生动植物管理局、四川省野生动植物资源调查保护管理站、湿地国际—中国办事处，联合建立了若尔盖高原湿地保护委员会，于 2008 年 9 月 17 日在四川省成都市签署了“合作备忘录”。2009 年 8 月首届若尔盖高原湿地保护委员会年会在碌曲县召开，国际湿地组织首席执行官珍妮女士出席会议，并做了大会发言。

（九）尕海观鸟亭、木栈道建设与生态旅游

为了进一步保护尕海湖区，恢复退化湿地，在刘志勇局长的领导下，经过积极争取，省发改委于 2006 年批准了《尕海—则岔保护区湿地保护建设项目》，总投资 1455 万元，其中国家投资 1100 万元、地方自筹 355 万元。2007 年，第三任局长袁峰晓到任后，开始实施。该项目新建野生动物救护站 153 平方米、新建科研监测中心楼 2200 平方米，实施了退化湿地改造、草场改良、休牧、鼠害防治等生态工程。2008 年在尕海湖边建设了两座观鸟亭和 2000 米观鸟通道（木栈道），为开展观鸟活动及生态旅游打下了基础。

保护区在后续发展建设中，管理局受到经费不足的困扰，我们在向省林业厅汇报，争取经费时，厅长马尚英一席话引起我们的思考。他说：“尕海—则岔有非常好的自然风光，保护生态环境，要做到在保护中发展，在发展中保护，你们是抱着金饭碗讨饭吃。”自此以后，在局长袁峰晓的领导下，我们决定在尕海试点性开展生态旅游。我设计了以尕海湖及水鸟为背景的“甘肃尕海湿地观鸟、摄影基地参观券”，票价 20 元。尕海观鸟亭建成后，不

断有摄影爱好者到尕海观鸟、拍摄。从2010年6月开始，对前来观鸟、摄影人员收取门票，当年创收20万元。之后，旅游收入逐年增加。2012年成立了尕海生态旅游公司，2014年新尕玛公路（尕海—玛曲）通车后，管理局与尕海乡秀哇村联合开展生态旅游，秀哇村30余名群众在旅游公司从事旅游服务工作，100余名群众通过销售酸奶、冬虫夏草等土特产品或提供骑马、民族服饰租赁等参与旅游服务，直接增加了地方群众的经济收入。

二、野生动物保护与救治

（一）救护黑颈鹤

2007年8月19日，尕海乡牧民西合道在郭茂滩发现一只受伤的黑颈鹤。得知此事后，我们立即派工作人员前往进行救治。经仔细检查，这只黑颈鹤右腿跗趾在飞越围栏时受到创伤，伤口已溃烂发炎，觅食极为不便，身体很虚弱。

为了使这只受伤的珍禽尽快得到康复，我们把黑颈鹤寄养在西合道家中，并由兽防站医务人员诊断病情后，立即清洗伤口，敷药包扎，按时饲药喂食，注射针剂。经过一个月的精心救治和饲养，黑颈鹤伤口痊愈，毛色日渐明亮，精神抖擞，野性复苏。天气一天天变冷，为了让这只黑颈鹤与其他同伴一起顺利南迁，9月17日，在郭茂滩我们将它放归野外，我拍下了放归时的照片，留下了永久的纪念。

（二）救护大天鹅

2007年12月22日下午，我正在办公室工作，夏河县森林公安局唐尕昂派出所所长彭少华、政委陈大文，护送一只受伤的大天鹅到管理局，我和田瑞春接待了他们。原来是博拉乡博拉道村村民贡去乎杰、桑吉扎西在博拉河边发现了这只大天鹅，大天鹅行动迟缓，不能飞翔，随即给夏河县森林公安局报案，由于他们无救治条件，专程送来。经兽医诊断，是肠道感染造成身体虚弱，通过注射药物，饲喂玉米、菜叶，经过5天的治疗，大天鹅恢复了健康，28日由兰州大学在尕海实习的研究生在天鹅湖放归野外。

自尕海—则岔国家级自然保护区管理局成立以来，先后救助了梅花鹿、黑鹳、大鵟、骨顶鸡、雕鸮等野生动物10余只。

（三）尕玛公路改道工程

原先的尕（海）玛（曲）公路从尕海湖边穿行而过，给栖息在湖与周边的鸟类造成了一定的干扰，不利于保护这些野生动物。2007年8月8日，国务院参事叶汝求、徐嵩龄、屠建业一行来保护区调研生态环境保护工作，在听取了袁峰晓局长《关于尕玛公路影响尕海湖区生态环境的汇报》后，高度关注。调研结束回兰州后，专门为尕玛公路改道问题召开省林业厅及有关方面人员会议，听取汇报。袁局长安排我专程到兰州给参事们报送有关尕玛公路及保护区的资料。10月，国务院参事叶汝求、邓引引、谢又予、徐嵩龄联名向国务院提交了《关于穿越甘肃尕海湿地核心区的尕玛公路改道的建议》，副总理曾培炎、国务委员华建敏分别做出批示，请交通部研究办理。2008年年底，尕玛公路改道项目经国家批准正式立项，投资4.9亿元，建设里程60.3千米。改道工程已于2014年年底竣工通车，从此，人类给鸟类让出了一条道。

（四）湿地生态效益补偿试点

在母金荣局长的积极争取下，国家林业局于2014年批准了

《尕海—则岔保护区湿地生态效益补偿试点项目》，总投资 4000 万元。尕海成为甘肃省唯一的湿地补偿试点地区，重点对尕海湖周边 4.768 万亩、天鹅湖周边 0.822 万亩湿地进行补偿，采取“资金一次到位、任务五年完成”的做法，对于候鸟迁徙路线上的重要湿地因鸟类等野生动物保护及禁牧造成的损失进行补偿。按照“补偿与损失相当”的原则，确定按每年每亩 100 元的标准进行补偿，131 户牧民直接从中受益。同时，开展了湿地生态修复和环境治理，包括围栏设置、补播牧草、鼠害防治、侵蚀沟治理、设备购置及宣传教育等。目前该项目正在实施过程中。

三、后记

2012 年 8 月召开的中国共产党十八次全国代表大会，将生态文明建设纳入社会主义经济建设、政治建设、文化建设、社会建设五位一体总体布局，把生态文明建设提到一个新高度。借助这股东风，尕海—则岔国家级自然保护区迎来了发展的良好机遇，发展步伐不断加快。在上述项目之外，保护区相继实施了“天保”一期、“天保”二期、生态公益林补偿、保护区二期工程建设，对外合作的 ECBP 即中欧生物多样性保护项目、UNDP−GEF 利用生态方法保护洮河流域生物多样性项目等。总投资达 1 亿多元，这些项目的实施，改善了区域生态环境，造福了地方群众，当地群众在生态保护、旅游开发、生态补偿方面获得了更多利益，增加了收入。与此同时，在历任领导的不懈努力下，在全体干部职工的共同奋斗下，管理局不断发展壮大，为生态文明建设做出了积极贡献，先后受到甘南州委、省林业厅、国家林业局、国家环保部的表彰奖励，例如：2010 年甘南州委、州政府授予“甘南州文明单位”称号，2014 年国务院授予“全国民族团结进步模范集体”称号，2016 年甘肃省林业厅授予“联村联户为民富民行动先进集体”称号，2016 年国家环保部等七部门授予“全国自然保护区先进集体”称号。如今，在第四任局长母金荣的带领下，管理局正在生态文明建设的道路上阔步前行，为甘南全面同步建成小康社会助力、添彩。

2017 年 1 月 8 日

甘南电力发展纪略

刘东鹏[①]

2002年10月8日，我由一名学子正式步入了社会，从“苦甲天下的通渭”来到了“富庶美丽的甘南”，从一个农村娃成为一名电力职工。五年的技校生活，我已对电力行业不陌生，也就从那时起，我结缘甘南，结缘电网。

一晃已经十多年，我从一名普通员工，成长为公司中层干部，从办公室到基层，再到团委书记，后来交流到夏河县供电公司当副经理管生产。时至今日，又回到了甘南供电公司，继续负责着综合服务中心管理工作。其间，参与了《甘南州电力工业志》的编写，一路走来，有苦有乐，我为自己能成为一名高原电力人而感到自豪，甘南供电，给了我实现梦想的平台，缔造了属于我的中国梦。情系电网，我热爱这份能给予人们光明的事业，因为从事新闻宣传工作，我踏着电网延伸的印迹，走遍了电网覆盖的每一个乡镇，用镜头记录了甘南电力发展的每一个感人画面，让我见证了甘南电力从无到有、从小到大、从弱到强的发展历程。

---

① 刘东鹏，甘南供电公司综合服务中心副主任。

一、有电的历史追溯

2009年，我有幸参与了《甘南州电力工业志》的部分内容编写，让我对甘南有电的历史有了全面的了解。

甘南藏族自治州虽地处偏远，但用电历史可追溯至1921年。当时，外籍传教士在卓尼地区传教期间，在洮河支流木耳河上建成一座微型水力发电站，装机约2千瓦，仅供教堂照明用电，是为甘南州内利用水能发电之始。中华人民共和国成立后，1956年为解决甘南州乳品厂动力用电和州府所在地合作地区的办公及部分群众的生活用电问题，自治州决定在夏河县境内大夏河支流的扎油河上修建州内第一座引水式、装机容量为200千瓦的水电站——嘉吉拉寺水电站。1957年5月1日建成发电，后改名为扎油电站。1959年，夏河县在九甲洒哈尔村修建了装机容量为124千瓦的洒哈尔引水径流式电站。1966年8月，总容量为2560千瓦的甘南州白土坡水电站在大夏河上游的达麦公社境内开工建设，1968年10月建成，第一台1560千瓦机组发电，由此拉开了甘南水电建设的帷幕。

在与《甘南州电力工业志》的执行主编舒胜明的交谈中得知，20世纪70年代，遵照毛主席关于发展“五小”工业的指示，提出“向水要电”的豪迈口号，全州掀起一股小水电建设的热潮。在白龙江、洮河、大夏河流域先后建起了近百座小型水电站。1971年3月，为加强水能资源管理和大力发展水利水电事业，促进甘南社会经济全面发展，经甘南州人民政府批准，甘南州水利电力局成立，之后各县水利电力局也相继成立。进入80年代，小水电建设装机容量由几十千瓦、几百千瓦，发展到上千乃至上万千瓦。20世纪末，全州上下认真贯彻落实中共甘南州委、甘南州人民政府确定的“1422253”发展战略和《关于甘南州水电业实现跨越式发展的实施意见》，加大了水电资源开发力度，水电开发建设进入了一个前所未有的发展高峰期。水电事业快速发展，为甘南州经济社会发展提供了能源保障，加速了资源优势向经济优势的转化，逐步成为地方经济发展的龙头和支柱产业。到20世纪末，全州已建成发电的水电站达91座之多。但在管理体制上，各县建设的小型水电站，按照不同的投资渠道和产权关系，由县、乡、村多头管理，未形成统一的管理体制。加之受地理环境、自然条件、经济发展和投资渠道诸多因素的影响，甘南地区没有外部补充电源和比较完善的电力网架。全州自建小型水电站均为单电网独立运行，整个电力供应基本上是自发自供，各行其是。

1984年是甘南电网发展的第一个转折点，第一条110千伏送电线路由临夏延伸至合作，110千伏合作变电所同步建成投入运行，从此兰州电网进入甘南地区，使甘南地区结束了长期孤网运行的历史。但当时由于受到农电管理体制的制约，建成后的110千伏临夏—合作送电线路和110千伏合作变电站的运行、维护、收费，由甘肃省电力工业局委托兰州供电局管理。

110千伏合作变电站投运之后，州内部分县的35千伏线路和变电所相继并入110千伏合作变电站。1995年4月，经甘南州人民政府批准，成立了甘南州地方电网调度中心，主要履行对甘南州夏河、临潭、卓尼、碌曲、玛曲5县的35千伏及以下电网调度、小水电并网、供用电管理、营业收费等职能。1996年，为加快甘南社会经济全面发展和电力工业发展步伐，实现自主管网、统一调度和统一管理的目标，在合作绍玛村建设1座设计容量为2×10000千伏·安、35千伏线路出线间隔6回、10千伏线路出线间隔10回的35千伏合作中心变电所，1997年建成投入运行，将甘南东北部5县35千伏变电所接入合作中心变电所，实现了甘南35千伏地方电网与兰州电网的一点连接。舟曲、迭部两县因大电网未能进入，小型水电站仍自发自供、孤网运行。

在做2013年甘南州建州60年的电网发展总结时，我也详细了解到，甘南州真正意义上的社会用电历史，实际从20世纪50年代后期才逐步开始，由于受资金、技术、人才、管理等方面因素的制约，所建电站只能为周边部分村镇供电，而且因电压极不稳定，出现了灯泡下面照煤油灯的异常现象。然绝大部分农村仍无电可用，群众主要依靠油松和煤油照明。当时，电费收取方法基本采用“包灯”收费制，即按灯泡数量、瓦数每月计收，电价由乡政府或电站管理者随意确定。从20世纪70年代开始，部分成立较早的县供电所，对自己管辖区域的营业用电逐步使用DD−28型电能计量表计量收费，用电管理工作随之展开。1985年之后，甘南州的用电量除自发自供的小型水电站电量外，各县缺额电量，由各县电力部门到兰州供电局进行趸购，趸购综合电价按用电类别比例调整。甘南州地方电网调度中心成立后，趸购关系发生了变化，由甘南州地方电网调度中心向兰州供电局趸购电量，各县电力公司再向地方电网调度中心趸购。舟曲县电力公司和迭部县电力公司的用电，则由该县主要电源电站与县电力公司按照实际用电量进行电费结算。舟曲县电力公司为实现电量互补，与邻近的陇南宕昌县建设了35千伏、10千伏联络线路，双方根据需求建立了供用电关系，在电量紧缺时进行互补。2004年4月，110千伏舟曲两河口变电站和迭部110千伏白云变电站相继建成投入运行，营业用电管理和上下网电费结算，由甘南电力有限责任公司直接管理，其电量销售方式仍然实行趸购。至此，全州7县1市电力公司上下网电量的电费结算，由甘南电力有限责任公司统一管理。

二、电网的沧桑巨变

要说甘南的电网建设，还得从小型水电站说起。那是2003年3月，当时甘南州委副书记王冰，带领招商引资团参观甘南投资环境，争取投资项目，当时甘南地区重点投资项目就是水电开发建设，总经理田宝怀也受邀参加，我作为办公室人员陪同。记得当时我是第一次使用照相机和摄像机，在那之前我从没有摸过这些高级货，就一路边走边学，不仅学会了使用这些设备，还全面了解了甘南丰富的水电资源。也就是从那时起，甘南开始了如火如荼的水电建设，也促进了甘南大电网的建设。

当时，政府对甘南水电资源做了详细的统计和分析，我也翻阅了相关资料。甘南州境内大部分地区雨量丰沛，水网密布，河道落差集中。全州水能理论蕴藏量非常可观，属甘肃省的水能丰富区。甘南州内复杂的地形构造和独特的气候特点，造就了丰富的自然资源。广阔的草场、茂密的树林、充足的水源、丰富的矿藏、多姿多彩的旅游景观构成了自治州的五大优势资源，其中水利资源为五大优势资源之首。水能理论蕴藏量为 361.37 万千瓦，“三河一江”干流及主要支流水能资源技术可开发量已达到 247.902 万千瓦以上，占全省水能资源技术可开发量的 23.33%。若全部开发利用，按年利用 4200 小时计算，年发电量可达 104.11 亿千瓦·时；按 0.18 元/千瓦·时计算，年销售收入可达 18.74 亿元，年利税可达 7.28 亿元。

甘南州电网的建设与发展，以 1984 年 110 千伏线路进入甘南为起点，经过 20 多年的建设和不懈努力，尤其是通过大规模农村电网建设与改造工程及县城电网改造实施以来，实现了跨越式发展。电力网架结构按地域分为东部电网和南部电网。两网间尚未实现连接，各自独立运行。东部电网主要以合作 110 千伏变电站为主辐射网架结构，电源侧与兰州—古城—临夏联网运行。合作 110 千伏变电站主要承担着甘南东北部 5 县 1 市的供电任务及小型水电站的电能送出。南部电网主要以迭部、舟曲 110 千伏变电站为主，与陇西—漳县—岷县电网相连，承担南部两县的供电及小型水电站的电能送出。2009 年 4 月 25 日，迭部洛大 330 千伏变电站的建成投运，使甘南南部电网形成了以洛大 330 千伏，迭部、舟曲 110 千伏为主供的电网格局。由此，南部电网结构也发生了根本性变化。

2010 年，时任甘南公司总经理张建明提出“以坚强电网为支撑，突出水电外送能力，优化供电营销服务，建设支持地方社会经济发展的‘一强三优’现代公司”的中长期发展定位，公司电网发展步入了快车道。

目前，甘南网内运行 330 ~ 35 千伏变电站 57 座，其中公网 330 千伏变电站 2 座、110 千伏变电站 15 座、35 千伏变电站 34 座，用户 35 千伏变电站 6 座，总变电容量 2155 兆伏安；110 ~ 0.4 千伏线路 10527 公里。服务客户 19.8 万户。“三河一江”甘南流域并网水电站 111 座，总装机容量 1034.88 兆瓦，在 2014 年甘南供电公司的工作报告中，统计数据位年发电量已达 36.18 亿千瓦时，转供电量 28.72 亿千瓦时。至 2013 年年底，甘南并网电站由 1998 年的 33 座 66.44 兆瓦增加至 111 座 1034.88 兆瓦。

在甘南这片纯净高原点缀着格桑花的美丽，拂动着银线交织的琴弦，和奏出一曲跌宕起伏的五彩乐章，演绎着国家电网人的执着前行，勇于担当的独特魅力。他们积极克服高海拔、自然条件艰苦等困难，妥善处置地方维稳和发展关系，优化电网建设环境，加快重点工程建设，提升电网服务水平。

据了解，1998—2013 年，累计完成甘南电网投资 24.4 亿元，其中 330 千伏电网投资 60543 万元、110 千伏电网投资 91448.39 万元、35 千伏及以下电网投资 92046.1 万元。共新建、扩建 330 千伏工程 3 项，110 千伏工程 31 项，35 千伏变电站 34 座、变电容量 25.5 万千伏安、线路 721 公里，10 千伏线路 4971.3 千米，0.4 千伏线路 3717.2 千米，配变 3163 台共 20.44 万千伏安，工程建设涉及全州 152 个乡镇。甘南电网输配电供电能力、经济技术指标得到明显提高。全社会用电量和转供省网电量年平均增长率均达15%以上。

从2002年开始，甘南电力有限责任公司重点以抓电压合格率和供电可靠率为突破口，以“双达标”创一流供电企业为手段，着重加强了线损规范化管理，建立健全了线损管理网络。成立了线损管理领导小组，修订完善了各项指标管理制度，建立了线损奖罚制度、无功管理制度、报装接电管理制度、临时用电管理制度、抄核收管理等各类制度、报表、档案和记录，规范了供电营销管理模式等。同时各县供电企业还引进了理论线损分析软件，对10千伏、0.4千伏线损进行科学管理和理论分析与计算，并定期召开线损分析会议。从组织措施、技术措施、管理措施上狠下工夫，加大了技术降损和无功工作的管理，加强了计量、用电检查、设备维护的管理力度。建立了县供电企业与供电所收支两条线的管理机制。强化了“95598”在农村用电的优质服务和积极推行十项承诺，建立“格桑花”共产党员服务队，使农电系统优质服务水平得到迅速提高。从根本上解决了过去农村用电管理不到位、搭车收费严重、农村电工工作行为不规范等方面的突出问题，全面提升县市供电企业的生产经营管理水平，企业经济效益也有了大幅提高。全州售电量由1997年的1.05亿千瓦·时，提高到2013年的6.88亿千瓦·时，供电可靠性达到99.914%，综合电压合格率达到99.967%。

好风凭借力，助我上青云。随着电网的不断发展，甘南供电公司的服务模式也创新求变，供电服务质量不断提升。甘南供电公司结合地区民族文化和语言差异，全面开通“95598”藏汉双语服务热线，作为国网典型案例推广。建立投诉业务“挂牌督办”和领导约谈工作机制，严格按照“四不放过”原则进行处理。延伸“格桑花”供电服务内涵，以党的群众路线教育实践活动为契机，开展“服务民生，情暖草原”供电服务进万家系列活动，推出一所一样板、一牌一卡片、一县一试点“六个一”的活动内容，丰富服务内涵和形式。以领导“临柜日”为突破口，大力整治影响供电服务的基础问题5类，重点解决营业窗口、现场服务方面的重点难点问题30项，查纠不规范问题27项，促进服务水平显著提升。公司连续3年在服务行业行风建设评议中名列第一。2013年甘南“格桑花”共产党员服务队获得国家电监会、国网公司先进集体、百佳客户满意服务窗口和国家电网优秀共产党员服务队称号。

三、企业的蜕变之路

记得刚参加工作时，我被分配到了办公室，负责新闻宣传后勤管理工作，我们一批22人，是甘南电力有限责任公司2001年12月改制成立以来，被甘肃省电力公司分配到甘南的第一批人，那时全公司加上我们只有71人，整个公司租用着州水电局的7间办公室，几个部门因为没有办公室而在变电所办公。没有职工宿舍，因我们的到来，公司将合作110千伏变电所内80年代建设的平房进行了粉刷改造，安置我们这些“外来户”，三人挤一间，虽然条件非常艰苦，但现在想来，虽苦犹乐。

从小平房到标准化公寓，我一路见证了企业发展的历程，因为在单位做了多年的新闻宣传工作，使得有机会接触大量的资料，对甘南电力的发展变革做过详细的了解，公司的发展，应该从1998年说起。那一年，甘南州人民政府根据国务院批转国家经贸委《关于加快农村电力体制改革和加强农村电力管理意见的通知》和《甘肃省电力工业局对趸售县实行代管的办法》的要求，随即下发《关于理顺农电管理体制的通知》。到1999年2月9日，经甘南州人民政府批准，在原甘南州地方电网调度中心的基础上，正式成立了甘南州电力工业局、电力总公司，属独立法人企业，并依照国家有关文件精神和甘肃省农村电网改造方案，经甘肃省电力公司和甘南州人民政府协商，达成企业性质不变、企业职能不变、资产隶属关系不变、财税关系不变、人员工资不变的“五不变”和统一管理、统一调度、统一规划、统一建设、统一标准的“五统一”原则，由甘肃省电力公司实行代管。同年11月，甘南州电力工业局、电力总公司与各县（市）人民政府，签订了代管夏河县、合作市、临潭县、卓尼县、碌曲县、玛曲县、舟曲县和迭部县电力工业局、电力公司的协议。各县（市）电力工业局、电力公司仍然按照两块牌子一套人马的独立法人企业模式正式挂牌运营，并履行电力管理和农村电网改造与建设职能。尽管甘南州电力工业局、电力总公司对各县（市）电力公司进行了行业代管，但各县（市）电力公司的资产、人员、经营模式等，仍然受县（市）人民政府直接管理。

2001年是甘南电力发展的主要节点，当年12月，按照甘肃省电力公司《关于成立“甘南电力有限责任公司”的通知》将甘南州电力总公司改制为甘南电力有限责任公司，系甘肃省电力公司的控股公司，其控股比例为甘肃省电力公司占78%，甘南州人民政府占22%。

2007年1月1日，按照甘肃省电力公司《关于“甘南电力有限责任公司”改制为“甘肃省电力公司甘南供电公司”的通知》，甘南电力有限责任公司正式改制为甘南供电公司，其性质为甘肃省电力公司的分公司，是甘肃省电力公司所属的基层供电企业。

从甘南州地方电网调度中心、甘南州电力工业局（电力总公司）演变到如今的甘南供电公司，形成了甘南供电公司、7县1市供电公司和乡镇供电所三级管理机构。通过农电体制改革，三级管理机构逐步适应了现代电力企业管理的需求。

1998年，通过对县市农电企业实行代管后，甘南供电公司重点加强了公司系统的人力资源管理，对进入公司本部和县（市）公司的人员，严格实行审批制度，坚决杜绝了行政干预的人事管理行为。

2012年，按照国网公司“三集五大”体系全面建设要求，全面完成机构设置和人员配置调整。严格执行“三集五大”体系建设月度评价考核机制，编制完成“三集五大”体系建设最佳实践学习推广计划，提升最佳实践转化运用能力。强化运监中心工作实用化研究，为公司经营管理提供决策依据。将配网应急抢修指挥纳入“大运行”体系建设，初步建成地县一体化模式，实现35千伏变电站集中监控及10千伏配网调控全覆盖。完成地调层面及县供电企业配网抢修指挥业务交接，实现公司配网抢修指挥业务集中。加快推进县供电企业“七大五小”信息系统建设，开展国网公司通用管理制度学习落实，制定8家县供电企业产权无偿划转工作方案，全面推进县供电企业改制上划工作。

甘南供电公司依据国家电网公司和省电力公司“三集五大”体系建设要求，设置9个职能部门、5个业务支撑实施机构。公司职工人数288人（其中长期职工228人、劳务派遣用工60人），平均年龄30.9岁。2013年，代管县（市）公司统一更名为供电公司，并在2014年年初，代管县供电企业延伸开展了“三集五大”体系建设，职工总人数1093人（其中长期职工767人、劳务派遣制农电工326人），平均年龄42.1岁，本科学历64人，少数民族员工489名，占全部职工人数的43.9%。

在甘南供电公司的企业文化室，一张张图片，一块块奖牌，叙述着甘南电力发展取得的成绩。从1997年至2014年，甘南电力建设经历了16年的快速发展，这期间得到了省、州各级领导和行政管理部门的大力支持和帮助，尤其在专业技术、企业管理等方面得到了甘肃省电力公司、兰州供电局（公司）不遗余力的指导与帮扶，加之甘南供电公司经过不懈努力，使得甘南州电力工业的建设与发展，取得了前所未有的辉煌成就，为甘南民族地区社会经济全面发展起到了推波助澜的作用。由此甘南供电公司曾被甘肃省委、省政府授予“省级文明单位标兵”荣誉称号，被省消费者协会评为“省级诚信单位”，被甘肃省国家税务局授予“诚信纳税户”荣誉称号；多次被甘肃省电力公司评为“文明单位”“安全生产先进集体”“优质服务先进单位”；被甘南州委、州政府评为“社会治安综合治理和维护稳定综合先进单位”“全州统一战线先进集体”“文明单位”“安全生产目标责任考核先进单位”，并多次受到表彰奖励。

四、彰显社会责任

甘南，人间最美的香巴拉，几乎每一个角落都回荡着悠扬的宗教乐章。重大佛事活动、重要节假日期间和其他特别时期的保供电任务显得尤为重要，甘南供电公司主动履行维稳职责，积极彰显社会责任。

2013年，我对甘南供电公司的保供电工作进行过一次统计，包括国家领导人调研、甘南建州六十周年庆典、“心连心”艺术团甘南慰问演出和处突维稳、佛事活动等各类保电任务全年就有23次，都严格落实国网甘肃省电力公司和甘南州委、州政府工作部署，及时研究完善应急预案，健全输变配三级联动保障机制。建立与地方政府的信息通报、联络员制度，加强重要变电站和重要场所值班力量，合理安排电网运行和供电方式，全力做好应急准备，圆满完成各类保电任务，实现了维护藏区稳定和社会和谐目标。

近年来，各地灾害频发，甘南先后经历的多次地震、山洪泥石流和火灾，甘南供电公司在处理这类突发事件中，表现突出，赢得了社会各界的赞誉。

2010年的8月8日零时许，舟曲发生全国罕见的特大泥石流，电网损毁严重，全县大面积停电。在当日凌晨2时，时任副总经理的李晓怡在合作召集部门人员，紧急部署舟曲电网抢先救灾的现场救援工作，我当时负责的工作是车辆交通和新闻报道，在凌晨5时集结了第一批救援物资后，我随公司的第二批抢险救灾队伍赶赴了舟曲，这一次的抢险救灾，我在舟曲现场工作了20多天，亲身体会了高原电力人不畏艰辛、身赴泥潭、战天地斗泥魔的铁军精神，也给我留下了终生难忘的回忆。

在抢险救灾中，国家电网公司、甘肃省电力公司主要领导亲临现场，靠前指挥，广大干部员工团结一心，快速组织开展抗洪抢险工作，第一时间打通舟曲电网主通道，完成抗洪抢险和恢复供电工作，有力地保障了抗洪抢险工作的有效推进，实现了“水退、人进、电通”目标，得到了国家领导的点名表扬和国家电网公司“反应及时、处理得当、抢修有效、现场有序、保障有力、宣传到位、形象极佳”的高度赞誉。8月17日，我陪同公司领导在抢险现场参与了全国总工会的授旗仪式，甘南供电公司和舟曲县电力公司都被评为“全国工人先锋号”荣誉称号。

值得一提的是舟曲电网灾后重建工作，2010—2012年，坚持以“五个最好”，加快实施舟曲灾后恢复重建电网项目，高质量完成重建任务。

2010年3月，刚提拔为党委书记的李晓怡担任舟曲灾后重建前方工作组的组长，主持全面拉开了舟曲灾后重建的序幕。我先后三次参加了舟曲灾后周年纪念，全程参与了对舟曲灾后重建的报道，现在翻看那段历史的照片，还是感觉热血沸腾。在那段时期，我对李晓怡书记的责任心和敬业精神深为佩服。两年时间，李晓怡来回舟曲、合作、兰州协调重建，两年仅三个点行驶的里程数就达到了30万千米，其间指挥着重建战线上的每一位员工，不但有力有序地保障了各重建单位的可靠供电，还使舟曲中低压电网实现了“手拉手”可靠供电，建成了全省智能化水平最高、抗灾害能力最强的坚强县域电网。

从舟曲受灾的那一刻到电网重建完成，甘南供电公司用智慧和汗水铸就了电网抢险救灾和灾后重建的不老神话，充分彰显了国家电网服务人民的社会责任。

我对甘南供电公司彰显社会责任感触颇深，甘南电网的建设，就是甘南供电公司服务藏区农牧民群众，支持地方经济发展的诠释。甘南地区配电网投资收益是非常小的，从农网“户户通”工程建设到“寺寺通电”及“无电地区”电网建设，可以说是德政工程，很多改造延伸的供电线路，三五百年都收不回建设成本，就是因为国家电网的社会责任，才不计回报、不计投资地进行着电网建设，所以就将我所做过的两条比较有代表性的新闻内容予以分享。

首先说一说2009年实施的“寺寺通电”工程，当时关于“寺寺通电”工程的新闻报道登上了一些国际媒体和国内的主流媒体，引起了广泛关注。

将“寺寺通电”提到了电力部门的议事日程，是在甘南农网改造与建设工程的实施过程中，根据甘南州的特殊性而提出的。甘南州有藏传佛教寺院121座，僧侣近万人，由千家万户农牧民供养。寺院的用电既关乎僧侣的日常生活，又关乎寺院文物的安全，并与众多供养人及信教群众有着千丝万缕的联系。因此，“寺寺通电”工程得到了甘肃省电力公司的高度重视，2009年实施的“寺寺通电”工程仅用4个月时间，共新建10千伏线路16.82千米、0.4千伏线路2.66千米；改造10千伏线路17.01千米、0.4千伏线路60.62千米；配电变压器26台，总容量1440千伏·安，工程总投资1126.03万元，整个工程惠及121座寺院，通电率达到100%，为甘南藏区的稳定与发展做出了特殊贡献。

还有就是2013年和2014年完成的“无电地区”建设任务。

甘南现在所说的无电地区，应该追溯到2007年，全州范围内实施牧场划分承包制，大部分牧民由原来的游牧生活逐渐转变，并在自己牧场内建房定居，产生新的无电户，由于广大牧民都居住在自己的牧场，居住分散，村与村之间相距十几千米，户与户之间相距0.7～2千米。如采用电网延伸方式供电，因供电半径过长，供电电压质量无法达到基本用电要求，只有部分可采用电网延伸解决。在2013年年初，甘肃省电力公司组织对全省无电地区分布和无电人口数量进行核实，并与各级地方政府（市、县）共同进行了签字确认。依据调查摸底，确定甘南地区总计无电户1202户，人数56428人，其中大电网延伸可解决1293户6979人供电，剩余无电户由当地政府采用分散式光伏解决。

2013年7月，全国政协主席俞正声来甘南调研，对夏河县科才乡的无电游牧区域电网建设提出了要求，甘南供电公司快速落实，提前高质量完成夏河无电地区通电工程建设任务，彻底结束了夏河县桑科乡齐乃合其卡130户居民无电可用的历史。与此同时，甘南供电公司启动了全州无电地区无电人口通电工程建设，面对无电户居住分散、施工环境复杂、资源统筹难度大等困难，克服工程项目分散、施工条件恶劣、施工成本居高等影响，设计、施工、监理等各个环节的资源都十分紧缺，工程建设的资源组织等困难，碌曲、玛曲、迭部等县无电地区电力建设任务，截至2014年9月，甘南无电地区电力建设已全面完成，彻底解决碌曲、玛曲、夏河、迭部等5个县市1293户6979人的供电，累计投资3622.13万元，目前所有项目均已完工，1293户无电户均已实现通电，全州户通电率达到100%，从根本上改善了群众、僧侣的生产生活条件，为维护社会稳定起到了积极作用。

千淘万漉虽辛苦，吹尽狂沙始到金。在这“一江三河”环绕的热土上，从苍茫的山河乐章，到涤荡心灵的宗教乐章，再到五彩缤纷的民族乐章，都生动演奏着陇电铁军服务藏区的美妙乐章。我与甘南电网同行，在这绿草如茵的雪域高原，我们踏着马蹄的印迹，执着前行。国网甘南供电公司也将以更加崭新的姿态，向着“一强三优”现代公司目标阔步迈进！

甘南州实施天然林资源保护工程纪实

张来成

甘南地区是甘肃省的主要林区之一，长期以来，森林资源作为主要自然资源进行了开发利用。20 世纪 80 年代中期，甘南地方开始与国有森工企业一起参与林业生产，森林资源的开采利用支援了国家建设，也支持带动了甘南经济的发展。90 年代初中期，是甘南林业生产的高峰期，林业生产成为州、县财政和林区群众收入的重要来源，许多乡镇企业也依托林业发展起来，林业工作在全州工作格局中占有重要位置，受到州、县党委政府的高度重视。同时，在大量采伐出售林木中也出现了许多矛盾和问题，影响到全州工作大局。1998 年 10 月国家宣布停止天然林采伐、实施大然林保护工程，甘南全州和林区县的经济及群众生活受到较大影响。甘南州正确处理当前利益和长远利益、经济效益和生态效益的关系，在国家的支持下，认真落实天然林保护的各项措施，妥善安置林业生产人员，积极帮助乡镇企业寻找转型出路，培育新的财源和为群众增收找门路，保证了天然林保护工程的顺利实施。天然林保护工程实施后，全州进一步深化对州情的认识，转变发展思路，把环保可再生资源水电、旅游等作为资源开发的突破口，发展特色产业取得很大进展，使全州经济发展走上又快又好的良性路子。

一、甘南州实施天然林保护工程历史背景

(一) 甘南的森林资源

甘南州天然林资源丰富，是甘肃省最大的天然林区，森林面积占全省森林面积的30%，蓄积量占全省蓄积量的45%。主要分布在白龙江、大夏河、洮河流域。1995年森林资源二类调查数据，全州林业用地总面积92.1万公顷，占总土地面积的23.8%，按权属分国有81.6万公顷，集体10.5万公顷。省属白龙江林区和洮河林区有林地面积34.6万公顷，蓄积总量为6350万立方米，分别占全州有林面积、蓄积总量的72.27%、78.6%；莲花山管理局有林地面积2417.5公顷，蓄积量为21.8万立方米，分别占全州有林面积、蓄积总量的0.50%、0.27%。州属白龙江林区分布在两个县、洮河林区分布在三个县、大夏河林区分布在一个县，有林地总面积13.1万公顷，总蓄积1794万立方米，分别占全州有林面积、蓄积总量的27.23%、21.97%。其中州属七县林业用地面积32.9万公顷，有林地13.4公顷，用材林4.3万公顷，占有林地面积的32.3%；省属白龙江、莲花山管理局林业用地面积59.2万公顷，有林地34.9万公顷，用材林20.9万公顷，占有林地面积的60%。全州活立木蓄积总量为8166.6万立方米，用材林活立木蓄积总量为4725.6万立方米，占总蓄积量的58%。森林覆盖率19.65%。1998年以后，通过人工造林、退耕还林等生态环境建设，森林覆盖率达20.7%，截至2007年，每年将近递增0.1个百分点。

甘南广袤的森林、湿地中蕴藏着丰富的动植物资源。全州有木本植物75科168属550多种，分布野生动物24目40科143种。被列入《中国珍稀濒危植物》的国家二级保护植物有连香树、

水青树、领春木、大果青杆、麦吊云杉、岷江柏木、红豆杉等10种；列入国家三级保护的植物有秦岭冷杉、水曲柳、延龄草、桃儿七等8种；属于国家一级保护的野生动物有大熊猫、羚牛、盘羊、金丝猴、雪豹、云豹、金钱豹、黑颈鹤等17种。甘南林区中药材资源、分布、产量、质量也为全省之冠，境内有中药材653种，其中植物类643种、动物类7种、矿物类3种，主要有麝香、虫草、豹骨、猪苓、贝母、野党参、当归、红芪、大黄、赤芍等。

（二）甘南林业经营管理变革

1980年迭部县划为林业县后，从迭部林业局管辖的林业用地中划交迭部县的益哇、尼傲、多儿、桑坝4个乡林地6.6万公顷，其中有林地4.48万公顷，迭部县设立了益哇、尼傲、多儿、桑坝4个场（站）经营。1982年将洮河林业局管辖的新堡林场移交由卓尼县经营管理，从省属的洮河、舟曲、迭部、白龙江林业管理局经营的林地中划出护村林15770公顷按属地交由各县经营。1983年省政府决定，将临潭县莲花山林场的森林移交给甘肃省莲花山风景林自然保护区管理局经营，总面积9224公顷，有林地3803公顷。1985年省委、省政府决定，白龙江林业管理局再次划给迭部、舟曲、卓尼三县林业用地4万公顷，其中有林地1.86万公顷。截至1990年，全州林业用地中，州县属占41.7%，省属企业占58.3%。

1. 林业管理

一是森林采伐限额管理。甘南林区是甘肃省最大的木材生产基地，从20世纪六七十年代开始，省属森工企业就开始在甘南采伐生产木材。据统计，截至1996年年底，甘南林区共生产木材680万立方米，生产锯材101万立方米，木材产量占全省木材产量的48.8%。为了进一步提高伐区作业质量，控制采伐限额，自

1988年以后，甘南州全面实行木材生产的“五证”，即国有林或集体（个人）林木采伐许可证、采伐作业证、伐区验收证、更新合格证管理制度。“五证”由州县林业主管部门核发。从1989年1月起，全面实行采伐限额制度，全省统一实行木材林产品准运证制度，甘南州开始实行全省统一的“木材、林产品准运证”和“申请木材、林木产品出省运输证”，同时实行了一车一票（即检尺联单中的运输联）一证（即木材、林产品准运证）制，要求做到供、需材单位相符，检尺五联单与准运证相符，材种、方数、根数相符。1991年，州县属林业企业完成木材生产31693立方米，其中国有林业单位生产23730立方米、村及以下各种合作组织生产7814立方米，国有林场加工锯材149立方米，完成林业工业产值918.11万元。到1997年，州县林业生产林木蓄积最大消耗量控制在8.32万立方米，木材生产达到2.84万立方米，木材加工300立方米，实现林业产值4165万元，全州人均林业收入净值最低值45元。1995年，州政府制定颁布了《甘南州木材运输管理暂行办法》，对无证运输、伪造票证运输等非法运输做出了具体的处罚规定，进一步加强木材运输票证管理，控制了木材运输量。对全州木材加工厂（点）进行整顿和清理，给103个符合规定的木料加工厂（点）核发了“木材经营加工许可证”，取缔、合并了25家木材加工厂（点）。完成了各个时期的森林资源规划调查，摸清了资源家底。实行限额采伐制度以来，逐渐调减木材生产限额，其中“九五”期间年木材生产限额比“八五”期间减少23.1%。建立健全了林木采伐管理制度，在制定《甘南州林区民用材生产管理办法》的同时，重点加强了木材生产“五证”的管理。

二是理顺了木材检查站管理体制，进一步强化了地方政府的林政管理职能。到1990年，州、县属木材检查站及护林防火检查站已增加到41个，白龙江林业管理局在甘南州境内共设立专门从事木材出境查验的木材检查站8个、木材检查和护林防火综合检查站45个。1996年1月，省政府批准在甘南州境内设立17个木材检查站（甘政发〔1996〕2号），1997年5月，州政府批准设立了28个护林防火检查点（州政发〔1997〕21号）。州县林业部门对木材检查站人员和林政执法人员进行了多次培训，使180余名林政执法人员都持证上岗。在检查站管理制度化、执法规范化、建设标准化达标工作中，投资210万元，购置了交通、通信等基础设施，强化了制度建设，建立健全了各项规章制度。腊子口木材检查站被国家林业部评为全国文明执法示范窗口站，益哇、卓尼梁等7个木材检查站通过省厅“三化”达标验收。木材检查站工作的加强，强化了地方政府保护森林资源、监督资源消耗的职能。

2. 林业经营

为了适应林业生产和林政管理的需要，全州除玛曲县外，其余六县均设置了县级林业行政主管部门，其中夏河、临潭、卓尼、碌曲四县为农林局，舟曲、迭部两县为林业局。截至1990年年底，全州各县共有科级企业林场11个，实行自负盈亏经营体制，归口隶属于各县农林局、林业局。其中夏河县属的有清水、隆瓦、合作林场，卓尼县属的有叶儿、新堡林场，舟曲县属的九二三林场，迭部县属的益哇、尼傲、多儿、桑坝林场和碌曲县属的双岔林场。在甘南州境内，省属森工企业迭部林业局有益哇、旺藏、安子沟、达拉、阿夏5个林场。舟曲林业局有沙滩、插岗、铁坝、憨板、洛大、水泊沟、腊子口7个林场。洮河林业局有下巴沟、车巴、卡车、大峪、羊沙、冶力关6个林场。白水江林业局中路河林场。

3. 营林造林

甘南州委、州政府贯彻“以营林为基础”“注重保护、强化管理、加速培育、节制消耗”的林业建设方针，重视后备资源的培育，合理开发生产。截至1997年年底，全州累计造林保存面积33.06万亩，完成幼林抚育27.04万亩、成林抚育18.48万亩、次生林改造5.96万亩；每年封山育林30万亩，采集林木种子169吨，引进林木良种数十种，累计育苗4.14万亩。全州还大抓长江防护林体系、大夏河水源涵养用材林基地，白龙江中上游经济林基地，临潭、舟曲县薪炭林基地，洮河上游用材林基地“一个体系、四个基地”为中心的造林工程，全州造林面积逐年扩大，1993—1997年合计造林18.9万亩。甘南州经济造林发展快，舟曲县把发展经济林当作一项开发性的脱贫致富项目，大抓花椒等名优特新产品；迭部县大力营建果园，栽培苹果、梨、桃等经济果木，产生了较好的经济效益；临潭、卓尼部分乡村也发展经济林。到1998年年底，全州经济林面积达8.29万亩，经济林果产量达到706万公斤，经济总产值1100多万元。舟曲县生产的西固牌大红袍花椒在首届全国林业名特优产品博览会上荣获金奖。

（三）甘南前期森林资源保护工作

1. 强化队伍建设，严厉打击各类破坏森林资源的违法犯罪活动

甘南州政府于1994年7月批准由农林、公安、工商、财政等部门联合组成甘南州林业稽查队，定期或不定期地在林区开展稽查工作，在林政管理工作上发挥了重要作用。为了进一步维护林区秩序，巩固天然林资源保护成果，适时组织人员开展“护林刹风”专项斗争，有力地打击了各类破坏森林资源的违法犯罪活动，使自治州天然林资源保护工程建设取得了阶段性成效。

2. 加强保护野生动物和森林病虫防治

甘南州制定了严格的保护野生动物措施，防止乱猎滥捕，划定了“舟曲、迭部羚牛禁猎区”“玛曲白唇鹿、甘肃马鹿禁猎区”“碌曲甘肃马鹿禁猎区”。1990年州人大常委会通过了《关于进一步实施野生动物保护法的决议》；1996年州人大通过了《甘南藏族自治州保护野生动物若干规定》。1996年考察发现尕海湖

黑颈鹤的种群在青藏高原居首位，达 80 只；1997 年在迭部县阿夏乡发现了大熊猫活动踪迹。森林病虫害防治工作取得显著成效，先后完成了“迭部林区昆虫区系调查”和“甘南州森林昆虫害调查”；开展了森林病虫害防治的科学研究，完成了“花椒桔啮及跳甲的防治试验”和“落叶松红瘿球蚜生物学特性及防治试验研究”等课题，为大面积防治取得了经验。森林病虫害检疫工作的全面展开，防止了检疫病虫害的传入和传出，使森林病虫害预测预报工作走上正轨。

3. 开展森林资源调查，合理利用森林资源

按照国家和省上的部署及时完成各时期森林资源调查工作，为编制森林经营方案和森林采伐限额提供依据。1979 年，全州建立森林资源连续清查体系，1988 年、1991 年、1996 年、2002 年、2006 年进行了 5 次森林资源连续复查，为国家及时掌握森林资源消涨变化、制定林业政策提供了可靠依据。1985 年、1995 年分别进行全州森林资源二类调查，编制了森林经营方案和林业发展规划。

4. 实施林权管理，严格依法治林

林权证是确认森林、林木和林地所有权或使用权的唯一法律凭证，依法登记森林、林木和林地的所有权、使用权，进行确权颁证，是为了进一步明晰产权，减少林权纠纷，更好地保护林权权利人的合法权益，既是依法治国方略在林业建设中的具体体现，也是依法治林，加强森林资源保护管理工作的重要内容，是保证林区稳定，促进林业实现跨越式发展的根本保障。搞好这项工作，有利于巩固和扩大甘南州林业生态建设成果，保护人民群众的合法权益，推动林业生态建设工作的全面展开。1989 年，根据国务院办公厅《林业部关于国有林权证颁发情况及限期完成发证工作意见的报告》(国办发〔1989〕28 号) 和甘肃省政府《关于认真搞好国有林权证颁发安排意见的报告的通知》(甘政发〔1989〕146

号）文件精神，开始林权颁证前期工作。1998年，甘肃省政府下发《关于加快全省林业发展的决定》（甘政发〔1998〕07号）文件，要求限期完成白龙江林业管理局所属林场及甘南州县属林场林权证颁证，甘南州在前几年准备工作的基础上，重新启动开展林权颁证准备工作。2006年上半年，甘肃人民政府依法向白龙江林业管理局洮河林业局冶力关林场和白水江林业局中路河林场颁发了林权证，同年12月29日，甘南州人民政府依法向白龙江林业管理局迭部、舟曲两个林业局颁发林权证，这标志着甘南州区域内省属森林管护单位的林权颁证工作圆满结束。实行林权证管理，进一步明确了地方和省属森林管护单位管护森林资源的责、权、利，是依法管林、依法治林的重要措施，对加强森林资源保护管理发挥了积极作用。

二、实施天然林资源保护工程历程

甘南林区森林的大规模开采始于1951年，至1998年的40多年里，为国家建设和地方发展提供了1000多万立方米的优质木材，上缴利税超过13亿元。森林的开发利用不仅为省内外建设提供木材，创造了较高的经济价值，也推动了甘南州地方经济和各项事业的发展。但是，从甘南国有天然林区走过的道路看，林业的经营思想全在森林资源上做文章，林区的经济主要靠过度消耗森林资源来发展，林业职工的生活主要靠卖木头来维系。长期的森林采伐，由于管理体制和管理方式不完善，采伐量大大高于计划采伐限额。在森林开发的初、中期，采伐作业还比较规范，能够注重计划性、合理性和科学性，进入20世纪90年代后，由于木材市场巨额利润的驱动，采伐量逐年加大，森工企业的采伐只讲经济效益，不讲方式，原来受到采伐培训的采伐工人全被民工取代，采伐工程全部被民工队承揽，采伐方式倒退到粗野和毁灭性的地步。这种掠夺式经营，加之境内外一些不法分子的盗伐，使森林资源遭到毁灭性的破坏。

甘南州原始森林区都是高寒峡谷地区，植物生长缓慢，土层薄，虽然每年花费大量的财力和人力在伐区植树和迹地更新，但是植树替补和植物生长的速度远远不及采伐破坏的速度。

第一，不合理的采伐，严重影响了林分质量。在不宜采伐的坡地、高海拔地施业采伐，使一些地方形成不少荒山秃岭、人工矮林、人工疏林，部分地方原始植被消失，林线大幅后移，一些地方林线后段 10 ~ 20 千米，出现了“后继无林”的逆向演替现象。

第二，过度消耗森林资源，加速了生态环境的急剧恶化。甘南林区最大的特点是山坡陡峭，30° 以上陡坡占 37%，且林地多属原岩石母质，土层浅薄。森林砍伐中的串坡、土滑道集材、山楞集材使林区地表严重破坏，有些采伐后的迹地山体土层流失，岩石裸露，荒沟荒坡增多，更新环境恶化，生态环境失衡，森林涵养水源、保持水土、维护生态的功能大大减弱。20 世纪 80 年代初全州水土流失面积 80 万公顷，到 90 年代，水土流失面积扩大到 115.6 万公顷，增加了 44.5%。白龙江、洮河、大夏河大小支流水流量明显减少，有些甚至干枯。白龙江的流量下降了 20.6%，而泥沙含量增加了 12 倍；洮河流量减少了 14.7%，含沙量增加了 73.3%，大夏河流量减少了 31.6%，含沙量增加了 52.4%。全州 30%的自然村出现了人畜饮水困难，大面积农灌水源濒临枯竭。

第三，过量采伐森林带来了严重的自然灾害。森林覆盖率低，导致气候反常，风雨不调，严重的自然灾害不断发生，使山区群众生产生活受到严重威胁。旱、涝、雹灾逐年升级，1986 年农业受灾面积达 1.77 万公顷，1998 年受灾面积增加到 5.27 万公顷，增加了近 3 倍。1991 年 5 月、1998 年 7 月的百年不遇的特大暴雨、山洪袭击给迭部、舟曲人民生命财产造成了惨重损失。频繁的泥石流淹没道路、桥梁和农田，新出现的多处山体滑坡威胁着数十个村庄的安全。这些事实说明，森林的持续采伐破坏，不仅危害着甘南林区人民及其子孙后代的生存环境，而且也殃及黄河、长江中下游地区，严酷的客观现实已经到了非停采不可的地步。

为此，1998 年 9 月，党中央、国务院提出了全面停止长江、黄河上游天然林采伐，全力搞好生态建设的要求。甘肃省政府决定从 1998 年 10 月 1 日起，全面停止白龙江、洮河、大夏河等林区国有天然林采伐，并关闭林区和林缘地区的所有木材交易市场，启动国有天然林资源保护工程。甘南州人民政府做出了《关于坚决贯彻执行省政府〈关于停止国有天然林采伐的决定〉的紧急通知》，白龙江林业管理局发出《立即停止天然林资源采伐决定的通知》，甘南州人大常委会通过了《关于进一步贯彻森林法、全面实施天然林保护工程的决议》。

天然林停采的主要措施如下：一是从 1998 年 10 月 1 日起，甘南境内省属、州县属森工企业全面停止天然林采伐（包括民用材），已核准发放的国有天然林采伐作业设计和森林采伐许可证一律停止执行。白龙江林业管理局下属的甘南各林业局（场）、州县属各国有林场除保留部分护林人员和值班人员外，其余生产人员从即日起全部下山，所有采伐工具一律登记造册、入库封存。二从 1998 年 9 月 30 日 24 时止，迭部林业局、洮河林业局、舟曲林业局、白水江林业局在甘南各林场、各县属林场和四川过境的木材、林产品运输全部停止，林区道口各检查站一律压杆，若发生继续运输木材和林木产品的，一律按非法运输查处。三是为确保停止天然森林采伐和木材、林产品停运，从州、县林业、公安等部门抽调人力和警力，充实加强各木材检查站的力量。各木材检查站和林政稽查队要严格执法，狠抓监督检查。四是由省林业厅、州县政府和白龙江林业管理局组成联合工作组，深入国有天然林伐区，对林区秩序进行一次联合清理整顿，坚决防止和有效打击借停采停运之机可能出现的突击采伐、偷砍盗运、乱砍滥伐等破坏森林资源的违法犯罪活动。并对1998年10月1日前按国家下达的采伐限额指标采伐而未运出林区的木材进行全面清理，分林场、沟系、伐区逐一登记造册，统一封存，待后严格按外运特许证集中组织运出林区。五是全面停止天然林采伐后，各森工企业要把工作重点转移到营林护林上来。各林业县要按照省上的要求，尽快编制所属国有停采林场的森林管护和生态公益林建设规划，由州农林局汇总后上报审批。州县林业、计划、财政、人事劳动等部门要密切配合，积极主动地做好各项配套政策的落实，特别是制定天然林停采后林业职工转产和人员分流安置方案，尽快实现由“砍树人为植树人”的转变。

对天然林停采的各项措施，甘南州和白龙江林业管理局认真执行和落实，并利用各种宣传媒体大张旗鼓地宣传党中央、国务院和甘肃省委、省政府停止天然林采伐的决定，教育和引导广大干部群众和林区职工从可持续发展和保护生态环境，造福子孙后代的战略高度，提高对保护天然林重要性和紧迫性的认识，自觉爱林护林，使全社会都支持和参与天然林保护工作。广泛宣传学习《中华人民共和国森林法》，提高林政人员和林区群众的法制意识和依法护林意识。各级林业执法部门、各森工企业以及县（市）的公、检、法、林业公安、林业稽查、木材检查站、护林点等建立执法责任制，完善地企护林联防责任制。各林业主管部门和林业企业及时把工作重点全面转移到营林、护林工作上来，层层建立护林责任制，分片划区，责任到人。护林队伍进驻林区各重点部位，划片包干，实行昼夜巡山查林制度，及时制止盗伐盗运活动。多次开展大规模“护林刹风”行动，坚决严厉打击各类破坏森林资源的违法犯罪活动。加强对木材检查站的管理监督，组织林警采取蹲点检查、路查、突击检查多种形式严防偷运盗运林木现象的发生。1999年5月开始运输库存材，地企严格调运制度，保证了库存材顺利运出。通过“护林刹风”工作和严格的林政管理，保证了林区秩序和天然林停采措施的顺利落实。

全面停止天然林采伐、实施天然林保护工程，是利国利民、功在千秋的重大决策，也是实现甘南州民族地区经济可持续发展的重要举措。但是，对于长期依赖“木头经济”的甘南州的大部分县和国有森工企业来说，遇到的困难也是非常大的。一是财政收入锐减，群众收入下降。仅1998年甘南州地方财政就减少4700多万元，占当年财政收入的40%以上，迭部县财政收入减少95%，职工工资严重拖欠。甘南林区及林缘区群众人口比重大，这部分群众的货币收入主要依靠木材运输、加工、清林、归楞、装卸车等林副业生产，从事林副业收入占林区农牧民收入的50%，失去林副业收入给林区及林缘区群众生产生活带来很大困难。二是甘南县域经济长期是以林业为主体的产业结构，工业、乡镇企业、运输业及相关的工商服务业、交通运输、金融保险等，都直接或间接与经营木材相关联。形成单一的经济结构模式，停采后全州经济总量当年减少1.2亿元。很多干部职工的思想观念、发展思路、服务对象和建设项目都和木头拴在一起。县域经济发展新产业，培育新财源，调整经济结构的难度大。三是州县林场和省属森工企业富余人员分流安置任务重。各林业企业近万名林业工人需要分流转岗、下岗，仅舟曲林业局就有1600多名下岗职工、1200多名退休职工，每年需开支1000多万元。

天然林停止采伐和启动天然林保护工程后，州县政府、白龙江林业管理局及各级人大进行了大量调查研究，及时向国家和省上反映情况，呼吁上级及时支持解决甘南林区面临的问题。针对甘南的实际困难，中央安排1.06亿元（包括省上配套8000万元）作为白龙江林业管理局天然林保护工程启动资金；省上给甘南州下达天然林保护工程支付补助2998万元（其中迭部县1810万元），一定13年不变（后来有所增加），解决了州县和森工企业的燃眉之急。

为了从根本上解决眼前的困难，林区地方和企业提出了“第二次创业”的口号。林区县提出要进一步解放思想，转变观念，以现有资源为依托，以调整经济结构为中心，以寻找和培植新的经济增长点为重点，坚定不移地走“农业稳县、工业强县、三产活县、科技兴县、开放强县”的发展路子。在农业上，依靠科技进行农业综合开发，以市场需求为导向，以综合开发为纽带，全面优化农业资源配置。利用资源优势，大力发展畜牧业、林果业和农畜产品加工业，并把种、养、加基地建设与林业转产、扶贫开发、生态治理和发展乡镇企业等结合起来，努力提高农业的综合效益，有效增加林区群众的经济收入。工业富县上，在调整结构、挖潜改造、依靠现有企业达产达标的同时，突出可再生优势资源的开发，建设以水电、矿产资源开发为特色的地方工业体系，建成或开工建设了一批水电站，培植了新的财源。发展第三产业上，扶持发展了一批投资少、见效快，就业容量大的商业、饮食业、运输业、服务业和农副产品加工业，把发展非公有制经济作为安置林业分流下岗职工、提高人民生活水平、增强综合经济实力的重要途径。

省属森工企业适应林业新形势，改革旧的管理体制和工作思路，管理职能由森工企业型向营造管护型转换。迭部林业局面对人员过剩、机构庞大、体制不顺、负担过重的严重局面，从加强造林育苗和管护好森林资源的主要任务出发，按照政企分开、精简效能、小机关大服务的原则，进行机构改革，把机关科室由原来的 24 个撤并转为 7 个，人员由 242 人减到 88 人。调整了林场的人员配置，撤并了木材生产及木材综合利用工段 33 个，组建了营林造林工段 14 个。成立了后勤服务中心和产业管理开发中心，9 个后勤服务部门和单位纳入后勤服务中心，实行有偿服务，自我完善、自我发展；15 个产业公司纳入产业管理开发中心，确定经营目标，实行自负盈亏。到 1999 年 7 月，改革后该局有 2600 名富余人员进入再就业服务中心。

为了科学实施天然林保护工程，州县林业主管部门和白龙江林业管理局各自编制了《实施天然林保护工程规划方案》，对所属林区经营的林业用地进行了全面规划，规划期限为13年。规划提出了天然林保护工程实施后的护林办法、宜林地人工造林、改造低产林、封山育林、林副产品深加工和富余人员分流安置办法等，还论证编制了《实施天然林保护工程的转产项目》，上报国家和甘肃省林业主管部门审查批准。

在2000年12月召开的全省天然林保护工程工作会议上，公布了国务院正式批复的天然林保护工程总体方案。甘肃省天然林保护工程实施范围包括甘南、临夏、陇南等10个州（市）的68个县（市、区），舟曲、迭部等5个重点森工企业，尕海—则岔等5个省管自然保护区和9个国有林业总场。天然林保护工程的内容主要包括天然林停伐与森林管护、富余人员分流安置、企业养老保险社会统筹、种苗供应与基地建设、科技支撑体系建设等，这标志着甘南州天然林保护工程全面启动。

三、天然林资源保护工程建设情况

（一）基本情况

2000年，以恢复和扩大森林植被，改善生态环境为主要目标的天然林资源保护工程在全州七县一市正式启动实施。2002年8月《甘南州天然林资源保护工程实施方案》得到甘肃省林业厅的正式批复。工程启动实施以来，全州各级党委、政府和林业部门高度重视，把天然林资源保护工程当作林业建设的头等大事来抓，逐级落实森林管护行政、执法、业务三套责任制，层层签订目标责任书，强化措施，扎实实施，保证了工程建设健康、顺利地进行。截至2010年，全州共完成公益林建设封山育林42.91万亩（其中2006—2010年完成26万亩），每年落实森林管护面积509.71万亩，圆满完成了天然林资源保护工程一期建设规划的目标任务，保护和培育了森林资源，促进了地方经济健康持续发展，取得了资源保护、生态建设和促进经济社会持续发展的双优化成就。

（二）主要做法

为了确保天然林资源保护工作顺利进行，在工程建设中主要采取了以下措施：一是加强组织领导，强化监督检查。州、县（市）政府和林业主管部门都把天然林资源保护工程作为实施西部大开发战略的一项重点工作来抓，在每年初都要召开林业工作会议，对全州以天然林资源保护工程为主的林业生态建设工作进行全面安排部署。各县（市）政府结合实际，专题研究，不断加强对工程建设的领导，进一步推动了全州天然林资源保护工作。州上还多次组织人员深入工程建设一线进行督促检查，并明确提出建立三个系列的工作责任制，即县（市）、乡（镇）政府到行政村的行政责任制，林业主管部门、林场、管护站到管护人员的业务部门责任制，州县（市）森林公安局及其派出所和木材检查站的林业执法单位责任制。通过加强领导，督促检查，有力地推动了天然林资源保护工程建设。二是实行目标管理，层层落实责任。在工程建设中，州上每年都要与各县（市）签订林业工作目标责任书，县（市）林业主管部门、林场、管护站三级按照“定面积、定责任、定管护费、定管护时间”和责任区内“无乱砍滥伐、无森林火灾、无毁林开荒、无乱占林地、无森林病虫害、无乱捕滥猎野生动物、无种植毒品”的“四定七无”要求，层层签订管护责任书，做到“面积、责任、管护人员、承包管护时间”四落实，提高了森林管护成效。三是健全制度法规，推行依法护林。为了切实加强天然林资源保护工作力度，州人大、州政府先后制定出台了《甘南藏族自治州天然林资源保护条例》《甘南州人民政府关于加强天然林保护、加快林业生态建设的决定》《甘南州生态公益林建设质量管理办法》《甘南州天保工程森林资源管护管理考核办法》一个条例、一个决定、两个办法，同时还进一步加强了护林工作的图、表、卡、册、工作日志等制度建设，为甘南州天然林资源保护工作顺利开展提供了强有力的制度保证。四是积极实施退耕还林工程。2000 年根据甘肃省的统一安排部署，全州开展了退耕还林试点建设工作，2002 年工程正式启动。工程实施以来，州、县（市）认真贯彻执行《退耕还林条例》和“退耕还林、封山绿化、以粮代赈、个体承包”的政策措施，加强领导，精心组织，广泛发动，深入实施，工程建设收到了良好的成效。截至 2010 年年底，全州退耕还林工程建设共涉及舟曲、迭部、卓尼、临潭、夏河、碌曲、合作 6 县 1 市 81 个乡（镇、场、街道办）485 个行政村 1229 个村民小组（自然村），参与退耕还林的农户达 44328 户 208978 人，累计完成工程建设任务 54.8 万亩，其中退耕地还林 16.15 万亩、荒山造林 32.45 万亩、封山育林 6.2 万亩（2006—2010 年完成 19.2 万亩，包括退耕地还林 0.05 万亩、荒山造林 16.85 万亩、封山育林 2.3 万亩）。工程建设收到了良好成效，全州水土流失面积逐年减少，林地植被生态功能逐步增强。目前在舟曲、迭部、卓尼等个别地区有 4.5 万亩工程造林地已经郁闭成林，开始发挥生态效益。

（三）主要成效

1. 天然林资源得到有效保护，森林面积蓄积量实现双增长

通过十多年的有效保护和公益林建设，工程区长期过量消耗森林资源的势头得到有效遏制，森林资源总量不断增加，呈现恢

复性增长的良好态势。工程区于1998年全面停止天然林采伐后，每年商品材产量由1997年的3.72万立方米直接调减为零，每年减少森林资源消耗量15.92万立方米，1998—2011年累计减少森林资源消耗206.96万立方米。通过执行严格的森林资源保护政策，认真落实各项森林资源保护措施和大力实施封山育林建设，工程区林地面积增加152万亩，特别是有林地、灌木林地和未成林造林地面积达167万亩，森林蓄积量增加540万立方米，实现了资源面积、蓄积量的双增长。

2. 森林生态系统功能明显提高，生态屏障作用日益显现

随着工程区森林植被不断增加和针阔混交、乔灌草相结合的森林植被群落逐步恢复及林分结构不断趋于合理，森林的生态系统功能明显提高，生态屏障作用日益显现。工程区河流平均年输沙量已由2000年的300多万吨下降到现在的150多万吨，平均土壤侵蚀模数下降到1200吨／每平方千米·年，土壤侵蚀量减少到187.5万吨／年，水土流失得到了有效控制。工程区气候条件也逐步改善，风沙、旱涝、冰雹等灾害性天气明显减少，森林保持水土、涵养水源、调节气候和保护牧场的作用不断显现，也有力地带动了水电能源、旅游服务等二、第三产业的迅速发展和农牧业的持续健康发展，林业也在维系国土生态安全、促进县域经济社会协调发展中的作用和地位进一步得到重视与加强。

3. 生物多样性得到有效保护，野生动植物资源稳步增长

随着生态环境的好转，野生动植物生存环境明显改善，生物多样性越来越丰富。雪豹、金雕、胡兀鹫、苏门羚、猞猁、黄羊、水獭、雪鸡、林麝、苍鹰、猎隼、蓝马鸡等国家一、二级保护野生动物种群数量明显扩大，在通过林区的公路上，随处可见各种野生动物的身影，勾勒出人与自然和谐相处的生动画面。而大果青杆、桃儿七等珍稀濒危植物也得到了有效保护，数量不断增加。

4. 林区民生逐步改善，有效缓解了林业行业两危困局

天然林资源保护工程实施前，由于长期大规模的森林采伐，造成了全县林业资源匮乏，人员包袱沉重，林业行业面临着资源危机、经济危困的局面。天然林资源保护工程实施十多年，通过采取多种积极措施，对改善工程区民生和建设林区和谐社会发挥了重要作用。一是林区职工收入增加。天然林资源保护工程启动实施后，国家投入成为林业职工收入和社会保障的主渠道，也成为当时林业职工的救命钱，国有林场自20世纪90年代以来由于资源匮乏及后期木材停产所导致的职工工资长期拖欠现象得到了解决，确保了林区社会稳定，有效缓解了林区经济危机、资源危困局面。二是妥善安置国有林场富余职工，林区就业呈现多元化。天然林资源保护工程启动实施后，根据实际需求将大部分富余职工安置到了保护、建设等新的公益性工作岗位。2002年对进入社会再就业中心的150名职工进行了一次性安置，离开原单位灵活就业。2008年又对840名待安置职工进行了一次性妥善安置。三是通过积极开展种苗生产、森林旅游、林下种植养殖、林下资源开发多种经营，使更多职工重新走上了就业岗位，为开辟和扩大就业门路、维护林区社会秩序稳定、促进经济社会发展做出了重大贡献。四是社会保障不断完善。自2000年参加职工养老保险以来，2006年又新参加医疗、工伤、失业、生育四项保险，各项补助政策也基本落实单位，初步解决了职工的后顾之忧。

5. 深化国有林场体制改革，推进林业管理机制创新

1998年天然林全面禁伐、启动实施天然林资源保护工程后，为了积极适应新的工作形势，理顺林业体制关系，州上在原有11个国有林场的基础上，新成立了玛曲县西可河林场，恢复成立了临潭县三岔林场；撤销原迭部县林业公司，新组建迭部县林业总场，下辖4个国有林场。国有林场均实行了单独核算，林场苗圃也由林场自主经营管理，做到了责、权、利相统一，充分调动了

国有林场及林业职工工作的积极性和主动性。同时自2008年以来，在充分调查研究的基础上积极推行国有林场改革。2011年4月6日州政府第六十四次常务会议研究决定，将全州县市所属1个国有林业总场、13个国有林场改制为公益性事业单位。4月20日，州政府正式下发《甘南藏族自治州人民政府关于将全州县市属国有林场改制为公益性事业单位有关问题的通知》（州政发〔2011〕74号文件），就推进全州国有林场公益性事业改制中有关编制核定、人员核实、工资套改、社会保险清缴、长期临时工安置、林场产业发展及改革时限等问题提出了明确而具体的要求。各县市林业主管部门高度重视，切实加强同编制、财政、人社等部门的衔接协调，加大向县委、县政府的汇报争取力度，积极推进国有林场改革。

（四）天然林资源保护工程二期建设目标任务

2011年启动天然林资源保护工程二期建设。继续停止天然林的商品性采伐，加大依法护林力度，强化林地资源管理，按照天然林保护“目标、任务、资金、责任”四项要求和森林管护“四定七无”的要求，逐级、逐人落实目标责任措施，全州每年有效管护森林资源643.45万亩。到2015年完成人工造林9.6万亩、封山育林20万亩、中幼林抚育9万亩。切实保障和改善林区民生，全面完成国有林场全额公益性事业改革任务，增加天然林资源保护工程森林管护费和职工五项社会保险补助投入，认真落实公益性建设项目，增加林区就业，提高职工和农牧民群众的收入。

“十二五”期间，甘南林业发展的总体思路是，紧紧围绕大地增绿、农民增收的总体目标，全面实施以生态建设为主的林业发展战略，加大生态保护建设力度，加强森林抚育经营管理，加速培育主导产业，加快繁荣生态文化，努力推动全州林业跨越式发展。到2015年，集中解决好林业生态保护建设和林业产业发展中最突出、最紧迫的问题，力争实现林业生态环境明显改善、特色林业产业粗具规模及林区民生改善、林区社会和谐的发展目标，为夺取全面建设小康社会新胜利做出新贡献。到“十二五”末，全州森林植被覆盖率达到23.5%，公益林补偿面积达到300万亩，全州以经济林果、森林旅游、种苗生产、高原花卉、林下种植养殖、林产品加工和山野珍品开发利用等为主的林业产业产值达到3亿元以上。造林良种使用率达到80%以上；在林业先进实用技术推广应用、森林资源监测管理、林业有害生物防治等方面，科技贡献率达到40%以上。年度森林火灾发生面积控制在森林总面积的0.06‰以内。森林病虫害无公害防治率达80%以上，种苗产地检疫率达到100%。完成全民义务植树1000万株。全州湿地及野生动植物保护管理能力明显增强，并争取完成黄河首曲湿地自然保护区晋升国家级保护区工作。

本文选自《甘肃改革开放实录》，第一辑，中共党史出版社，2016年5月。

昔日洮州古城　今日旅游胜地

訾晓辉[①]

1935年，范长江曾到甘南州的临潭（洮州）采访过杨土司和西道堂，他在《中国的西北角》一书中有关于“洮河上游”“杨土司与西道堂”的报道，开创了将临潭地理、人文向全国介绍的先河。

临潭县历史悠久，秦汉就有建置，自古就是陇右汉、回、藏多民族的聚居地，农牧工商交融过渡的中心区，是唐蕃古道上的要冲地段，史称“进藏门户”“边备要地”，孕育了茶马互市等人文胜迹。

一、底蕴丰厚的人文景观

地灵而人杰，厚德以载物。临潭已发现并开发的古文化遗址有20多处，最有代表性的是磨沟仰韶文化遗址，另有齐家文化、马家窑文化、辛店文化遗址，都具有较高的史料和学术价值。从大量的文物古迹中可知，早在5000多年前，临潭的先民们就耕作、繁衍、生息在这块神奇的土地上，创造着灿烂的远古文化。从秦汉统一到明清的靖边屯垦，历史的印迹遍布全县。

新城历史悠久，早在北魏就筑有卫城，至明洪武十二年

---

① 訾晓辉，甘肃省人大常委会办公厅老干部处处长。

(1379年)，平西侯沐英、大都督金朝兴取洮州后，在此修筑新城，遂置洮州卫。新城依山而筑，东北高而西南低。城周长4390米，高9.9米，基宽1.92米，护城池深5米、宽4米，雉堞2050个，四面设城门，关上建碉楼，四门均有瓮城，又有水西门一个，城西北、东北山上建有烽火墩，是甘肃乃至西北地区现存最为完整的古城之一。临潭境内的古城堡、古寨有70多处，古烽墩达100余处，还有许多古关隘、古边墙等。

位于新城的城隍庙已有1200年的历史，原为北宋吐蕃唃厮啰首领“鬼章王”的官邸，元代为忽必烈南下攻取云南大理时行宫，俗称“鞑王金銮殿”。1936年8月，中国工农红军第四方面军在朱德、徐向前等率领下长征进驻新城，在这里建立了第一个苏维埃政权，同时召开了由朱德主持的中共中央西北局“洮州会议”，朱德同志在这里做了整军报告，并下达了北进的命令。

历史创造了洮州大地的灿烂，洮州人为历史书写了辉煌。临潭诞生和养育了号称“万人敌”的唐代中兴名将西郡王李晟。唐太宗大历三年(768年)，李晟以少胜多，以谋制胜，生擒叛军首领。建中四年(783年)，李晟奉命平叛救驾成功，收复长安，被授为司徒中书令，改封西平郡王。

李朔，李晟第八子，好骑善射，颇有谋略，也是中兴唐室的一代名将。众所周知的中国战争史上以奇袭取胜之范例、小学语文课本上《李朔雪夜下蔡州》讲的就是他的故事。

侯显，明代外交家，曾出使尼泊尔、孟加拉、印度、不丹、锡金等国。晚年归乡，主持修建了叶尔哇佛教寺院(今流顺侯家寺)，授该寺世袭僧纲和国师。

陈钟秀，清代著名诗人，著有《味雪诗存》四卷。他在《洮州竹枝词》中，描绘了洮州风情，给人以亲切真实和山川秀美的感觉。我国著名史学家顾颉刚先生在他的《西北考察日记》中写道：“民国二十七年五月二十六……克家出陈辉山《味雪诗存》原稿见示。陈氏，本邑人，其《洮州竹枝词》颇能写出此间实况。诗云：

禾稼终年只一收，但逢秋早始无忧；
夕阳明灭腰镰影，半是男儿半女流。
不出蚕丝不种棉，褐衣遮体自年年；
冬寒夏暖何曾易，真个洮州是极边。
牛马喧腾百货绕，每旬交易不须招；
西阳市散人归去，流水荒烟剩板桥。

二、古朴浓郁的洮州民风

悠悠岁月，亘古春秋。临潭是汉、回、藏等民族聚居地区，在千百年的历史长河中，几经战乱。就洮州汉族而言，明代是洮州发展史上的一个里程碑。明初，朝廷下令，将南京、安徽、江苏的汉人迁来洮州屯田，史载："移京无地农民35000户于诸卫所。"洮州百姓至今说，其祖先是从南京贮丝巷迁来的，每年春节闹社火时首先就唱："正月里来是新年，我的老家在江南，自从来到洮州地，另有天地非人间。"洮州汉族妇女的头饰、衣着，至今仍保留着江南遗风。临潭作为一个多民族聚居区，除汉、回、藏传统的节日以外，还有许多独行于此的民间传统的节日庆典活动，而这些民俗文化的产生和发展，无不和历史事件、历史人物相联系。

新城端午节迎神赛会始于15世纪中叶，至今已有600年历史，它源于洮州各地尊为"龙神"的常遇春等18位明初开国将领。端午节迎神赛会活动，一般分三天进行。第一天叫"跑佛爷"，各路"龙神"于当天来到城郊，举行"献羊"仪式，下午集中举行"降香"，然后各处抬起神轿竞跑，以最先到达隍庙大殿入座者为胜。第二天叫"踩"，各路"龙神"张起全副銮驾、仪仗等上街缓缓游行，百姓夹道鸣炮焚香。第三天称“上山”。于拂晓时分，各路“龙神”登临城西北朵山禳雹祛灾，祈求风调雨顺，五谷丰登。其实这些都是重演当年将帅率领麾下攻城的事迹：头天表示兵临城下，各将帅奋勇杀敌，一举攻入城中，守城敌军望风而逃。第二天，表示视察城防，宣示军威，捕剿余孽，安抚民众。第三日，拂晓闻报敌情，于是登高视察，准备迎敌。

临潭县旧城地区元宵节万人拔河赛（当地人称扯绳），是从我国古代沿袭下来的一种古老、盛大的游戏。每年正月十四、十五、十六日晚上，附近乡镇的各族百姓赶往县城，参加声势浩大的“万人扯绳赛”，这一体育活动距今已有620多年的历史。据记载，沐英率兵讨蕃至洮州，部下多为江淮人，唐封《封氏闻见录》云：“牵钩襄汉风俗，常以正月望日为之，相传楚将伐吴，以此教战。”当年沐在驻旧城期间，在当地以“拔河”为军中游戏，后遂传入民间，流传至今。它不仅闻名华夏大地，在国际上也有了一定影响，最少创下了六个世界之最。有诗云：“元宵古城乐纷纷，拔河竞赛登顶峰，一绳万人争胜负，民族团结扯年丰。”

生活在这块土地上的各族儿女，从长期的生产、文化活动中，创造孕育了高亢、奔放、野味浓郁又特色鲜明的民间山歌——洮州“花儿”。洮州是“花儿”的故乡，是“花儿”的海洋，遍及全县的63处庙会，无一不是“花儿”最大的赛场，而“花儿”最大的赛场当属冶力关地区的莲花山。每年农历六月，附近三地（临夏、定西、甘南）七县的数万名男女老少、各族群众云集莲花山上，尽展歌喉，引亢高歌，歌唱对新生活的希望，歌唱对美好未来的向往。

三、旖旎多姿的自然风光

临潭古迹引人入胜，自然风光更令人心旷神怡，其朵山玉笋、玉兔临风、石门金锁、洮水流珠、西凤烟云、冶海冰图、莲峰耸秀、石峡飞瀑等景观，驰名陇上，有“洮州八景”之称。境内北部的冶力关植被茂盛，风景旖旎。经百里长河冶木峡（西峡），此峡有九十九道弯，峡两岸有大片自然森林。进入黄捻子景区，一路浓荫，一路水清，一路花香，鸟声不绝，香气扑鼻。山泉叮咚，溪流淙淙。春天，这里山林葱翠，空气鲜洁；盛夏，浓荫乍地，幽静清凉，蝉声欢鸣，空气湿润；晚秋，层林尽染，野果累累，可观可食，美不胜收。临潭县八角乡与冶力关乡交界处，有一高山湖泊，称冶海，民间又称常爷池。湖水总面积750亩，位于海拔2610米的山顶峡谷中。水源从八角乡石门河注入，无出口，有地下暗流从冶力关乡北部山腰涌出。湖水呈深绿色，清澄如镜，水位大旱不减、大涝不溢，湖边浅水处有小鲵（当地称“娃娃鱼”）栖息。当地群众自古以来将此湖视为圣湖，怀着敬畏的心情朝拜煨桑。

知是龙宫多妙手，故教呈出待人题。最为神奇的是“冶海冰图”。每至冬季，湖水结冰如镜，冰面呈现千奇百怪的图案，有抽象画，也有栩栩如生的图像，有的如宇宙星球组合，有的如神秘飞行物，有玉盘托宝，也有天女散花，有华灯放彩、明珠闪耀，也有宝塔楼宇，杯盘陈列，凡世间万物，山川树木奇花异卉，人物牛羊珍禽异兽，只要你有耐心，均可对号入座，自然造化，妙不可言。

千年睡佛景观在冶力关镇南，由东西走向的长约十华里的山体形成。它足东头西仰卧于相对高度近400米的山巅。足腿、胸腹、面目轮廓清晰，姿态舒展魁梧，面容神态安详，身着黛中泛黄的长袍，足蹬靴子。这尊睡佛完全是大自然的造化，没有任何人工雕饰，看神态似在仰面朝天闭目养神，其神形在晨羲霞光中尤为逼真，月光中更是形神兼备。

赤壁幽谷在冶力关镇西5千米处。这是造物主在冶力关风景区一片撩人的翠绿中别出心裁的褐色世界，特意在四周或浓或淡的遮覆中突生出裸露山岩，别有洞天。赤如其装，壁似其胴，但它不是娴淑羞涩的少女，却是与神佛鬼怪、狮虎蟒蛇相连接的泼壁野谷。赤壁幽谷前临冶木河，尾部在东西曲回中伸向北面的白石山中，深达20千米。谷底一款小溪，两壁全是褚红色的沙砾岩体。千百年的风雨侵蚀使两壁生成了千奇百怪的形状，有的像用山石裁成的红色屏风；有的像狮虎出山，蹬石嘶吼；有的像僧人停峭壁诵经，衣揽山岚；有的如蟒蛇腾挪，身形各异。

四、异军突起的旅游事业

“忽如一夜春风来，千树万树梨花开。”得天独厚的人文古迹和自然景观为今天旅游业的发展奠定了丰富独特的旅游资源。中华人民共和国成立以来，特别是改革开放以来，临潭县解放思想，扩大开放，抓住机遇，加快发展。在甘肃省、甘南州党委、政府的大力支持下，随着全县经济、社会和文化各项事业的发展，全县旅游产业如雨后春笋，蓬勃兴起，乘势而上，异军突起，方兴未艾。县上先后制定出台《关于贯彻落实“旅游兴州”战略，深入推进“旅游甘南”建设的实施意见》和《冶力关国家5A级旅游景区创建方案》等，“三点一线、一体两翼”旅游业发展格局已经形成。实施各类旅游重点建设项目24项，总投资8.2亿元，完成投资5.5亿元，冶峡隧道及接线工程、甘肃省信用社冶力关接待中心、冶力关体育中心建设项目正在进行；冶海户外游乐园仿真训练基地建成投入使用；三星级宾馆2处。投资700多万元对冶力关关街村、池沟村农家乐进行升级改造，农家乐在200户以上。组织参加了第十八届中国·兰州投资贸易洽谈会和甘南州新年赴京感恩汇报文艺演出、第二届“敦煌行·丝绸之路国际旅游节”活动，赴北京、上海、南京、广州等高端客源市场开展宣传推介活动。该县被国家体育总局、中国拔河协会确定为“全国青少年拔河运动训练基地”，冶力关关街村成功申报为“甘肃省首批乡村旅游示范村”。全县共接待游客71万人次，创旅游综合收入2.9亿元，分别增长26%和35%。有着“山水冶力关，兰州后花园”之称的冶力关国家4A级旅游风景区，面积约300平方千米，海拔2219～3926米、年平均气温5.1℃～6.7℃，气候温暖湿润，凉爽宜人。2012年，先后成功举办了第五届洮州民俗文化节、2012“冶力关杯”中国拔河公开赛暨第四届甘肃·临潭拔河节、第二届“冶力关杯”摄影大奖赛、第十五届“花儿”大奖赛、第三届大象拔河（押架）赛、临潭县民俗文化展暨经贸洽谈会等一系列重大节庆活动，有力地提升了临潭旅游的知名度和影响力，催热了临潭旅游市场。特别是2012年“冶力关杯”中国拔河公开赛暨第四届甘肃·临潭拔河节活动期间，全国人大教科文卫委员会副主任、国家体育总局原党组书记、国家奥委会副主席李志坚，国家体育总局青少年体育司司长、中国拔河协会主席郭建军及甘肃省人大常委会副主任崔玉琴、甘肃省人民政府副省长郝远等出席了活动，来自浙江巨化集团、重庆钢铁集团、蒙古、爱尔兰、荷兰等17支代表队的170多名运动员参加了比赛，中国体育报、新华社甘肃分社、甘肃日报、每日甘肃网、人民网、腾讯旅游网等60多家媒体参会并报道了活动盛况。

风光醉游人，寻梦香巴拉。除了秀美的风景和名胜古迹之外，非物质文化遗产也时刻散放着它特有的魅力。已载入上海大世界吉尼斯纪录的“万人拔河”活动，蜚声海内外的洮岷“花儿”，源远流长的新城端午节“赛神会”，以及江淮遗风等独具魅力的洮州民俗风情，无不诉说着千百年来生活在这片土地上的人民的勤劳和质朴。

碌曲县集体林权制度改革纪实

邓志军 ①

2010年4月9日，在碌曲县集体林权制度改革领导小组的领导下，经过县、乡两级林改工作组近一年来的不懈努力，碌曲县集体林权制度改革试点产权确权颁证工作分别在西仓乡政府和玛艾镇花格村委会大院举行。至此，两个试点乡镇林改试点工作组深入实际，尊重民意，扎实推进，按照试点方案预期目标完成了任务。全县集体林权制度改革试点乡镇确权到户登记宗地数223户，核发“林权证”104份，试点林改总面积8.42万亩，其中西仓乡新寺村12793亩，玛艾镇71390亩。

碌曲县是全省集体林权制度改革的试点县之一，从2009年4月开始试点工作。县、乡两级林改工作组从8月开始现场勘查登记，绘制了1∶50000的集体林改专用图，进行了实地勘界指认集体林地范围、宗地外业勘查和区划。试点工作开展近一年，于2010年2月完成试点勘界产权确权公示。在公示期间，群众认为集体林改工作中的林业区划范围与行政范围中承包范围存在不一致，并提出要求，且实际承包期间草场经营主体也有少量的变化。针对以上反映问题，县林改办与乡镇林改组协商后，从2010年3月12—27日，按照两个试点集体林改乡镇第一次公示反映情况，

① 邓志军，碌曲县林业工作站林业工程师。

结合全县林地区划和草场承包实际变动状况和群众的意见和建议，县林改办对试点村集体林地逐块进行了二次勘界确权登记，针对有争议地段，由县林改办、包乡镇林改工作组、乡镇、村组五级成员及其负责人联合进行了实地勘界确权登记。记得那是2010年3月14日，我与县林改办杨振华等一行4人，与玛艾镇工作组的林改副组长贡保才旦、扎西，以及村委会负责人卓玛、卓玛加、斗格加等村组相关权利人5人共同参加九头山集体林现场勘界认定。3月的九头山，海拔高，气候寒冷，积雪未化。工作组踏着积雪，翻山越岭，在恶劣的气候环境下坚持开展勘界区划工作。在集体林权制度改革现场勘界区划中，玛艾镇加格村支书卓玛，借助其对辖区地理环境非常熟悉的优势，现场工作一两日后，对地形图识别成为一个行家，给予勘界工作有力的配合与支持。集体林改二次勘界历时15天，将两个林改试点的4个村委会集体林地进行了二次勘界确权，先后对4个村林改登记结果进行二次公示，并顺利通过群众的认可，颁发了碌曲县集体林改首批“林权证”。

2010年3月4日下午，全省集体林权制度改革电视电话会议在省政府会议厅召开。县集体林权制度改革领导小组及各成员单位负责人，在县政府视频会议室组织收看。会议在认真听取了省集体林权制度改革领导小组副组长、省林业厅厅长高清和对全省集体林权制度改革工作情况通报，以及省政府副省长、省集体林权制度改革领导小组第一副组长泽巴足的讲话后，碌曲县集体林权制度改革领导小组相继召开了全县集体林权制度改革下一阶段的工作部署安排会议。会议由县委副书记、县集体林权制度改革领导小组副组长母金荣主持，副县长、县集体林权制度改革领导小组副组长杨卫东针对全省集体林权制度改革会议通报情况，通报了碌曲县集体林权制度改革工作开展情况，对全面推进集体林权制度改革工作进行部署安排。至此全县集体林权制度改革全面推进工作拉开序幕。会议按照《甘肃省全面推进集体林权制度改革工作方案》中“五级书记”抓林改的要求，安排各乡镇必须成立由书记任组长的集体林权制度改革领导小组，设立专门的办公室，分管林业的领导兼任办公室主任，县委、县政府成立领导小组，解决林改专项工作经费，并印发了《碌曲县全面推进集体林权制度改革工作方案》的通知，要求结合实际，认真组织实施，全面推进集体林权制度改革工作全面启动。

经过县、乡、村三级林改组织的共同努力，碌曲县集体林改试点及全面推进工作历时三年（2009.03—2011.12）顺利完成，全县集体林改面积27.5万亩，涉及农户2813户，颁发林权证2813个。2011年12月23日，在全省集体林权制度主体改革工作总结会上，碌曲县被授予“全省集体林权制度主体改革工作先进县”荣誉称号，颁发奖旗一面，奖金5万元。县林改领导小组也对集体林权制度改革和各乡镇和工作组成员进行了表彰奖励。我因身体原因未能全程参加集体林改工作，也未能成为这个光荣集体的一员，成为我的工作遗憾。但我县集体林权制度改革扎实稳步推进，县、乡、村各级林改工作组发挥了重要的作用。目前，集体公益林生态效益补偿，贫困群众生态护林员聘用等工作，均在集体林权改革成果的基础上进行分解和实施，发挥了主体改革的作用。目前，集体林权改革配套措施的完善，在林业生态工程管理中发挥着主导作用，林区群众在林业生态工程建设和产业发展中逐步得到实惠，增加了收入，群众的生态保护理念不断发展，随着新型生态战略的深入实施，集体林改将会显现突出的社会经济效益。

碌曲县打造“中国锅庄之乡”始末

杨永华[①]

20世纪90年代，我在甘南州工作时，碌曲锅庄在州内已经很有名气。2003年8月，在建州50周年庆典盛会上，碌曲县代表队表演的锅庄舞，成为州庆各类节目中的一大亮点，并代表甘南州到省上表演。当时我正在省政协工作，有幸观看了碌曲代表队的表演，给我留下了深刻的印象，在我周围的观众也无不啧啧称奇，在省城造成了不小的轰动。

2011年9月，我担任中共碌曲县委副书记、县人民政府县长，正式跟碌曲结缘。同年10月底，召开甘南州第十一次党员代表大会，提出“生态立州、旅游兴州、文化撑州、产业富州、稳定安州”五大战略，倡导“以文化促进旅游、以旅游推广文化，促进旅游文化融合发展”。当时各县也在积极打造各自的旅游文化品牌，唯独碌曲虽有三大景区，但缺乏这方面的抓手和平台。为此，我认真思考了许久，首先想到了赛马，因为赛马在藏区最有群众基础，也容易组织，可玛曲已经抢先，碌曲再办赛马会显得意义不大，于是想到了锅庄舞。首先，锅庄舞在碌曲源远流长、代代相传，唐宋时期就有甘青一带吐蕃诸部在祭祀、盟誓、节庆时“围而舞之”的记载，据碌曲一些上了年纪的老人讲：“每当盛夏十五

① 杨永华，中共碌曲县委副书记、县人民政府县长。

月圆时节，全村男女老少围成一圈，边唱边跳，一直到天亮”，说明“锅庄舞”在中华人民共和国成立之前就在碌曲一带非常盛行。建州后，特别是改革的春风给碌曲锅庄注入了新的活力，20 世纪 80 年代以来，锅庄舞成为碌曲各族干部群众广受欢迎、不可或缺的大众娱乐形式，是全县举行各类文体活动时的必演节目，也是参加省、州文艺表演比赛的首选节目，曾在“敦煌百年·黄河风情”旅游艺术节上获得全省文艺表演一等奖。由此可见，锅庄舞在碌曲有着深厚的群众基础和良好的口碑。其次，举办锅庄舞大赛既能传承优秀传统民俗文化，又能有效促进旅游业的发展，是文化和旅游的最佳契合点。我在县政府常务会议上提出这一想法后，得到与会人员的一致赞同，于是提交县委研究，得到县委主要领导的充分肯定和大力支持。

2012 年 8 月，第一届碌曲县锅庄舞大赛在美丽的夏泽滩草原正式开赛，共有 16 支代表队参赛，上千名参赛干部群众穿戴华丽的民族服装，在欢快悠扬的音乐伴奏下，翩翩起舞，把夏泽滩草原点缀得姹紫嫣红，更加迷人，充分展示了碌曲各族干部群众团结上进、朝气蓬勃的精神面貌。经过两天的激烈角逐，最终卫生系统参赛队夺得了冠军。这次大赛虽然参赛的都是县内的代表队，但还是赢得了良好的社会反响，使我们看到了大赛的魅力和潜力，也让我们更加坚定了把大赛继续办下去的信心和决心。第二届碌曲县锅庄舞大赛于 2013 年 8 月在夏泽滩草原如期举办。从这一届开始有县外代表队参赛，最终我县双岔乡代表队摘得了桂冠，迭部县代表队获得了第二名，赛事影响力得到明显提升。

在总结前两届锅庄舞大赛的基础上，迭部县委、县政府已有了打造中国锅庄之乡的思想准备和坚定信心。2014 年，我们开始扩建县城至夏泽滩的道路，修建夏泽滩防洪河堤和固定厕所，平整了赛场，在努力改善基础设施条件的同时，在省舞协的大力支持下，排除各种困难和阻力，积极向中国舞蹈家协会申报中国锅庄舞之乡。同年4月，我和县委宣传部部长格桑拉姆、碌曲锅庄舞协会主席卓玛加一起赴京，向中国舞蹈家协会分党组书记冯双白、秘书长罗斌等舞协领导详细汇报了相关情况，正式向中国舞蹈家协会报送了《关于申请碌曲县为“中国·锅庄之乡”的报告》(县委发〔2014〕37号)；5月，中国舞蹈家协会组织专家，专门对碌曲锅庄舞进行了实地调研考察，我县上下把迎接中国舞协的考察作为头等大事，做了精心的准备。考察期间，调研组专家深入基层，详细了解锅庄舞在碌曲的历史传承和发展现状，并与全县文艺界人士召开相关座谈会。经过实地考察了解，调研组专家对我县在传承和发展锅庄舞这一传统民俗文化方面所做的努力和取得的成绩给予了高度的评价。

为了给申报工作营造声势和氛围，我县于7月举办了甘肃藏族舞蹈大赛和第一届魅力碌曲摄影大赛，在舞台设计和开幕式表演节目上下足了功夫，赛事宣传上也取得明显成效，有四川省阿坝藏族羌族自治州红原县代表队、青海省黄南藏族自治州泽库县代表队，州内的舟曲县、玛曲县代表队等共19支代表队参加了比赛，赛事最高奖金增加到20万元，前来观看的群众和专门进行宣传报道的记者人数明显比前两届增加了很多。功夫不负有心人，在第三届锅庄舞大赛上，中国舞蹈家协会分党组书记冯双白专程来到碌曲，代表中国舞协，正式向迭部县授予“中国锅庄之乡”的称号，使迭部县推进旅游文化融合发展有了重要抓手和平台，赛事名称也正式改为“中国·碌曲锅庄舞大赛”。那届大赛上，双岔乡代表队蝉联了冠军，玛曲县代表队获得了亚军，舟曲县代表队获得了季军。

“中国锅庄之乡”荣誉的授予有一个为期一年的考察期，为了巩固已取得的成绩，进一步扩大“中国锅庄之乡”品牌影响力，2015年，迭部县委、县政府把举办好第四届“中国·碌曲锅庄舞大赛”作为全县重点工作之一，全力推进。针对干部群众当中出现的松懈、厌倦情绪，专门召开了动员大会，我从举办锅庄舞大赛是传承和发扬优秀民俗文化的具体体现、是推进旅游文化产业融合发展的重要载体、是增加群众收入的重要途径、是具体实施州委“旅游兴州”战略的重要抓手四个方面阐述了举办好锅庄舞大赛的重大意义，统一了全县干部群众的思想认识，调动了各方的积极性。同年 5 月，县委书记梁明光和我分别赴青海果洛、玉树、海南、黄南，四川阿坝、甘孜等地，大力宣传和推介“中国 · 碌曲锅庄舞大赛”，邀请藏区知名的锅庄舞代表队前来参赛，得到了国内藏区兄弟县市的积极响应。在大赛开幕前，我们举办了甘肃省原声民歌大赛，开幕式邀请藏区主持人拉姆以及岗坚巴 · 卓玛加、仲白、德吉才让、泽旺拉姆等藏区当红演员，表演了以碌曲锅庄舞音乐和动作为主的千人锅庄，场面极为震撼，为大赛营造了很好的氛围。在参加第四届“中国 · 碌曲锅庄舞大赛”的 22 支代表队中，县外的有 11 支，来自甘、青、川三省，赛事规模和影响力得到空前提升，也顺利通过了为期一年的考察期，中国舞协还在我县设立了“锅庄舞传习与研究基地”。为了使大赛更具文化内涵和传承意义，我们邀请各方专家，举办了第一届锅庄舞文化学术论坛。尤其值得一提的是，在这届赛事中，青海省果洛藏族自治州班玛县代表队以无可挑剔的表现赢得了冠军，此后，他们以第四届“中国 · 碌曲锅庄舞大赛”冠军的身份赴北京等地表演锅庄舞，间接为迭部县的赛事做了很好的广告。

与此同时，迭部县在旅游基础设施建设方面也取得较大突破。投资 2700 万元，实施则岔石林景区基础设施建设项目，则岔石林成功晋级国家 4A 级景区；整合各类资金 1.26 亿元，全力打造郎木寺景区，基础设施建设、风貌改造、集中供热等 8 个项目已陆续竣工，顺利通过了晋升 4A 级景区的初评工作；投资 8371 万元，推进县城美化亮化工程，新建和改造州高路、城区主街道、勒尔多南路、滨河南北路等城区道路，安装 190 盏佛手玉兰路灯，县城品位和形象有了较大提升。旅游硬件建设与软件打造实现两翼齐飞。

2016年是实现“中国·碌曲锅庄舞大赛”品牌影响力提升的一年。这一年，由中国舞协向全国各省、市、自治区发出邀请，西藏日喀则代表队和云南迪庆代表队千里赴约，西藏、云南、四川、青海、甘肃五大藏区的锅庄舞代表队齐聚碌曲草原，本县以外的参赛队伍规模首次超出了本县的参赛规模，18支兄弟县市及民间锅庄舞团队共舞中国锅庄之乡，在美丽的碌曲草原跳出了团结和友谊、和谐与美好，展示了既同宗同源又各具地域特色的锅庄文化魅力，为“中国锅庄之乡”增色添彩，使本届大赛成为名副其实的全国性锅庄舞大赛，成为碌曲锅庄舞大赛举办史上参赛范围最广、影响力最大、内容最为丰富（大赛期间举办了第二届魅力碌曲摄影大赛和第二届锅庄舞文化学术论坛）、最具代表性的一次盛会。在这届大赛上，甘南州州直部门代表队获得了冠军，西藏日喀则代表队和云南迪庆代表队获得了亚军，夏河县代表队、迭部县代表队以及迭部县阿拉乡代表队获得了季军。

目前，迭部县还未能充分挖掘“中国锅庄之乡”这一旅游文化品牌的巨大潜能，遥望未来，随着赛事规模和影响力的不断扩大，必将形成锅庄舞的产业链，数十个参赛队伍、上千个参赛人员的服装、服饰、帐篷等需求将带动一大批民族手工艺制作者的创业、就业，成为新的致富渠道。再遥望远景，碌曲还可以推出锅庄舞培训、锅庄舞舞曲编制、动作编排等衍生产业链。将来还可以充分利用锅庄舞大赛这个平台，举办赛牦牛、藏式摔跤、大象拔河、藏式围棋等民族特色赛事，把碌曲打造成藏族民俗文化集中展示基地，到那时，社会效益和经济效益将得到进一步提升。

2016年11月

玛曲县格萨尔民俗文化广场修建记

扎西[①]

为了弘扬玛曲县“天下黄河第一湾·格萨尔发祥地”文化，以此带动全县旅游业的发展，进一步丰富、便利县城居民的文化生活，玛曲县委、县政府根据《2001—2020年玛曲县城总体规划》中确定的“一心两轴”发展布局（“一心”即将格萨尔民俗文化广场打造成全县的政治、金融、文化、商业中心，“两轴”即以县城团结路和尕玛路为两条发展轴线，建设具有浓郁藏族特色的草原新城），克服各种压力和重重困难，在充分借鉴四川、青海、西藏等地区城市建设风格和邀请资深藏式建筑设计师充分调研、论证的基础上，玛曲县格萨尔民俗文化广场建设工程正式开工。

玛曲县格萨尔民俗文化广场前后实施了三期工程，历时11年之久。

第一期工程于2001年7月开工，2002年7月竣工。竣工后的玛曲县格萨尔民俗文化广场，占地面积1.5万余平方米，总投资821万元。广场设计建设三个功能区：政治集会区，主要设施有主席台、国旗台等；休闲区，主要设施有主雕塑河曲宝马、图腾柱、儿童乐园、九龙屏、休息廊、喷泉、草坪等；商贸区，广场东西两侧的商贸楼等。整个广场的建筑风格，体现了民族特色和民俗

① 扎西，玛曲县人大常委会副主任。

文化的有机统一，成为外来观光旅游者了解玛曲民俗文化的一个窗口，同时成为广大县城群众集会、休闲娱乐、购物、健身的主要场所。

第二期工程开工于2003年10月，2004年年底竣工。主要完成了观礼台混凝土垫层等工程，建筑面积4200平方米。预算投资400万元。

第三期工程即格萨尔民俗文化广场改扩建工程。由于玛曲县地处青藏高原东端，属青藏高原大陆性季风气候类型，受西风环流影响和高原地形作用，气候阴湿寒冷，且光照丰富、紫外线强，特别是早晚气温温差很大，使2002年修建的格萨尔民俗文化广场，经过长年的风蚀雨剥，已经无法发挥广场的功能作用。为此，2012年县委、县政府以服务民生、改善人民生活环境为目的，以文化性、观赏性、功能性、前瞻性为出发点，同时为了向甘南州成立60周年州庆献礼，斥资1913万元，对格萨尔民俗文化广场全面进行了改扩建工程。

改扩建后的格萨尔广场，占地面积约2.1万平方米。南接城区主街道团结路，北连格萨尔民俗文化中心，东西为广场商贸楼，成为县城区景观的核心。自南向北分为广场入口、引导、主题、庆典四大功能区。广场入口区采用了开放的空间概念，提升了整个广场的档次和历史厚重感，并且采用藏族特色的门厅柱子造型作为广场外围灯柱主体，高贵而不失文化内涵。引导区强化了绿化和群众活动的理念，绿地当中配置了藏民族文化图腾和活动器材，增加了整个广场的迎宾效果，活跃了整体的气氛。主题区在音乐喷泉旁边引入了精致的“九曲黄河第一湾”造型，附景观与文化为一体，改建了气势恢宏的格萨尔宝马雕像，在原有的浮雕上镌刻了“格萨尔王”的经典传说，并且放置了河曲马、欧拉羊、阿万仓牦牛、河曲藏獒（“河曲四宝”）等铜铸雕像，使整个主景雕塑显得神圣而独特。庆典区从提高民族凝聚力的高度出发，安装了汉白玉国旗台，在重大节日或重大节庆活动时，县委、县政府在此举行升国旗仪式。每当此时，全县的各族干部、群众都自发地聚集于五星红旗之下，参加仪式，充分体现了全县上下，民族和谐、宗教和顺、群众和睦的氛围。庆典区的LED大屏幕电视，不但可以满足各类庆典举办时的音像播放，特别是可以每天播放中央、省、州的政策和利民信息，引来了很多群众观看，使党的宣传工作寓于日常之中。夏季的广场，绿树与蓝天相映，国旗与白云竞艳，楼阁高耸，宝马腾云，商铺林立，游廊相对，诗史如歌，浮雕恢宏……成为县城群众聚会、旅游、健身、购物、休闲的重要场所，也是甘南玛曲县一项重要的民族特色化景观工程。每当夜幕降临后，格萨尔民俗文化广场上，轮廓灯、步道灯、镭射灯、地埋灯和音乐喷泉交相辉映，美轮美奂，仿佛进入神仙居住的地方——香巴拉世界。

2017 年 5 月

碌曲成功入选“中国锅庄之乡”的经过

格桑拉毛

碌曲县是一块蕴含着丰厚藏文化的高原藏乡，境内有郎木赛赤寺、西仓寺、旺藏寺等8座规模较大的藏传佛教寺院，作为“中国魅力名镇”的郎木寺，以浓厚的藏传佛教文化、独特的人文景观、优美的自然风光、古朴原始的民俗风情享誉国内外。尤其是藏族锅庄舞，在碌曲县境内广为流传而且历史悠久。在漫长的历史发展过程中，勤劳智慧的碌曲人民在农作和游牧生活中，逐渐产生了以赞颂生活、祝福长者、热爱家乡为主题的碌曲锅庄舞。我作为一名长期在碌曲工作的基层干部，有幸见证了碌曲县成功入选“中国锅庄之乡”的全过程。

20世纪80年代，在改革开放春风的沐浴下，甘南牧区锅庄舞发展的势头空前强盛，逐步成为农牧民群众、干部职工非常喜爱的文化活动方式。碌曲县委、县政府对这一民族文化瑰宝的传承和发展尤为重视，并积极加以引导。到2000年，县上组织部分干部职工、农牧民群众在内的锅庄舞爱好者参加“敦煌百年·黄河风情”旅游艺术节，获得甘肃省文艺表演一等奖的好成绩。当时，我以一名演员的身份，参加了这一规模宏大的演出活动，从舞台上听到那雷动的掌声和喝彩声，让我深深地感受到了锅庄文化散发出来的魅力，并为之而骄傲。从此，碌曲锅庄名扬全省、誉满藏区。随后，经过多年来的发展演变，碌曲锅庄舞队还多次代表甘南州参加省内外重大文化交流活动。经过多年的精心扶持和正确引导，锅庄舞已成为碌曲地标性旅游文化品牌。

进入新世纪后，为了进一步推动碌曲旅游文化产业的发展，打造具有碌曲地域色彩的民族文化，碌曲县委、县政府决定从2012年开始，每年夏季举办锅庄舞大赛。碌曲县举办的锅庄舞大赛，参与者已远远超出碌曲草原，周边各县市，甚至邻近的四川、青海等藏区也纷纷组队前来参加碌曲的锅庄舞大赛。

2014年年初，经过详细论证，中共碌曲县委、县人民政府和甘肃省舞蹈家协会共同申请，开始申报“中国锅庄之乡”。当时，我和县长杨永华、碌曲锅庄舞协会主席卓玛加一起赴京，向中国舞蹈家协会分党组书记冯双白、秘书长罗斌等领导进行汇报，同时向中国舞蹈家协会报送了《关于申请碌曲县为“中国·锅庄之乡”的报告》（县委发〔2014〕37号）；5月，中国舞蹈家协会组织专家，对碌曲锅庄舞文化进行实地调研考察，我负责陪同考察。考察期间，调研组专家深入基层，充分了解锅庄舞在碌曲的发展状况，并与全县文艺界人士座谈交流。经过实地调研，调研组专家对碌曲县锅庄文化做出了高度的评价；7月，中国舞蹈家协会致函甘肃省舞蹈家协会和碌曲县委、县政府，做出了关于授予甘肃省碌曲县“中国锅庄之乡”的决定；8月，中国舞蹈家协会分党组书记冯双白专程来到碌曲，举行了“中国锅庄之乡”授牌仪式，并在随后举行的第三届中国藏族锅庄舞大赛上担任评委会主席。随后，碌曲县把每年的8月6—10日定为锅庄舞大赛暨香浪节活动固定日期。2015年6月，杨永华县长带我们一行再次前往北京，向中国舞蹈家协会有关领导协商在碌曲建立“锅庄舞传习与研究基地”的有关事宜，这项工作完成的很顺利，当年7月，“锅庄舞传习与研究基地”在碌曲挂牌成立。

我从最初以一名演员的身份参与碌曲锅庄舞的演出，一直到以分管领导干部的身份投入碌曲申报“中国锅庄之乡”的过程，深深地感受到，这片土地上的人民热爱锅庄舞，锅庄文化也由传统走向现代，从碌曲本土走向全国，碌曲真正无愧于“中国锅庄之乡”这一称号。

2016 年 6 月

社会事业

《夏河报》创刊前后

郁苍

1952年4月10日创刊的《夏河报》，是《甘南报》的前身，它的创刊至今已越四十春秋。笔者现据收集到的资料整理成文，供文史工作者参考，也殷切希望知情者进一步补正。

一

1949年9月10日，夏河县宣告和平解放，9月23日，中国共产党夏河县工作委员会（简称县工委）正式成立，隶属临夏地委，1951年3月，夏河县工委划归省委直接领导，省委任命了新的工委委员。

夏河县解放伊始，百废待举，剿匪肃特、建立政权，恢复发展生产，都是当务之急。由于国民党反动派的长期欺骗宣传和历史造成的民族隔阂，当时，上层人士和广大农牧民群众对中国共产党和人民政府疑惧参半，对党的各项方针政策所知甚少。因此，宣传党的方针政策，是一切工作的先导，任务十分繁重。那时，县工委干部很少，专职宣传干部更缺，且加民族语文的障碍，因此，宣传任务与宣传手段极不适应。

解放初期，夏河县工委的领导同志多是部队转入地方的干部，或来自陕甘宁边区的干部，他们是在党的教育下成长起来的，深知党历来有用报纸和其他新闻媒介传播马列主义真理、宣传党的方针政策的传统，深知报纸的宣传效力。因此，为解决宣传手段落后的问题，在政权建立后，即把创办报纸和广播提上议事日程。

1951 年 5 月，中共中央召开第一次全国宣传工作会议。年底召开的省党代会议指出："全党必须根据第一次全国宣传工作会议决议，把党的思想、政治工作当作全党的灵魂，看成为党的领导工作的重要内容。在五二年上半年以前，充实各级宣传部门机构，并督促其建立经常的业务。"

1952 年 1 月底，县工委宣传部副部长乔铁鹏同志传达全国宣传工作会议精神。后倡议办夏河报，并推荐苗滋庶先生负责创办事宜。此议得到夏河县县长、县工委副书记齐应凯同志的同意。县工委宣传部就创办报纸一事写了指示，下发各区。1952 年 2 月 4 日，县工委召开工委扩大会议，讨论民族统战工作和宣传工作，乔铁鹏提出讨论筹办报纸等问题。2 月 22 日，工委会议决定，夏河报社正式成立，"广播站、报社由宣传部领导"，具体业务由苗滋庶负责，要求尽快筹备，早日见报。

二

夏河报社成立后，为县工委宣传部的一个部门，编辑部就设在县工委——夏河县河南村东山根福音堂，稍后筹建起的印刷厂也安顿在福音堂的马棚之中。

报社成立之初，一缺人员，二缺设备，真可谓：筚路蓝缕，白手起家。为使报纸早日面世，在乔铁鹏的领导下，苗滋庶具体负责筹办。

原先打算把夏河报办成油印报，后从移交给县的夏河县初级师范（属宣传部领导、乔铁鹏主管）找到一块石印用石版，遂决定筹办石印报。1951年年底，苗滋庶去兰州聘雇了石印工人周明学，买回一些石印印刷材料和纸张。石印机安装后，即开始给夏河县各机关印刷信封、信纸、公文、表格等，同时积极物色、调来办报人员。到1952年3月底，夏河报筹备工作大体就绪，报社人员共有6人，分别是乔铁鹏、苗滋庶、马兴云、王精诚、周明学、沈培俊。

三

1952年4月10日，中共夏河县工委的机关报《夏河报》正式创刊，藏汉对照，全部石印，初期为八开，后改为四开四版，刊期为周刊（每星期四出版），领导人为县工委宣传部副部长乔铁鹏，由苗滋庶主持编务（既是编辑又是记者），王精诚承担汉文缮写兼管总务，马兴云承担藏文翻译兼缮写，周明学带学徒，沈培俊承担印报。

《夏河报》汉文报头由郭受天题写，藏文报头由马兴云书写。创刊号上，刊登发刊词，宣告了办报的宗旨。

5月7日，甘肃省人民政府新闻出版处颁发出版证（新闻字第009号）函文："你县出版之夏河报一种，申请登记，业经本处登记审查，准予在夏河出版。兹发给新闻字第玖号出版证一纸，并收执，并于每次出版时提前送处一份，以便翻阅。处长阮迪民。"后来，在报头下标明："甘肃省人民政府新闻出版处登记准予出版经中国人民邮政登记认为第一类新闻纸类，甘肃邮电管理局登记执照第一号。"

《夏河报》最初几期，只印发50多份，后来增加到410份，全部赠阅。赠阅对象是：各部落头人，宗教上层人士，各区和各机关；赠送中央民委、西北局民委、中央民族学院、西北民族学院等，并与西藏、青海以及一些其他少数民族地区进行报纸交换。

《夏河报》的创办，受到省内新闻、宣传部门、各地藏族上层人士及学者的称赞。

四

为解决报纸从业人员短缺问题，县工委陆续从县级机关调进阴景元、黄建业（1952年5—6月间调入，担任藏文翻译）、马毓兴（同年7月调入，美术编辑兼摄影）、张兴茂（9月调入，任记者），同时给省上写报告，要求帮助解决人员和设备问题。

1952年9月，省新闻出版处给夏河报社调来8名印刷工人：由新兰印刷厂调来吴世平（排字技工）、曹焕新（元盘机印刷技工）、谈文治（学徒工），由兰州印刷所调来范宗儒（排字技工）、刘宗生（铸字技工），由兰州军区后勤印刷所调来文光明（四平机印刷技工），由兰州民族印刷厂调来范长福（装订技工）、白发祥（学徒工）。同时调配一批印刷机器和设备：四平印刷机1台、元盘印刷机1台、手摇铸字机1台，手工刨条机1台，汉文铜模5付（从头号到五号各1付）。县工委派统战部干部房旭民前往兰州联系接头，后由临时负责人范长福带队，先乘汽车至临夏，后乘马走了两天，于9月20日到达夏河，稍事安顿，即开始制作排字架和安装机器的前期准备工作。11月夏临公路通车后，印刷机器和设备运抵夏河。11月底，《夏河报》改为套印（汉文铅字排印、藏文手写石印）。12月，派刘宗生去西安，从西北局民委民族印刷厂购回藏文头号、二号铅字各1付。同时由西北民族学院调来藏文排字工人桑吉加。从1953年1月1日起，《夏河报》全部改为铅字排版印刷。

1952年11月28日，县工委会议讨论统战工作和宣传工作。会上，重点讨论了“报社和广播站”问题，提出“报社要解决编辑人员，要求省上解决”。当时，正值省委对地州报纸进行整顿，各专区报纸都停刊。1953年元月，省委从《新武威报》调来编采人员孙储元、刘洋江。至此，夏河报社职工增至23人，人员、设备粗具规模。

五

《夏河报》创刊至1953年4月23日，共出版55期。报纸紧密配合党的中心工作，主要宣传贯彻党在民族地区“不分不斗，不划阶级，牧工、牧主两利，扶持贫苦牧民发展生产”的政策和“牧业第一，副业第二，农业第三”的经济发展方针，宣传党和人民政府的各项政策和法令，报道当地重大活动。为向进入藏区的干部和部队宣传党的民族政策，一版开辟《藏区介绍》，系统介绍藏区风土人情，藏族同胞的生产、生活常识，如《藏民和茶》《奶品制造》《歌舞》《建筑》等，共发38篇短文，以短文之三十二开始署名“老牛”（阴景元笔名）。

报纸内容以地方消息为主，见报的重大报道有：第六世嘉木样活佛坐床大典、西北甘南藏区访问团在夏河藏区的活动、甘南藏区各族各界联谊会的召开、夏河县第三届各界人民代表会议的召开、甘南藏族自治区筹备情况、剿匪动态和战果、第十世班禅等来甘南访问、夏临公路通车典礼以及五一、十一等节日的庆祝活动，等等。

时事宣传，主要译载新华社发的有关西藏的消息，如和平解放西藏协议的实施情况，《达赖、班禅电毛主席祝贺新年》《毛主席赠达赖喇嘛各种名贵礼品》，以及宣传抗美援朝伟大意义和成果的报道。

报上还译登了《口蹄疫的症状及防治法》《月蚀是怎么回事》《日食介绍》等稿，向读者介绍科学常识。

除新闻稿件外，还开辟《读者来信》《表扬》《简讯》等栏目，反映群众呼声。

地方消息，大部分是记者采写的“本报讯”。当时记者很少，他们作风干练，经常背着行李奔波于基层，白天采访，夜晚写稿，下乡是记者，回家是编辑，确保了稿源。同时，各级负责同志和各部门领导也积极为党报写稿，提供了部分稿源。

六

1952年7月1日，经中共中央西北局批准，正式成立中国共产党甘南藏区工作委员会（简称甘南工委），隶属省委领导，中共夏河、卓尼工委和临潭县委划归甘南工委领导。12月1日，决定成立甘南藏族自治区筹备委员会，夏河报社的工作，遂由乔铁鹏负责移交甘南工委。在12月25日召开的甘南藏区各族各界联谊会上，为适应即将成立的甘南藏族自治区，甘南工委常务委员、宣传部长王如东正式提议改《夏河报》为《甘南报》，工委研究同意后报告省委。1953年1月12日，中共甘肃省委宣传部复电：“甘南工委并转夏河工委：《夏河报》归甘南工委领导的意见，我们同意。做好报纸宣传的关键在于提高质量，根据现有人力和交通状况，以周刊为宜，不要改为三日刊。五二年经费已由新闻出版处汇去追加事业补助费一亿元。五三年经费请速提出计划，除已计划的九千万元外，尚短多少希速告。因报纸人员无编制名额，故必须紧缩开支并尽量争取印刷生产。编辑人员可抽调一至二人，希尽力就地调配。”

2–3月间，根据省委宣传部指示，积极筹备改刊事宜，同时逐级申办更名手续。4月14日，西北军政委员会新闻出版专员办事处来函称：“顷奉中央人民政府出版总署函复‘同意甘肃夏河报更名为甘南报’……”4月23日出版的最后一期《夏河报》上刊登《本报更名〈甘南报〉告读者的几句话》：“本报最近奉上级党委指示，决定从五月一日起改为甘南报。”

尽管说《夏河报》是《甘南报》的前身，或是《夏河报》更名为《甘南报》，从前面行文可以看出，两者既有联系，又有区别。最大的区别是隶属关系的不同：《夏河报》是夏河工委的机关报，由夏河工委宣传部领导；《甘南报》是甘南工委的机关报，由甘南工委宣传部领导。

《夏河报》虽然只办了一年多的时间，但它是甘南历史上第一份由中国共产党领导办起的新型报纸，除对宣传党的路线、方针、政策，推动当时各项工作起了重大作用外，也为夏河县乃至全州文化事业留下了一份珍贵的历史文献。

本文选自中国人民政治协商会议夏河县委员会文史资料委员会编：《夏河文史资料》，第一辑，1993年10月。

解放前后甘南藏区家畜疫病概况

席怀链

甘南处于青藏高原地带，海拔 1400 ~ 4700 米，平均为 3000 米左右。境内山峦起伏，河流纵横，小溪密布，川流不息，除部分河谷小川有部分农区和半农半牧区及悬崖陡峭的林灌地带外，其余均属纯牧区，到处水草丰茂，牛羊繁多，马群奔驰，可谓牧业资源丰富的良好天然牧场。

全州草原面积为 5560 多万亩，占总面积的 84%，可利用面积为 3450 多万亩。草场类型可分为高寒山地草甸、亚高山草甸、草原化草甸、沼泽草甸四大类型；植被覆盖率达 85%以上。牧草种类主要有披碱草属、鹅冠草属、短柄草属、风毛菊属、蓼属、萎菱菜属牧草及野豌豆、野苜蓿、豆芽；牧草一般从 4 月下旬开始发芽至 9 月中旬进入枯黄，枯黄期长达 7 个月之久，由于枯黄期长，饲养管理粗放，科学饲养方法不易接受，致使四季营养不平衡，是形成放牧畜夏饱、秋肥、冬瘦、春死亡的主要原因。

境内牲畜有河曲马、牦牛、犏牛、黄牛、绵羊（甘加羊、欧拉羊、乔科羊）、山羊、猪等。

自 1950—1965 年，全州先后建立畜牧兽医机构 110 个，其中州属 5 个、县属 8 个、公社属 97 个。这些机构中，有州畜牧兽医科学研究所、州畜牧学校、州草原队、州畜牧兽医工作站、州动物检疫站；每县和公社各设畜牧兽医工作站1处；玛曲、夏河两县各设草原站1处，为促进甘南州牧业生产奠定了基础。从培养人才、科学研究、草原建设、畜种改良、饲养管理、兽疫防治等方面，基本形成了机构配套；专业技术人员有324人，包括兽医228人，畜牧、草原96人，公社半脱产兽医127人，大队、生产队防疫员1158人。现将甘南解放前后牲畜疫病流行情况、调查研究工作及防治、医疗情况分述如下。

一、解放前情况

解放前，甘南广大牧民群众虽然依靠放牧为主要生活来源，但是因地区边远，交通不便，没有兽医机构，所以在保障牲畜健康、防治疫病方面采取的手段，仅仅是以传统的土法和经验“扎针及用单方”治疗以及对公畜的割骟，应用科学方法进行兽医防治和调查研究在当时很少，因而牲畜疫病流行情况，亦无文字记载可考。据了解，群众对流行剧烈死亡严重的牛瘟，一直沿用多年来祖先积累的经验，以“嚯花”方法进行防治，起到了缓和该病的流行与减少死亡的一定作用。但由于操作粗糙，极不卫生，更谈不上消毒、无菌等科学方法的要求，故易发生扩散病源和引起感染而造成扩大疫情的损失。因此，对牛瘟虽采取土法防治，但一直不能根治。如据群众反映，1938年迭部县阿夏北寨因牛瘟死牛245头；卓尼县的尼巴、石巴、江车因牛瘟死牛40000多头；碌曲、玛曲、夏河等主要牧区，据说因牛瘟、牛肺疫死牛也很多。群众忍痛坐待，束手无策。炭疽在全州各地普遍散发，群众采取扎针达到治疗目的，即在左肷部下方直穿脾脏，以针放血即愈。羊痘、牛羊“出败”在牧区和半农半牧区均有流行，其损失更大，当时亦无防治对策。上述情况，惜均无资料可查。故甘南在解放前对兽疫流行及防治的记载，真可谓是个空白。

在兽医调查研究方面，1944 年，前西北兽疫防治处处长胡祥璧教授和该处技士高著二人曾对夏河绵羊寄生虫做过调查，并在当时的《畜牧兽医月刊》上做了专题报道。

二、建国后 1950—1965 年概况

建国后，随着甘南建设的需要，于 1950 年先在夏河成立畜牧兽医工作站，直接管辖今夏河、碌曲、玛曲三县（当时碌曲、玛曲两县尚未成立，均隶属夏河县）的牧业生产和兽病防治工作，以后陆续在政权建立的基础上各县逐步成立县、乡畜牧兽医工作站，开展促进全州牧业生产和兽病防治工作。

当时在甘南的兽医工作，除牲畜普通疾病的诊断治疗外，重点是防治牛瘟。因牛瘟来势凶猛，常造成大批死亡，损失最大。如 1951—1964 年全州牛瘟发病区域据不完全统计有 51 处，死牛 8223 头（实际不止此数），仅夏河县 1953—1954 年就死牛 1493 头。从 1950—1951 年应用牛瘟兔化弱毒疫苗进行预防注射。因该疫苗对牦牛发生神经反应，1953 年又经青海省、西北畜牧部等单位试验研究改用山羊化兔化弱毒疫苗和绵羊化兔化弱毒疫苗应用于牦牛防治牛瘟，最后在牧区推广应用。每年定期预防注射，至 1958 年全州再未发病。

与此同时，牛肺疫在甘南流行亦猖獗，死亡严重。据不完全统计，1953—1962 年全州共发病 19 起，死牛 6303 头。经甘肃省副省长、甘南州州长、全国人大代表黄正清在全国人大第一届代表大会上做了反映，引起中央重视，立即指令兽医科研单位进行研究。从 1956 年开始组织哈尔滨兽医科研所、甘肃省畜牧厅、西北畜牧兽医研究所、甘南州兽医实验诊断室（现州兽牧兽医科研所）等单位的专家、学者、科技人员共同研制牛肺疫藏羊化兔化弱毒菌苗，于 1960 年研制成功，在全州每年大面积预防注射，效果

显著，1962 年以来州内牛肺疫再未发生。

羊链球菌病在甘南多年就有流行，尤其玛曲县欧拉乡一带，连年流行，死亡惨重，在历史上从未做过诊断和防治。1964 年 3 月初甘南州畜牧兽医科研所接到州畜牧处通知："玛曲县欧拉乡羊发生疫情，速派兽医前往疫区进行诊断研究并予防治。"诊断人员于 3 月 3 日由合作动身，6 日到达疫区。首先对疫情严重的拉尔代、哇尔河二公社的羊群进行了访问和调查。在访问中据拉尔代公社四队队长加杨反映："这个病三四十年前就有流行，死羊很多(无具体数字)，当时群众采取制止该病流行的手段是把病羊赶到离健康羊群较远的深沟里杀掉。但这个病每年到时候仍然发生。"根据这个反映和疫区现状，从兽医临床范围以科学方法进行了认真而详细的诊断，首次在该地区诊断为羊链球菌病。翌年，州内碌曲、卓尼、临潭、夏河等县及玛曲的其他乡与河曲马场相继依此诊断均有羊链球菌病流行。1965 年 3 月引用青海羊链球菌氢氧化铝菌苗在玛曲县尼玛乡做了 760 只羊的区域试验。安全有效后，即在全州已确诊有该病流行地区大力推广该菌苗的定期预防注射，使羊链球菌病的流行取得了有效的控制。通过 1964 年从欧拉乡对本病的确诊和 1965 年菌苗的试验研究与推广应用，大大解除了威胁全州发展养羊业最大传染病的危害。从此，在甘南草原上流行多年而猖獗的牛瘟、牛肺疫、羊链球菌病在中国共产党的领导下得到了消灭和控制，大大减少了牧业经济损失，为甘南藏族人民造福匪浅。

16 年来（1950—1965 年）在党的重视下，兽医工作者以调查研究为基础，认真贯彻"预防为主，药物治疗为辅"的兽医防治方针，除重点消灭了以上两种致死牛只严重的疫病外，并通过调查研究、试验诊断等方法，在全州已确诊的畜禽传染病共有 37 种之多（含牛瘟、牛肺疫），其中：人畜共患的有 8 种——炭疽、布氏杆菌病、鼻疽、结核、破伤风、狂犬病、口蹄疫、衣原体；马传染病 5 种——马腺疫、马传染性胸膜肺炎、马流行性感冒、马副伤寒、马巴氏杆菌病；牛传染病10种——牛瘟、牛肺疫、牛出败、牛气肿疽、牛副伤寒、牛流行性感冒、牛放线菌病、牛恶性卡他热、牛副结核、牛传染性角膜炎；羊传染病8种——羊痘、羊链球菌病、羊肠毒血症、羊快疫、羊猝疽、绵羊巴氏杆菌病、羊传染性口膜炎、羔羊达曼—弗里斯杆菌病；猪传染病5种——猪瘟、猪肺疫、猪丹毒、猪喘气病、仔猪副伤寒；鸡传染病1种——鸡新城疫。

在确诊牲畜各种传染病的同时，积极推广应用了一批兽医科研成果，及时采用了各种疫（菌）苗预防注射的手段，对上述各类畜禽传染病，在短短十几年的防治工作中取得了除消灭牛瘟、牛肺疫控制羊链球菌病外，已基本控制了其他大部分疫病的效果，大大轻少了牲畜传染病对牧业生产的危害。

在家畜寄生虫病方面，因为甘南是一个阴湿草原地区，温度、湿度等条件最适于寄生虫的生活繁殖，所以它对牲畜危害十分严重，尤其对羊只更甚。1956年10月，西北牧研所、甘南兽医实验诊断室、夏河县兽防站共同在夏河县食品公司做了牛的寄生虫调查。1957年12月，甘南兽医实验诊断室在州畜牧兽医工作站的配合下，对夏河县屠宰场的40头牦牛、犏牛进行了内外寄生虫的系统调查研究，同时还对390只羊、503头牛做了人畜共患的棘球蚴病调查。1958年1月，在夏河县城附近又调查了225只犬寄生虫的感染情况。同年5月，利用伤病马做了37匹马的寄生虫调查。这一阶段对寄生虫的调查研究，在本州牲畜种类方面比较全面，数据也较为全面、客观，方法适用。因此，为甘南今后开展家畜寄生虫的调查研究打下了基础。7月，甘南州兽医实验诊断室改名成立甘南州畜牧兽医科学研究所，于下半年按计划先从碌曲开始做绵羊寄生虫的流行调查，逐步推向全州。通过调查研究，至1965年查明全州共有各类家畜寄生虫80种（属），其中马寄生虫10种（属）、牛羊寄生虫50种（属）、猪寄生虫13种（属）、犬寄生虫7种（属）。对牛羊危害严重的，主要有肝片吸虫、矛形腹腔吸虫、捻转血矛线虫、仰口线虫、细颈线虫、夏伯特线虫、肺丝虫、绦虫、疥癣、牛皮蝇、羊鼻蝇等。人畜共患者有牛羊棘球蚴（包囊虫）、多头蚴（脑包虫）。经过家畜寄生虫种（属）的鉴定，基本掌握了全州牛、羊、马、犬、猪等大小家畜寄生虫的流行区域、感染高潮及强度和季节动态等规律与危害情况，为寄生虫病的防治科学研究提供了有“的”放“矢”的参考资料，对防治家畜寄生虫病收到了良好的效果。

以上情况有些是访问，有些是回忆，有些工作是自己亲身主持和参加的，还参考了《甘南藏族自治州畜禽疫病普查报告》，由于积累材料不甚全面和笔者水平有限，难免对历史真实面貌有遗漏或失误之处，欢迎读者批评指正。

1985年6月28日

本文选自甘南州政协文史资料研究委员会:《甘南文史资料选辑》，第四辑，1985年8月。

甘南藏族自治州麻风病的历史概况

刘牧之

甘南藏族自治州位于西邻青海、南傍四川的三角地带，地处青藏高原之边际，整个地势由西向东逐渐低下。全州计有夏河、碌曲、玛曲、临潭、卓尼、迭部、舟曲7个县。贯穿黄河、洮河、大夏河、白龙江四条主要河流。东部多高山峡谷，相对高度差别较大。西部则多系丘陵草原，相对高度差别较小。但西部的海拔高于东部2000多米。州址所在地合作的海拔为2887.2米。西端的玛曲县海拔3471.6米，处于丘陵地带的乡村有的海拔高达4000米以上。东端的舟曲县海拔为1400米。除迭部、舟曲两县外，甘南地区一年四季不明显，而一天却差异很大，所谓“早穿棉袄午穿纱，守着火炉吃西瓜”。实际上说明了甘南是无夏天的高寒地区，形容在一天之内温差的悬殊。

甘南全州总面积为44027平方千米，总人口522618人（1983年年底止），人口密度平均每平方千米为12人，可称为地广人稀。在总人口中，藏族占43.4%，汉族占49.77%，回族占6.66%，其他民族占0.17%。

甘南州虽然地接青藏高原，气候寒冷，人口稀少，但麻风病的流行并不亚于东南沿海各省。通过1972—1973年全州6个县（玛曲县未查）的全人口麻风病普查，以及1974年重点乡复查，从解放后算起至1974年年底止，包括新发、住院、治愈、死亡，全州累计共有麻风病人781例。以两年普查的实际受检人口272027人为基数，累计患病率为2.87‰。按1963年福州麻风病学术会议精神，甘南州属于麻风病高流行区。在1974年年底统计的781例麻风病人中（不包括玛曲），除治愈和死亡者外，加上玛曲县的现有麻风病人8例，总计1974年年底实有现症麻风病人477例；现症麻风病人的患病率占全州总人口的0.9‰，是甘肃省麻风病患病率最高的地区。

结合普查工作，对甘南州麻风病流行较为严重的主要因素，进行了比较深入的了解。据群众反映，解放前马步芳统治青海时期，屡对麻风病人进行枪杀、活埋等残酷迫害，致使一部分青海逃难的藏族麻风病人流入夏河、碌曲两县洮河上游的半农半牧区，先是流徙，继则定居，这是甘南地区麻风病的主要来源之一。再是甘南地区的藏族行商，历史上经常往来于印度，更由于宗教活动，甘南地区各寺院的僧人和藏族群众，常常到印度去“拜佛朝圣，念经学道”。印度是世界著名的麻风病高发国家，因此，这也是将麻风病引入甘南地区的主要路径之一。从甘南地区麻风病流行的历史情况来看，社会因素起着一定的主导作用，甘南州虽处于北纬34°55′，属于温带地区，但由于海拔较高，气候寒冷（特别是夏河、碌曲两县），这样的自然因素是不适于麻风病流行的，但事实相反，甘南州的麻风病率却相当高。根据1972—1974年三年的调查，在碌曲县的西仓、双岔、阿拉，夏河县的下巴沟、麦西、加门关、下卡加，迭部县的电尕，8个乡共计有麻风病人293例，均系藏族，占6个县781例麻风病人的37.52%，而在普查时这个乡的受检人数只有24903人，占6个县受检人数272027人的9.15%。

上述高流行区的8个乡，均为半农半牧区，而在纯牧区和农区麻风病患者则比较少。玛曲是甘南州的纯牧业县，仅在靠四川边界的齐哈玛和采尔玛两个乡发现有少数麻风病人，历年累计只有9例(1984年年底止)，而且大部分人的原籍是四川。究其原因，由于纯牧区的牧民流动性较大，根据草场的分配，冬夏必须易地放牧，以适应牛羊畜群的饲养。如由青海等外地流入的藏族麻风病人，则无从追踪冬夏易居的游牧帐篷，这是纯牧区麻风病患病率低的主要因素。但纯牧区也有患病率比较高的个别乡，如碌曲县的拉仁关虽系纯牧区，因其地近洮河，介于西仓、双岔两个高流行区之间，而且西仓、双岔为拉仁关出入之门户，互相往来频繁，当易造成传染。碌曲县郎木寺乡亦系纯牧区，但因与四川省若尔盖县犬齿交错，乡所在地之一端即属四川省若尔盖县所辖，若尔盖县是麻风病高流行区之一，因此郎木寺乡患病率高，则实属必然。碌曲、夏河两县洮河上游沿岸相连的半农半牧区，既接近青海，又完全是藏族，并处于定居状态。在旧社会被迫逃难的藏族麻风病人流入后，既通语言，又适于生活特点，因而造成了麻风病在这两个县的半农半牧区的严重流行。迭部县电尕乡也是半农半牧区，与四川省若尔盖县毗连，在旧社会，两县边界的群众互通贸易，频于交往，因而电尕乡的麻风病也由此盛行，以至于波及其周围各乡。卓尼、临潭、舟曲三县的农区及半农半牧区，虽然都定居有一部分藏民，但这三个县的藏族大部分的生活习惯与劳动方式和当地的汉族基本上是一致的。在语言与服装等各方面和青海以及碌曲、夏河等地的藏族也有所不同，而且这三个县杂居的汉、回民较多，因此由青海等地流入的藏族，很少渗入这3个县。但由于麻风病是接触性传染病，人口的流动、互相的交往，即可造成有限的传染。正因为如此，这三个县的麻风病流行情况就比较分散，点多面广，藏、汉、回都有。

综上所述，洮河上游的碌曲、夏河则比下游的临潭、卓尼的麻风病患病率高。白龙江上游的迭部县电尕乡则比下游的各乡和舟曲县的患病率高。尽管上游比下游的海拔高出一两千米，上游已冰天雪地，而下游尚绿树成荫，但上游的麻风病患病率却显著高于下游。在麻风病流行病学问题上，虽然不能无视自然因素，但甘南地区这种违反自然规律的麻风病特殊分布，则说明甘南地区历史上的社会因素，在麻风病流行病学方面起到了决定性的作用。因之，甘南州麻风病流行病学的特点，也是对黑暗旧社会的无情控诉。

甘南州自解放以来，在中国共产党和人民政府的深切关怀下，开展了史无前例的麻风病防治工作。除进行了全州总人口的麻风病普查以外，历年都有计划地进行分县分片线索调查和重点普查，以便及时发现新病人。并在卓尼建立了州直属的麻风病专业疗养院，在收容治疗与检查等方面都做了大量工作，取得了一定的成绩。自党的十一届三中全会以来，更根据农村生产体制改革，自 1982 年在全州 7 个县有现症麻风病人的 38 个乡建立了麻风病基层防治网，从而加强了对各乡村不能住院麻风病人的就地治疗工作。这样，既使散在的麻风病人得到了及时的治疗，又基本上控制了扩大传染。

自解放到 1984 年年底，全州 7 个县治愈麻风病人 367 例，治愈率占全州麻风病人总数 801 例（1984 年年底止）的 45.8%。这有力地说明了麻风病是可以治愈的，绝不是“不治之症”。除历年治愈和死亡者外，全州现有现症麻风病人 184 例（就地治疗 133 例、住院 51 例）。自 1974—1984 年，10 年来现症麻风病人已减少了 61.43%，这说明在党的领导下，甘南州麻风病防治工作的成绩是非常显著的。但根据 1981 年在广州召开的第二次全国麻风病防治工作会议上提出的到 20 世纪末（2000 年以前），在全国范围内达到基本消灭麻风病，任务还是极为艰巨的，必须继续努力，加强措施，再接再厉，才有可能达到预期的目的。

1985 年 8 月

本文选自中国人民政治协商会议甘南藏族自治州委员会文史资料研究委员会编：《甘南文史资料选辑》，第四辑，1992 年。

甘南藏医药的发展与现状

觉乃·洛桑丹珠　吴健成

藏族人民优秀的五大文化之一的藏医药学是一个具有独特完整理论体系和长期实践经验的传统医学体系，它有着悠久的历史。藏族劳动人民在与疾病作斗争的过程中，认识到动植物、矿物的某些有着解除身体病痛的作用，认为“有毒就有药”。其后又有了用热酥油止血、青稞酒糟治疗外伤的知识。随着人们对自然界认识的提高和生产的发展，而逐步积累起丰富的藏医药实践经验。

7 世纪，藏王松赞干布建立吐蕃王朝，创造了藏族文字，为藏医学体系的形成与发展创造了条件。

641 年，唐文成公主进藏，同时带来了唐代的汉地文化技艺，其中就有“医方百种、诊断法五种、医疗器械六种、医学论著四种”。这批医书编译成藏文取名《医学大全》。710 年，唐金城公主入藏，带来大批医药书籍，后由汉族医僧、藏族译师共同译成藏文，综合译稿，吸收西藏民间及外国医学经验，编成了藏医名著《月王药诊》，从而进一步奠定了藏医药学的理论基础。

708 年，著名藏医学家宇妥·云丹贡布，即吐蕃赞普赤松德赞的保健医生，较全面地总结了藏族民间医术，在《医学大全》《月王药诊》等典籍的基础上，编著成了藏医名著《四部医典》。《四部医典》后来又经过许多医学家整理、充实、注释，从而使藏医药学有了完整的理论基础。

19 世纪，著名学者第司·桑吉嘉措重新校正并用刻版印刷了《四部医典》，还撰著了权威性的四部医典注释本《蓝琉璃》，绘制了藏医彩色卷轴挂图 79 幅。于 1696 年在拉萨创立了药王山医药学院，培养藏医人才。这时候藏医药发展达到鼎盛时期。

18—19 世纪，藏医药学被传播到蒙古、青海、甘肃、四川等地区，在北京雍和宫等地建立了不同规模的藏医学院，使藏医得到更广泛的传播和发展。

第二世嘉木样与河南亲王丹增旺秀于藏历水虎年（1782 年）参照拉萨药王山医药学院模式，在拉卜楞寺正式制定医药学院的修建和修习体制。

藏历木龙年（1784 年）拉卜楞寺医学院正式竣工，全名为“曼巴扎仓索柔严盘林”，意即医药学院医明利他洲。仿照拉萨药王山医药学院的规章，制定了该院的修习仪规。

藏历火猪年（1887 年）创建卓尼贡巴寺的察干·呼图克图贡嘎坚参（俗称白活佛）在贡巴寺建立了曼巴扎仓，从拉卜楞寺院请医学名家南知嘉措为教师，系统地传授医学。此后，夏河佐盖冈察寺院、那义多合尔寺院、碌曲县郎木寺等一些寺院相继建立医学讲闻制度，培养了众多藏医人才，其中有名望的也为数不少，如四世嘉木样的御医桑科·文美、五世嘉木样的御医热布杰、声噪一时的名医曼卡尔·三志布、恰盖医僧哈相、洒玛尔寺院医僧桑热布、卓尼贡巴寺医僧桑杰嘉措（曾任五世嘉木样的专职医生），还有现健在的夏河藏医院主任医师旦巴、州卫生学校副主任医师次正嘉措等。

解放后，党和人民政府十分关心人民群众的医疗卫生，重视民族医药的继承与发展。1954 年，拉卜楞寺院曼巴扎仓僧官加吾代表甘南藏医界出席了甘肃省第一次中医工作代表大会。1956 年，夏河县人民医院设立了全州第一个藏医科，随后，甘南州政协也在合作开设了藏医门诊，拉卜楞寺院也成立了藏医诊所，藏医开始面向社会，为广大人民群众服务，赢得了群众的欢迎。自1958年民主改革后，又经“文化大革命”，藏医事业处于停滞不前的状态。在“文化大革命”后期，在“把医疗卫生工作的重点放到农村去”的号召下，又大力提倡“一根针，一把剪，艰苦奋斗办医疗”精神时，散在农牧区的藏医药人才又被利用起来，担任“赤脚医生”，他们积极运用藏医药，发挥其特长，为农牧区群众的防病治病发挥了应有的作用，也使藏医药在农牧区这块土地上得以生根发芽。据不完全统计，1972年全州599个生产大队，有合作医疗站（点）的有493个，其中有藏医药的有56个，占11.4%。如成立于1970年的碌曲县尕秀大队合作医疗站，坚持藏医自采、自种、自制、自用的特点，办好合作医疗，1976年曾被甘肃省卫生厅评为全省卫生战线先进集体，1983年被评为全国卫生战线先进集体。至今，这个继续巩固发展的乡村医疗站是全州为数不多办得好的医疗站之一。

1971年，甘南名老藏医三杰布、旦巴、图布旦、桑木旦，翻译王钟元等人参加了《甘肃中藏药手册》第四分册、《甘肃藏医手册》，六省区《藏药标准》《中国民族药志》等书的资料整理、编写工作。他们整理的藏药品“洁白丸”“八味沉香散”“九味石灰散”被收录于1977年版的《国家药典》，还有36种藏药被收录于1972年版的《甘肃药品标经》。此后，由旦巴于1976—1978年在夏河主持开办了藏医培训学习班三期，参加54人次，这些学员后来大部分成为甘南州藏医药技术队伍中的有生力量。

1978年，党的十一届三中全会后，党的各项路线方针日益贯彻落实，藏医药事业如枯木逢春，得到全面的继承和发展。

首先，藏医药机构得到恢复和发展。1979年元月1日全州第一所藏医院夏河县藏医院成立。1980年碌曲县藏医院成立，同年经州人民政府批准成立了甘南州藏医药研究所，现该所设有基础理论、临床、藏药、天文星算等科室，还附设有藏医院、实验药厂。继后，玛曲县成立了藏医院，卓尼县成立了中藏医院，并在碌曲郎木寺乡、卓尼麻路乡、舟曲拱坝乡、迭部县设立了藏医门诊，并有 19 个乡卫生院开展藏医药业务。全州除临潭县外，初步形成了州、县、乡藏医机构设置合理的布局。这些机构的设置，为全州藏医药事业的发展奠定了坚实的基础。

其次，落实政策，采取措施，发展、巩固、壮大藏医药技术队伍，造就了一大批藏医药技术人才。1979 年全州首先吸收录用了 7 名名老藏医到国家单位工作。1980 年全州选招录用了散在农牧区中的民间中、藏医药人员 100 名，其中藏医 56 名。1985 年又招录了 6 名藏医药技术人员。1979 年州卫生学校建校时，就开办了中等藏医专业。到 1991 年累计招藏医专业学生 270 名，现毕业 151 名，在校 119 名。

1989 年经多方努力，甘肃中医学院甘南藏医系，在甘南州卫校开办，学制 3 年，同年招生 28 名，1991 年又招生 30 名，现在校 58 名。这些学生除个别的是本省天祝等县的学员外，其余均为甘南州内的，他们将成为甘南第一代新型的藏医高等专业人才。

1989 年西藏藏医学院成立，同年甘南州选送 5 名代培生进藏攻读藏医大学专科，学制 5 年。1991 年又选送 2 名代培生。这些学生为甘南州首批藏医专科大学生。

经过十几年的努力，全州初步形成了一支老、中、青结合的藏医药技术队伍，人才结构日趋合理。现全州有在职藏医药技术人员 198 人，其中藏医主任医师 1 名，副主任医师 7 名，主治医师 15 名，医师 43 名，医士 132 名。

藏医药技术人员结构分布如下表所示：

技术结构 / 地区	合计						州、县						乡					
	技术结构						技术结构						技术结构					
	小计	1	2	3	4	5	小计	1	2	3	4	5	小计	1	2	3	4	5
合计	198	1	7	15	43	132	103	1	6	10	31	55	95		1	5	12	77
州卫校	12		2	1	4	5	12		2	1	4	5						
州藏研所	23		2	5	6	10	23		2	5	6	10						
玛曲县	26		1	3	2	20	5		1	1	1	2	21			2	1	18
碌曲县	31		1		9	21	14				5	9	17		1		4	12
舟曲县	11					11							11					11
卓尼县	25			2	4	19	8				2	6	17			2	2	13
迭部县	10					10	3					3	7					7
夏河县	60	1	1	4	18	36	38	1	1	3	13	20	22			1	5	16

说明：技术结构中1为主任医师，2为副主任医师，3为主治医师，4为医师，5为医士。

与此同时，藏医药的科室研究，学术交流工作逐步深入开展。从1980年开始，整理出版了《藏医如意大全》《总则本注释·明灯》《南杰扎桑传》《藏药物剂型类鉴》《藏医千万舍利》等藏医药古籍。编写出版了《藏医集锦》《藏族气象历书》《历算文殊喜著》《藏药配方集锦》等藏医药专著。用藏医药治疗慢性肝炎、萎缩性胃炎、慢性胃炎的临床研究已有初步进展，其中治疗萎缩性胃炎的临床治疗效果达到国内先进水平。1985年“洁白丸”等五项藏医药科研成果分别获得甘南州科技进步奖一等奖、二等奖和三等奖。1992年藏药“七十味珍珠丸”获得甘南州科技进步奖一等奖，藏药“仁钦章觉”获二等奖，藏医《历算文殊喜著》获三等奖。

1985年8月1—5日，甘肃省民族医学会暨首届藏医药学术交流会在合作召开。这次会议成立了甘肃省民族医学会，选举产生了第一届委员会委员，同时进行了藏医药学术交流。同年9月，州卫生局局长傅九大一行5人代表甘肃省参加了在西藏拉萨召开的全国藏医院工作会议，并在会上介绍了题为《坚持藏医特色，办好藏医院》的交流材料。

1985年由州卫生局组织拍摄了《神州医药之瑰宝——藏医》记甘南草原藏医技术逢春的电视专题片。这是甘南州第一次把藏医搬上荧屏，为宣传藏医药、保存资料提供了良好的条件。

自1980年以来，西藏自治区的国家级专家、著名藏医学者强巴池来等藏医药同行数次来甘南州参观指导工作，四川名医旦考也多次来甘南讲学指导工作，青海、内蒙古也派代表团来甘南州进行参观交流。甘南州也派出人员参观学习，加强与兄弟地区间的合作交流。1991年9月，由州卫生局局长景丹珠为团长，率领四县卫生局局长及州级藏医药系统有关领导赴西藏进行藏医药的考察学习，历时一月整，收获甚多。

藏医药这一古老的民族传统医学，在甘南这块神奇的土地上，走过了艰难而曲折的道路，迎来了充满阳光的明天。在中国共产党的领导和优越的社会主义制度下，甘南藏医药事业方兴未艾，必将随着建设社会主义的前进步伐焕发出璀璨的光彩，为人民的健康做出更大的奉献。

本文选自《甘南文史资料选辑》，第十三辑，1999年10月。

甘南文化事业发展四十年

段亚平[①]

一、文化机构发展简况

中华人民共和国成立以来，在党的文艺方针指引下，甘南州的文化事业在机构设置、队伍建设和开展业务活动等方面走过了一段曲折的道路，并取得了很大的成绩。

（一）事业机构

1. 第一阶段（1952—1965 年）

这一时期，在党的民族政策和文艺方针的指导下，甘南州的文化事业开始发展起来，并逐步走向繁荣，初步改变了基本文化设施处于空白的状况。

1952 年 7 月，西北军政委员会甘南藏区访问团来甘南藏区访问，一分团到夏河、碌曲、玛曲地区，二分团到卓尼、临潭等地区。分团各带一个电影队。1953 年 10 月 1 日甘南藏族自治区（州）成立。年底，两个电影队改称牧区文化服务队被留在甘南工作。文化服务队业务项目有电影放映、图书阅览、图片展览、照相和

① 段亚平，甘南州文化局原副局长。

录音广播，并搞一些民间音乐舞蹈的搜集工作。陈统宇、孙长恒、行士林等6名同志是最早的成员。1957年，州上又成立了一个电影队，这三个电影队共有14名工作人员。

1953年8月1日，甘南军分区成立，由剿匪部队和地方机关调配人员成立了甘南文工队，人员约20人。1955年2月，军分区将代管的文工队移交地方，同年5月4日成立了甘南藏区文工队，人员30余人。久明、合茂、文茂吉、花茂吉、裴玉民、张纯智、高鹏月、王帮统等同志是州歌舞团的第一批文艺工作者，其中一部分同志现仍在州级文化单位工作。

1950年，舟曲县文化馆成立。1951年12月夏河县人民教育馆建立，后改为夏河县人民文化馆，现称夏河县文化馆。在1952年、1956年和1964年，卓尼县、临潭县、碌曲县文化馆相继成立。

1956年6月州图书馆开始筹建，1957年1月借书处和综合阅览室正式对外开放。

1959年2月成立了州秦剧团和豫剧团（该团于1962年5月撤销）。

1965年，全州有艺术团体2个、电影放映机构16个、县文化馆5个、州图书馆1个，共有职工193人。

2. 第二阶段（1966—1977年）

这个时期，全州的电影事业得到了较快的发展，在当时的102个人民公社中，85个有放映队，28个大队也成立了放映队。农村牧区的大队文化室普遍建立，并开展了各项文化活动，为活跃基层群众的文化生活起到了一定的作用。

1966年，玛曲县文化馆成立。碌曲、玛曲、夏河县文工队分别于1972年、1973年和1976年相继成立。

1977年，全州的艺术团（队）发展到5个，有演职员199人（其中藏族51人）；电影机构增至202个（其中发行管理机构8个、放映队194个），管理放映人员399人；有县文化馆6个，州展览馆1个（1976年成立，1979年更名为州中心文化馆，1982年改称州群艺馆），州图书馆1个，各馆共有职工50多人。

3. 第三阶段（1978—1989年）

在这一时期，全州的文化机构和业务活动都得到了很大发展，1983—1986年是最盛时期。从1987年开始，由于种种原因，在机构、队伍人员和活动上都有所下降。

1979年，夏河、临潭县图书馆成立。舟曲、迭部、卓尼县文工队和临潭县秦剧团皆于1979年成立。1981年5月州藏剧团成立。1982年3月迭部县文化馆成立。1984年卓尼县、玛曲县图书馆成立。

1984年，全州有艺术团体10个、创作组1个、电影机构151个、群艺（文化）馆8个、图书馆6个、乡镇文化站25个，共有职工1029人。

1989年，全州的艺术团（队）减至8个（卓尼县文工队、州秦剧团相继于1987年和1988年撤销），有群艺（文化）馆8个、图书馆6个（迭部县图书馆已着手准备与文化馆分设）、创研室1个（原创作组）、州博物馆1个（1986年5月成立）、乡镇文化中心（文化站）24个、电影机构163个（其中电影公司8个、电影院7个、放映队148个）。各群艺（文化）馆和乡镇文化站有录像放映点9个，共有职工868人。

（二）行政机构

1966年前，全州文化业务由州文卫处管理，“文化大革命”中，文化工作由州革委会政治部宣传组直接统管。1976年1月，文化工作转交州文教局，配备文化干事2人。1978年，州文教局设文化科。1980年9月，州文化局成立。1984年5月，文化局下设人秘（人事、秘书、财务），艺术（艺术、电影、创研），群文

(群众文化、文化市场)，文图(文物、图书、出版)4个科。

二、文化事业

(一)艺术事业

甘南州歌舞团从建团起，坚持“文艺为人民服务，为社会主义服务”的方向，贯彻“百花齐放、百家争鸣”的方针，努力学习毛泽东《在延安文艺座谈会上的讲话》，创作了很多具有民族风格和地方特色的文艺作品，演出了许多各民族的舞蹈、藏语话剧、歌剧、眉户剧、黄梅戏、曲艺等形式的文艺节目。特别在50年代和60年代初，他们配合党的各项中心工作，把下基层演出放在首位，在当时交通不便的情况下，经常自带行李，骑马步行，风餐露宿，无所畏惧。森林山寨留下了他们的足迹，草原帐圈萦绕着他们的歌声，江河雪原融溶了他们的汗水，部队工厂映显着他们的身影。他们为党的文艺事业呕心沥血，是一支具有社会主义觉悟的文艺队伍。

40年来，全州艺术团(队)深入乡村、牧区、工厂、部队营房演出，为活跃各族人民的文化生活做出了贡献。州歌舞团创作的《拉卜楞组舞》《白龙江畔柿子红》等节目，州秦剧团排演的现代小戏《改号记》等受到了观众的好评。部分艺术团(队)还先后参加了全国和全省的文艺会(调)演，为甘南州争得了荣誉。

1964年，州歌舞团创作演出的小歌剧《一串项链》在北京演出，受到周总理的称赞，并接见了部分演员。1980年，州歌舞团创作演出的舞蹈《牧狮》《深林情歌》赴北京参加全国少数民族文艺会演，受到了文化部和国家民委的奖励。藏族神话舞剧《顿月顿珠》在1985年甘肃省戏剧调演中荣获演出一等奖、创作二等奖，1987年年底赴北京演出时引起文艺界轰动，影响很大。1984

年，州藏剧团创作演出的改编历史剧《雍努达美》，在昆明获全国少数民族戏剧录像观摩优秀奖。1989 年 9 月，甘南州演出团（由州歌舞团、拉卜楞民族歌舞团、迭部民族歌舞团组成）参加全省少数民族专业文艺调演，荣获省民委、省文化厅颁发的八个优秀节目奖、三个先进集体奖。1982 年年底，碌曲县文工队光荣地出席了全国农村文化艺术工作先进集体、先进工作者表彰大会。

为活跃文艺舞台，繁荣文艺创作，州文化局于 1977 年举行了全州第一次专业文艺会演。有 4 个文艺团体的 146 名专业文艺人员参加了演出，共演出节目 47 个，并赴工矿、部队、村镇演出 19 场，创作节目中，女声独唱《敬爱的周总理，草原人民怀念您》、坐唱《草原新事多》、歌舞《幸福井》、乐曲《庆丰收》、舞蹈《补饲料》、诗朗诵《怀念周总理》、弹唱《重上长征路》等受到了观众的欢迎。1984 年举行了全州第二次专业文艺会演，全州有 10 个文艺团体的 390 名文艺人员参加了演出，共演出节目 87 个，演出 23 场，观众达 2.2 万余人次。这次会演评出创作奖 11 个剧（节）目，演出奖 17 个剧（节）目，个人奖 29 名，精神文明奖 3 个（集体 1 个、个人 2 个）。获创作奖的 11 个剧（节）目是：藏戏《雍努达美》、秦剧《改号记》、舞剧《顿月顿珠》、舞蹈《牧笛》《娘乃新曲》《山庄马铃》《欢乐的沙木》《祝愿》《看赛马》、管弦乐曲《藏族风情速写四首》、歌曲《时时浮现我心上》。通过专业文艺会演，加强了文艺队伍的思想建设，提高了文艺工作者的艺术素质。

1977—1988 年，全州文艺团体共创作上演音乐、舞蹈、曲艺、戏剧等节目近 1000 个，仅 1984—1988 年演出剧（节）目 2406 场，观众达 99.3 万多人次。全州的文艺工作者坚持“文艺为人民服务，为社会主义服务”的方向，深入乡村、牧区演出，为活跃各族人民的文化生活，洒下了辛勤的汗水，付出了艰苦的劳动。

(二)民间文艺演出

除专业文艺活动外，全州还开展了丰富多彩的民间文艺活动。1955 年，夏河红教寺藏戏队带着《智美更登》参加了西北 5 省的民间文艺会演，荣获奖旗一面。1958—1964 年，由于历史的原因，寺院藏戏队的演出曾两度中断。1978 年春，一批民间业余藏戏队伍蓬勃发展起来。到 1982 年，经常开展活动的民间业余藏戏队已达 20 多个，主要分布在夏河、碌曲、玛曲、卓尼 4 个县。其中有一批造诣较高的艺人，如万玛仁则、桑吉它、奥伯、尕藏智化、贡保才让、尕哇、索旦、旦正、久西草、旦知吉等，他们为藏戏发展做出了一定的贡献。

1957 年，夏河县九甲乡洒义昂村的才尕等 3 人组成的民歌演唱队，赴北京演出，被中央人民广播电台录音。1964 年，在全国少数民族业余文艺会演中，夏河县九甲乡的舞蹈《三个女民兵》和笛子独奏《将波》获得好评。为冲破“四人帮”文化专制造成的万马齐喑的局面，1979 年州文化局举行了全州“民间歌舞音乐会演”，有 90 多位民间艺人演出了 60 多个富有乡土气息的节目。这次会演是藏、汉、回、土民族民间文艺荟萃的盛会，推动了全州民间文艺活动的正常开展。

1982 年 8 月，全州首届藏戏调演在夏河县桑科草原举行，有 5 个队 187 人参加了演出。剧目有《赤松德赞》《卓娃桑姆》等。国家民委、省民委、省文化厅等部门发来贺电。青海观摩队专程前来进行了交流。

在省文化厅举办的“1986 年花儿歌手大奖赛”中，甘南州临潭县代表队的马合香、潘桂英、赵惠琴获个人三等奖；卓尼县代表队的权刀内嫚、王秋梅、周玉萍、李孙家代和临潭县代表队的李英才、李会英、冯召召获优秀歌手奖。1986 年为参加全国民间音乐舞蹈比赛，州群艺馆组织了甘南演出队，该队由州、县群艺（文化）馆的辅导员及乡邮员、医生、学生等16人组成，创作上演了一台散发着草原芬芳气息的节目，赴省演出后获得好评。在参加甘肃省演出队赴京演出时，才让当知的鹰笛独奏《牧歌》获创作、演奏二等奖，勒格加的民族演唱《阿香佬佬》获创作一等奖、演唱三等奖。多年来，还有数名藏族歌手赴北京等地演出，受到了欢迎，为甘南州争得了荣誉。

（三）群众文化事业

州、县群艺（文化）馆和乡镇文化中心（文化站），多年来积极组织民间文化活动，提供演唱宣传材料；举办美术、摄影、书法、剪纸等展览和音乐、舞蹈、美术、书法培训班；放映电视录像；借阅报刊书籍。近年来，举办了数次业余歌手和现代舞等有奖赛及舞会和联欢会，丰富了职工群众的业余文化生活。现在，各级文化馆（站）从“四化”要求着眼，正将单一的“小文化”向集文化、广播、体育、科技等内容为一体的“大文化”发展。工作职能的增加，使文化馆（站）在基层发挥了更大的作用。

1960年2月，举办了全州首届职工业余文艺会演。

1977年5月，州文教局、妇联、团州委、工会等单位联合举办了合作地区群众歌咏比赛，有十几个系统的几千人聚集在灯光体育场，分两个晚上演唱了革命歌曲，讴歌了党的英明伟大、人民的新生和祖国的逐步昌盛。

1982年5月，州文化局、州文联、州教育局举办了合作地区首届职工音乐会，演出3场晚会，有23个节目（含50多首声乐和器乐曲），共有9个单位的100多名演（奏）员参加了演出。

1985年正月初五至十五，州文化局在合作举办了内容丰富的春节活动。合作地区有1.3万多名群众聚集在中心广场，观看烟火晚会，施放的三大类烟花，共30多个品种，历时100分钟，规模之大，在甘南前所未有。同时还调请夏河和卓尼两县的民间歌舞队40余人，演出了不同风格的民间歌舞；调请了卓尼、临潭、夏河的4个社火队进行表演，人们观聆了旱船、狮子舞、龙灯、太平鼓、仙鹤、毛熊和民间小曲等，共演出16场，有3万多人次观看了他们的演出，赢得了社会各界的赞誉。

1989年10月，在国庆四十周年期间，州文化局举办了多样化的文化活动。州歌舞团、迭部民族歌舞团、拉卜楞民族歌舞团在合作演出了6场民族歌舞；那吾乡的两个民间藏剧队演出了传统藏戏《松赞干布》和《智美更登》；州电影公司露天放映了藏语影片《复仇的火焰》；群艺（文化）馆、总工会、邮电局联合举办了书法、美术、摄影、邮票展览，作品达665件（部）；州博物馆举办了文物展览。这几项活动观众达26800多人次，是近几年来举办的最为盛大的专业和业余群体性文化活动。

1984年，由省文化厅拨款试建了玛曲县文化服务车，车上配备了电影放映、照相、录像设备和部分体育器械、书报等。由于文化服务车人员精干，行动方便，活动项目多，所以深受牧民群众的欢迎。

1988年，全州图书（文化）馆共藏书192435册，发放借书证2500个，接待读者144000人次，图书流动量为260000册。

1989年，全州图书（文化）馆藏书186000册，发放借书证2100个，接待读者84000人次，图书流动量为187000册。藏书量、读者数、图书流动量皆低于1988年。目前，全州阅览室有座位469个，书库和阅览室面积达3620平方米。各图书馆为两个文明建设正发挥着巨大作用。

（四）电影事业

州、县电影公司在发行、放映、管理、宣传工作上取得了显著成绩。许多基层放映队，常年累月地活动在农村、牧区、工矿、林场等，勤勤恳恳地为工人、农牧区群众放映电影，有力地发挥了电影的宣传作用。1988 年各放映单位共放电影 19046 场（其中藏语影片 791 场），观众达 6135843 人次（藏语影片观众 118216 人次），放映收入和发行收入分别达 768633 元和 404370 元。

1989 年，各放映单位共放电影 16895 场（其中藏语影片 480 场），观众达 4732986 人次（其中藏语影片观众 96000 人次），放映收入和发行收入分别为 770814 元和 395611 元。除放映收入外，其他较 1988 年略有下降。

州电影公司把让藏族群众看懂电影放在工作的重要地位。1972 年年底，公司译配组在陈统宇的带领下自力更生搞译配，在先后搞了现场口译配音的基础上，于 1976 年 10 月，在临夏电影机械研究所的大力协助下，试制成功并开始使用 8.75 毫米双片道译配放映机，很快译配出 5 部电影片 18 个拷贝，把译配质量和速度大大提高了一步。利用平衡磁带进行民族语言录制工作，在全国还是首例。民族省、区来甘南的参观学习者达 200 多人次。1982 年，译配组开始在 16 毫米影片上搞涂磁录音，大大提高了译配质量和影片宣传效果。

为了推进民族语译制工作的开展，1975 年 6 月，全国电影宣传工作现场经验交流会在甘南州召开。1978 年 8 月，全国 8.75 毫米双片道译配放映机鉴定会议在合作召开，有 12 个省市的 50 多名代表参加了会议。1978 年 9 月，在全省电影“双先”会议上，州译配组被评为先进集体，陈统宇被评为先进个人并受到大会表彰。1987 年 8 月，第三届五省区藏语电影译制协作会议在甘南州召开，青海、西藏、四川、云南和甘肃的电影译制厂（科组）以及内蒙古电影制片厂和甘肃光学仪器工业公司的代表 38 人参加了会议，对如何进一步加强和协作藏语影片译制等问题，进行了研究和讨论。

截至1989年，州电影公司译配组共译制影片130部，转录拷贝214个。译配的故事片《喜盈门》，在1984年全国少数民族语影片译制工作表彰大会上荣获优秀译制片奖。

（五）文物事业

甘南州的文物事业从无到有，从小到大，发展较快。1986年5月成立了州博物馆，全州文物工作正常开展起来。1986年5月前，州群艺馆设文物组，进行全州的文物搜集、整理等工作。当时州、县只有5名文物人员，共有馆藏文物900余件（其中州659件，临潭、舟曲60余件）。1979年8月举办了“长征文物展”。1986年举办了“甘南文物内部展览”。为中央新闻电影制片厂“甘肃长征文物集”等十几个单位提供了大量的珍贵资料和照片。近年来，文物工作者撰写了十多篇甘南文物专题研究文章，收到了一定的社会效益。

1982年、1984年和1987年，举办了三次短期文物训练班，州、县参加的学员累计有50多人次。1980年至1988年，组织人力进行了三次文物普查，举办了系统性的文物普查训练班，进行了大规模的全州文物普查，1989年转入室内整理工作。普查分析主要遗址191处，拟设省级保护单位的有57处，其中有白龙江流域的迭部然闹古城遗址（唐）、舟曲峰迭古城遗址（宋）、大夏河流域的夏河斯柔城遗址（宋）等。拟设县级保护单位的有56处，其中有茨日那毛主席住房（现）、卓尼闹站墓葬（东汉），还有一般遗址73处。1982年2月，拉卜楞寺被公布为第二批全国重点文物保护单位（编号43、分类28号）。1981年9月被公布为甘肃省省级文物保护单位的除拉卜楞寺外，还有迭部县的“俄界会议”遗址、“腊子口战役”遗址，临潭县的“李将军石碑”（唐）和夏河县八角城故址（唐、宋）。目前，州博物馆有馆藏文物2000余件

(各县文化馆藏文物445件)，其中有马家窑时期的高工艺彩陶钵、双耳鱼嘴壶、汉代神兽尚方铜镜和具有较高价值的“振武亭侯”鎏金印，少数民族的“山”字纹羌剑等。

(六)职称评定

在1987年和1988年，分别进行了群文、图书、文物系列和艺术系列的职称评定工作，全州文化系统业务人员职称评定情况为：州级正高一名(一级创作)、副高5名(文博副研究馆员、电影放映管理经济师、二级声乐演员、二级演奏员)；州、县中级61名(图书馆员、群艺馆员、文物馆员、三级演(奏)员、舞台美术技师、电影管理经济师等，州级初级83名，其中助理(正四级)41名(助理馆员、正四级演奏员)，副四级42名。

三、文艺创作和文艺集成

粉碎“四人帮”后，全州的文艺创作逐步走向繁荣。1977年2月，召开了甘南州文艺创作座谈会，各文化单位的部分专业、业余作者和部分企业机关代表30人参加了会议，到会人员学习了《论十大关系》《在延安文艺座谈会上的讲话》等毛泽东关于文学艺术的有关论述，批判了“四人帮”散布的文艺谬论，制定了当年的创作计划。此后，各文艺团体创作排演和恢复上演了一批比较好的剧目。1978年12月，为繁荣文艺创作，向中华人民共和国成立三十周年献礼，又召开了一次文艺创作座谈会。全州的宣传、文化部门和文艺团体及省属单位的负责人和部分专业业余作者64人参加了会议。这次会议为繁荣发展全州文艺创作起了很大的促进作用。

近年来，甘南州在省级以上刊物发表和获奖的文艺作品(剧本、音乐、歌词、舞蹈）较多。剧本创作有：贡卜扎西的作品话剧《白雨》（与胡耀华合作），获甘肃省话剧创作一等奖，曾在兰州、北京等地演出。根据《白雨》改编的电视剧《苏鲁梅朵》，获得各界人士的好评。1985年10月荣获第一届全国少数民族题材剧本创作金奖，并被甘肃省电视台作为交流节目，已在6个国家播映。嘉洋罗哲改编的历史藏剧《雍努达美》，获全国少数民族戏剧录像观摩优秀奖，并邀全团在西藏“雪顿节”上汇报演出。奥金的作品话剧《金牦牛》，省话剧团排练演出后，评价较高。音乐歌词创作方面，在省级部门获奖或省级刊物发表及电台演播的较多，作者主要有丹真贡布、金玉亭、兹成木、莫亚东、段亚平、杨飞、存有、吴义、雷涌泉、汪树峰、宁文焕等。部分声乐作品1983年被州群艺馆编印成专集，收编了《百灵鸟唱了》《节日的聚会》《剪来白云地上飘》《科学礼赞》等优秀创作歌曲。舞蹈编导主要有久明、杨春新、裴玉明、侯小龙、王芝兰、丹正道吉、刘桂花、万玛扎西、田芸、王巧英、贡保草、高鹏、魏小萍等。

《十大文艺集成（志）》，是被全国艺术学科规划领导小组列为“六五”和“七五”期间的国家重点科研项目。全州十大集成，文化部门承担了7个项目，从1982年开始到目前为止，已完成了《民间歌曲集成》《民间舞蹈集成》《戏剧志》《戏剧音乐集成》的编纂工作，《器乐曲集成》《曲艺志》《曲艺音乐》的编纂工作止在进行。

《民间歌曲集成》从1982年开始，到1983年8月底完成了“州卷”的选编。1986年8月，各县又完成了“县卷”的选编。全州有45名专业和业余工作者、翻译人员参与了工作。共编辑民歌1054首，其中大部分是藏族民歌，录制磁带97盘，拍照229幅。主要工作人员有段亚平、仁青道吉、万玛道吉、雷涌泉、王达哇、晏珑、杨文才、杨嘉措、金玉亭、汪树峰、祁殿臣、宁文焕、柳正亚等。

《民间舞蹈集成》从1987年整理、编纂到1989年已成卷送省，共收集藏族民间舞蹈6个、节目42个、照片45幅、动作场记图657幅、舞曲62首，唱词52首。全卷约30万字，部分舞蹈有录像资料。主要工作人员有久明、杨春新、雷建政等。

《戏剧志》和《戏剧音乐集成》已于1989年上半年完成，10月参加了全省戏剧集成成果展览。本卷含总述、大事记和剧目及唱腔、表演、艺人介绍等10多万字的论述，及在民间征集的《松赞干布》《达巴旦保》等5个传统剧本，并附有表演和服饰照片30余幅，音乐（唱腔）30余首。对于外地流传于甘南州的秦腔也进行了十几万字的编纂。主要工作人员有索代、兹成木、洛桑、田茂祥等。

《器乐曲集成》《曲艺志》《曲艺音乐》集成工作正在进行，1991年可望成卷。主要工作人员有段亚平、仁青道吉、万玛道吉、金玉亭等。

四、民间文艺的挖掘研究

甘南州民族民间文学艺术源远流长，丰富多彩，近10年来，一批专业和业余文化工作者经过细致辛勤的劳动，对这些宝贵的文化遗产进行了挖掘、搜集、整理和研究，并取得了丰硕成果。现从已发表在省级以上刊物和参加省级活动范围，以介绍全州在文学、音乐、美术舞蹈、戏剧方面做出的成绩来看，是很显著的。

第一，挖掘研究民族民间文学艺术的专集、论文和学术活动

文学方面。

闻名遐迩的藏族英雄史诗《格萨尔王传》，在全州民间广泛流传。1981年，甘南州成立了业余研究小组，至1985年对口头流传已录音的有《诞生史》《降魔》等18部，并收集了《安定三界》等4部手抄本。1983年，州文联编印了《幸丹内讧》《诞生史》和余

希贤搜集的《姜国王子》。1986年，甘肃民族出版社出版了余希贤、王沂暖翻译的《门岭大战》。尕藏桑吉在甘肃人民出版社工作期间，审编了13部《格萨尔》故事，1986年他负责编辑的《格萨尔传·世界公桑》被省委、省政府评为全省优秀图书。

索代致力于“格萨尔”研究已十多年，在《民族文学研究》《格萨尔研究集刊》《西藏研究》等杂志上发表了《谈〈霍岭大战〉的人物创作》《谈〈格萨尔王传〉的社会内容》等20篇论文。他被特邀参加了1989年11月在成都召开的“首届《格萨尔》国际学术讨论会”。

除《格萨尔王传》外，全州在挖掘整理民间叙事诗、歌谣和谚语上也取得了成绩。1955年，丹真贡布根据民间说唱故事创作的长诗《拉伊勒和隆木措》，发表在《甘肃文艺》上，在文艺界引起很大反响，许多有关少数民族文学的讲话和文章多次提到了这首诗，是中华人民共和国成立以后藏族作者以民间素材创作长诗的第一例。1980年，州文化局编印了罗卜藏搜集整理的《藏族民歌》。1982年，甘肃民族出版社出版了《藏族情歌选》、《藏族民歌选》(才让扎西、尕藏才旦整理，尕藏桑吉责编)。州文联编印了由索南旺杰等搜集整理的《安多藏族谚语集》。1988年，青海民族出版社出版了州文化局编辑、尕藏桑吉修订的《藏族民间叙事诗集》(藏文)。尕藏才旦搜集整理的藏族民间叙事长诗《益希卓玛》(汉文)，也同时出版。1985年，中央民族学院编辑了《中国藏族文学史》，《卡吉嘉洛》(仁青道吉搜集整理)、《拉萨怨》《那尔杰才罗遗言》(尕藏才旦搜集整理)三篇叙事诗的部分章节被选入其中。除专集外，还有叙事诗《白云寄语》(仁青道吉搜集整理)等发表在《甘肃民间文学论丛》上。

全州的三套民间文学集成，也继七套民间文艺集成陆续编出。其中《民间歌谣集成》搜集到的“勒”和“拉依”500多首，译成汉文的已有300多首;《民间谚语集成》搜编了谚语1000多条;《民间故事集成》正在编纂中。

音乐方面：

全州民间音乐浩瀚如海洋，烂漫如鲜花。研究文章主要有：1982年的《祁连歌声》发表了《嘉木样四世与拉卜楞乐队》（段亚平撰文）。1986年，由中央民族学院少数民族文艺研究所编辑、新世界出版社出版的《中国少数民族乐器志》，编入了段亚平的论文《藏族乐器牛角琴》，该书1989年又增编了段亚平的《卓尼土族与五孔铜箫》。1989年万玛道吉撰写的《拉卜楞佛殿乐试析》送交《西藏研究》待发。

美术方面：

全州藏族民间美术分壁画、图案两大类。1983年10月，陈秉衡组织了桑木旦、严肃庄、刘鹤岑、刘魁、吉美、卡毛加、洛桑、陈天铎、王一清等美术工作者，经过大量的艰苦工作，绘制了《甘南藏族民间图案集》，内容有唐卡、壁画装饰性图案及寺院额坊、门楣彩画等200余幅。1984年赴北京在民族文化宫展出，受到有关部门和人士的高度评价。

1989年国庆期间在州博物馆展出的"甘南民族服饰图录"，引起了人们的极大兴趣和关注。调查制作者王一清、方毅克服了重重困难，足迹遍布全州7个县的100多个乡村，带回大量的照片和服饰草图，精心描摹后，制成70余幅"甘南民族服饰图录"。

舞蹈方面：

在民间舞蹈的整理研究方面，多年来各艺术团体，以民间素材创作了大量具有鲜明特色的优秀舞蹈。1987年9月，久明、杨春新参加了在四川省马尔康召开的"全国藏族舞蹈研讨会"。久明在会上对拉卜楞舞蹈做了介绍。杨春新宣读了论文《浅析舟曲藏族舞蹈——多地》。

戏剧方面：

近年来，全州加强了对甘南藏戏的研究。于1981年7月，州文化局派出了本系统内的7名同志赴西藏观摩藏戏。对于西藏藏戏和甘南藏戏各具特色的不同风格进行了交流。考察回来又赴拉卜楞与琅仓座谈。经过论证，1983年段亚平在《甘肃戏苑》上发表了论文《甘南藏戏》。这篇论文于1987年被收录于中国戏剧出版社出版的《中国戏曲剧种手册》中。1989年，《西藏研究》发表了达尔吉撰写的《安多藏戏简介》。

第二，挖掘研究民间文学艺术受到的表彰。

1985年5月，国家民委、国家文化部、中国社会科学院和中国民研会，为表彰在《格萨尔王传》的挖掘工作中做出的成绩，在全国“格萨尔”工作总结、表彰落实任务大会上，给尕藏桑吉、余希贤颁发了先进个人证书；给索代、尕藏才旦、尕藏智化、丁克家、旦正才让颁发了荣誉证书；州委宣传部获领导组织奖。

1988年国家文化部、国家民委、全国艺术科学规划领导小组，为表彰“多年来在参加艺术科学国家重点研究项目文艺集成志书的编纂工作和资料整理工作上做出的贡献”，给段亚平、仁青道吉、万玛道吉、兹成木、雷涌泉、祁殿成颁发了荣誉证书。

五、民间节日及文化活动

甘南州的民间文化活动，大多是在传统节日期间进行的。这些活动反映了当地群众的生活风俗和文化面貌，吸引了本地和外地的艺术工作者，给艺术工作者提供了取之不尽、用之不竭的创作素材。这些传统的民间节日和文化活动主要有：春节期间夏河的“毛兰姆”节，汉族称“酥油灯会”，活动内容丰富多彩，“酒曲”不断，“格尔”翩翩，处处有民间藏戏队在演出。舟曲、迭部、卓尼的藏族也跳起了富有地方特色的民间歌舞。

农历五月初五舟曲博峪的“采花节”期间，藏族群众穿着盛装，早晨到山顶采花坪采花，下午返回时头插鲜花，手打花伞，边走边唱，人影时隐时现，歌声在山林间回荡。晚上围着篝火，喝着青稞酒，唱着祝福歌，欢乐起舞。

舟曲巴藏的“朝水节”也在五月端阳，舟曲、迭部数乡群众来到峭壁涌泉下朝水祈福，擦身洗足，喜舞欢歌，盛况感人。

农历五月初五和五月二十八日，临潭冶力关冶海附近的各族群众聚会在这里赶庙会，跑马跳舞，漫唱“花儿”。

农历六月初六的“莲花山花儿会”，更是场面壮观。“花儿”震天，余音数日不绝。

农历六月的“香浪节”，汉族称“浪山”，草原风和日丽，牲畜膘肥体壮。藏族群众在山顶、河边搭起帐篷，聚集在一起餐宿野外，酒酣耳热，唱歌跳舞，尽情玩乐，前后历时可达月余。

迭部旺藏农历十一月的丰收节，数名男人脸抹黑灰，赤臂狂舞，围观者欢歌喊叫，原始风情，跃然眼前。

本文选自中共甘南州委党史资料征集办公室:《甘南党史资料》，第三辑，1991年4月。

卓尼禅定寺寺藏文物考略

觉乃·洛桑丹珠

在漫长的历史长河中，藏传佛教的发展形成以寺院为主体的地区政治、文化中心。由此体现民族悠久文化的文物，历来被各个寺院所重视，特别是对宗教文物的搜集和珍藏，更成为各个寺院的传统习俗。已有700余年历史的卓尼禅定寺，曾积累和收藏了大量的历史文物，虽经数次兴衰，多有散失，但现存文物仍较丰富，其中不乏珍稀藏品，对研究藏传佛教文化及藏族历史都极具重要的价值。

笔者对其中一些文物，通过查阅大量的佛教史料，以期从名称内涵、产生渊源、历史价值等方面做出较为详尽的考证，以供藏学研究者参考。但限于个人水平，加之史料多源于佛教文献，论述中难免带有佛教色彩，不妥之处，祈请诸同仁斧正。

第一部分

一、纳若巴骨饰（骨制品）

纳若巴，又称班钦纳若巴（1016—1100），藏传佛教噶举[①]派的创始人，11世纪出生于印度，系印度帝洛巴的弟子。西藏玛尔

① 噶举是藏传佛教一支派，纳若巴是这一支派的印度祖师。

巴大译师几经赴印拜其为师，领授《胜乐》及《纳若六法》等教典。

据《安多政教史》记载：按金巴达吉传中说赐有班禅洛桑曲结的纳洛形骨饰，可能即指这个骨饰。但圣·阿莽道扎则说："似乎是其母亲的骨饰。"笔者认为，这种推测和判断似有不妥。因为印度早期佛教密宗的骨饰花纹与后来的藏传佛教密宗骨饰花纹有着明显的区别，仔细鉴别禅定寺现存骨饰，其花纹与印度早期骨饰花纹相同。班禅纳若巴生于印度，他的活动在11世纪中叶，而班禅洛桑曲结出生于15世纪70年代，与前者相距近4个世纪。经过几百年的传承，藏传佛教之密宗已经形成了自己的特点和传承方法。骨饰的制作和花纹与之前已大不相同，稍作考证，即可辨认。1981年，十世班禅额尔德尼·却吉坚赞来卓尼视察工作时[①]，亲眼目睹了禅定寺这套骨饰，也肯定地说只能是产生于印度早期的纳若巴大师的骨饰，并赞扬这个寺院的僧人说："纳若巴的骨饰至今全世界只有两件：一件在尼泊尔王国，另一件就在这里，你们把它保存下来真有功劳。"因而基本可以断定：卓尼禅定寺珍藏的骨饰就是纳若巴的骨饰。至于如何传承到了卓尼，由于资料缺乏，有待进一步考证。

值得一书的是，在摧毁寺院的"文化大革命"中，该珍宝分为三包，分别由格隆·吉美西绕、地热拉·丹巴坚参、洛族·绒弟三比丘秘密保存，1981年寺院恢复后奉还给寺院珍藏，方免于散失。

二、八思巴所赠释迦牟尼立像

八思巴[②]是西藏萨迦世系家族人，出生于1235年，曾任萨迦派第五任教主，大宝法王尹元朝第一任帝师。

---

① 全国人大常务委员会副委员长十世班禅额尔德尼·却吉坚赞于1982年10月来卓尼视察工作。

② 八思巴，本名罗哲坚赞。

八思巴9岁时随其伯父萨迦班智达驻西凉（今甘肃武威）。1253年忽必烈率军抵达六盘山、临洮，即将进入藏区前，遣使召请八思巴到军营，以备咨询。八思巴长途跋涉，途经卓尼，见其地风景优美，决定建萨迦派寺院，将原有的宁玛派寺院改宗为萨迦派，建成卓尼萨迦大寺，并赠佛像、经、塔三宝。经、塔已不存在。佛，即释迦牟尼立像，现今珍藏，视为珍宝。其佛乃蛇心檀木制成，相传吐蕃松赞干布时，以此木制释迦牟尼佛像108尊，此佛像乃其中之一。“文化大革命”中被比丘僧格隆·吉美西绕保存，于1981年寺院恢复后奉还，至今已有1380多年的历史。

三、龙树塑造的释迦牟尼十二虹化妙像

龙树，尊称龙树论师、龙树菩萨。佛灭后四百年生，生于南印度一婆罗门家，系大乘佛教开派祖师、瞻洲六严之一。幼通密宗四续、显宗三藏等经典及道术之学，在那烂陀寺依喜乐和大师出家，法名具德比丘，著《中观理聚六论》《本续集论》《寿世经颂》《草药龙须根炮制法》《珍宝药物次第》《冰银炼冶法宝鬘论》《疗毒四瘟疗法》等医学方面的著述甚多。释迦牟尼十二虹化像相传是龙树亲手塑成，相传用龙宫中的泥塑造而成，乃宗教文化之稀世珍宝，由第四十五任甘丹赛赤、七世达赖上师觉乃·嘉样楚臣达吉赠给禅定寺珍藏。“文化大革命”中被曾是这个寺院僧人的仓科·班玛保存，1981年寺院恢复后奉还给了寺院，收入文物室珍藏，迄今有2000多年的历史。

四、龙树菩萨在树叶上绘制的释迦牟尼像

龙树精于佛学理论，专于医药，且擅长绘画，卓尼珍藏的相传是龙树画的释迦牟尼像，是用金汁画在了菩提树叶上，色彩艳

丽，工艺精美，保存完好，至今叶纹清晰，画面光彩绚丽，被视为无价之宝，它是由担任过甘丹赛赤、七世达赖经师的觉乃·嘉样楚臣达吉赠给他的母寺——禅定寺的。“文化大革命”中寺院被毁，此物亦被僧人仓科·班玛保存，1981年寺院恢复后奉还给了寺院，收入文物室珍藏，已有2400多年的历史。

五、一世达赖根敦朱巴的袈裟

根敦朱巴系后藏萨迦人，出生于1391年，15岁在那当寺出家为僧，拜团柱凯珠为师，受了沙弥戒。20岁受比丘戒，之后云游前藏各地，在昌珠寺拜贡桑巴为师，学习《因明》与《中论》。与此同时，宗喀巴在扎喜多喀讲经传法，根敦朱巴拜宗喀巴为师学习格鲁派显密著论，宗喀巴圆寂后又从甲曹杰学习格鲁派显密，甲曹杰圆寂后从克珠杰学习《多要法》。之后返后藏讲经传法，门徒渐众。于1447年在桑珠则兴建扎什伦布寺，寺成自任大法台，于1474年在扎什伦布寺圆寂。后被追认为达赖喇嘛一世，自此形成达赖喇嘛转世系统。

袈裟为比丘作礼拜、乞食、讲闻传法时专用的一种服装，亦叫重复衣、祖衣。相传卓尼大寺第一任堪布任钦伦布是根敦珠巴亲传弟子，在扎什伦布寺学成五部大论，并聘请藏巴嘎钦·洛哲坚参、藏仲·洛哲饶赛师徒返回卓尼，弘扬格鲁派。为了使刚刚开创的格鲁派教派在安多地区弘扬和发展，根敦朱巴把自己的重复衣袈裟赠给他的亲传弟子任钦伦布。任钦伦布带着袈裟回到卓尼后雷厉风行，改革宗教，将已有200多年历史的萨迦大寺强行改宗格鲁派，并改革仪轨及管理制度，建立了格鲁派寺院体制，成为安多藏区最早的藏传佛教格鲁巴大寺院。虽然几遭兵燹，但是根敦朱巴的这套袈裟仍然珍藏在这座古老的寺院，至今也有600多年历史。

六、宗喀巴佛牙舍利像“杰林普玛”

宗喀巴，法名洛桑扎巴，青海湟中县宗喀地方人，出生于1357年，7岁出家在夏琼寺为僧。1372年赴藏求学，成为博学多闻的藏传佛教大师。后广收弟子，教授显密著论，修正显密经典，著有《菩提道次第广论》《密宗道次第广论》等著名佛教文献。1415年创建甘丹寺，开创新的教派——格鲁派。1409年在拉萨大昭寺开设传昭大法会，1416年指示其弟子降央曲杰创建哲蚌寺，1419年又示另一弟子释迦也失创建色拉寺，1447年其最小的弟子根敦朱巴在后藏桑珠则创建扎什伦布寺。宗喀巴完成了他的创建格鲁派的宏业后，于1419年藏历十月二十五日在甘丹寺圆寂，享年63岁。相传，格鲁派在西藏迅速兴起，许多施主恳求宗喀巴塑造自己的身像以供养，于是宗喀巴亲手塑造了他的自身像8尊，每尊内装佛本舍利牙1颗，启示开光。后来藏巴汗毁灭格鲁派扶持苯教，使格鲁派一时出现极度困难，1641年固始汗进军西藏，擒杀藏巴汗，建蒙古政权，扶持格鲁派，布告所有民众信奉格鲁派，要求户户必供宗喀巴像，违者严惩，以致处死。然而民众一时塑造不及，人心惶恐，为了解救民众之苦，佛门相传，此“林普玛”像，飞到每户以应检查，故称“林普玛”，佛教尊为世上珍宝。

卓尼所藏人嘉样楚臣达吉在西藏担任甘丹赛赤，同时担任六世达赖仓央嘉措经师。其间，仓央嘉措将此布达拉宫的宗喀巴林普玛像赐给了他的经师嘉样楚臣达吉，大师又转赐给了卓尼大寺。“文化大革命”中被比丘僧地热拉·丹巴坚赞保存，1981年寺院重新恢复后归还寺院珍藏，迄今有600多年的历史。

七、降央曲杰的佛帽

降央曲杰，法名哲喜贝丹，西藏山南桑曲人，出生于1391年，在再塘寺出家，前后拜公巧僧格、堪钦嘎西哇及宗喀巴为师，学习五部著论，尤其他在宗喀巴座前聆听许多传承教敕。奉宗喀巴大师命建成哲蚌寺，1449年4月18日在哲蚌寺圆寂。他的法帽被卓尼坡萨哇·谢念扎巴的大法台所得，赠给故寺，以宗教文物收藏，迄今已有600多年的历史。

八、密集型布禄金刚

布禄金刚，藏语瞻巴拉，译持贵，梵音译作阎婆罗，是一财神名。为何称“密集型布禄金刚”呢？据了解，是因为卓尼密宗学院每年农历七月举行与众不同的密集仪轨，举行密集仪轨时叫作密集奔巴，在布禄金刚头浇水，据说在炎热的夏天做此仪式时有时积冰五寸，酷似佛塔，蔚为奇观。还未曾有人用现代科学做出解释。1958年反封建斗争中以废铜铁被收缴，被当时在卓尼民贸公司工作的纳浪·道杰慈力从废品收购站的废铜器堆里捡来珍藏，1962年交给纳浪格西拉仁巴·阿王丹巴，1962年寺院开放后送还寺院。“文化大革命”期间寺院被毁，布禄金刚被原系这个寺院僧人的洛族·绒地保存，1981年寺院恢复，送归寺院，现存密宗续部学院。

九、五世达赖泥塑阎魔护法

五世达赖，法名阿旺洛桑嘉措，明万历四十五年（1617年）出生于西藏山南琼结巴家族。明天启二年（1622年），由班禅罗桑却吉坚赞主持，在哲蚌寺坐床，前后就任哲蚌、色拉寺赤巴。

其间，支持蒙古厄鲁特部首领固始汗率兵入藏，擒杀格鲁派劲敌藏巴汗，建立了蒙古地方政权，支持格鲁派，使其在整个教派及政治、经济、宗教方面取得了绝对优势地位，使格鲁派得以迅速发展。

明崇祯十五年（1642 年），五世达赖、四世班禅及固始汗共派使者赴沈阳觐见清顺治皇帝，与清廷建立福田与施主关系。返藏后共创建寺院 13 座。1653 年固始汗病故，格鲁派集团与固始汗子孙发生了冲突，黄教集团获胜，建立了政教合一的西藏地方政权“甘丹颇章”。1679 年五世达赖任命桑杰嘉措为第巴[①]，总理西藏军政地方事务。达赖喇嘛则专心著书、绘画，塑造佛像，撰写如《西藏王臣记》《菩提道次第论讲义》《引道头悲次第论》等著作 30 余卷，绘画有释迦十二宏仪图等，塑像有宗喀巴、阎魔护法、佛本生像等，造像工艺精美，手法独特，现今卓尼禅定寺收藏的宗喀巴阎魔护法像就是五世达赖亲手所塑，被视为珍宝，妥善保存，至今有 300 多年的历史。

十、孜摩·仁钦贝仲刺绣的十二尊者像

孜摩·仁钦贝仲是卓尼 12 代土司降央奴卜的夫人，通晓藏文，虔信佛教，念佛施善体恤百姓，藏历木蛇年（1725 年）客博、诺吾扎萨克等地发生内乱，姜央奴卜奉雍正皇帝诏示率兵剿抚，仁钦贝仲随军平息内乱后，为使忏悔，拜禅定寺桑吉贝藏为上师，聆听各种教敕，给寺院及僧众以布施供养，用金汁书写了《八千颂》、银汁书写了《大般若经》等，并建造佛殿、佛塔，迎请佛经，大做善事。奉上师旨意，启示子孙丹松次勒刊刻卓尼版《丹珠尔》大藏经，迎请郎木赛赤·坚赞僧格来卓尼传法讲授《金刚鬘

① 第巴，也称第司，五世达赖设置的西藏地方政府。这里指的是第司·桑杰嘉措。

经》等。

仁钦贝仲夫人精于刺绣，有“度母化身”之称，据说她绣的佛像无须开光而佛体自附，曾绣宗喀巴师徒、十二尊者、十六使者、白度母、绿度母、文殊妙音等佛像唐卡，可惜大多遗失。禅定寺现今只收藏着十二尊者像。据悉，西藏色拉寺、碌曲郎木寺、迭部赛当寺还有其作品保存，凡是目睹者无不赞叹。

十一、大慈法王舍利能仁像

大慈法王，藏语称“绛钦却杰”，本名史载释迦也失，生于元至正十二年（1352 年），西藏蔡公塘人，是宗喀巴亲传八大弟子之一。

明永乐七年（1409 年）奉诏代宗喀巴赴京朝贡，授封“西天佛子大国师”，赐玉印。

明永乐十七年（1419 年）奉宗喀巴旨意建成色拉寺，僧侣 5500 人。1434 年奉明宣宗召见，授封“大慈法王”，赐给金印封册、金汁写的《甘珠尔》《丹珠尔》大藏经，梅檀木雕十六尊者像等迄今保存。并奉旨赴蒙古、五台山等地传播格鲁派，在蒙古、五台山等地建立五座寺院，格鲁派开始传入蒙古和内地。

明正统十四年（1449 年）从内地返藏途中圆寂。相传他生前用药泥[①]塑造了 84 尊能仁[②]像，然后用他的念珠压在佛像背上呈现凹形压印 108 个，后来他的骨灰葬入佛心，成为大慈法王舍利能仁像，其中之一，现今收藏在卓尼禅定寺文物室，已有 600 多年的历史。

---

① 药泥，即用各种藏药制成泥浆塑造佛像，藏语称为“曼古”。

② 能仁是释迦牟尼别号。

十二、宗喀巴大师手迹《金鬘论》

《金鬘论》，全名《般若波罗蜜多教授论现观庄严本注解金鬘疏》，是宗喀巴的名著。据《安多政教史》汉译本记述，卓尼禅定寺珍藏有宗喀巴大师书写的《金鬘论》。

这部宗喀巴的原著至今保存在卓尼禅定寺。

十三、梅檀木雕多闻子像

宗教文献载，梅檀木，亦称蛇心檀木，乃三千世界无价之宝木，产于印度，万年成木，是世上罕物。多闻子，梵音译作毗沙门法王，佛经所说北方一神名，清净、纯洁、纯实、真诚、笃实。这尊像塑造于何人之手，有待考证。相传是班禅宫中之宝，历世班禅随身护法。清乾隆四十四年（1779 年）六世班禅巴丹益西赴京途中在青海塔尔寺讲经传法，卓尼孜摩·仁钦贝仲赴塔尔寺朝拜时，得到了班禅行辕及塔尔寺僧众的隆重欢迎和接待。仁钦贝仲朝拜班禅时，发启法缘，接受灌顶，结成法缘，仁钦贝仲作为施主敬献了自己绣的历世班禅本生刺绣唐卡，班禅大师回赠了随身携带的梅檀木多闻子像。

乾隆四十五年（1780 年）班禅在西黄寺圆寂，消息传到卓尼后，仁钦贝仲在禅定寺熬茶供饭，发放布施，祈祷三宝超度转生。刺绣唐卡现存扎什伦布寺大经堂。多闻子被禅定寺僧众视为珍宝，至今保存。

十四、圣·扎巴谢珠舍利宝塔

圣·扎巴谢珠，卓尼恰盖乡闹素人，清代名僧。出生于 1675

年，9 岁在卓尼禅定寺赤钦 · 根敦扎巴座前剃度出家。21 岁赴藏在色拉寺麦扎仓攻习五部大论，康熙四十四年（1779 年）在正月传昭大法会上经立宗答辩，获得拉让巴格西学位。康熙四十五年（1780 年）赴扎什伦布寺及哲蚌寺、甘丹寺立宗答辩，以立宗精辟，答辩无碍，精通五明著称。

康熙四十六年（1781 年）被卓尼僧俗敦请返回卓尼，奉康熙旨意，与大国师阿旺赤烈嘉措于 1714 年建成卓尼参尼扎仓“谢珠特松诺布林”，并担任扎仓堪布，清雍正七年（1729 年）又与大国师建成卓尼居巴——贝丹德吉扎仓，兼任了该扎仓堪布。与此同时，先后两次担任禅定寺第三十四任、第四十一任大法台。其间，给大寺僧众及信教群众许多指引，灌顶和教授教敕。一生著书甚多，现存 14 部。74 岁圆寂，尸体火化，骨灰制塔供养，清末民初，寺院几遭兵燹，幸免于难。“十年浩劫”灵塔被毁，骨灰舍利被古雅 · 土丹格勒坚赞完整保存。寺院恢复后由钦则 · 阿旺索巴嘉措出资制塔重新安葬，供于大寺参尼扎仓经堂。

第二部分

一、赤钦 · 罗桑达吉显字颅骨

罗桑达吉是卓尼阿子塘人，出生于 1656 年，担任过第四十九任西藏甘丹赛赤，称之为“赤钦 · 阿子塘哇”。1739 年功德圆满在色拉寺圆寂，火化时颅骨上显现藏文“阿”字，因而赠给母寺——卓尼禅定寺，视为珍贵的宗教文物收藏，“文化大革命”中由地热拉岗 · 丹巴坚参的比丘僧保存，1981 年寺院恢复后奉还，安置在铜质塔中珍藏至今，已有 300 多年。

二、印度寒林黑石自生六臂护法像

印度寒林[①]地黑色石自然型六臂护法像是卓尼杨土司家供养之家神像，亦是卓尼禅定寺之护法神。卓尼杨土司始祖葛氏益西达吉系吐蕃藏王热巴巾（在位时间815—839年）之大臣，奉命远征安多时携带之随身护法。到卓尼已1300多年的历史。“文化大革命”中被比丘僧格隆·吉美西绕保存，于1981年奉还寺院收藏。

三、印度寒林黑石自生六臂护法像（第二尊）

此护法黑石自生像据说来源于印度寒林，系觉乃嘉样楚臣达吉之护法神，他于晚年赠给卓尼禅定寺供养，后被寺院文物室收藏，相传1922年寺院火焚时，该像腾空而飞立于墙头，避免了烈火焚烧，自身安然无恙。“文化大革命”中亦被比丘僧格隆·吉美西绕保存，三中全会后寺院恢复，该僧同时奉还寺院珍藏。

四、金巴达吉的腕骨

金巴达吉是卓尼所藏人，因在西藏甘丹寺任过东扎仓[②]曲杰[③]，故称“肖桑曲杰”。1575年出生于现今称上所藏的村子。13岁在森康贡活佛座前剃度出家，在卓尼大寺攻读显宗三藏，奉上师曲杰仁钦乔结、曲杰贡拜之命赴卫藏学习。在西藏恭拜班禅罗桑曲杰、四世达赖云丹嘉措、曲杰桑吉仁钦、曲杰根登坚赞、济仲·根登扎西、色麦·桑吉仁钦、赤钦波沙哇·谢涅扎巴、曲杰

① 寒林，亦称尸林，印度除了四大寒林还有叫作尸多婆那的寒林，藏语称“诸却赛白才”。
② 东扎仓，甘丹寺有东、西两个扎仓，是专修显宗的格鲁派高级学府。
③ 曲杰，汉译称“法王”，除了历代朝廷封赐，担任过东、西扎仓法台的都叫“曲结”。

贡乔却丕等为上师，闻听显密教义，潜心钻研，功德圆满，取得色麦扎仓嘎居学位。正当上密宗院修习密宗教仪时，被达赖喇嘛选为全权代表，同强巴活佛、东科活佛赴蒙古弘扬佛法，事业至盛。于1641年圆寂于色拉寺。相传尸骨上显现右旋螺形，腕骨上显现“阿”字，由当时在藏朝圣的卓尼土司夫人献江恭请，修造银塔，运回卓尼大寺供养，“文化大革命”中被原是这个寺院僧人的加塘·贡巧丹增保存，1981年寺院恢复，交还给寺院收藏，已有300多年的历史。

五、香曲外赛的显字头骨

香曲外赛，亦称香曲奔巴[①]。安多玛康岗地方人，在青海奔巴静修院剃度出家。赴西藏拜宗喀巴师徒三尊为师。学习格鲁派显密诸论，又拜色拉寺大堪布格日坚参桑波为师学习显密，深得成就，奉命于1421年创建色拉麦扎仓，并担任首任堪布，制定了僧徒学习教案、学制、学业、学级、学位、法会仪轨等制度，并修建经堂经院，佛堂佛殿，塑造佛像，功德圆满，圆寂后灵塔供扎仓经堂，在藏巴汗事件中被毁。有藏文“嗡啊吽”三字的珍贵舍利转移到卓尼，宗教界人士视为稀世珍宝，至今珍藏在禅定大寺，已有500多年的历史。

六、觉乃·嘉木样楚臣达吉的显字颅骨

嘉木样楚臣达吉，卓尼所藏人。出生于1632年，自幼出家于卓尼禅定寺，20岁赴藏求学，获得拉让巴格西学位。1662年担任色拉寺色麦扎仓堪布14年，建佛殿塑佛像，业绩卓著，继而任吾卡宗西寺堪布，护持过松林赖热、蔡公塘、桑昂卡尔等诸多寺院，

① 色拉寺麦扎仓的创始人。

修建了多处殿宇和佛像。1685 年和 1695 年两次出任甘丹赤巴，同时兼任六世达赖经师，功德圆满。相传圆寂后在颅骨上显现藏文“阿”字，由其叔伯曲杰金巴达吉带回卓尼，献给母寺收藏，“文化大革命”中由洛族·绒地保存，于 1981 年寺院恢复后归还寺院文物室收藏，迄今已有 300 多年的历史。

七、静命大师的显字肋骨

静命大师本名寂护[①]，直译为“香曲仙贝仁钦贝”亦称“希瓦措”，意译为“静命”，故亦称“静命大师”(约 700—760 年)，为印度僧人。他是大乘佛教中观学派的创始人，曾任古印度著名的那烂陀寺的首座。742—797 年，接受藏王赤松德赞迎请，两次入藏传播佛教，与莲花生共建桑耶寺，任该寺第一任堪布，并剃度西藏第一批贵族青年出家为僧。藏文史料对第一批出家之 7 名贵族青年称谓“七觉士”，后来对传播佛教，弘扬佛法起了重要作用。

静命大师著有《真性要集》《中观庄严论》等传世。圆寂于西藏，据说是他的显现有密语“嗡啊吽”三字的肋骨被佛教徒视为至稀珍宝，珍藏在卓尼禅定寺，迄今有 1200 多年的历史。

八、南·贾色仁波钦的桡骨

俗称南·贾色仁波钦，本名贾色·妥美桑布。藏历五饶迥木羊年，即 1295 年出生于后藏萨迦寺南扎喜地方，故称“南”贾色仁波钦。父名恭却贝，母名绷仲，3 岁丧母，5 岁丧父。14 岁在松林寺堪布贝伯尔和堪布·仁钦贝座前剃度出家，受沙弥戒，取名

① 静命、本或寂护，藏语称“香曲仙巴任钦贝”，也称“巴吾·任钦贝”“希瓦措”者。见《桑耶寺志》，藏文版《次耶传承记》。

为桑坡贝，15 岁至博冬埃旺寺迦寺，拜喇嘛贡嘉巴为上师学习四藏诸论，至萨迦寺，拜喇嘛熏杰巴为师学习《阿毗达磨集论》《中观论》《现观庄严论》《庄严经论》《逢中逢论》诸论。23 岁起在后藏诸寺巡回辩经，辩才无比，获众赞誉。30 岁时，在森任钦贡座前受比丘戒。39 岁，接受绛央敦约贤先等坚请，任博冬魂达热寺主持。从 43 岁起，在维曲却宗寺闭关静修 20 余年。于藏历六饶迥土鸡年，即 1369 年 10 月 20 日圆寂，享年 75 岁。有著名弟子堪钦·绎曲结莫，曲杰尼玛熏努等哲贤。有《贾色·妥藏大师文集》《贾色大师传记广本》《发心法行轨及修涌法·供朵玛法》等文集印本一函，抄本若干函。

他的桡骨被卓尼人、第二十九任甘丹赤巴谢念扎巴所得，赠给卓尼大寺收藏，桡骨上增生一小骨瘤，似一站佛，高寸余，藏传佛教界视为“自现观音，无价佛宝”，取名“卡萨贝呢”。“文化大革命”期间被叫苍科·班玛的僧人保存，三中全会后交给了寺院，现今珍藏。

九、一切知却吉鄂赛尔的显字颅骨

却吉鄂赛尔出生于藏历木狗年（嘉定七年，1214 年），逝于藏历水龙年（至元二十九年，1292 年），享年 78 岁。原籍有待考证。据图观·洛桑却吉尼玛著《宗教流源史》中载，系藏传佛教觉囊流派大法师，是觉萨尔·谢绕鄂赛的弟子，“却吉鄂赛的亲传弟子更拜巴·士杰尊珠建觉囊寺”，这个流派的第一座寺院住持，相继由堆波瓦·喜绕坚赞及多罗他那等担任。洛桑次仁等著《教派流源》中载：“一切知却吉鄂赛尔奠基了觉襄流派，成为这个流派的创始人。”那么，而这位法师传说中的显字颅到卓尼，大概与萨迦流派有关。

卓尼禅定寺除珍藏有上述宗教文物外，还收藏有能言绿度母像，能言文殊菩萨像，七世达赖格桑嘉措用过的玉碗，至尊扎巴谢珠的袈裟、座垫、法帽、僧靴，第四十五任甘丹赛赤觉乃·嘉样楚臣达吉的僧靴，六世班禅巴丹益喜的修行帽，四世策墨林阿旺土登珠格勒嘉措的法帽，二世策墨林诺门汗阿旺绛贝楚臣嘉措的佛帽、佛靴，第四十九任甘丹赛赤觉乃·洛桑达吉的佛帽，西藏摄政王、一世策墨林阿旺楚臣的佛衣、佛帽，三世策墨林摄政王阿旺洛桑丹白坚赞的僧衣坎肩，大明宣德钹，康熙赐给大国师阿旺赤烈嘉措的蓝琉璃盘，西藏摄政王二世策墨林阿旺赤绛贝楚臣嘉措的启蒙经书《般若蜜多经》；禅定寺第三十七任大法台阿阇黎桑吉班藏的斗篷、法衣；禅定寺第六任大法台热润·却吉扎巴公巧珠白德之眼、舌、心，拉吾阿阇黎之眼、舌、心等诸多珍贵宗教文物。

这些文物，对我们研究民族宗教、政治历史，以及对这些地区的生活习俗、历史人物、宗教文化等有着很重要的史料价值，值得藏学工作者和史学家们挖掘和研究。

本文选自政协卓尼县委员会文史资料委员会编:《卓尼文史资料》，第四辑，1993年10月。

岷山洮水

陡剑岷

在甘肃南部，有一条黄河的支流，名叫洮河。它发源于青海省境内，流经甘肃省的碌曲、卓尼、临潭、岷县、渭源、临洮、东乡、永靖诸县，最后在刘家峡水库注入黄河。洮河有众多的支流，其中水量较大的支流，从上游依次数下来有则岔河、立珠河、车巴河、卓尼河、博峪河、多巴河、纳浪河、叠藏河、羊沙河、冶木河、康乐河、广通河等，其中叠藏河以上的 8 条大河都发源于岷山北麓，由于岷山雪水的滋补，所以水量都很充沛。而羊沙河以下的 4 条大河，则发源于西倾山麓，水量较小。洮河小的支流，则不可胜计。整个洮河流域，崇山峻岭连绵不绝，森林密布。它的南面是岷山山脉，东面是鸟鼠山脉，北面是西倾山脉。这些山脉，海拔都在 4000 米以上，其中西倾山的主峰太子山海拔 4300 多米。鸟鼠山的主峰露骨山，海拔 4100 多米。而岷山山脉，海拔在 5000 米以上的高峰更是比比皆是。这些山脉终年积雪，矗立在苍穹与大地相接的云海之际，晶莹闪烁，形成壮丽的景观。由高大珍贵的树木云杉、冷杉等组成的原始森林，覆冈盖岭，遮天蔽日，成千上万的麋鹿、羚羊、麞麈生存其中，当然也不乏豹、熊等珍贵的猛兽。至于禽类，如锦鸡、雉、蓝马鸡等，更是随处可见。

每当提起岷山洮水，人们想到的便是那清澈如碧玉般的河流、高耸入云的雪山、覆冈蔽野的原始森林，宝石般镶嵌在墨绿色林海中的高山湖和数不清的幽峡飞瀑、怪石奇峰。殊不知，洮河上游广袤的天然牧场，绿茵铺地，水草丰美，牛羊如云，更是美丽如画，其中高原牦牛、河曲良马天下闻名。一个画家即使用尽毕生的精力，表现它的壮美，也只能及其十之一二而已。

岷山洮水，就是这片美丽山川的代称，而我的家乡临潭就在这一片美丽的山川之中。临潭古称洮州，与东面的岷州、北面的河州三足鼎立，历来是边陲重镇，兵家必争之地。唐诗有云："北斗七星高，哥舒夜带刀。至今窥牧马，不敢过临洮。"其中的临洮，指的就是现在的临潭县。

综观临潭县，可以说是历史悠久。两汉时期即有中原文化的传播和政权的建立，西汉时已有关于洮阳城的记载。唐时称临洮，洮河右岸的阳坝古城，相传即天宝六年（747 年）唐蕃古战场石堡城，洮州名将李晟因镇守有功被封为西平王。唐末，大半陷于吐蕃，宋继之。元忽必烈以洮州新城为大本营，出骑兵经川北至云南乘皮筏渡金沙江灭大理国，在大理有元世祖征云南碑以记其事，这就是昆明大观楼长联中"革囊渡江"的历史缘由。明初，徐达、常遇春率部入甘，在洮岷一带与元朝残部激战，收复洮州，留兵屯垦，并由江南移民实边。明洪武十一年（1378 年），派沐英平十八番族叛并增筑新城，设洮州厅，清继之，民国设临潭县。1949 年中华人民共和国成立后增设卓尼、碌曲、迭部、舟曲等县，成立甘南藏族自治州，州政府设在合作，临潭县县治也由新城迁往旧城，形成目前的行政格局。但人们习惯上还是称岷山之阴、洮水之滨的人为洮州人，这充分反映了洮州这一文化古域所代表的人文历史价值。

《洮州厅志》记载的洮州八景为莲峰钟秀、洮水流珠、叠山横雪、治海冰图、石门金锁、黑岭乔松、九条设险与朵山玉笋。

莲峰钟秀，指的是著名风景区莲花山。它海拔 3578 米，主峰石壁万仞，相向耸立，形似莲花。旭日东升，山峰浸染为玫瑰红色，兀立于万顷林海之上，状若芙蓉出水，此山因此而得名。莲花山为汉藏两族人民的圣山，山上有佛教与道教庙宇多处。每年农历六月初一至初六，附近各县的各族人民朝山进香并举行盛大的“花儿会”，歌声绵延数十里，往往三四天昼夜不绝。山上山下，游人如海，歌声如潮，形成了世代相传的民族“花儿”文化遗产。

洮水流珠，指的是美丽的洮河冬景。洮河水本来就清澈透明，绝少泥沙。每年一到冬季，河底五颜六色的鹅卵石上，不断冻结出黄豆粒般大小的冰珠子，一经成形就浮到水面，成团成块，顺流而下，形成洮水流珠的美景。这种奇观，别处少有，故列为洮州八景之一。回想起我年幼时，到我叔爷爷家做客，随驮水的毛驴来到洮河边上，蹲下来观赏河中的五彩鹅卵石，忽然发现这些鹅卵石上，这儿那儿，不断冻出一个个冰珠子来，浮到水面，成团成块的冰珠子随水漂流，形成了洮水流珠。当我成年后阅读《洮州厅志》中记载洮水流珠的形成是严冬季节，浪花飞溅，冻成了冰珠。这显然是编修《洮州厅志》的先辈们没有经过实地考察，想当然的说法。而儿童时代的我，却偶然观察到了它形成的过程。

冶海冰图，指的是冶海的冬景。冶海是一个位于莲花山之西，冶力关村之北的白石山（海拔4100米）山坳中的高山湖，当地人称为常爷池。常爷是明初大将常遇春，冶力关池沟有常遇春庙。《洮州厅志》等文献中则称这个高山湖为冶海，它像一颗明珠，镶嵌在奇峰峻岭和茫茫林海之中，一到冬天，湖水结冰，纵深呈现的纹理经过光的反射，形成了千变万化的图案。海市蜃楼般诡谲奇特，变幻莫测，成为各族人民传唱和历代文人作诗咏述的素材。而冶木河流域的秀峰幽峡，清泉飞瀑，则是冶海美景的延伸与扩大，现已成为甘肃省著名的旅游风景区。

叠山横雪，即岷山千里雪。洮州人称岷山为叠山，岷山南麓的羌藏族人民为叠部，世代为洮州辖地。天气晴朗的时候，从西倾山脉的各山梁，包括新城城内的凤凰山上，都可以看到叠山横雪的壮观景色。如果从莲花山上南望岷山，则横亘数百里，白雪皑皑，其浩大壮观更非其他角度观赏可以比拟。而由洮河右岸的任何一条支流，溯流而上，都可到达岷山山麓。雪峰下森林密布，瀑布临空，清流激荡，充沛的雪水，增丰了洮河的水量，滋养了洮河两岸的万顷森林，其中有的树龄高达千年，巨干盈轮，拔地参天，覆压数百千米，木材储量之丰，为西北第一。

其余诸景，也都各有特色。黑岭乔松，指的是新城以东的黑松岭，这山脉是西倾山的余脉，覆盖着巨大的千年古松，黛色参天，故曰黑松岭。石门金锁，指的是新城以东由莲花山脉和鸟鼠山脉形成的一道峡谷，洮河从峡谷中穿过，奔腾怒吼，向北而去。举世闻名的洮砚就产在石门峡北面的拉马崖。俗云“石门金锁，锁不住洮水流珠”就是对此景的绝好描述。九条设险，是指旧城和草原之间的白石崖，它横亘于牧区与农区之间，形成了有如长城一样的天然屏障。它有九条凹口，但只有一条较为平坦，是藏汉之间的交通要道。《洮州厅志》摘引《巩昌府志》云：“诚能增九条丹巴之戎，谨白石黑松之烽，则洮阳奠盘石之安，秦陇保金汤之固矣!”由此可见九条设险地理位置何等重要。朵山玉笋，在新城西北。朵山之腰，有石峰如笋，兀立于森林之上，旁有两石峰状若两只玉兔相对吃草，俗称“兔石梁”。它组成了洮州八景的最后一景。

如此壮丽的山川美景，与之并存的却是交通不便，经济落后。加之民族杂居，历史上积淀下来的仇恨，爆发为持续不断的互相仇杀。我的家乡新城，是明清两代洮州厅治所在地，民国改为临潭县，是这一地区的政治、文化中心。1928—1931 年，临夏民变，波及临潭，先后攻破旧城、卓尼、新城，地方涂炭。新城一带居民，大多逃亡到洮河之阴。我于 1929 年 1 月 22 日生于河阴之温旗村，我的妻子于同年 6 月 29 日生于温旗村的邻村潮呢村。70 多年过去了，我们均已成为古稀老人，家乡的面貌也发生了翻天覆地的可喜变化。但最遗憾的，是作为优美山川灵魂的森林，已被砍伐殆尽。1998 年，我画了一张《伤洮河》的画，在上面题了一首诗：

黄尘泥流掩碧魂，
童山秃岭接苍穹。
斧锯轰鸣青山尽，
留得黛色在画中。

2004 年，我画了一幅壁画式油画《岷山洮水》挂在客厅中。因为它记述了我儿时的家乡，记述了我逝去的梦，寄托了一个年近八旬老人的回忆。

2004 年 10 月

本文选自葛学成主编：《茨丁回忆录》，2009 年 6 月。

毛兰木：潜心传承民族优秀文化血脉的精英

杨春景[①]

我上学时期无缘成为甘南民族学校（现甘南藏族中专学校）学生，没有机会聆听著名学者毛兰木老师讲授藏语言文字和民族传统文化课，但是共同的民族教育事业，使我有幸获得机会能够认识敬慕已久的毛兰木老师，并在相识、相知中得到了老师的信任。老师对我的多次教诲、老师关怀体贴晚辈的嘉言懿行、老师为民族文化教育倾注心血的不倦精神、老师的巨大人格魅力，对我人生产生了重大影响，从而更加仰慕这位民族文化精英。

1990 年元月 8 日，闻毛兰木老师病危，时任卓尼县副县长的我特意从卓尼赶赴合作看望老师。一路上心中默默祝愿老师早日康复，并准备待老师痊愈后邀请他去卓尼，给全县藏语文教师培训班授课……而下车却惊闻“老师已于今晨离世”的噩耗。这消息，如雷炸耳，如电击目。我茫然不知所措，精神恍惚地来到甘南藏中专学校，心情沉重地站立在老师的遗体前，向他默默致哀……啊，一代藏族文化学者，一位民族教育家，一位著名书法家，就这样匆匆离开了我们。心中的沉痛，不尽的缅怀都化作无

① 杨春景，甘南州人大常委会原副秘书长，现退休。

言的思绪。

老师慈祥的面容一如生前，平静、坦荡，老师清瘦的身躯恍如无恙，硬朗、平直。我的眼前幻化出老师生前的音容笑貌，他略带沙哑的声音再一次回响在耳边："从民校的性质和培养目标出发，今后应在遵循国家招生规定的前提下，尽可能招收通晓藏语文的考生，尽量放宽条件予以照顾……"这富有见地的话语是时任甘南民族学校副校长的毛兰木老师于 1982 年 4 月在全州民族教育工作会议上的发言。当时，我作为卓尼县尼巴九年制寄宿学校校长也参加了会议，有幸第一次见到我敬仰已久的毛兰木老师。老师的发言，使我受到启迪。老师的主张，成为民族学校办学的一条重要原则。

会议期间，老师和我们一起参加修改《关于积极稳步地发展民族教育的决定》和《藏族中小学试行工作条例》。老师一言一行无不表现出对民族的热爱、对工作的负责、对同志的坦诚、对晚辈后学的热情。这使我深受感动，我默默地下定决心：一定要像老师那样，献身于神圣的民族教育事业。

"实现藏族跻身于先进民族行列，使其繁荣昌盛，最有远见的做法是发展民族教育，培养人才。"这发自内心的话语，这金子般的思想，给了我深刻的启示，为我们端正主导思想起到了不可低估的作用。后来，我无论是在校长的岗位上，还是在州县有关部门的领导岗位上，都时刻铭记老师的教诲，并付诸行动，不断深化对发展民族教育事业的认识。多年的实践证明，老师的论断是正确的，民族要发展，教育必须先行。

1984 年 5 月，时任卓尼县文教局负责人的我又一次和老师一起参加全州民族教育会议。其间，我专心地聆听老师的教诲，诚挚地交流思想感情，同与会人员共同认真讨论和修改《十二年制藏族中小学教学计划》。在发展民族教育方面，老师与后学有许多共同的思路和观点，老师睿智的思想，给我以升化；我年轻的热情，给老师以欣慰。我对老师的为人、品德有了更深层次的了解，对老师更敬仰了。

会议结束的那天下午，我带着工作和学习中的许多疑难问题，再次到老师家里拜访求教。“欢迎你，有啥问题我们互相探讨。”平易近人的态度，谦虚的话语顿时消解了我因崇拜而生的敬畏之情。老师解答了我的问题之后，又语重心长地鼓励我：“你很年轻，要从长计议，在搞好工作的同时，抓紧时间读书做学问。”他殷切地希望我做一个“有真才实学的人”。望着老师那劳累的神色、清瘦的面容，一种难以名状的情感撞击着心扉，一种向上的“内驱力”油然而生，心灵深处迸发进取的火炬经老师的点燃，烧得更亮了。和老师在一起，如拂春风，如沐春雨，无拘无束，畅所欲言，阐明己见。只有山涧才哗哗作响，大海哪有什么喧哗？老师与人相谈时，从不因自己是著名学者而居高临下，将自己的观点强加于人，他总是认真倾听你的陈述，给人以平等感。老师那微微向前倾斜的身躯，那炯炯有神的双眼，那专注的神态犹如一座浮雕，永远镌刻在我的心碑上。

老师曾力荐我与他共事，我也十分渴望到老师身边工作，以便随时学习老师广博的知识，随时聆听老师的教诲，学习老师的治学风范。但因组织上另有安排，我未能如愿。我钦佩老师的博大胸怀和丰富的内涵，钦佩老师热心培养、提携晚辈的无私精神。这种不以狭隘的地域观念为用人准则的精神，尤其值得我们各级领导干部学习。因为我们常常囿于思想境界的局限，干一些“画地为牢”的蠢事。

老师一生殚精竭虑潜心研究学问，勤奋写作，为弘扬和发展藏族文化而孜孜不倦，生死以之，在老师的身上充分体现着老一辈知识分子求实、勤恳、执着、刚正、坚毅的优秀品质。他那数百万言的著作（发表和出版的仅其少部），为历史、为民族留下丰富的文化遗产。老师参与校订、编纂和撰写的《安多政教史》《藏汉大辞典》《拉卜楞寺志》《近代文化发展的中心》《藏文格式简述》《藏文五体书法字帖》《中专藏文教材》等，在省内外享有盛誉。有的荣获北方十五省区哲学社会科学图书奖，有的受到全国中小学藏文教材审查委员会的好评。老师的文章思想深邃，情理并茂，逻辑严密，文字简洁练达，读之终生受益。

老师年轻时曾在拉卜楞寺院为僧，学习佛教哲学。1948—1951 年曾任拉卜楞寺议仓秘书长，却因此在历次政治运动中受到不公正的对待。几经磨难，历尽坎坷，但老师却挫而弥坚，矢志不渝，把毕生的精力和智慧献给藏族的文化教育事业。

毛兰木老师长期从事藏族教育和佛教哲学、藏族历史研究及藏文书法创作，曾担任省政协常委，州政协副主席，甘南民族学校（现藏中专）副校长、名誉校长，并被中国藏语系高级佛学院聘为研究员、原合作师专兼职教授，以其突出贡献被载入《甘肃教育名录》。

1988 年时任州政协副主席、甘南民族学校名誉校长的毛兰木老师，参观卓尼县尼巴学校时，作为学者和书法家的他触景生情，为学校欣然题辞，留下珍贵墨宝，勉励学校更有作为。毛兰木老师不顾劳累、不嫌这里住宿条件差，很有兴致地在这里待了两天时间，到学校周围村寨走访牧民家庭，了解民情民俗；在学校听取情况介绍，同教职工座谈交流，同学生见面交谈，全面了解教学情况。在全校师生、乡机关职工及当地牧民参加的近千人大会上，毛兰木老师满怀深情地说："你们这里自然环境优美，有茂密的森林、绿色的牧草，有清澈的河流、干净的空气；学校周围有几个纯藏族聚居的大村寨，这里民族成分纯、村寨大、坐落集中，这在整个藏区都是绝无仅有的。""这里生态环境美，而且有勤劳智慧的牧民，有聪明的藏族少年儿童，在这里办学，传承民族优秀文化，实现民族进步，前景一定会美好……"毛兰木老师以学者特有的深邃，分析和概括我们家乡的人文地理特点和发展优势，这是对我们家乡的美好预言和未来寄予的厚望，给予家乡以顿悟般的勉励和启迪。28年后的今天，家乡的人们还在念及这一难以忘怀的往事，成为激励人们奋进的巨大力量。

毛兰木老师是我敬仰的导师，学习的楷模。老师的离世，诚如当代藏族著名诗人伊丹才让老师在唁电中所称“藏族当代文化圣坛上一颗灿烂之星殒落了”，我们失去了一位育人不倦的民族教育家，学术界失去了一位德高望重的学者，民族文化事业失去了一位大书法家，我和更多的后学失去了敬爱的导师和伯乐。老师的一生无愧于社会，无愧于事业，无愧于民族，人们将永远怀念他。

是的，对于为民族、为国家贡献出自己的智慧、精力的人，死亡并不是生命的终结。人们对他的怀念，他留给后人的精神遗产，不正是他生命轨迹的延续？老师的离世使我顿悟：要加倍珍惜生命赋予我们的时光，使生活中的一切，充满光彩和芬芳。

敬爱的老师，您对民族文化事业孜孜不倦的高贵精神永存，将永远激励人们增强民族文化自觉、民族文化自信，不断延续民族优秀文化的精神血脉！

2016年3月

藏医史上第一位背诵《四部医典》的女医生

拉毛[①]

我叫拉毛，女，藏族，生于1966年12月，甘肃夏河人，1984年9月至1988年6月在甘南卫校就读藏医药专业。当一名医生一直是我的梦想，因此，考入甘南卫校后我非常珍惜学习的机会，也是第一次接触《四部医典》。《四部医典》是藏医药医圣宇妥·云丹贡布于738年完成的藏医药学巨著，分《总则部》《论述部》《秘诀部》《后续部》四部分，是一部集藏医药理论和医疗实践于一体的藏医药经典著作，被誉为藏医药百科全书。内容从基础理论到临床各科，包括人体生理、解剖、病理、诊断、治疗、临床各科、方剂药物等极为丰富，它在藏医学中的重要性相当于中医学中的《黄帝内经》。

我还清楚地记得当时老师告诉我们，想做一名称职的藏医大夫就必须要背诵《四部医典》之小三部（《根本部》《论述部》《后续部》），想做一名优秀的藏医大夫就要背诵整部《四部医典》，这是藏医药的传统教学和传承方式。因此我就暗暗下了决心，一定要背诵《四部医典》之小三部，一定要做一名合格的藏医大夫。

---

① 拉毛，夏河县藏医院科研处主任、主任医师。

但是仅小三部也有 8 万余字，刚开始每天背诵十几句，后来背诵量不断加大，基本上每天背诵 30 句左右。每天早上 5 点起床，早操之前就能背完，晚自习的时候再温习一遍，第二天再温习一遍就能巩固下来。慢慢的，背诵《四部医典》成为我的生活的一部分，作为一种习惯贯穿于所有工余间隙，包括节假日和寒暑假。随着自己学习的不断进步和老师的表扬称赞，学习的信心和动力也越来越大，当然我的各门成绩也是全班第一。就这样经过 3 年的不懈努力，我顺利地背完了《四部医典》之小三部，得到了老师们的充分肯定和认可，也收获了同学们羡慕的目光和称赞，因此 1988 年 6 月毕业后被甘南卫校留校任教。

但结婚后，因丈夫是独生子，家中老人需要照顾，于 1990 年 5 月调入夏河县藏医院。当时我们医院没有一名女大夫，所有分配来的女同志都在制剂室工作，那时自己真有点沮丧，但当时的老院长、著名的藏医药专家旦巴嘉措大师说了，谁背完《四部医典》谁就有门诊坐诊的资格。这句话就成了我攻克《四部医典》之《秘诀部》的动力，于是又开始了长达 2 年的背诵之路。由于本人在校时专业功底扎实，再加上工作中不断勤奋学习和不懈努力，于 1992 年 6 月终于背完了 24 万余字的藏医经典著作《四部医典》，成为藏医历史上第一位背诵完该医典的女大夫。为此，曾受到了县藏医院、县卫生局、甘南州人民政府的表彰奖励。我也如愿以偿地成了夏河藏医院的第一位享有门诊坐诊资格的女大夫。1994 年 9 月，医院部分职工到西藏自治区藏医院进行学习考察时经旦巴嘉措大师的介绍，著名藏医专家、西藏自治区藏医院院长强巴赤烈大师听说我背诵完《四部医典》时非常高兴，连连称赞难能可贵，非常了不起，且组织与该院的学科带头人召开座谈会，号召他们向我学习，并亲自给我颁发了《四部医典系列挂图》，以表彰我所取得的成绩。

返回医院后，由我负责开展了住院部的工作。由于住院部工作刚刚起步，开始只有10个床位，我在建立健全各项规章制度的同时，坚持走藏医与西医相结合的路子。通过藏西医结合提高了诊断的准确性，发挥了两种医学之所长，丰富了治疗手段，达到了更好地为患者服务的目的，并使住院部工作上了一个新台阶。因藏医都是全科大夫，内、外、妇、儿各科接诊，无疑增加了接诊治疗难度。我们认真地对待每一位患者，从不乱开大处方和人情方，做到急病人所急，想病人所想，合理检查，合理用药，始终把患者的负担减轻到最低点。渐渐地，住院病人也多起来了，后来医院发展到60个床位，药浴的床位供不应求，有了较好的社会效益和经济效益。在搞好本职工作的同时，我积极培养藏医新人，对他们进行耐心细致的带教，先后培养了多名住院医师、进修医师，他们现已是医院和其他医疗单位的骨干力量。与此同时，我加强业务学习，不断丰富自己的理论知识和临床经验，不断总结经验提高业务能力。2002年，我以五省（区）藏区第一名的优异成绩考取了西藏藏医学院硕士研究生，这个成绩完全来自于我背诵《四部医典》的扎实功底，并于2005年7月在导师的指导和自己的努力下，出色地完成了硕士学位论文。论文以结构严谨、逻辑性强、临床价值高而获得专家组的好评，并成为整个安多藏区的第一位女藏医硕士研究生及甘南藏医历史上的第一个硕士研究生。

现在我已是一名藏医主任医师，也是医院的业务骨干和学科带头人，每天都从事着临床一线工作和藏医的传帮带工作，我认为这是我的责任和使命。我撰写的《藏医妇产科学》《妇女健康手册》《藏医药知识问答》《藏医药历史问答》四本书，已由民族出版社和中国藏学出版社出版发行，均受到了专家和同行的赞赏和肯定。承担着面向21世纪课程教材《妇产科学》的编译工作和“藏医临床诊疗技术规范化研究”等国家级课题，以及“敦煌藏医文献整理与研究”“四部医典等藏医古籍中的穴位比较研究”等省级课题，并先后在国家级和省级刊物上发表30余篇学术论文，曾在人民大会堂受到了国家领导人阿沛·阿旺晋美、布赫、铁木尔及卫生部部长张文康等的亲切会见。我先后多次参加国际及国家级学术会议，并先后当选为夏河县第十二届人民代表大会代表，政协夏河县第十二届、十三届、十四届委员，甘南州第九次、十一次、十二次党代会代表，甘南州藏医药学会理事等。2001 年被联合授予“甘南州卫生系统青年岗位能手”；2007 年被州妇联授予“巾帼建功标兵”称号；2008 年被中华全国妇女联合会授予“全国三八红旗手”称号；2012 年被甘肃省妇女联合会授予“全省三八红旗手”称号，同年被共青团甘南州委、甘南州经济和信息化委员会、甘南州人力资源和社会保障局联合授予 2010—2011 年度州级“青年岗位能手”；2014 年被甘肃省卫计委和甘肃省精神文明办授予“全省医德医风建设先进个人”；2016 年被甘肃省人社厅和卫计委授予“甘肃省基层名藏医”称号。

2016 年 12 月 13 日

甘南州实施农牧村新型合作医疗制度的回忆

周寿科①

2003年是一个不寻常的年份，突如其来的“非典”给全国人民带来了灾难，但通过全国人民上下齐心协力，在抗击“非典”方面取得了举世瞩目的成就。通过抗击“非典”这件事，充分反映了我国医疗卫生资源与社会需求的差距。正是这一年的9月，我被调到甘南州卫生局担任局长一职。

卫生工作千头万绪，这对我这个刚刚接手卫生行政管理工作的新手来说，可谓压力不小。但让人感到欣慰的是，这一时期，我国医疗体制改革、公共卫生均等化建设、医疗服务能力建设等社会关注的热点问题已被党和政府提上议事日程。回忆担任甘南州卫生局局长期间所做的工作，使我最难以忘怀的和觉得最有意义的工作，就是在全州实施了新型农村合作医疗制度，从此实现了全州广大农牧民医疗社会化保障。

农牧村新型合作医疗制度在我国是一项全新的工作。2003年中央做出了在全国农村建立新型合作医疗制度的决定，它是通过农牧民群众自愿，各级政府分级补贴，建立社会统筹基金为主的

① 周寿科，甘南州卫生局原局长，现退休。

和家庭个人账户相结合的一项医疗社会保障制度。这一制度没有成功经验可以借鉴，所以采取先行试点，逐步扩大，最终达到全面覆盖的办法实施。

2003年年底，省上召开了建立农村新型合作医疗制度动员大会后，为了全面领会会议精神，回到单位后我便及时组织全体职工传达学习，深刻领会新型农村合作医疗制度的基本含义和具体形式以及方法步骤，集中时间、集中精力、反复研究、反复论讨。首先在州卫生局领导班子中达成共识，随后便带着省上的会议精神、贯彻意见及工作方案，向州委、州政府分管领导反复汇报，听取分管领导指导意见，充实工作方案。州委在听取卫生局工作汇报后及时做出了决定，并把此项工作列入州委工作议事日程。这对我们做具体工作的部门来说是极大的支持。具体工作上，一是做到了省上首批试点单位的争取工作；二是制定了切合甘南少数民族地区特点的试点工作方案；三是及时组建了工作机构和多部门工作协调机制。由于前期工作扎实有效，甘南的此项工作得到了省卫生厅的肯定，合作市被列为2004年省上首批新型农村合作医疗试点县市，当年的农牧民参合率就超过了省上要求的80%指标，达到了83.86%，群众当年就享受到了这一制度带来的实惠。

农村新型合作医疗试点工作中的难点是解决干部、群众的思想认识，干部的思想认识不解决，做群众工作没底气，群众的思想认识不解决，工作就没有落脚点，这一制度就无法具体落实。2004年左右，全州各级财政均处在困难期，职工工资普遍在拖欠，职工的住院费难以报销，当时干部、群众普遍认为“制度虽好，难以兑现”，干部职工看病没保障，历代公家也没有给老百姓支付看病钱的先例，何况财政特别困难，给群众报药费、支付住院费不敢去想，对这一制度的实施在认识上存在一定程度的偏差，工作动员难度很大。合作市试点工作中，针对工作各个阶段的难点，市上梳理成条，重点突破，将藏汉两文“致广大农牧民群众一封公开信”等宣传资料送到了千家万户，工作任务分解到了各个部门、各个单位，把群众参合率纳入年度考核内容。由于宣传工作细致有效，思想教育针对性强，方法得当，消除了群众的后顾之忧，工作由被动转向主动，群众对党和政府的理解、认识、信任配合度大增，合作市首批试点单位的工作取得了明显的效果，在全州范围内引起了广泛关注。到了2005年，州内其他县相继向州委、州政府专题报告，分别要求列入第二批新农合试点县，工作局面一下子就推开了。到2007年，新农合制度在全州实现了全覆盖。

到目前，新农合参合人口由2005年的2.77万人增加到2016年的52.68万人，参合率达到99.02%，人均筹资标准由2005年人均30元提高到2016年的540元，年可支群众的医药费用达2.8亿元左右。全州新农合制度框架及运行机制基本形成，工作日趋规范，呈现为较好的态势，在很大程度上解决了群众大病拖、小病扛，看病难、看不起病，因病致贫、因病返贫的问题，群众的医疗条件得到了极大的改善，群众的保健意识得到了极大的提升，达到了政府得民心、群众得效益的“双赢”效果。

新农合制度，在甘南州之所以得到健康稳步的推进和发展，除了基于国家的政策好，各级党委、政府高度重视民心工程，业务分管部门细致工作外，特别要提到的是州卫生局班子成员的齐心努力，尤其是成员中分管这一工作的副局长陈明智同志，他是班子中工作上的好帮手，为我州新农合这一惠民制度运行做出了努力，借此应予以肯定和感谢。

2016年8月

玛曲格萨尔赛马大会

张正雄①

藏族是一个游牧民族，也是马背上的民族，世世代代在辽阔的草原上放牧，与马结下了不解之缘。遥远的时代，在居住分散、相对封闭的草原上，在逐水草而居的单调、枯燥的生活里，在以前没有其他交通工具的情况下，马是基本的交通工具，是生活中须臾不可离开的忠实“伴侣”。现代社会虽然有了汽车、摩托车等先进的交通工具，但是在牧区对马的喜爱毫不减弱，特别是在山大沟深、交通不便的牧村，马依然是基本的交通工具。同时，马也是生活中的依靠，是驱散孤寂的娱乐工具。牧民爱马、好马可以说痴迷，犹如爱子女，有些人为了一匹好马不惜一掷千金。拥有一匹好马，那是一件非常荣耀、自豪的事情。

纵马驰骋草原，是牧民的一件乐事。赛马更是马背民族十分喜爱的一项体育活动和娱乐项目，也是牧民单调游牧生活中最有趣的娱乐活动，同时也为草原上的人们交流交往提供了一个平台。赛马在藏族有悠久的传统，流行于广大农牧区，具有广泛而深厚的群众基础。玛曲是一个传说中英雄诞生的神奇地方，玛曲赛马自古有名。格萨尔，一个亘古传唱的英雄，当年流落玛曲，骑着河曲马，练就精湛骑术，在草原上通过赛马一举称王，从此率领

---

① 张正雄，玛曲县委原书记，现任甘肃省政协教文卫体委员会副主任。

部下，威风凛凛，四面征战，凭借高强武艺，战胜了众多强敌，威名传遍四方，留下光辉史诗。从此，河曲马、玛曲赛马名扬天下。

玛曲又是河曲马的核心产地。河曲马和内蒙古的三河马、新疆的伊犁马被誉为我国的三大优良名马。因其生活在黄河首曲一带，故称为河曲马。河曲马已经有 1000 多年的历史。玛曲赛马就是以河曲马为主。河曲马体格高大，性情温顺，挽力强，持久耐劳，适应高寒缺氧、空气稀薄、气候变化多端的高原。河曲马运步轻快，挽乘兼用，被誉为“东方神骑”。

牧民对赛马可以说是情有独钟，喜爱有加。在草原上，每当春天来临之际，也是牧民们比较清闲的时候，各种规模不等的赛马活动就在草原上拉开了序幕。有一个乡之间的，有几个乡之间的，也有个人之间举行的，乐此不疲。玛曲县地处甘青川三省交界，是甘南、黄南、果洛、阿坝四个自治州的中心地带，交通便利、通信发达，也是周边各县畜产品交易、商贸物流的中心，是人员往来必经的交通枢纽。共同的生产生活方式、共同的爱好、共同的名马，使得周边的群众赛马成风。在民间，附近各县的群众经常自发举行各种规模的赛马，互相参加赛马成为时尚。改革开放以来，随着玛曲经济社会的快速发展，玛曲以其独特的区位优势和条件优势吸引着周边群众，成为赛马的中心，民间的赛马已经发展为附近几个县群众自发组织、积极参与的赛马，规模越来越大，参加的人数越来越多。

2004 年，玛曲县委、县政府为了弘扬赛马文化，丰富群众精神文化生活，顺应群众期盼，顺势而为，率先决定搭建平台，举办格萨尔赛马大会。同时把赛马与发展经济、发展旅游、弘扬传统体育文化结合，秉承“继承、弘扬、开拓、创新、和谐”的精神，着力打响“中国赛马之乡”“天下黄河第一湾”“格萨尔发祥地”“世界最大最美湿地草原”“藏族民歌弹唱故里”五大品牌。为了举办赛马大会，玛曲县做了大量的准备工作，广泛征求意见，征用草地，投资修建了赛马场，修通了赛马场的道路。

玛曲县格萨尔赛马场位于县城东面，占地面积 1200 多亩。赛马场主席台及观众看台建于 2009 年，总投资 800 万元。主席台建筑面积 3141 平方米，可容纳 1000 人，内建有控制室、播音室、贵宾室等，造型美观，功能齐全。观众看台在主席台两侧，全长 400 米，可容纳 20000 人。玛曲赛马场雄伟壮观，气势恢宏，坐在主席台上，宽阔的赛马场一览无遗，黄河第一湾在前面缓缓流淌，蓝天、白云、草原、黄河、帐篷、彩旗、炊烟构成一幅美丽的画卷。赛马场已经成为玛曲县城一道亮丽的风景。赛马场建有 1000 米的环形赛道，四周用钢管围护，场地中间是绿草地。赛马期间，观众可在四周不同角度观看比赛。

2004 年 8 月 13—17 日，第一届格萨尔赛马大会隆重举行，来自甘、青、川三省 13 个县的 22 个代表队 345 匹马参加比赛，观众人数达 18.5 万人（次）。从此，玛曲格萨尔赛马一炮打响，闻名遐迩，到 2007 年已经成功举办了四届赛马大会。因此，2009 年 3 月中国赛马协会授予玛曲县“中国赛马之乡”的称号，成为“甘肃省丝绸之路体育健身长廊建设五大品牌体育赛事”之一和“甘肃省丝绸之路文化旅游节”品牌活动之一。2004 年 8 月 1 日，第十一世班禅额尔德尼·确吉杰布为玛曲县题写“天下黄河第一湾·格萨尔文化发祥地兴旺发达”。2011 年，在经过几年扎实有效的维稳工作后，玛曲及周边藏区社会大局持续平稳，民心思定，群众对举办赛马大会有期盼、有呼吁。怎样把群众的精力和注意力吸引到发展上来，吸引到营造和谐稳定的局面上来，成为县委、县政府考虑的主要问题。县上领导深入基层、深入群众，就举办赛马大会的可行性进行广泛调研，对顺利举行的可靠性进行探讨，同时，对如何做好赛马大会期间秩序管理、人员管理、交通管理广泛征求意见，进行充分而周密的讨论和谋划，对可能发生的一切问题制定严密的防范预案。与此同时，加强与周边参赛各县的沟通，取得他们的配合和支持。在做了大量充分而扎实工作的基础上，县委、县政府就恢复举办赛马大会之事向州委、州政府进行了专题汇报。州委领导指示，要对举办赛马大会的复杂性进行充分考虑，特别对维稳工作要高度重视，采取强有力的措施做好安保工作，不能有任何问题发生。2011 年 8 月，中断了三年的赛马大会恢复举办。在周边维稳形势依然比较严峻的情况下，第五届赛马大会圆满成功，到 2015 年已经顺利举办了九届，产生了良好的社会效益、经济效益和宣传效益，具有越来越广泛、越来越强大的影响力，已经成为甘、青、川三省藏区规模最大、参赛队伍最多、参赛马匹最多、奖金数额最高、观众最多、影响最大、人气最高、极富特色的草原盛会，同时也成为影响范围越来越广的少数民族传统体育赛事和品牌，被誉为“草原奥运会”。

每届赛马大会都要举行盛大的开幕式，这也是赛马大会的重头戏之一。开幕式上，要进行隆重的升国旗、奏国歌仪式，表演乘马捡哈达、马背倒立等马术、藏族民歌弹唱、大型锅庄舞表演、藏族著名歌手演唱等极富玛曲特色和原生态藏族文化元素的演出。开幕式后，赛马便正式开始了。

赛马具有竞争性、可观赏性、大众参与性和民族娱乐性。许多马匹的主人及其赛手都是有备而来，提前对赛马进行精心喂养、训练。每一匹马都身强力壮，精神抖擞。玛曲赛马，保持着民间传统的习惯，民族特色浓郁，骑手都是年龄 8 ~ 12 岁的英俊少年。没有缰绳，没有马鞍，在马背上骑，着统一配发的比赛服及安全帽。每年秋高气爽、水草丰美、牛羊肥壮的 8 月中旬，是草原上最美的季节。黄河岸边，首曲草原，聚集着来自四面八方的健儿，个个摩拳擦掌，一展雄姿。

赛马大会的竞赛办法和规则公开透明，均采用国家民委、国家体育总局审定的最新规则，结合民族地区的传统方式进行。赛马分 1000 米、2000 米、3000 米速度赛马和 5000 米、10000 米耐力赛马分组进行比赛。裁判严格遵守比赛规则，公平公正，连续九届没有发生大的纠纷和事故。

在藏区草原上，赛马大会是草原上最欢乐兴奋的日子，是牧民男女老幼盼望的节日，是四面八方亲朋好友相逢相聚的盛会，更是少数民族群众展示精神风貌的舞台。牧民看赛马，乐此不疲，津津乐道。赛马节期间，平日辽阔寂静的草原欢腾了起来，整个县城沉浸在一片喜庆、欢乐、祥和、繁华、热闹的气氛中。来自甘、青、川三省周边四面八方的群众穿着节日的盛装摩肩接踵而来，还有天南海北的游客蜂拥而至，一睹盛况，摄影爱好者更是长枪短炮，忙碌拍摄，记录这壮观、激动、精彩的瞬间。赛马，给牧民单调、沉寂、枯燥、平淡的生活带来了欢乐热闹，有了乐趣，有了激情，有了话题，让平常相距遥远的人们聚在一起，有了联系，有了交流。它比过年过节更为群众喜闻乐见，更加重视。相邻县的亲戚都会扶老携幼观看比赛。赛马场周围，搭起了数万顶各种各样色彩斑斓的帐篷，当地人烹牛宰羊，用滚烫的奶茶、鲜美的手抓羊肉热情欢迎远道而来的亲朋嘉宾。

按照藏区传统的习惯，赛马之前，往往要举行煨桑祈祷仪式，为此，专门在赛马场中间修建了煨桑台。煨桑时，马主及其骑手要围着煨桑台旋转，口中念念有词，点燃柏木枝、炒面、五谷粮食等，抛撒龙达，祈求平安，祈愿能在比赛中取得好成绩。在这时候，桑烟袅袅，风马飘飘，吼声阵阵，为比赛拉开了序幕。

比赛开始，马按捺不住冲动，昂首嘶鸣。发令枪一响，争先恐后，脱缰驰骋，以势不可当的速度和勇猛飞奔而去。这是马耐力与速度的比拼，是骑手技术和经验的较量。英俊的少年骑手在奔驰的马背上挥手扬鞭，随着马的奔驰而跃动，飘逸潇洒。但见赛马场内，马蹄声动，烟尘四起，赛马像离弦的箭流畅飞跃地疾驰，在人们目不转睛中已经飞驰而来，戛然而止。真是生命的辉煌，诗意的瞬间。

看台上的观众，全都站立起来，所有的目光都在随着赛马的移动而移动，整齐划一。群情激昂，欢呼声、呐喊声、尖叫声、助威声喊声震天，此起彼伏，响成一片。加上现场音响中高亢激越、催人奋进的音乐和解说员富有激情、高亢有力的鼓动煽情，使场面更加狂热。现场的氛围让人激动，激昂的音乐让人兴奋。爱马的人，可以做到对参赛马的情况了如指掌，尤其对一些在赛马中得过大奖的马更是了如指掌，如数家珍。还有一些年轻人打赌竞猜。

为了把赛马大会做大做强，吸引更多地区的良马骑手参赛，玛曲县大幅度提高了奖金，每年的奖金由 20 多万元增加到 100 万元，其中最高奖项目是 10000 米，奖金高达 20 万元。对获得名次的选手分别颁发奖金和河曲宝马金马杯、银马杯、铜马杯、纪念杯。最激动人心的是 10000 米比赛，因为赛马奔跑的时间长，要跑 10 圈，奖金高达 20 万元，格外引人注目，也更加吸引人们的关注。这一天，玛曲县城可以说万人空巷，人们扶老携幼前往赛马场。宽大的赛马场人山人海，水泄不通，这一天，群情激昂，万众欢呼。赛马每跑过一圈，便会引起一次激动。欢呼声、尖叫声、加油声此起彼伏，弥漫在宽敞的赛马场上空。每跑过一圈，就会掀起一次高潮。直到激越的音乐停止，人们才发觉比赛结束了，但仍然意犹未尽。

玛曲格萨尔赛马大会展现了赛马健儿英姿飒爽的风采，体现了浓郁的民族风情，打响了玛曲体育、文化、旅游品牌，提高了玛曲县、甘南州的知名度和影响力，加强了对外交流。它不仅推动了当地经济社会的发展，而且促进了民族间的交流交融，增进了民族团结，弘扬了民族文化，展现了玛曲人民团结拼搏、奋发向上、和谐发展、争创一流的精神风貌。

2016 年 10 月

拉卜楞寺史上最大规模修缮记事

王力[①]

拉卜楞寺坐落于夏河县城西边海拔2917米处，寺院背靠卧象山，面朝曼达拉山。山下，大夏河环绕寺院南面蜿蜒向东流去，形如右旋海螺，可谓山清水秀，风光宜人。

拉卜楞寺始建于清康熙四十八年（1709年），距今已有300多年的历史，是藏传佛教格鲁派最大的寺院之一，在藏传佛教界以及佛学研究领域影响深远，是藏经数量极大、学术水平极高、杰出学者众多的爱国爱教的藏传佛教寺院。现比较完整地保存有六大学院，另有48座佛殿、6.8万余部古籍善本、700多院僧舍及数以万计的各类文物等。1982年，拉卜楞寺被国务院确定为全国重点文物保护单位。2009年，拉卜楞寺藏经楼被确定为全国古籍重点保护单位。

拉卜楞寺建筑为土石木结构建筑，因年代久远及自然、人为因素，加之“文化大革命”的破坏和疏于管护，诸多建筑出现了墙体裂缝、沉降、酥碱，木结构糟朽腐烂、倾斜歪闪，油饰彩绘退色脱落，壁画空鼓开裂、起甲脱落、烟熏污渍等严重病害。同时，随着改革开放和拉卜楞寺外来游客的逐年增多，拉卜楞寺基础建设和配套设施就显得严重不足，各类文物安全隐患日趋严重。自

① 王力，甘南日报社编报室副主任。

20世纪80年代寺院重新开放以来，国家前后拨款上百万元，对原留的经堂、佛殿进行了维修，并新建了藏经楼一栋。1985年4月7日，闻思学院（大经堂）起火，变成废墟。国家拨专款1200万元进行了重建，并于1990年7月25日举行了重建落成开光典礼。但这些修补和重建都是局部性的，未能从根本上解决问题。对拉卜楞寺进行全方位的修缮，不但是高僧大德和广大信教群众的迫切愿望，也是各级党委、政府一直考虑的问题。

一、修缮项目争取经过

此前，国家已经支持完成了西藏布达拉宫、哲蚌寺、色拉寺，青海塔尔寺等文物保护工程。借助这一契机，2003年3月，夏河县政府向州政府、省政府上报了《夏河县拉卜楞寺旅游基础设施建设项目建议书》；2006年10月，向州政府、省政府上报了《关于对拉卜楞寺文物保护和基础设施建设的意见和建议》报告。

2006年12月，甘肃省政府下发《甘肃省人民政府办公厅关于成立拉卜楞寺保护规划编制领导小组的通知》（甘政办发〔2006〕138号），决定成立拉卜楞寺保护规划编制领导小组。文件确定由省人大副主任嘉木样·罗桑久美·图丹却吉尼玛担任顾问，省政协副主席、省发改委主任邵克文为组长，省发改委副主任王泉清为副组长，省上其他相关部门负责人、夏河县政府主要负责人为成员，负责实施拉卜楞寺保护规划的编制工作。

2007年，甘肃省发改委委托清华大学城市规划设计研究院文化遗产保护研究所（文物保护规划甲级资质）编制拉卜楞寺文物保护规划。随后，成立了拉卜楞寺保护规划组，以清华大学建筑学院教授、国家一级注册建筑师吕舟为组长，清华大学朱宇华、叶扬、扎西等10人为成员，进驻拉卜楞寺进行详细勘察编制。2008年先后完成了《拉卜楞寺文物保护总体规划》初稿及终稿，并上报国家文物局审核批复。2008年11月，国家文物局审核批复了《拉卜楞寺文物保护总体规划》。规划由规划文本、规划图纸、规划说明、资料汇编四部分组成，实施时间跨度为2008—2025年，分近、中、远三期实施，资金总概算为35873万元。2009年11月，甘肃省政府公布了《拉卜楞寺文物保护总体规划》。

2009年5月，夏河县政府委托清华大学建筑设计院勘查编制《拉卜楞寺文物维修、保护工程可行性研究报告》，清华大学的朱平、戴德慈等7人于2009年11月完成了《拉卜楞寺文物维修、保护工程可行性研究报告》。报告内容共分18章，投资概算为30571.85万元，其中文物保护工程投资15938.84万元、基础设施改造工程投资9098.51万元、配套工程建设投资5534.50万元，项目所需建设资金全部申请国家拨款。

二、北京之外举行的唯一高规格提案办理会

拉卜楞寺的修缮问题，一直牵动着宗教界人大代表及政协委员的心。2006年3月初，十届全国人大四次会议及全国政协十届四次会议在北京召开。嘉木样活佛、德哇仓活佛、萨木擦活佛等在这次“两会”上，提交了关于保护修缮拉卜楞寺的建议及提案，引起了党和国家的高度重视。

2010年3月3日，全国政协十一届三次会议在北京召开。在会上，全国政协常委、甘肃省佛教协会副会长、甘肃省佛学院副院长德哇仓和全国政协委员、甘肃省佛教协会副会长、拉卜楞寺寺管会副主任丁科仓联合提交了《关于贯彻落实拉卜楞寺文物保护总体规划的提案》，被全国政协提案委员会确定为重点提案，受到空前重视。

2010年9月3日，全国政协提案委员会驻会副主任王国卿等全体与会者集体到拉卜楞寺现场考察，并召开了现场督办座谈会。

会上，王国卿副主任指出："拉卜楞寺是展示和传播藏传佛教文化的重要场所，是团结信教群众，开展正常宗教活动的重要场所，是延续甘南地区藏族民俗文化活动的重要场所，是夏河县、甘南藏族自治州重要的文化旅游资源。保护好拉卜楞寺意义重大。"这是当年全国政协十余个提案的办理协商会中，唯一在京外举行的。像这样在现场举行的提案办理协商会，在全国政协提案工作历史上也是不多见的。

三、修缮工程正式确定

2011 年 10 月 27 日，拉卜楞寺文物维修、保护工程可行性研究报告评审会在夏河县召开。清华大学建筑设计院有关人员做了《拉卜楞寺文物维修、保护工程可行性研究报告》，国家发改委、国家投资项目评审中心，甘肃省发改委、甘肃省文物局，州政府、州发改委，夏河县政府、拉卜楞寺寺管会及文管会等相关部门单位的代表以及各类专家听取报告并评审。

2012 年 6 月 21 日，国家发展改革委批复了《拉卜楞寺文物维修、保护工程可行性研究报告》(基础设施及配套服务)，要求项目总投资按 12651 万元控制，其中由中央安排定额补助投资 11386 万元，超支不补；其余建设资金由甘肃省负责筹措解决。至此，拉卜楞寺建寺 300 多年来第一次大规模总体保护修缮工程正式确定。

四、文物保护修缮工程的实施过程

根据《拉卜楞寺文物保护总体规划》，拉卜楞寺文物保护工程分为文物本体保护修缮工程、基础设施建设工程和配套设施建设工程三大块来实施。夏河县政府于 2010 年 11 月成立了以县长杨晓南为组长、相关领导为副组长、相关单位负责人为成员的夏河县拉卜楞寺基础设施建设与文物保护工程领导小组，确定拉卜楞寺文物本体保护修缮工程由县文化体育局具体负责实施，设计方案审批及资金通过国家文物局渠道上报落实。基础设施建设工程和配套设施建设工程由县发改委具体负责落实，设计方案审批及资金通过国家发改委渠道上报落实。

文物本体修缮包括八个种类，即文物主体保护修缮工程、油饰彩绘保护修复工程、壁画保护修复工程、安防系统工程、消防系统工程、防雷系统工程、电力照明改造工程（争取项目）、环境整治及展示工程。

根据甘肃省文物局及夏河县政府的指示精神，2010 年 12 月，夏河县文化体育局委托甘肃省文物保护维修研究所（文物勘察设计甲级资质）对拉卜楞寺文物建筑本体修缮进行勘察设计，县政府指示县发改委解决前期勘察经费 25 万元。甘肃省文保所杨喜林副所长带领宋钢、孙崇玉、李全武、齐洋、杨涛、宋杰等 15 人进驻拉卜楞寺，在县文化体育局协调好拉卜楞寺寺管会后，县文化体育局确定由索南嘉副局长具体负责，并派完代克、寺院文管会派阿克久麦陪同省文保所人员，对拉卜楞寺嘉木样寝宫、弥勒佛殿、夏卜丹佛殿、医药学院、下续部学院进行了实地测绘勘察，于 2011 年 3 月上旬完成了嘉木样寝宫、弥勒佛殿、夏卜丹佛殿、医药学院及下续部学院五个修缮点的勘察报告及修缮设计方案（第一期）。同时委托南京消防器材股份有限公司完成了《拉卜楞寺安防系统工程设计方案》、委托西安百赫实业有限公司完成了《拉卜楞寺消防系统工程设计方案》。

2011 年 3 月中旬，甘肃省文物局组织有关专家对《弥勒佛殿建筑残损勘察报告及修缮设计方案》《夏卜丹佛殿建筑残损勘察报告及修缮设计方案》《医学院建筑残损勘察报告及修缮设计方案》《下续部学院建筑残损勘察报告及修缮设计方案》《嘉木样寝宫（居住部分）建筑残损勘察报告及修缮设计方案》《拉卜楞寺安防系统工程设计方案》《拉卜楞寺消防系统工程设计方案》进行了省级评审，并原则通过。

2011 年 3 月下旬，省文物局将以上七个方案文本上报国家文物局审批。

由于机构改革，2011 年 4 月，文化体育局与广播电影电视局合并为夏河县文化体育广播影视局，拉卜楞寺文物保护工程文物本体保护修缮的具体工作由文化体育广播影视局承担。

2011 年 4 月 7 日，国家文物局批复了《弥勒佛殿建筑残损勘察报告及修缮设计方案》《夏卜丹佛殿建筑残损勘察报告及修缮设计方案》《医学院建筑残损勘察报告及修缮设计方案》《下续部学院建筑残损勘察报告及修缮设计方案》《嘉木样寝宫（居住部分）建筑残损勘察报告及修缮设计方案》《拉卜楞寺安防系统工程设计方案》。随后申报了以上项目的专项补助资金。

2011 年 8 月，夏河县成立了以杨晓南县长为组长，其他相关部门领导为成员的拉卜楞寺文物保护工程协调领导小组。夏河县文化体育广播影视局成立了拉卜楞寺文物保护工程办公室，确定索南嘉副局长具体分管拉卜楞寺文物保护工程，完代克为成员，协同主抓拉卜楞寺文物本体保护修缮工作。

2011 年 10 月 10 日，甘肃省财政厅下拨到位资金 1620 万元（其中嘉木样寝宫 800 万元、弥勒佛殿 120 万元、夏卜丹佛殿 100 万元、安防工程先期资金 600 万元）。

2011 年 11 月，甘肃省文物保护所对时轮学院、寿安殿、白度母佛殿、白伞盖佛殿、释迦牟尼佛殿、喜金刚学院、上续部学院七个佛殿进行了实地勘察设计。2012 年 2 月中旬，完成了以上七个佛殿的修缮设计方案及文物修缮保护方案（第二期），并上报到了甘肃省文物局。2012 年 2 月底，甘肃省文物局组织专家进行了评审，并根据评审意见进行了修改完善，3 月上报到国家文物局，6月获得了国家文物局的批复。随后申报了以上项目的专项补助资金。

2012年2月，完成了《夏河县拉卜楞寺抢救性文物保护工程实施方案》；8月，完成了嘉木样寝宫、弥勒佛殿（大金瓦寺）、夏卜丹佛殿及安防系统工程的招标工作，其中嘉木样寝宫、弥勒佛殿（大金瓦寺）、夏卜丹佛殿由甘肃永靖古建公司中标修缮，中标合同价为1531万元，工程监理由甘肃省文物保护所承担；安防系统工程由甘肃佳信网络科技有限公司中标，中标合同价为948.17万元，工程监理由甘肃省兰州金蓉恒达电子设备安装工程有限公司承担。同时寺院方成立了以寺院文管会智华主任为组长，桑吉、金巴、久美等8位僧人为成员的拉卜楞寺文物保护工程配合督查小组，参与配合工程的实施。

2012年9月17日，在拉卜楞寺大经堂广场举行了开工仪式。省委副书记、省长刘伟平出席开工仪式并宣布开工，中共中央统战部常务副部长、中央西藏工作协调小组办公室主任朱维群出席仪式并讲话，甘肃省委常委、省委统战部部长泽巴足主持仪式。省上领导刘永富、连辑、咸辉、张晓兰、虞海燕、李建华、陆武成、嘉木样·洛桑久美·图丹却吉尼玛、孙效东、德哇仓、张津梁以及夏红民、李沛文和14个市州、省直部门主要负责同志出席开工仪式。

朱维群在讲话中说，拉卜楞寺文物保护工程的开工是我国藏传佛教界的一件大事，也是我国文物保护工作的一件大事。党和政府历来十分关心和高度重视藏族文化的保护和发展，投入大量人力、物力、财力进行了不懈努力，取得了举世瞩目的成绩。拉卜楞寺作为安多地区著名的藏传佛教寺庙，为藏族文化的传承做出了重要贡献。在历年投入的基础上，国家决定再次对拉卜楞寺进行维修保护，体现了国家对藏族传统文化的保护和宗教信仰自由的尊重，希望参与工程的各有关部门认真贯彻文物维修原则，发挥传统技术优势，注重引进先进的工艺和管理经验，加强资金监管，严格认真执行各项规章制度，密切配合、精心组织，把拉卜楞寺文物保护工程建成世界一流的优质工程，让古老的拉卜楞寺以更加辉煌的形象展示在世界面前。

2012 年 9 月下旬，夏卜丹佛殿动工修缮，截至 11 月 15 日，完成可移动文物搬迁、搭建脚手架、备料、人员岗前培训、工程技术交底会议等工作。2012 年 11 月，夏河县文化体育广播影视局委托甘肃省文物保护所完成了图丹颇章、文殊菩萨殿、念智仓囊欠建筑群、时轮学院属殿 4 所建筑本体的勘察修复设计方案（第三期）。2012 年 12 月，甘肃省财政厅下拨时轮学院、寿安殿、白度母佛殿、白伞盖佛殿、释迦牟尼佛殿、喜金刚学院、上续部学院等专项补助资金 4090 万元。同时完成项目建设投资 582.1 万元。2013 年 1 月，甘肃省文物局将图丹颇章、文殊菩萨殿、念智仓囊欠建筑群、时轮学院属殿勘察修复设计方案上报国家文物局审批。2013 年 4 月，夏卜丹佛殿工程完全进入修缮阶段。

由于组织人事变动，2013 年 4 月 16 日，中共夏河县县委、夏河县人民政府发出《关于成立夏河县拉卜楞寺基础设施建设与文物保护工程领导小组的通知》（县委发〔2013〕11 号），决定成立以张志红县长为组长，尕巴才旦（县委统战部部长）、王强（常务副县长）、贡保（县人大副主任）、萨木察仓等 8 位领导为副组长，王金全等 18 位同志为成员的夏河县拉卜楞寺基础设施建设与文物保护工程领导小组，并分组确定了工作职责。

2013 年 5 月，嘉木样寝宫 4 号院开工。

2013 年 9 月 6 日，国家文物局批复了图丹颇章、文殊菩萨殿、念智仓囊欠建筑群、时轮学院属殿修复设计方案，随后向国家文物局申报了以上项目的专项补助资金。

2013 年 9 月 21 日，鉴于拉卜楞寺文物保护工程是自建寺 300 多年来第一次大规模的整体修缮，参与工程的各方都无经验的情况，经请示夏河县政府张志红县长和王强副县长同意，拉卜楞寺文物保护工程协调领导小组组织拉卜楞寺寺院工作办公室主任才让当智、县文化体育广播影视局索南嘉副局长、县住建局罗桑副局长、寺院文管会智华主任、施工方项目负责人及监理方人员一行 13 人，前往青海塔尔寺，西藏布达拉宫、甘丹寺、桑耶寺、哲蚌寺、色拉寺、萨迦寺、大昭寺、小昭寺等进行了考察学习，历时 13 天。通过实地查看、询问，与当地寺管会、文物局及专家座谈、讨论等形式，了解了西藏、青海开展文物保护工作的情况，以及他们在实施文物保护工程中把握的修复原则、好的管理方法、资金超支的控制和处理等成功经验，使大家学到了不少东西。特别是拉卜楞寺僧人代表对文物建筑维修原则有了一定的认识。

2013 年 10 月底，历时 14 个月完成了夏卜丹佛殿建筑主体的修缮工程，工程投标合同价为 266 万余元，完工审核结算价为 568.048 万元。11 月，省文物局肖学智副局长、王旭处长，国家遗产研究院专家杨新，省文物保护所杨喜林副所长等一行专题督查了夏卜丹佛殿修缮工程，对成绩进行了肯定，同时指出了不足、提出了改进意见。

2013 年 12 月 1 日，夏河县组织县四大班子领导、州文广新局、寺院方、拉卜楞镇群众代表及工程施工方、监理方等近 40 人进行了县级初验，并在寺院接待室进行了座谈会，听取了各方对工程初验的意见和评价，一致同意上报省文物局进行终验。会后形成了《夏河县文广局夏卜丹佛殿修缮工程总结报告》《甘肃省永靖古典建筑工程总公司夏卜丹佛殿竣工报告和竣工图》《甘肃省文保所夏卜丹佛殿工程监理总结报告》《夏卜丹佛殿工程初验报告》《夏卜丹佛殿工程决算审核认定书》等文件材料。

2013 年 12 月底，省财政厅下拨时轮学院、寿安殿、白度母佛殿、白伞盖佛殿、释迦牟尼佛殿、喜金刚学院、上续部学院等专项补助资金 2700 万元。当年完成投资 648.5 万元。

2014年5月初，拉卜楞寺弥勒佛殿（大金瓦寺）开工修缮。同时，甘南州副州长石占良、夏河县副县长杨豪杰、夏河县文化体育广播影视局局长傅润等赴国家文物局汇报衔接拉卜楞寺文物保护工程的相关工作。根据工作中存在的实际问题，通过协调讨论，确定了《拉卜楞寺文物保护工程可移动文物搬运保护方案》，完善了《工程项目管理例会制度》《不可移动文物保护看守方案》《开工前后移接交手续流程》等制度方案，使工程管理更加有序、规范和安全。

2014年5月底，成立了拉卜楞寺文物保护工程专家组，夏河县政府向以下8位国内专家送达了聘任书：中国文化遗产研究院杨新（女）、傅清远、张之平，天津大学教授吴葱，河南博物院副院长杜启明，甘肃省何双全、陆杰仁、何如朴。当年专家到场指导施工达4人次。

2014年6月，完成了（第二期工程）上续部学院、喜金刚学院、白度母佛殿、白伞盖佛殿的前期准备及招投标工作。上续部学院（第一标段）、白度母佛殿（第三标段）由永靖古建中标，白伞盖佛殿、喜金刚学院（第二标段）由敦煌二建中标，中标合同价共为1346.15万元。监理由甘肃经纬监理公司中标。7月8日动工修缮。

2014年9月，夏卜丹佛殿竣工验收报告及资料上报甘肃省文物局。

2014年12月，当年完成投资2849.144万元。

2015年3月，完成了（第三期工程）时轮学院、时轮学院属殿、念智仓囊欠建筑群的前期准备及招投标工作，时轮学院及时轮学院属殿由永靖古建中标，念智仓囊欠建筑群由甘肃昊廷公司中标，中标合同价共为1087.18万元。工程监理委托甘肃省文保所监理部承担。4月10日开工修缮。

2015年6月初，州政府副州长石占良带领夏河县委常委、常务副县长王强，夏河县文化体育广播影视局局长傅润、干事完代克赴北京向国家文物局进行汇报衔接，落实安防、电力照明改造工程、油饰彩绘工程等的审核及资金落实问题，收到了良好的效果，确定2015年下半年落实以上项目资金。

2015年7月初，白伞盖佛殿、喜金刚学院、白度母佛殿、嘉木样寝宫3号院和4号院、弥勒佛殿建筑本体修缮完工。

2015年7月20日，文化部副部长、国家文物局局长励小捷一行在省政府夏红民副省长、省文化厅厅长孙伟、省文物局局长马玉萍、州委宣传部部长扎西草等领导的陪同下，亲临现场专题督查了拉卜楞寺文物保护工程实施情况，对拉卜楞寺文物保护工程给予了高度的重视，并召开了座谈会，提出了五个方面的要求和指示：一是维修工程要坚持正确的保护理念，坚持真实性、完整性和最小干预、修旧如旧的原则，寺院方面也要以此统一思想认识，全力以赴配合夏河县政府工程领导小组推进工程实施；二是希望加强夏河县文物保护机构建设，成立夏河县文物管理所，配备专业人员，进一步提升本县境内拉卜楞寺、甘加八角城遗址等全国重点文物保护单位及其他文物的保护管理工作水平；三是要加强工程施工管理，综合考虑文物保护各项目情况及寺院宗教活动、旅游开放需求，细化工程实施方案，保障重点，整体推进；四是加大预算执行力度，科学调整拉卜楞寺文物保护工程的施工结构和经费安排，切实考虑已开工项目超概算的情况，采取相应措施，调整经费安排，既保障已开工项目顺利实施，又加快总预算的执行进度；五是加大各方协调配合力度，统一思想认识，形成合力，全面推进拉卜楞寺文物保护维修工程顺利实施，保障工程质量。

针对此要求，8月7日，甘肃省委书记王三运、省长刘伟平，甘南州委书记俞成辉，夏河县委书记杨雄层层做了批示。省文物局召开了州县协调联席会议，州局领导到现场进行了督查，并召开了工作落实座谈会。

2015年11月12日，编制完成了绿度母佛殿等7处文物建筑修缮的立项报告，并上报省文物局。

2015年12月，甘肃琅寰工程造价咨询公司完成了白伞盖佛殿、喜金刚学院工程结算书的审核确认，白伞盖354万元、喜金刚288万元，并完成了扣留保修金及工程款的支付。白度母佛殿、嘉木样寝宫3号院和4号院，弥勒佛殿、上续部学院结算书因编制混乱、不规范等因素，未能达到审核条件，要求重新编制。

2016年5月11日，国家文物局下发了办保函［2016］430号文件，绿度母佛殿等7处文物建筑修缮的立项报告未能获得批复。

2016年6月7日，协同甘肃商建招投标代理公司完成了拉卜楞寺文殊菩萨殿、寿安寺（狮子吼佛殿）的招投标工作。敦煌市第二建筑工程公司以147.46万元（文殊菩萨殿）和420.87万元（寿安寺）中标，委托甘肃经纬监理公司进行工程监理，6月20日开工修缮。

从2011年1月至2016年4月29日，累计到位资金14255万元，累计完成投资7400多万元。

拉卜楞寺文物保护工程自2012年9月启动至今，历时已四年。截至目前，已完成夏卜丹殿、弥勒佛殿、白伞盖佛殿、白度母佛殿、喜金刚学院、上续部学院、嘉木样寝宫3号院和4号院、时轮学院、时轮学院属殿、念智仓囊欠大殿共10个文物主体修缮。已完成安防、消防、电路照明改造工程90%的工作量。

拉卜楞文物保护工程是一项庞大复杂的系统工程，没有党的领导，没有强大的祖国作为依靠，修缮工程的实施是不可能的。此项工程的实施，充分体现了党对少数民族地区群众的关心爱护，对宗教信仰自由的尊重，是贯彻党的民族宗教政策的具体体现。

2016年9月于羚城

第一次举办洮州“花儿”大奖赛

赵宏才

1993年，我担任临潭县委副书记后，分管文化宣传和农村工作。在反复调研和思考的基础上，我提出了“一项主题教育、三项工作任务、五大文化活动”为主要内容的“一三五”宣传文化工作思路，得到了县委的充分肯定。在五大文化活动中，筹备举办首届洮州“花儿”大奖赛的活动至今让我记忆犹新。

洮州“花儿”是流传在临潭、卓尼地区汉、藏、回等各族群众喜闻乐见的一种特殊的民间艺术形式。千百年来，它以独具特色的唱腔、丰富多彩的曲令、乡情浓郁的唱词深受广大人民群众的喜爱，在西北“花儿”中占有重要地位。现代生产生活方式的变化，也冲击着“花儿”这一古老的民间传统文化，“花儿”的把式与传承人越来越少，“花儿”交流的平台也不够充分，“花儿”这一特有的民间传统文化呈现不断弱化和出现断层的趋势。

为了将“花儿”艺术进一步发扬光大，把“花儿”这一“非物质文化遗产”保护好、继承好、发展好，我和县委宣传部门的同志反复商议，克服种种困难，下决心要以县上的名义举办一次“花儿”大奖赛。

当时临潭县的财政十分拮据，全县大口径财政收入只有200万元，靠财政拿钱办“花儿”大奖赛显然行不通。我们当时采取两条腿走路的办法，一方面让企业赞助一些，另一方面也让县上有关部门支持一点，当时许多部门都很支持，大都挤出 200 ~ 300 元支持举办“花儿”大奖赛，这些钱在今天看来微不足道，但当时确实解决了大问题。

为了使大奖赛公平、公正更具权威性，我们专门邀请“花儿”研究专家宁文焕老师（《洮州花儿散论》作者）、县文化馆馆长宋国成等组成评委，县委宣传部张俊立、王旭光、张忠良、薛兴等同志为工作人员，紧锣密鼓地开展宣传造势和筹备工作。

1994 年 7 月 9 日（农历六月初一），传统的莲花山“花儿”会期间，我们在冶力关泉滩举行了首届洮州“花儿”大奖赛。泉滩地处冶木河南岸，几十棵高大粗壮的杨树，自然挺立在河堤边，树下是青青的草地，远处是青瓦灰墙的农舍和即将收获的麦田，不远处是肋巴活佛起义纪念碑，一幅清新、恬静的田园画卷。

“花儿”大奖赛的演唱台在今天看来十分简陋，用彩条布搭起的遮阳棚作为演唱台，台口悬挂楷书书写的“临潭县首届洮州花儿大奖赛”横幅，演唱台两旁由宣传部和文化馆的同志用雨伞摆出错落有致的舞台装饰，造型既朴素美观，又有无限情趣，至今印象深刻。

由于当时交通不便，参赛选手不是很多，有来自城关、羊永、流顺、长川、石门、龙元、陈旗、羊沙、冶力关、八角乡的“花儿”歌手，有汉族，也有回族和藏族，我记得有古稀老人、洮州负有盛名的“花儿”把式杨月色、董正明等，有女唱把式何家女、李四辈女，也有新秀马云芳、晏三妹等。尽管选手们第一次参加这样的活动，在台上演唱显得有些拘谨，但看得出他们的激动之情溢于言表，他们用自由舒缓的曲调、高亢洪亮的歌喉歌颂党的好政策，赞扬家乡的发展变化，抒发对美好生活的向往。

钢二两四两钢，
你来（和）我不在一个地方让（上），
不是唱花儿你遇不让（上），
今儿个来你对让（上）唱，
对让（上）呢么对不让（上），
对不让（上）了让（上）这唱。

北山林呢雾拉雾，
南山林呢下着呢；
这会儿（现在）土地包到户，
心里还怕啥这呢；
党叫我们都致富，
信心稀不（非常）大这呢。

砖墙瓦房红柱子，
有吃有穿有用的，
农民富了高兴死，
跟党要走一辈子。

“花儿一两莲叶儿——”回荡在蓝天白云间。观者人头攒动，赞叹声、喝彩声此起彼伏。

时任临潭县委书记的刘志民也参加了当天的大奖赛开幕式，给我们莫大的支持和鼓励。县委宣传部部长张尊荣、副部长马志远积极与冶力关乡和县旅游公司沟通协调，从大奖赛的筹备、组织，参赛歌手的食宿等方面做了细致周到的安排，参赛歌手报到后，我和张尊荣部长到驻地逐个看望慰问歌手，征求歌手的意见，鼓励歌手赛出好水平。

经过三天的初赛和决赛，评出了名次，杨月色老人获得一等奖，李四辈女和何家女等获得二等奖，还有三名选手获得三等奖。尽管奖品价值不高，但大家都十分珍惜这一荣誉。

洮州“花儿”大奖赛至2015年已连续办了17届，名称也改为临潭“花儿”大奖赛，规模一届比一届隆重，奖金一次比一次高，影响也越来越大了。因为多种原因，以后的“花儿”大奖赛我一次也未能参加，可举办第一次“花儿”大奖赛的情景至今历历在目，当时的现场录音我还一直保存着。

传唱“花儿”是洮州地区广大群众最喜爱的一种表达内心情感的方式，“花儿”给予他们生活的热情，也给每一位普通群众一个表现自我、交流情感、增进友谊的良好平台。筹办首届洮州“花儿”大奖赛，是我人生中一次珍贵而难忘的记忆，这次以临潭县名义举办的“花儿”比赛活动，开启了“花儿”传唱与保护的新篇章，具有十分重要的意义，希望洮州“花儿”这一民间奇葩像莲花山的杜鹃花那样越开越艳。

2016年6月26日于羚城

我的计生情结

卢菊梅[①]

1998年9月，我到县计划生育委员会工作。当时卓尼县的计划生育工作在全省排在倒数行列，被省委、省政府“黄牌警告”，工作非常被动，压力大，担子重。那个时候走上了“天下第一难事”的计生委主任岗位，真可谓是受命于危难之际。为了尽快扭转计生工作的落后局面，上任伊始，我将心思用在工作上，刻苦钻研计划生育业务，带领刘永和（时任业务副局长）、杨兰芳（女实干家）、金学文（时任统计干事）、乔义（时任县计生指导站副站长）、赵宏才（时任县计生委文书）等业务骨干深入全县17个乡镇98个村委会469个村民小组，组织干部群众召开座谈会，认真听取群众对计生工作的意见和建议。整整两个月时间，我们没有双休，没有节假日，终于摸清了全县计划生育的底子，并制订了一套切实可行的工作方案，提出了“一年平茬，两年打基础，三年上台阶”的口号。

我们的工作思路得到了县委的充分肯定，在具体工作上，时任县长杨宇宏给予我们极大的支持，所以我们一班人结合“五清一建四落实”（即清理人口底数，建立人口登记册；清理历年出生漏报，落实上户上卡；清理计划外出生，落实计划外生育费征收；

① 卢菊梅，卓尼县计划生育委员会原主任，现任政协卓尼县委员会主席。

清理流出已婚育龄妇女，落实管理措施；清理党员干部超生，落实党纪政纪处理）的要求，因地制宜、整章建制，坚持将落实节育手术和环孕检服务作为主要工作抓紧抓实，将环孕情服务率、检出及时率、政策外怀孕补救措施等指标分解到人。在此基础上积极努力，由县上制定出台了《卓尼县计划生育工作目标管理与责任追究办法（试行）》，这些措施的实行为全县计划生育工作的顺利开展起到了保驾护航的作用。

由于受“多子多福”“传宗接代”等传统生育观念的影响和“上环后不能生育”等谣言的蛊惑，我们前脚动员上环，后脚就有游医私自摘除。当时，乡镇没有计划生育技术服务机构，全县80%以上的“四术”任务都到县城，由县计划生育服务站完成。县计生指导站副站长乔义和干部梁瑞珍、刘艳琴等都是我的主要得力助手。为了如期完成工作任务，每次下乡我都带着他（她）们。抽调这些精兵强将组成工作队，由我亲自带队分赴各乡镇开展工作，有时连续三四天回不了家，他（她）们也毫无怨言。工作队中由局统计专干金学文和赵宏才给我整理乡级资料，培训乡镇计生专干，并随县站技术服务人员扛着四五十斤重的小型X光机，进农户家中进行环孕情服务。

那时下乡进村特别困难，道路难走不说，食宿条件尤其简陋。下乡时我们一般住在乡政府或附近村民盖的私人招待所。为了进一步掌握乡村详细的第一手资料，我们采取封闭的方式进行循环突击检查。1998年10—12月整整三个多月，我们经常是“晴天一身汗，雨天一身泥”。但所有的队员能吃苦，大多时间自己做饭，有时忙了就以方便面或者白开水伴饼子充饥。晚上回不到乡镇时就住在农户家中，被子不够就盖一件军大衣或者皮袄，那混合了羊粪和陈腐酥油的农家味道，农户既热情又略显羞涩的场景令人至今难忘。队员们戏谑地称这种工作为“浪山”或体验生活！而这样的工作在我任计生委主任的那几年中每年要重复五六次。

1999年腊月23日，那是个小年。在勺哇乡，天快黑了，农牧民群众屋内的灯光次第亮起来了，要去的地方离乡政府直线约距离4千米，但没有便道，只有坐汽车绕行很多弯曲的山路。狂潮吉普车勉强走到半道便无法通行，只有打着手电筒徒步前行。该自然村住着20多户人家，计划生育对象是一位上环对象，年龄26～27岁，前不久生了一个女儿，根据计划生育政策规定，产后42天必须落实上环措施。听乡镇专干说，10天前曾去她家做过工作，该名妇女也同意放环，但等到派车去接她做手术时，却遭到家里人的阻拦，原因是她的丈夫不同意。当我们6点左右走到她家时，大门紧闭，只能从门缝中看到屋里忽暗忽明的灯光，还有偶尔传来的小孩哭声。看来对象并没有走，而是看到有陌生人来就关大门躲起来了。但任凭我们怎样敲门和叫喊，里面就是没有应声。后来发展到对象丈夫主动现身恶言相对，惹来附近村民前来围观。面对此现状，我们的工作人员梁瑞珍（时任县计生指导站主治大夫）还是以政策法规说话，耐心做对象夫妇的解释工作，讲明理由，讲清政策，对他们讲放环的好处和禁忌症，还举了许多身边事例。通过反复做思想工作，一家人的工作终于做通了，当晚就在她家打着手电筒由梁大夫亲自做了放环手术。后来，随着计划生育工作的不断深入，再也没有到农户家中上环或做手术的事情发生，现在想起来还真有点后怕。

还有一次，记得那是1998年12月中旬，天下着小雪，我带着这些精兵强将组成的工作队，前往藏巴哇下乡，在返回途中，风雪交加，我们的车行到后山坡半路时，天黑了起来，可车轮胎突然爆了，幸亏驾驶员安志力手脚麻利，不然后果不堪设想，我们在风雪中打着手电筒更换轮胎时，时任县委副书记的卢劲松也赶到，卢书记看到此情此景后，表扬说我的手下胜过训练有素的正规部队，此话听起来有点言过其实，但在当时，我的每一位部下确实如此，现在回想起这些细节，我真的很感激这些同志们。

县计生委承担着全县计划生育管理工作，还具体负责生育证发放、流动人口验证等具体业务；而流动人口经商、务工必须到计生委查验计划生育状况并出具相关证明后，才能办理有关证件。因此，办事群众多，业务量大，有时一来就是七八个人，办公室站满了人……在多年的工作中，我要求全体计生工作人员要对每一位来办事的群众热情服务；对来咨询政策或者上访的群众要热情接待，对于群众不理解的，我不厌其烦地解释；对危害群众切身利益的，我都亲自到基层调查了解，协调解决，从不推诿扯皮。当时县计生委只有七八个工作人员，我既是单位领导，又是具体业务办事员。在计生委工作的5年中，接待过上百个前来办证、咨询的群众，从没有因为人员少而影响工作，也没有因工作的疏忽给组织造成不好的影响。

身为女人，更能懂得女人的难处，来自农牧村，更能了解农牧民群众的艰辛与疾苦。农牧村医疗条件差，妇女保健意识不强，妇科病多发现象突出，许多农村妇女深受病痛的折磨。在工作中，我经常教育干部职工，时刻把群众当亲人，把已婚育龄妇女当姐妹。那几年，我将“三结合”（把计划生育工作与发展农村经济相结合、与帮助农牧民脱贫致富相结合、与建设文明幸福家庭相结合）和妇女病普查普治活动结合起来，与党员干部帮贫扶困结合起来，积极组织全县计生系统开展“人人献出一份爱心，关爱贫困母亲”的捐款活动。1998年9月至2002年9月，先后进行妇科病普查4.5万余人次，免费为患病群众提供药品价值10万余元，使她们得到及时救治。妇科病普查普治工作由刚开始群众观望、怀疑、不理解，转变为支持、欢迎、主动要求，甚至一些不属于育龄人群的群众也纷纷要求参加普查。扎古录镇丹知草是一个“二女户”，两个孩子上学，家庭生活极度困难。我检查工作到她家时，看到这种情况心里很难受，当检查得知她患子宫肌瘤而无钱医治时，我当即给了她200元钱，协调县医院为其减免部分手术费用，并组织单位职工捐款500余元，她康复出院后专门到单位致谢，哭着说“是你给了我第二次生命”，在场的同志都感动得流下了眼泪。此后，我与丹知草结成了“对子”，多次到她家走访了解情况，给她送衣物等生活用品，鼓励她勤劳致富，好好培养孩子，把日子过好。近几年，在县、乡干部的帮助下，丹知草已摆脱了困境，女儿录毛吉考上了大学，她种的当归年收入万元以上，计划生育使她切实感受到了党和政府的温暖。

为了切实将计划生育工作做好做实，我积极向县委、县政府建言献策，成立了17个乡镇婚育学校、计划生育服务所和计划生育工作站（后改为计划生育办公室），由分管副乡长兼任工作站站长。从卫生系统抽调中级以上技术职务人员充实到乡镇服务所，大力开展了岗位大练兵活动，不断提高服务人员的业务水平，优化了服务质量，把服务所建设成了功能齐全、站容站貌整洁、服务质量上乘的优质服务所，育龄妇女满意地称服务所是她们的“温馨家园”。同时，争取上级业务部门的支持，在全省范围内优先争取到南京依维柯流动服务车一辆，县服务站配备的多普勒彩超仪等医疗设备居全州第一；更新完善村计划生育工作室98个；以县站为龙头、乡所为依托、村室为主阵地的三级技术服务网络日益完善。同时狠抓“婚育新风进万家”活动，先后建成生育文化大院100多个，计划生育宣传一条街20多条，国策墙（壁）100多个，墙体标语1000多条，制作了2万多份宣传袋，使覆盖全县、均衡发展、内容全面、层次鲜明的宣传氛围逐步形成。

作为部门主管领导，我总是这样要求自己：在做人上讲诚信，在做事上求实效；对同志生活中关心，工作上严格要求。面对繁重的计生工作任务，我常常亲临工作第一线，走遍了卓尼的村村寨寨、沟沟坎坎，每检查完一个乡，我都要及时汇总，按照实际情况写出调研报告，给领导提供可供决策的数字依据，给乡镇反馈一些有价值的工作建议。

一分耕耘，一分收获。在卓尼县委、县政府的正确领导和全委干部职工的大力支持下，计生委上下正气浓厚，心往一处想，劲往一处使，全县计划生育工作一年一个台阶，1998 年年底摘掉了“黄牌”，1999 年基础工作得到加强，2000 年如期实现“三为主”！

2017 年 3 月

在甘南草原担任省报驻地记者的岁月

陈克仁[①]

《甘肃经济日报》是甘肃省人民政府的机关报，1996年在甘南州首次创设记者站。1996年10月，我有幸被选调为首任记者，度过了难忘而愉快的四年多驻站记者岁月。现追记其事，愿与大家分享。

一

1996年10月22日上午，我接到甘南州政府办公室姚克成副主任的电话通知，让我下午把调动手续从州广播电视局办到州政府办，并一再强调说领导安排了，不能拖延。

时间这么紧，能行吗？我心里虽犯嘀咕，可还是以最快的速度去位于政府大院的州人事劳动局干部科取调令。在那里没有什么阻力，办得很顺畅。随后将调令交到州广播电视局办公室，一位副主任请示领导后答复，等消息，待研究后再说。甘南人民广播电台为州广播电视局下属单位，我当时在甘南人民广播电台做

① 陈克仁，甘肃省甘南藏族自治州政协文化文史资料和学习委员会主任，甘南州《百年甘南实录》编辑部主任、主编。著有新闻作品集《甘南记忆》，文史资料集《话说铁城》《我的甘南》等。

汉语编辑。下午2点半，州广播电视局办公室来电话说，调动的事还得放一放，待条件成熟了再考虑。事情不能拖着，我将这一答复及时报告了姚克成副主任，他让我速来州政府杨继舜副秘书长办公室。

我到州政府办公室时，杨继舜副秘书长正在给州广播电视局负责人打电话，电话那头的内容大概是人手紧，又是业务尖子，放走了工作再无法开展之类的，总之一句话，就是不放人。杨继舜副秘书长的话我至今记忆犹新，他说这是《甘肃经济日报》和州政府经数次协商后共同决定的，甘南人民广播电台人手紧以后可以调，政府会支持的，但选调驻站记者是大事，定了的事不能更改，你那里不能再讲条件，先放人再说。随后让我再去广播局，再次去了手续就办了。下午5点半赶到州人事劳动局，工作人员正在等我，他们很热情，尽快将我的介绍函开到了政府办，一切比较顺畅。

那天下午合作下起了大雪。踩着厚厚的积雪回到位于东二路广播电台家属院的家时，妻子肚子疼得厉害，我觉得情况不妙，赶紧去请接生婆。天色将暮时分，我家的新成员——小女儿陈旸降生了。这是我人生旅程极其重要的转折点，下午调动了工作，傍晚时分又迎来了新生命的降生，所以我记忆非常深刻。

经甘肃经济日报社和州政府数次协商达成的协议，记者站设在州政府办公室，归口州政府办公室管理，人员管理和编制由州政府办负责，经费、工资由省社足额供给，职务任免双方商定后行文。我实际上成为两家共同管理的干部，最后其实两家都无暇顾及，成为游离于两家单位之外的“自由人士”了，我的理解是，只要干好本职工作就万事大吉了。

到州政府办报到没几天，州政府办就为我配备了专门的办公室及办公设备，安装了专门的程控电话。我的办公室位于机关大楼三楼，空间很大，朝南，宽敞明亮，阳光充足，已经习惯于坐拥挤的办公室了，坐在如此宽敞的办公室里工作，既觉得空荡荡的，又显得十分不自在，因为这种办公条件在当时已经十分优越了，所以有点受宠若惊的感觉。

在这里，我开始了全身心的工作。

二

说到选调《甘肃经济日报》驻甘南记者，这里面还有一段鲜为人知的经历。在甘南广播电台的几年，我一直注重在新闻报道方面有所作为。因此，除做好本台汉语新闻的采编外，极力撰写比较上乘的新闻作品向省级新闻媒体投稿，《甘肃经济日报》也是我投稿的主要媒体之一。几年下来，我在《甘肃经济日报》刊发了大量的消息、通讯，其中1996年刊发的消息《甘南畜牧业再上新台阶》《甘南畜牧业可望再获丰收》《医师图布旦论文获国际大奖》，通讯《洒向草原都是爱》《躬身教坛写春秋》，散文《嫩绿嫩绿的胡杨林》《老张其人》等不仅获得社会的广泛好评，也使甘肃经济日报社的领导和编辑记者记住了在甘南广播电台还有一名喜欢新闻的记者，他的名字叫陈克仁。这一年，我采写的消息《甘青两省定界工作全面展开》被《甘肃经济日报》评为通讯员好新闻（共100篇），我个人也被报社评为优秀通讯员（全省100名），是当年甘南州唯一的一位。

也就是那一年，《甘肃经济日报》在全省各地州市选调驻站记者，这一消息我是通过阅读报纸才知道的。当时，甘南人民广播电台并未订阅《甘肃经济日报》，大量的阅读还得去州图书馆阅览室。时间进入6月，全省的驻站记者基本选调完成了，就剩甘南州未进行。从州委宣传部得到的消息是，甘南尚未物色人选，好像也并无合适的人选。那几年，由于自己的努力，我在新闻界的声誉较好，因为我一直信奉的就是有作为才有地位的原则。

我的努力与付出，终于在这一年的冬季迎来了回报。

时间到了9月2日，我记得那是一个阳光明媚的下午，州政府办姚克成副主任打来电话，让我到他的办公室去一下，我当时的理解是可能有采访任务。到了姚克成副主任办公室，他将我领到二楼西段的会议室，那里面坐着几位客人，经介绍才知道，有当时《甘肃经济日报》副总编于尔生和广告发行处处长李旗，也有州政府副秘书长兼办公室主任杨继舜等领导。杨继舜副秘书长向我介绍了来宾，并说明了找我的用意。于尔生副总编简单地询问了诸如工作、家庭情况和个人的打算，我一一据实作答。最后，他特别重申，此次考察了解并不是最后结果，回去后报社要对州上推荐的几名同志通盘考虑后再做决定。

关于选调驻站记者一事，《甘肃经济日报》其实早在5月5日就已经向州委、州政府发出了《关于设立甘肃经济日报驻甘南记者站的函》，只是州上一直没有时间考虑。这次省社派一名副总编下来，主要也是商榷建站并确定驻站记者一事。事后我才从报社内部了解到，州上当时推荐的2名人选中并没有我，只是因为《甘肃经济日报》看准了我的业务能力，于尔生副总编最后才提出要见见我，也正是这次约见，实现了我的驻站梦。

三

记者站的工作说白了就一句话：采访和写稿。但看似轻松简单的工作，里面的学问却比较大，既包含怎么写，又包含写什么的问题。单说采访，也有许多方式方法，不同的方式方法的采访，其结果是截然不同的。来这里之前，我在甘南人民广播电台做了近五年的汉语编辑和记者，虽说对甘南州的风土人情、地域特色和经济社会发展状况比较熟悉，但那是地区一级的媒体，干起来相对得心应手些；而记者站工作与以前相比就大相径庭了，《甘肃经济日报》不仅是省政府机关报，稿件水准高，写作手法要求新颖别致，稿件时限限定严格，而且传媒手段也由声音转换为文字。这一切对我来说，均为全新的工作，又必须在最短时间内熟悉，备感压力巨大。

到记者站不久，我专程去甘肃经济日报社拜访了几位总编，结识了各部室的领导，尤其与总编室和记者部的编辑记者加深了了解。社里专门安排了一顿饭，报社领导和相关部门负责人悉数到场，餐桌上大家坦诚相见，对做好记者站工作献良策教办法，使我获益匪浅。那次到社里，我没打算急于离开，主要是还想通过和大家的交流，多学些写稿的经验，多取一些稿件采写方面的经。接下来的几天，我尽量待在社里，多和大家交流，多和大家商讨，也确实学到了许多新闻采写的新知识和新经验，对我以后的工作帮了大忙，工作上也少走了许多弯路。

当时，《甘肃经济日报》的总编是杨占锋，他还同时兼任经济日报社驻甘肃记者站的站长，副总编是于尔生和宋子箴。记者部主任是连振祥，副主任是马云，记者站的工作均由他们两个管理和衔接，工作量大、面宽，也非常辛苦。平时我们工作联系较多，主要是商讨采访和写稿，有时也拉家常什么的。到我离开记者站时，杨占锋的总编职务由于尔生接替，马云提任副总编，连振祥调任新华社甘肃分社任记者。驻记者站期间，我与甘肃经济日报社领导和部主任之间结下了深厚的友谊，成为无所不谈的朋友和知己。离开记者站十余年了，即便是现在，也时不时地电话往来着。

我离开记者站时，《甘肃经济日报》已由甘肃日报报业集团管办，后成为甘肃日报报业集团的子报。

四

驻记者站几年，是我人生最辉煌的时期。那几年，我不仅跑遍了甘南的山山水水，增进了对甘南山川风物和经济社会发展进程的感悟和了解，而且采写并在《甘肃经济日报》上发表了大量的新闻作品，很大一部分稿件还被刊为头版头条，为扩大《甘肃经济日报》在甘南的影响，树立甘南州的对外宣传形象均产生了广泛而积极的作用。

记得到记者站不久，时任甘南州州长的贡保甲就找我了解报社和记者站工作开展情况，我如实进行了汇报。他说，甘南贫穷落后是有历史原因的，但甘南州的工作并没有少做，广大干部在高寒缺氧的环境下无怨无悔地工作，这种工作环境和敬业精神是别的地区干部职工所不具备的，一定要把甘南的各项工作和干部的干事创业精神反映上去，让外界了解甘南、熟悉甘南，要争取干出成绩，力争使自己成为全省最好的驻站记者。贡州长语重心长的教诲，我至今铭记。

在甘南记者站的四年多时间里，我不断学习新闻知识，尽力扩大自己的新闻视野，紧盯甘南经济社会发展的前沿工作，时时处处刷新自己的工作日记，及时、全面、准确地反映甘南工作的方方面面，基本做到了全覆盖和无遗漏。采访全州大事要事，我数次跟随州上主要领导，深入工矿企业和广大农村牧区，尽力聚焦重点、难点，一大批为社会称道的新闻作品接连问世，赢得好评。采访牧区改革和扶贫工作，除了跟随州政府主要领导和分管领导下乡外，足迹遍布州内广大农村牧区，捕捉到了大量鲜活的新闻素材，也写出了几篇称得上是佳作的新闻稿件。这些新闻作品成为甘南经济社会发展的真实记录，为自治州的发展留下了弥足珍贵的新闻史料。

为使自己的心血结晶不致丢失，前几年我将自己在甘南记者站发表的新闻作品和文学作品，结集为《飘飞的思绪——渐行渐远的记忆》，并出了自印集，尽管印数有限，但小范围保存留于后世的目的也算达到了。其中收集的主要作品有：

《改革绘就草原丰收图——甘南州草场承包围栏建设纪实》(1996 年 11 月 21 日头版头条)

《“黄牌”警告之后——甘南州加强计划生育工作纪实》(1997 年 4 月 24 日第二版)

《高原的曙光——甘南州扶贫攻坚纪略》(1997 年 9 月 24 日头版头条)

《兴牧曲调更悠扬》(1998 年 5 月 12 日第二版)

《为了绿色不再被蚕食》(1999 年 4 月 12 日头版头条)

《改制激活一盘棋——甘南州放开搞活国有企业纪实》(2000 年 2 月 20 日第二版)

《为了绿水青山永驻》(2000 年 4 月 25 日头版头条)

《甘南，改善生态环境刻不容缓》(2000 年 10 月 9 日头版头条)

《打好扶贫攻坚战——访甘南藏族自治州州长贡保甲》(1996 年 12 月 25 日第二版)

《开发机遇要抢　开放步伐要大——中共甘南州委书记罗笑虎谈西部大开发》(2000 年 4 月 27 日第一版)

其中，有多篇稿件获《甘肃经济日报》年度和季度好新闻奖：《改革绘就草原丰收图——甘南州草场承包围栏建设纪实》《高原的曙光——甘南州扶贫攻坚纪略》《为了绿色不再被蚕食》三篇纪实通讯分别获得“中华大地之光”征义（通讯、报告文学类）第三届、第四届和第六届三等奖；《为了绿色不再被蚕食》同时还获得 1999 年“陇原世纪环保行”征文（环境好新闻）二等奖。

五

在甘南记者站几年的驻站经历，不仅丰富了我的阅历，激活了我干事创业的激情，同时也使我拥有了一段精彩的人生，成为我永远铭记的人生履历。

记者站工作是舒心的、快乐的。几年下来，我的工作曾无数次得到省上和州上的充分肯定。进入记者站前，我是报社五度表彰的优秀通讯员；进入报社，连续四年被报社评为优秀记者；2000 年 11 月，应邀赴北京参加了“中华大地之光”征文颁奖大会，并赴青岛、西安等地学习考察。1999 年年底，时任中共甘南州委书记的罗笑虎在记者站编写的工作通讯上做出重要批示，充分肯定了记者站设立以来的工作，并就下一步工作提出殷切希望(因离开记者站多年且数次搬家，此批示不慎丢失，感到十分遗憾)，对我做好记者站工作是莫大的鞭策。其间，州长贡保甲，州委分管宣传工作的副书记梁明远，分管经济工作的副书记沙拜次力，州政府副州长拜一民、蒋常宏、王冰、刘志明、杨志红、周强，均不止一次交任务、压担子、提要求，为我的成长给予了鼓励和支持；州政府办领导杨继舜、才让当智、张世虎、钟建龙、杨宇宏及州委宣传部领导，为我的采访、工作和生活提供了大量的关心和帮助，这一切都是我永远铭记的。

2001 年 5 月，因工作需要，组织在征求我的个人意见后，将我调整为甘南州人民政府办公室秘书科负责人，不久被任命为秘书科科长。从此，我离开了自己心仪的工作岗位，结束了我长达 10 年的记者生涯。

记者生涯，自由、充实、出彩、快乐。

记者生涯，促使我成长，促使我成功，我无怨无悔。

我将永远铭记那段时光。

2014 年 9 月于羚城寓中

腊子口战役纪念馆建馆纪实

夏家立①

1935年9月和1936年8月，红一方面军与红二、四方面军先后两次长征过甘南，途经玛曲、迭部、临潭三个县的广大地区，行程300多千米，翻越4000米以上的卡郎、达拉两座雪山，穿越了一二百千米深的原始森林，渡过一二十千米长的牙拉沟、尼傲峡、九龙峡等云崖栈道，跨过30多座渊谷险桥，走上北上抗日的正确道路，留下了俄界会议、茨日那毛主席旧居、崔古仓开仓放粮遗址、腊子口战役遗址、洮州会议旧址等一个个红色印迹，它们像一串珍珠镶嵌在甘南草原。在众多的红色景点中，最让人魂牵梦绕的，就是腊子口战役纪念馆。

我在迭部工作期间，生命中最有意义的一段经历，就是为腊子口战役纪念馆的建设洒下了汗水，倾注了心血，也留下令人难忘的记忆。

穿过迭部县腊子口朱立沟口，沿着迭宕公路向东3千米，一座民族特色浓郁的大楼展现在眼前，这就是腊子口战役纪念馆。

腊子口战役纪念馆（新馆）是在一片荒滩上建起来的。2006年8月第七届九色甘南香巴拉艺术节暨首届迭部腊子口红色旅游艺术节就在这块空地上举行，原甘肃省委常委、政法委书记洛桑灵·智

---

① 夏家立，中共甘南州委党史研究室主任。

多杰，原甘肃省政协副主席杨镇刚及迭部县上万各族群众参加了开幕式。开幕式之前，举行了红军长征纪念地腊子口纪念馆（旧馆）的开馆仪式。

2006年以后，迭部县加大朱立沟景区综合开发的力度，成立朱立沟综合开发建设指挥部，征用土地306亩，进行土地平整。经过10年建设，现在这条荒凉偏僻的小山沟，相继建成朱立沟游客服务中心、腊子口战役纪念馆、腊子口风景管理局办公楼、腊子口乡政府综合办公楼、卫生院、派出所、自来水厂等单位，纪念馆、乡政府、风景管理局、派出所等单位先后入住。

2005年6月，腊子口战役纪念馆（旧馆）由迭部县人武部负责筹建，布展于腊子口战役纪念碑旁100米的腊子宾馆楼内。在建馆过程中，迭部县委常委、人武部长张日堂负责此项工作。为确保按期完工，张部长带领武装干事，沿红军长征路线收集资料，请教北京军事博物馆、淮海战役纪念馆和延安纪念馆专家。在制作迭部大型沙盘地形图时，由于没有经验，再加上技术含量高，制作难度大，张部长不辞辛苦，聘请兰州军区政治部创作室、总参西安测绘局、西北民族大学美术学院、西安交通大学人文学院的专家反复研究，现场勘察，每天在高山峡谷间走访、测绘，鞋子都磨破了好几双。现为兰州富美电子科技有限责任公司经理的高全同志回忆：十多年前，当时他刚从大学毕业，受聘于一家设计公司，公司派他带十来个人赴腊子口进行布展。在布展过程中遇到很多困难。由于腊子河边潮气大，刚刚布展好时间不长，有些地方就会发霉、起皮、脱落，只得返工。施工人员大多是兰州人，气候不适，白天劳累一天，晚上钻进被窝，一股潮气就会侵入骨髓，像水洗的一样。附近没有村庄，购物不便，给生活带来很大困难，吃的水要从楼前的腊子河中提，味道苦涩。有时刚下过暴雨，河水浑浊，只得把水澄一晚上，第二天才能吃上面澄清的水。由于时间短、工期紧，工人不分昼夜加班加点施工，硬是咬牙坚持了下来。

原县委宣传部副部长杨树文回忆说："2002 年腊子口战役纪念馆原名为'腊子口长征纪念馆'，整个大楼投资 650 万元，于 2004 年底建成。2005 年 6 月份开始布展，10 月份完工，历时 4 个多月。面积约 200 平方米，投资 80 余万元。腊子口长征纪念馆由三个厅组成，一楼为长征厅，二楼为民俗厅和宗教厅。长征厅有人武部负责收集文物、图文资料；民俗厅由原县文体局局长安英才负责收集、制作民族服饰、农具、生活用具、民居模型等展品；宗教厅由原民宗局局长杨峰负责收集、采购佛像、唐卡、法器、铜器等展品。"

2005 年 11 月腊子口长征纪念馆更名为"腊子口战役纪念馆"，为正科级事业单位，财政全额拨款，隶属迭部县政府，编制 3 人，杨树文为法人代表。

随着游客的增加和发展红色旅游的需要，2007 年 7 月迭部县发改委委托甘肃省鸿文建筑设计院编制腊子口战役纪念馆（新馆）初步设计方案，2007 年 9 月 10 日州发改委批准初设方案，随后腊子口战役纪念馆（新馆）大楼开工建设，距腊子口战役遗址东北约 4 千米的朱立沟内。2008 年 11 月大楼建成，占地面积 12000 平方米、其中建筑面积 3657 平方米，总投资 1300 多万元，其中中宣部下拨陈列布展经费 300 万元。

大楼落成后，陈列布展成为重中之重。在此重要关头，杨树文同志义无反顾，勇挑重担。他们到红军长征经过的藏族村落走访、实地查看，沿途收集红色文物，到网上搜，去省、州、县档案馆查阅资料，向流落老红军和红军后代了解情况，向有关人员请教，想尽各种办法，千方百计补充实物、完善资料。当我问红军留下的牛皮药箱和红毛衣的情况时，杨树文有些激动，他向我动情地讲述了红军长征经过迭部期间发生的感人故事，最后不忘补充一句："这个药箱当时是用 1000 元钱从藏族群众家里收来的。”图文资料和红军文物收集告一段落后，他就着手编制布展方案和陈展大纲，布展方案和陈展大纲初稿完成后，逐级向上汇报，每次专家提出修改意见后，他回来后就反复琢磨，逐项核实、认真修改。

2008年12月闫拥和同志任迭部县委常委、宣传部长，分管纪念馆，负责纪念馆的陈列布展工作。2009年5月对纪念馆装饰、陈列布展工程公开招标，由兰州巨创数码科技有限责任公司承担布展任务。新馆陈列布展完工后，2010年6月朱胜利同志任县文体局副局长、腊子口战役纪念馆常务副馆长，接替杨树文同志的工作。

2010年9月我来到迭部县，任县委常委、宣传部长，分管纪念馆。从此我与纪念馆结下不解之缘。

2011年5月6—9日，迭部县在县城隆重举行了第六届腊子口红色旅游艺术节，邀请中国旅游电视协会组织的51家国内外著名电视台，举行了“腊子口杯红色经典旅游电视大赛”“万人红歌大联唱”“千人锅庄”“重走长征路”万人赛跑等活动。我到迭部不久，接到的第一项任务就是组织51家电视台记者的采访和腊子口战役纪念馆的开馆工作。

2011年5月8日是一个值得纪念的日子。易地新建的腊子口战役纪念馆建成开馆，并免费向游客开放。

走进纪念馆院内，杨成武将军亲笔题写的“腊子口战役纪念馆”八个鎏金大字映入眼帘。走进纪念馆大厅，迎面是毛泽东、周恩来等九大伟人塑像，塑像下摆满各色花朵，寄托着对先辈的怀念。站在展厅内，瞻仰着英雄的塑像，聆听着英雄的故事，耳旁仿佛响起激烈的枪炮声、厮杀声、呐喊声，脑海里浮现出红军战士英勇杀敌的壮烈场面。

新馆展厅为三层，分四个单元，第一单元为长征岁月，利用人物组雕、图片、蜡像、文物、电动沙盘等形式，重点表现俄界会议的过程及历史意义。第二单元为激战腊子口，利用幻影成像、景观模型生动再现激战腊子口的场景。第三单元为杨土司开仓放粮，通过幻影成像、图文资料，生动再现杨土司深明大义，为红军献粮让道，藏族人民修复栈道、收留流落红军、为红军治病、当向导的情景。第四单元反映迭部人民在长征精神鼓舞下，军民团结共建，推动绿色长征，建设生态文明等方面所取得的成就。

2012年7月2日，纪念馆陈展大纲评审会召开，省、州专家对腊子口战役纪念馆一年多来所做的陈展内容改进给予高度评价，认为腊子口战役纪念馆以“红军长征在迭部史”为陈展主题，以翔实的史料、图片、实物、沙盘为主体，以生动的声光电媒体，全面反映了红军长征在迭部的光辉历程，顺利通过评审。

2013年10月，在红军翻越最后一道岷山雪峰达拉梁下，投资26亿元的迭宕二级公路开工，2014年年底建成通车。纪念馆门前，一条宽阔的柏油路通向哈达铺，既方便了人们出行，又促进了红色旅游的发展。站在达拉梁的隧道前，仿佛听到伟人毛泽东正吟诵“更喜岷山千里雪，三军过后尽开颜”的著名诗句。朱胜利介绍说：“与旧馆相比，新馆不但高大上、新颖气派，而且面积大大增加，陈展内容也丰富多了，特别是迭宕公路通车，前来参观的游客比过去有大幅增加。”

2015年1月，我被提任为腊子口战役纪念馆馆长，专职开展纪念馆各项工作，成为腊子口战役纪念馆首任正县级馆长。到纪念馆后，我一面为刚接受崭新的工作所鼓舞，又为纪念馆艰苦的工作条件和落后的基础设施发愁。纪念馆搬入朱立沟后，尽管迭宕公路建成通车，但整条山沟只有三个单位，讲解员办公、生活、出行、购物等方面都非常困难，离纪念馆最近的迭部林业局所属的七场也要三四千米，没有一家饭馆。更为严重的是，到了冬天，由于担心管道冻裂，只得把自来水关掉，讲解员只能饮用溪水，经常以方便面充饥，严重影响身体健康；单位没有车辆，讲解员往返、换班要步行约4千米到纪念碑附近候车；办公、生活与展厅混在一起，明显不符合文物展出规定；纪念馆地处朱立沟的风口，一年四季风沙特别大，一二十斤的沙袋都被吹得满地滚；楼内没有暖气，冬天阴冷，夏天潮湿；展厅内灯光昏暗，自来水不正常，厕所经常堵塞；整个纪念馆只有一座孤零零的大楼，没有一点附属设施，甚至连围墙大门都没有，四处透风，牛羊乱跑。面对这些困难问题，我陷入了沉思。经过召集全体职工多次研究，集思广益，大家一致认为，纪念馆工作是一项光荣的工作，光荣与梦想、使命和担当召唤着每一个人，绝不能被眼前的困难所吓倒，要结合纪念馆实际，分步骤、分阶段解决这些困难问题，首先从加强单位的基础设施建设做起。于是，纪念馆附属设施建设及美化亮化工程提上议事日程。经过反复论证，多方筹集资金，从2014年5月开始，聘请兰州华海景观设计公司对纪念馆大门及附属设施进行设计，通过招标，由迭部县兴隆建筑有限责任公司对大楼东侧的山坡进行平整，对楼前部分场地进行硬化，新建围墙、门房、大门，安装了两部自动伸缩电子门，清理排水沟，新建东面山坡两个水泥台阶等，总投资80多万元。

2015年为隆重纪念红军长征过迭部80周年和纪念抗日战争胜利暨世界反法西斯战争胜利70周年，县上组织了一系列重大活动，我具体负责纪念俄界会议80周年研讨会的筹备，“红色火炬、绿色长征”万人火炬传递活动的策划及专家的邀请工作。3月初，从临洮采购100棵2米多高的金塔柏进行绿化，当年全部成活。为全力配合县上的重大活动，纪念馆开足马力加班加点，于4月底完成展馆电路及灯光的更新改造，对楼内厕所按星级标准进行了更新改造。5月底修建西面长20米、高4米的山墙，对大门外停车场进行硬化，画出停车位。

这些工作完成后，难啃的骨头还在后面，那就是纪念馆文化广场建设。由于天公不作美，5—6月朱立沟下了一个多月的雨，工人们只得在大雨中施工。5月下旬县上下了死命令，要求所有工程务必于7月10日前完工。6月初，县四大班子及副县级以上领导干部20多人来纪念馆检查，要求加快进度，为此我们立下军令状，若不能按期完工甘受处罚。更为要命的是，军令状刚立下不久，大楼东面的山体在施工过程中由于雨水冲刷浸泡，山体不稳发生垮塌，1000多立方山体轰然倒塌，万幸没有发生人员伤亡。这样一来，工程量翻了几倍。到7月10日只有不足40天时间，大家一筹莫展。但是，办法总比困难多，经过集思广益，我们及时采取有效方法，将10多名工人增加到50多名工人，采取三班倒的方法昼夜不停、冒雨施工，终于转移了地基开裂、有倒塌危险的高压线路和电杆，铲除了塌方体，进行了滑坡综合治理，将长40多米、高10多米、宽6米多的山坡用石头、钢筋、水泥牢牢筑为一体，这相当于用20多天时间修建了一座实心的三层楼。工人们在山墙顶端建长城垛口，墙面砌仿古瓷砖，正中安装高9米、长16米的红军北上抗日、藏族群众依依惜别的玻璃钢雕塑，寓意红军将士9月16日攻打天险腊子口。雕塑左面是高9米、宽3米的“更喜岷山千里雪，三军过后尽开颜”的诗词，右面是高9米、宽12米鎏金的毛泽东诗词《沁园春·雪》。大楼东面的山墙上，一条长20多米的红飘带分上、中、下三部分，上下重叠，鲜艳醒目、迎风招展，左端有一直径3米的红五星闪闪发光，寓意中国工农红军三军胜利会师。红飘带的下面是长20多米、高2米多的红军长征故事砂岩雕塑，分别讲述俄界会议、茨日那的曙光、开仓放粮、云崖栈道、激战腊子口、胜利进军6个场景。

长40米、宽25米的文化广场全部铺上大理石，居中耸立一座高4米的军号雕塑，古铜色的玻璃钢军号上，缠绕着红色丝带，仿佛正吹响“北上抗日、夺回失地”的集结号。广场东面是一枚直径3米、重1吨多的砂岩雕塑等比例放大复制品“红军印”，生动地再现了红军长征遗落在迭部的国家一级文物。全年投入资金180

多万元。

2015年7月13日，激动人心的时刻到来了，纪念馆红旗招展、花团锦簇，40名身着红军服、手举火炬的年轻人跑步进入纪念馆，后面是几百名手持国旗和五星红旗的小学生、身着民族服饰的藏族群众和干部职工，原州委常委、宣传部长扎西草，原州委常委范武德，副州长石占良和原迭部县委书记仁青东珠为“胜利的号角”揭幕，各族各界在纪念馆前合影留念，随后参观了装修一新的纪念馆。

2015年9月3日，纪念馆又迎来一个重要的日子，县四大班子及全县副县级干部、各乡镇书记、乡镇长、县直各部门负责人100多人在纪念馆会议室隆重举行了“迭部县纪念抗日战争胜利暨世界反法西斯战争胜利70周年座谈会”，会上我做了《俄界会议的历史意义和现实意义》专题报告。

在加强场馆硬件建设的同时，我十分重视纪念馆队伍建设和正规化建设。经过不懈努力，2010年腊子口战役纪念馆升格为副县级单位，与腊子口风景管理局合署办公，两块牌子一套人马，宣传部管理。2013年升格为正县级单位，隶属中共迭部县委，宣传部管理，内设办公室、史料征集研究室、安全保卫科3个科室，核定事业编制16名，其中馆长1名（正县级），副馆长1名（副县级），科级职数4名（其中办公室主任、副主任各1名，史料征集研究室主任1名，安全保卫科长1名），工作人员10名。至2015年年底，纪念馆实有工作人员12人，其中馆长、常务副馆长、办公室副主任各1名，工作人员8名。

在各族各界的关心支持和全体工作人员的共同努力下，纪念馆硕果累累，获得各项殊荣。1996年6月该馆被确定为州级爱国主义教育基地；2006年8月被确定为省级爱国主义教育基地；2004年12月被甘肃省委党史研究室批准为“甘肃省中共党史教育基地”；2006年9月被省委宣传部批准为“甘肃省国防教育基地”；2009 年 5 月 21 日被中宣部公布为第四批全国爱国主义教育示范基地；2011 年 9 月被批准为甘肃省第一批廉政教育基地，并举行挂牌仪式；2012 年 7 月 1 日被批准为“全国红军小学建设工程爱国主义教育基地”；2014 年 4 月被确定为中国延安干部学院现场体验教学点，举行挂牌仪式，两名讲解员确定为延安干部学院特聘教员，我被省委组织部确定为甘肃省乡村干部教育学院特聘教员；2015 年被甘肃省民族高等师范学院确定为爱国主义教育基地。从 2005 年建馆至 2015 年年底，共接待国内外游客 100 多万人次，该馆已成为全省乃至全国爱国主义教育、革命传统教育、长征精神教育、青少年思想道德教育和党史教育基地。

2015 年 12 月，我调离腊子口战役纪念馆。在迭部的 7 个年头，我与纪念馆形影不离，对纪念馆工作的认识也不断加深。如果说腊子口战役遗址和纪念碑是红军的军根，那么纪念馆所展示的则是红军的军魂、是党魂、是民族精神；纪念碑是无声的丰碑，纪念馆则是精神的家园。通过运用丰富的图片、翔实的资料、逼真的声光电，生动地再现了红军长征那段波澜壮阔的历史。通过讲解员的生动讲解，一幅幅图片动起来了，一个个英雄人物活起来了，一个个动人故事丰满起来了，人们在参观游览中接受红色教育，注入红色基因，进一步激发了民族自豪感和爱国热情，增强了民族凝聚力和向心力，增强了建设小康社会的信心和决心。这，不正是纪念馆工作所体现的价值吗?

回首往事心潮澎湃，展望未来豪情满怀。在今后的日子里，我默默祝愿腊子口战役纪念馆这颗红色的宝石、这座精神的家园，永远在迭山白水中光彩夺目、熠熠生辉。

甘南日报社是我成长的地方

訾晓辉

伴随着共和国前进的步伐，《甘南日报》即将走过60年的辉煌历程，在喜迎《甘南日报》创刊60周年的日子里，作为甘南报人，感到无比的兴奋和激动。我于1981年8月至1991年11月在甘南日报社工作了10年，甘南日报社磨炼了我，培养了我，是我成长的地方，是我一辈子不能忘怀的地方。

我的母亲王桂芳在20世纪60年代初曾在甘南日报社工作过，受母亲的熏陶和影响，我从小就爱看书、爱藏书（连环画书）、爱文学，长大当一名“无冕之王”的记者，是我青少年时代的梦想。1976年6月，我在临潭县新堡公社上堡大队资堡生产队插队当知识青年时，公社通知我去县上参加了通讯员培训班，当时激动的心情比现在出国还要高兴，培训班培训时间共一个月，前期由甘肃日报社、甘南日报社的编辑记者授课辅导，后期学员赴各地实习回来交习作稿件。这次培训使我增长了新闻采写的有关知识，为今后的新闻写作打下了基础，当时针对采访前主题是否先入的问题进行热烈讨论的情景，现在回忆起来印象还是那么深，现任甘南州人大常委会副主任李瑞平就是培训班的同期学员。1978年10月，我从农村被直接招入甘南州人民银行农村金融科工作，一天，我写的《临潭县农行发放专项贷款　支持农民养羊》的新闻稿，在《甘南日报》很不起眼的地方见报了，虽然不到200字，但我还是看了又看，就像见到亲人一般。从此，我一发而不可收拾，与单位同一宿舍的好友敬平（小名晓琳）合作，并以“晓琳、晓辉”的署名向《甘南日报》投稿，立足本单位、本系统，内容以金融、经济为主，体裁以消息为主。由于我俩年轻、勤奋，写稿热情高，甘南日报社领导点名要我俩去报社工作，当时人行、农行分家，敬平分到人行，人行领导不同意放。我分到农行，经再三找领导恳求才答应放，农行领导说：“报社是知识分子成堆的地方，混不下去时可随时回来，农行的大门为你敞开着。”就这样，我于1981年8月调入甘南日报社通采组任记者，一方面，由“游击队”（新闻通讯员）成为“正规军”（党报正式记者）；另一方面，由社会上羡慕的“银行白领”来到“清水衙门”报社，这条路走得对也好，错也罢，我无怨无悔。

有位作家说过，一个人干自己喜欢干的工作是幸福的，在那个位置你活得洒脱，活得生机勃勃，活得适得其所，那里就是你的“事业”。令我难以忘怀的是，进报社后有幸在老前辈、组长刘振川的手下工作，报社等级观念相对淡薄，民主气氛较浓，老同志一般不称职务，都称“老×”，年轻人称名字或“小×”，我称刘振川为“老刘”，一直叫到老刘当上报社总编几年后才改口。通采组共七八个人，既有纪律，又比较宽松，紧张活泼，心情舒畅。每当记者下乡采访归来，组里同志都要在办公室接风洗尘聚一聚，大伙各自从家里拿上下酒菜在办公室炉子上热一热即可，同事们在一起推心置腹，亲切地交流感情，切磋技艺，其乐融融。报社有人戏谑地说：“借问‘酒家’何处有，牧童遥指通采组。”虽然报社工资低，人员少，任务重，没有广告收入、奖金福利，但是我们心情愉快，心中充满对新闻事业的执着和热爱。一些重要采访和稿件，组里都要组织大家一起各抒己见，展开评论，记者写的稿件先经过老刘修改把关再转编辑组，我进报社起步阶段写的每一篇稿子，都倾注了老刘的心血，有时修改后还要当面点评。一次，老刘看了我采写的甘南州草原工作队畜牧师曹希敏的人物通讯初稿后，认认真真、工工整整地给我写了一封信，讲不足之处、如何提炼主题、从何处着手修改，出点子，引思路，使我写有方向，改有方法，手把手，传帮带，殷殷师生之情跃然纸上。受老刘的影响，在以后的岁月中，我不论在甘南日报社，还是在人民之声报社任编辑，都保持了与通讯员、作者写信联络交流的良好作风，这些同志大多成为自己的好朋友，在编好稿件的同时，亦扩大了自己的社交圈子，现任甘南日报社总编张学虎同志与我就曾有过书信交流，后成了挚友。

在良好的环境中，在老前辈的悉心栽培下，我得到了历练，逐渐成长起来，1984年由记者先后任四版、一版编辑，同年11月加入中国共产党；1985年9月，进入兰州大学新闻系深造，1988年学成归来后，在编辑部会议上将学习情况向大家做了专题汇报，不久，任经济科副科长主持工作。1989年和1991年被团省委、省记协评选为年度全省“优秀青年记者”；1989年在甘南日报社通讯员培训班暨优秀通讯员表彰大会期间，本人做了题为《怎样写好经济报道》的讲课，受到了各位同仁及通讯员的好评。1990年5月，我与吴春岗同志发起成立了甘南州青年新闻工作者协会（简称青年记协），吴春岗任主席，我任副主席兼秘书长，为甘南新闻宣传事业的发展起到了一定的推动作用，发挥了自己的光和热。当年青年记协理事有杨卓玛、张世虎、洪渊、仁青才尕、张巾英、薛业鸣、杨俊峰、杜光华、吕保平、厚泽、石海峰等同志，现都出现在地区和部门的县处级、地厅级领导岗位上，昔日岁风华正茂、书生意气，爱“爬格子”的新闻宣传青年，如今成长为州长、县委书记、部长、局长、处长、台长，听到这些消息，深感欣慰，正是：江山代有才人出，各领风骚数百年。

问渠那得清如许，为有源头活水来。1992年初，我调入省人大人民之声报社工作，由于有甘南日报社这碗“酒”垫底，工作上轻车熟路，事业上瓜熟蒂落，作品《草原的女儿》《创业在阿尼玛卿雪山下》《水电侦察兵》《迷人的敦煌》等，被数家省级单位出版的散文、通讯集收录。截至目前，出版了三本政论散文集——《原上草》《拾穗集》《秋实集》。从 2004 年起，历任甘肃省古浪县政府副县长（正县级）、武威市文化新闻出版局副局长、武威市文化旅游局副局长，现在省人大常委会法工委从事地方性法规立法工作。

白驹如隙，光阴似箭。一晃离开甘南日报社 20 年了，回忆在甘南日报社工作的 10 年，是我人生道路最关键的 10 年，也是我青春年华最珍贵的 10 年，树高千丈也忘不了根，我的“根”就是甘南日报社。

2011 年 10 月 23 日于兰州

本文原载《甘南日报》，2012 年 2 月 24 日。

我与甘南电视台共同成长的岁月

李白云①

在不经意当中，我已伴随甘南电视台走过了 18 个春秋，这一路走来，有欢笑、有辛酸，但也留下了为全州电视观众服务的无限荣光与事业成就的自豪，体会到了生活的乐趣和作为电视人的成就感。从成为广电人的那一刻开始，我就知道，这是一份责任的担当与奉献。回忆这段往事，我清楚地知道，正是因为有了甘南电视台这个平台，才有了现在的我。

1993 年 7 月，我从甘肃省广播电视学校毕业后，直接分配到了甘南州广播电视局下属的合作有线电视台。当时，州广电局下属单位有甘南广播电台、甘南电视台、合作有线电视台等六七个业务单位。合作有线电视台刚刚起步，成立不到半年，是企业化管理的事业单位，主要工作就是在合作地区安装有线电视，发展用户，在州府所在地合作镇架设线路，逐步建设合作城镇有线电视网络。建台之初，专业人员非常缺。在合作有线电视台我一干就是四年多，其间一直担任技术员、值机员和会计等工作，到后来合作有线电视台自办节目开播后，我又兼职做摄像记者、后期编辑制作等工作。

甘南电视台于 1992 年 1 月 1 日开始试播，是经国家广播电影

---

① 李白云，甘肃省甘南广播电视台党组成员、总工程师。

电视部批准的，全国首批、甘肃省第一家藏语译制电视台。

我是1998年元月因工作需要调入甘南电视台的，那时我刚满26岁，怀揣着希望与梦想。

我调入时，位于东二路羚城大市场内（州科学宫对面）的甘南电视台是一座三层小楼，共有二十几间办公室。当时的甘南电视台台长由州广播电视局副局长索南兼任，副台长是赵新民同志。甘南电视台设有四个科室：总编室、新闻部、藏语译制部和技术制作部。总编室主任杨永建是和我一起调入的，新闻部由副主任达拉塔负责，我调入后被安排到了新闻部。

那时，甘南电视台单位小，人员少，每天晚上播出三个多小时，节目主要是《甘南新闻》和影视剧场，自办的栏目更是少得可怜。每周一、三、五是汉语《甘南新闻》和汉语影视剧，二、四、六是藏语《甘南新闻》和藏语影视剧，周日是汉语《一周要闻回顾》节目。

这是一个机遇，也是一个挑战。刚进入电视台新闻部，一切都得从零开始。为了能站得稳脚，工作上不拖其他人的后腿，我暗暗下决心，一定要在新的岗位上干出个模样来。我开始埋头钻研新闻写作，虚心向同事请教电视新闻拍摄技巧，很快，经过一番磨砺，我就能单独出去采访，逐渐由一名初出茅庐的新兵成长为一名新闻骨干。随后，我跑时政新闻、社会新闻，经常深入农牧村、田间地头、草原牧场、工矿企业、中小学校等去采访。在新闻部工作的这一段时间，我不但学到了很多有关电视新闻拍摄、写作、制作方面的知识，而且开阔了眼界，社交面也广了，同时在和同行们的共事中，取长补短，在实际工作中集少成多，不断充实自己的知识面，最终成为行家理手。

我相信，不论在什么岗位，只要脚踏实地一步一步地走下去，终会有属于自己的一片蓝天和收获。1998年10月，我被组织上提任为甘南电视台技术制作部副主任，主要负责节目制作。

上任后，我团结带领几个同事独当一面，除了制作藏汉语《甘南新闻》外，我们还制作《红绿灯》《广告文艺》《请您欣赏》等自办节目，在此期间还录制了《扎西德杰》《朗萨文波》等文艺节目。

从2000年开始，随着国家“西新”工程的启动实施，甘南电视台摄录设备逐步向数字化过渡，摄像机由最初的两套BETACAM DXC-327（325）SP及一台SONY H18、两台Panasonic M9000一体机、一台JVC一体机，更新换代为四套SONY DSR-PD150数字摄像机及配套录像机，节目制作系统也由录像机线性制作向非线性编辑机过渡。

到了2003年，甘南州建州五十周年大庆的前一个月，在时任甘南州文化局局长的王春华亲自主持策划下，完成了专题片《甘南文化五十年》，作为建州五十周年的献礼片。

2004年4月，我随广电考察团在州委宣传部部长赵敏学，新任广电局长王春华，副局长杨峻峰、杨永建（兼甘南电视台台长）的带领下，一行11人赴全省12个地州市及四川阿坝藏族羌族自治州广电局考察学习。回来后，局党组又交给我一项重任：安排我负责筹备甘南电视台专题部的工作。

俗话说，“万事开头难”。为了尽早播出电视专题固定栏目，我克服缺少经验、缺少设备和专业人员的困难，认真查阅各类资料，积极争取台内各部门的协调配合，带领交巴加、仁青扎西、张红岩三人，很快就开办了《科技万象》《金色童年》《每周一歌》《走进香巴拉》《红绿灯》《图文信息》六档反映民生、直抒民意的电视专题节目，极大地丰富了甘南电视台节目内容，提升了甘南对外形象，受到了局党组和台领导的肯定和同事们的认可。

2004年7月1日，是甘南电视事业发展史上的重要时刻，在州委、州政府的关心和大力支持下，州财政一次性投入432.15万元，租用电信光缆，开通了州府合作至各县的光缆通道。从此，电视台利用网络可以传输电视节目，实现了甘南电视台的节目由最初的无线传输，变成无线加有线传输，甘南电视台的节目也由最初的覆盖合作地区，覆盖到全州七县一市。甘南电视台从此实现了由模拟时代走向数字化时代的高清转变，各项工作逐步走上科学化、正规化的发展之路。

也就在这一年，甘南电视台首次成功举办了全州“格萨尔杯”播音员、主持人电视大赛，首次面向州内外开展了甘南电视台台标征集活动。

2005 年 3 月，州人大、政协“两会”召开前夕，按照州上的要求，甘南电视台首次电视直播“两会”开幕盛况，我和同事在没有专业直播设备、没有实战经验的情况下，按照台长石海峰“只许成功，不许失败”的要求，详细制定直播方案，安装调试组装设备，铺设合作影剧院大会开幕现场到电视台的电缆。由于时间紧、压力大，加之合作影剧院没有暖气，在“两会”开幕的前一天晚上，我患了严重的感冒，高烧 39 度连续不退。我心里知道，为这次现场直播，我们准备了半个月时间，作为现场直播的总负责人和现场导播，缺席养病意味着什么。为了不耽误次日的直播，我连夜打针输液，第二天硬是带着高烧投入工作中，成功地完成了甘南电视台成立以来的第一次电视现场直播。

2005 年 6 月，我的工作又得到局党组的肯定，被组织上提任为甘南电视台汉语专题部主任。这年夏天，我在州委组织部电教中心久特的陪同下，前去采访舟曲县立节乡北山村身残志坚青年房峰生。去北山村的羊肠小道非常陡峭，当地有“上山脸贴地，下山屁股痛”的说法，一不小心就有滑倒、滚下山的危险，就在这几十里的山路上，我肩扛着 20 多斤重的摄像机，提心吊胆地来回走了六七个小时，为的就是用心拍好电视专题片。功夫不负有心人，我所创作的这部电视专题片《用拐杖撑起一片天》荣获 2005 年度“甘肃广播影视奖”电视社教类一等奖和全省“倾情

2005 年度动情人物展播”一等奖。

2006 年 7 月 1 日，甘南电视台藏语频道开通播出，这让甘南电视台又跨上一个新台阶。综合频道一套节目以汉语节目为主，二套藏语节目以安多藏语为主，两套电视节目全天共播出 15 个小时。藏语频道主要以编辑、译播藏语《甘南新闻》以及播放一些购置的藏语专题文艺节目为主，也播放甘南广播电视台译制中心翻译的藏语影视剧和电影。

甘南电视台为了全力打造九色甘南香巴拉旅游品牌，把甘南的旅游资源优势推介出去，让更多的人了解甘南、走进甘南，从 2005 年起到 2008 年，在开办的《走进香巴拉》栏目中，共播出各类介绍甘南风光、民俗、节庆活动的专题文艺节目一百多部（集）。其间，我主持拍摄的《腊子秋韵》《高原明珠尕海湖》《多姿多彩的甘加草原》《卓尼名刹禅定寺》《洮州万人拔河》《舟曲元宵灯会》《阿角沟》等 30 多部专题片，不仅在甘南电视台多次播出，而且在甘肃电视台多个频道播出，提高了“九色甘南香巴拉旅游”品牌的知名度，《走进香巴拉》如今正在成为甘南电视台的品牌栏目。为此，我荣获 2007 年度“全州旅游宣传先进个人”称号。

在甘南电视台工作的日子里，让我终身难忘、最值得回忆的事，是到迭山深处拍摄盘羊的经历。

2009 年 8 月，我跟随总编室主任杨达吉来到迭部县桑坝乡，在当地向导的带领下，我们一行 6 人带着简单的行装，步行进入迭部和卓尼交界地带的迭山深处无人区，去拍摄濒临灭绝的国家二级保护动物——盘羊。凭着对电视事业的无限热爱，我们经历了危险、退缩、孤独、守候、恐惧、饥饿等重重困难，经历八天八夜的努力，终于追踪拍摄完成了目前国内生存群体最集中的迭山盘羊群。2010 年，经过编辑制作完成后的电视专题片《迭山深处的盘羊》在本台播出并推荐省台播出后，荣获第十一届全国藏语广播电视优秀节目电视短纪录片类一等奖。

2010年，甘南广播电视事业发展史又翻开了新的一页。7月28日，投资3500万元、建设面积6000平方米的甘南广播电视综合业务楼建成并投入使用。甘南电视台由东二路的三层小楼搬迁至广电大厦业务楼，办公条件得到了极大的改善。

也在这一年，甘南电视台全面完成了事业单位管理体制改革，公开竞聘选拔了15名科级干部，公开招考聘用了40名事业单位工作人员，广电队伍得到进一步加强与壮大，同时，也经受了一次新的重大考验。

当年8月，舟曲县发生了特大山洪泥石流灾害，我主动请缨，当夜赶到舟曲。

我和同事不畏艰难困苦，采访拍摄抢险救灾第一手素材。顶着酷热，冒着被疫情传染的危险，喝生水，吃方便面，冲锋在受灾最严重、最危险的地方。就是在这样的条件下，我平均每天采写两三篇新闻稿件，还为省电视台、中央电视台传送了多条素材和稿件，及时传递了党和政府对灾区群众的关怀和支持，反映了灾区群众的渴盼和需求。这一年，我参与制作的专题片《舟曲不曲》，荣获“旗帜”——纪念建党九十周年全国优秀纪录片二等奖。

2012年1月，我带领团队，在甘肃电视台台长助理王昂、文化频道刘省平、刘斌、李济深等人的帮助下，成功录制了由州委宣传部与州广播电影电视局联合编排的《2012“幸福甘南”电视春节文艺晚会》，并在23日晚甘南电视台成功直播。整台晚会时长近4个小时，内容包括民族舞蹈、藏戏、杂技、演奏、独唱、弹唱等38个节目。晚会的成功举办填补了甘南自办电视春节文艺晚会的空白。

同年3月，在全州维稳形势最为严峻的时候，按时完成五集维稳专题系列片《珍爱生命　反对自焚》，为抢占舆论制高点和新闻宣传主阵地发挥了应有的作用。

莫问辛劳有多少，耕劳自有新收获！十几年来，我的足迹踏遍布甘南州的每一个乡镇、每一处山川河流，以新闻工作者的政治敏锐性和过硬的业务能力，摄制采编了《来自九色甘南的邀请》、《跨越之路》、《草原深处党旗红》、《旗帜》、全州维稳专题系列片《珍爱生命　共建和谐》（3集）等一百多部有深度，有时效性、针对性的新闻和专题节目，作品多次荣获全国藏语广播电视节目、甘肃省优秀电视社教类节目一、二、三等奖，其中有些节目在中央电视台、甘肃电视台和其他省台播出。

在甘南电视台专题部工作期间，我长期负责、参与州上各类大型活动的拍摄制作工作，尤其是直接参与并策划了甘南电视台的所有实况录像和大型电视直播任务。

我带领团队录制了《中国梦　劳动美　职工情》、《甘南卫生系统庆祝建党94周年文艺汇演》、建州六十周年庆典活动实况等州内各类大型节庆活动50多场次，完成了《舟曲县感恩汇报》《幸福甘南——春节文艺晚会》《最美甘南人物》等十多场直播任务……在实践中，积累了宝贵的工作经验，提高了直播、录播工作能力。

甘南电视台在发展与壮大过程中，得到了中央和省上给予民族地方台的关心与支持，从2012年至2016年，甘南广播电视台投资112万元，对电视一、二频道硬盘播出系统进行了数字化升级改造，实现了电视节目信号双备份数字化播出；甘南网络广播电视台正式开通上线，建成集PC、手机客户端、微信、微博于一体的全媒体新闻资讯平台，标志着甘南广播电视台全媒体时代的到来。此外，甘南广播电视台成功承办了全国红色旅游电视大赛，活动得到中央电视台、北京电视台等全国40家电视台的积极参与和响应；录制的格萨尔说唱节目正式开播，电视高清化改造正在进行中……

到2016年年底，甘南广播电视台已呈现强劲的综合实力：全台拥有5个管理科室和14个业务科室，已有固定资产5800余万元；拥有现代信息化设备50多（台）套，设备价值由原来的20多万元发展到1000余万元；频道和节目制作、播出已全面实现数字化；每天滚动播出达到17个小时；电视信号已覆盖全州7县1市，拥有网络电视用户6万多户、电信IP用户4万多户，有效收视人口超过50万人。

回顾26岁至44岁的18年，是我人生最美好的时光。二十年磨一剑，我为自己身处伟大的时代而感到幸福。2008年9月，我荣获第六届甘南州十大杰出青年称号；2009年11月，我荣获首届甘南州十大杰出新闻工作者称号。作为一名电视人，我今后的路程仍然任重而道远，我将背负崇高的使命踏上见证甘南跨越式发展的新征程。

2017年4月

璀璨夺目的甘南历史文化遗产

赵凌宏[①]

甘南地处青藏高原东北边缘、甘肃西南部，在总面积 4.5 万平方千米的土地上，养育着 70 多万以藏族为主体的汉、回、蒙古等各族群众。

甘南州是唐蕃古道的重要通道，是距内地最近的雪域高原，其历史文化遗产丰厚而灿烂，是安多藏区政治、经济、文化的中心。与西藏、青海、四川、云南等藏区有着重要的经济和社会联系，是内地连接藏区的黄金通道。这里不仅是中国重要的历史文化沉积带，保留大量古老的历史遗存，文化形态丰富、多样、复杂，而且是西部大开发的重要区域和藏文化的核心地带，是甘肃极具代表性的文化资源富集地区之一。在我国民族文化格局中具有独特地位和特殊价值，文化影响巨大。

一、物质文化遗产（文物）保护现状

穿越历史时空，我们不难发现，甘南藏区早在新石器时代，也就是距今 5000 多年前就已经有先民在这片土地上拓展疆域，垦荒建业，随处遗留着先祖们开拓前行的印迹。马家窑文化、齐家

① 赵凌宏，中共甘南州委宣传部副部长。

文化、辛店文化、寺哇文化、土著文化等古文化遗存无一例外地出现在甘南境内。一批积淀着悠久历史和丰厚凝重的历史文化遗产被考古专家相继发掘。岁月亘古，光华流转，自然的赏赐和历史的沉淀，孕育和演进了三河一江流域人类的文明。同时甘南作为全国 10 个藏族自治州之一，因其独特的地理位置和多样的自然环境，逐步形成了丰富多彩的民族民间文化和人文景观。甘南有闻名中外、被外界誉为“世界藏学府”的夏河拉卜楞寺，以及卓尼禅定寺和碌曲郎木寺等 121 座藏传佛教寺院，有腊子口战役旧址、俄界会议旧址和甘加八角城等 20 多处历史遗存。千百年来，甘南历史典籍众多，珍贵经版丰富，史志典藏罕见，民族民间文学、音乐、舞蹈、戏剧、服饰、节庆、饮食等各具特色，种类繁多，多彩多姿，形成了甘南特有的风土人情和历史文化风貌特征。

甘南历史文化遗产众多，文物古迹遍布，文化名人辈出，物质文化遗产和非物质文化遗产异彩纷呈。全州共有各级不可移动文物保护单位（点）544 处，其中全国重点文物保护单位有洮州卫城（包括新城苏维埃旧址）、磨沟遗址（含墓群）、然闹遗址（包括唐叠州古城和叠州烽火台）、俄界会议旧址（包括茨日那毛泽东旧居和腊子口战役旧址）、甘加八角城城址、拉卜楞寺 6 处；省级文物保护单位有牛头城遗址、岭儿坝遗址、果者堡遗址、安果遗址等 34 处；县（市）级文物保护单位 504 处。截至目前，全州共有各类博物馆、纪念馆和“乡村记忆”博物馆 24 个，其中博物馆 10 个、纪念馆 5 个、“乡村记忆”博物馆 9 个。馆藏文物 8000 多件。

二、非物质文化遗产保护现状

目前，甘南州的非物质文化遗产项目申报工作已取得了可喜的成果，有国家级非物质文化遗产保护名录项目 8 项、省级非物质文化遗产保护名录项目 38 项、州级非物质文化遗产保护名录项目 192 项、县（市）级非物质文化遗产保护名录项目 518 项，有国家级非物质文化遗产代表性传承人 5 名、省级非物质文化遗产代表性传承人 58 名、州级非物质文化遗产代表性传承人 74 名，在全省 14 个市州中处于领先位置。2006 年 9 月 30 日，甘肃省人民政府公布的第一批省级非物质文化遗产保护名录共 85 项，其中甘南州的项目有甘南“南木特”藏戏、拉卜楞佛殿音乐“道得尔”、甘南藏族民歌、多地舞、尕巴舞、巴郎鼓舞、锅庄舞、藏族民间弹唱、万人扯绳赛、藏族唐卡、卓尼临潭洮砚制作技艺，藏医药、博峪采花节、舟曲织锦带、夏河金属饰品制作技艺，新城花儿会、甘南“则柔”演唱等 19 个项目。2007 年 12 月 31 日，甘南州人民政府公布了甘南州第一批非物质文化遗产保护名录，藏族神话故事、藏族民间谚语、藏族服饰、玛曲格萨尔说唱、藏族彩绘、手工藏药、藏族婚礼等 149 项被列入保护项目。2017 年 4 月，甘南州人民政府公布了甘南州第二批非物质文化遗产保护名录项目 43 项。同时各县、市公布了县级非遗保护项目共 518 项。2008 年 1 月 31 日，国家级非物质文化遗产保护中心公布了第二批国家级非物质文化遗产保护项目公示名录 564 项，扩展进第一批名录的项目 134 项。甘南州申报的甘南藏族民歌、藏族唐卡、洮砚制作技艺、拉卜楞寺佛殿音乐“道得尔”、多地舞、巴郎鼓舞，藏医药 7 个项目入选，其中藏族唐卡和藏医药是第一批国家级非物质文化遗产保护名录的扩展项目。2012 年国家级非物质文化遗产保护中心公布了第二批国家级非物质文化遗产保护项目，甘南“南木特”藏戏名列其中，这些成绩的取得与州、县文化主管部门、文化馆的艰辛努力是分不开的，在一定程度上增强了全州文化战线干部职工的文化自信力，极大地激发了文化遗产保护工作者的积极性和能动性。从 1986 年开始，州、县文化部门组织人员对甘南州各县、市的非物质文化遗产进行了搜集整理，并出版了《甘南民歌 · 县市卷》《甘南藏族民歌集成》《甘南民间谚语》《甘南“南木特”藏戏唱腔集》等专著。2003年甘南州文化部门、州文化馆组织专家对分布在甘南州境内的“南木特”藏戏、藏族民歌、扎木聂琴弹唱、洮砚制作技艺等非物质文化遗产进行了普查、搜集、整理、录像、录音并进行了妥善保存。2007年8月，甘南州文化部门成立了甘南州非物质文化遗产保护中心办公室，专门从事这项工作。

三、文化遗产保护取得的成果

一是经过全州文化主管部门和广大文物工作者的积极努力申报，全国重点文物保护单位由最初的拉卜楞寺、甘加八角城城址、俄界会议旧址3处增加到目前的6处［新增洮州卫城、然闹遗址、磨沟遗址（含墓葬群)］，省级文物保护单位由25处增加到34处，县市级文物保护单位增加到504处，文物保护单位申报工作取得重大进展。

二是国家启动实施拉卜楞寺建寺300多年来历史上最大规模的修缮保护工程。拉卜楞寺文物保护工程是甘肃省“十二五”规划中的重点文化建设项目，也是甘南州的重点文化建设工程，拉卜楞寺文物保护工程于2012年9月正式启动开工，该工程分文物本体修缮、基础设施建设及配套设施建设三个部分，计划总投资3.05亿元，其中文物本体修缮计划投资1.6亿元。文物本体修缮由夏河县人民政府具体负责实施。文物本体修缮分八个种类，即文物主体保护修缮工程、油饰彩绘保护修复工程、壁画保护修复工程、安防系统工程、消防系统工程、防雷系统工程、电力照明改造工程、环境整治及展示工程。截至2017年5月，已累计到位资金1.5亿元，累计完成投资9400多万元，目前已完成80%左右的保护修缮任务，预计2018年全面竣工。

三是全州第一次可移动文物普查成果显著。甘南州自2013年

7月开展普查工作以来，经过动员部署、摸底调查、组织普查、审核登记、信息录入等工作程序，共上报确认国有普查单位694家、馆藏文物5795件。通过普查，摸清了家底，建立了文物影像信息数据库及国有可移动文物收藏单位名录和国有可移动文物名录。同时，2014年12月编印《甘南州文物分布图》，2015年12月编辑出版《甘南州文物保护单位名录》（甘肃人民出版社），文物保护成果丰硕。

四是通过甘南州非物质文化遗产普查工作，建立了全州民间艺人人才库和非物质文化遗产传承保护体系，建立健全了非物质文化遗产传承人档案。

五是登记保存了甘南州非物质文化遗产项目线索1862项，为进一步发掘甘南州非物质文化遗产打下了坚实基础。

六是通过争取国家级非物质文化遗产传承保护专项经费，有力地支持了甘南州非物质文化遗产传承保护工作。

七是受山东、广东、四川、西藏、青海、贵州、云南等地的邀请，举办各种形式的非物质文化遗产展演展示，极大地提升了外界了解甘南、宣传甘南的美誉度，传播和巩固了甘南非物质文化遗产保护成果。

八是出版了《甘南“南木特”藏戏剧本集》《甘南藏族民歌集》《甘南锅庄舞》等全州非物质文化遗产成果。

九是《甘南州非物质文化遗产保护条例》（审议稿）得到省、州人大专门会议审议通过，并于2015年7月正式实施，甘南州非物质文化遗产保护工作取得重大突破，非物质文化遗产保护有法可依。

总之，保护甘南州历史文化遗产只靠各级文化部门是远远不够的，因为这是一件关乎全民的大事，要通过大力提高全州各民族的文化自觉，以及国家、省、州、县（市）四级党委、政府的政策支持和州、县（市）文化工作者的倾心倾力、广大民众的广泛参与，才能形成一个传承保护文化遗产的合力和良性循环，才能使我们的民族精神和民族文化更好地发扬光大。

透过历史烟云，揭开尘封千年的记忆，甘南以其独有的生态文化、历史文化、宗教文化、民俗文化、红色文化而璀璨夺目于青藏高原。甘南特殊的地理位置和民族文化，展示给世人的是博大精深的藏传佛教文化精髓和历史文化遗产的浩繁，五大文化的灿烂绽放和文化旅游的深度融合，汇就了甘南历史文明发祥演绎的渊源，成为甘南历史文化遗产保护传承发展的灵魂。

2017 年 4 月

舟曲苯教古文献与传承人调查纪实

尹洛赛[1]

中华各民族在几千年的历史发展中，创造和积累了独具魅力与神韵的优秀文化，以繁荣灿烂的文化艺术成就对世界文明做出了突出的贡献。2015年在舟曲发现的苯教古文献就是这个体系中的重要组成部分。这些手抄的古藏文苯教文献是我国现存最主要的民族文化遗产，它具有特别重要的历史、学术和艺术价值。

一、舟曲苯教文献现状

舟曲（藏语意为龙江）位于甘肃南部，地处西秦岭岷山山系与青藏高原东部边缘。全县总面积3010平方千米，辖3个镇16个乡，总人口14.07万人，其中藏族人口5.04万人，占全县总人口的35.8%。白龙江谷地海拔在1200米左右，其南北两侧的山地高峰，可达4000米以上。境内峰峦叠嶂，山高谷深，巍峨雄奇的高山峰峦，青岚烟紫，气象交替，变化万千，呈现“一山望四季，十里不同天”的奇异景观。故境内无论公路、小路都崎岖险峨，大多数藏族居住在半山以上或深山中，村寨多接近森林或就在森林之中，正是这些弥足珍贵的远古文明遗存、神秘的宗教文化氛

① 尹洛赛，甘南日报社副总编辑、主任记者。

围、多元的藏语方言、华丽的民族服饰，造就了舟曲藏族文化的深邃与灿烂。

633年，松赞干布建立了强盛的吐蕃王朝后，于663年向东发展，灭吐谷浑后随之将世居甘、青一带的诸羌部落统辖其下。唐朝中期，吐蕃占领河陇后，开始向今甘肃境内派驻军队，并按照“离散诸部、分土定居”的原则，派遣一些吐蕃本土的部落定居其内。吐蕃占领甘、青地区后，按其政治、军事、经济、法律、宗教、文化等制度治理地方。当时向东扩展其势力范围时，为鼓励将士在前线奋勇杀敌、保卫领地，吐蕃统治者在这些军队中又特派苯教巫师随军助战，每千户有一个大的苯教巫师，称之为“拉布波”；每一个战斗小组有一个小巫师，称“拉巴”。出征时由这些苯教巫师念咒经，以求战争的胜利。在藏巴第悉噶玛丹迥旺布时期制定的《十六法典》中就明确规定，在军队中有四种人不可缺少：一是救治伤病员的医生，二是预示吉凶的卦师，三是卜算测天象物候的星象师，四是祈祷战神的巫师。因此时松赞干布虽然引佛抑苯，佛教在统治阶级上层中发挥着作用，但是广大劳动人民则仍然虔信苯教，所以，这些士兵和巫师后来因诸多因素未能返回家中，长期定居甘肃南部，并且连同“拉布波”“拉巴”一起不断传播苯教教义。吐蕃时期这种向东200多年的武力扩张，其碰撞的结果使西藏与其他地区在政治、经济、文化、宗教等方面均产生了广泛的联系和交融。自五代至宋金时期，在甘肃境内，一方面佛教势力有了较大的发展，另一方面由于本地长期战乱而处于分裂割据状态，这一局面使僧侣集团变得戒律松散。在这种情况下，“苯教势力在河陇地区的偏远地方又有一定的发展”，五代以后，“在卫藏地区新形成的藏传佛教各派别这时也开始注意向东传播苯教教义，对甘肃藏区也产生了一定的影响”。藏传佛教在传播自己的思想文化体系的同时也在传播苯教文化思想体系，这是佛苯在长期斗争中形成的“你中有我，我中有你”局面。

在藏传佛教占统治地位的1000多年间，苯教文化作为藏族文化的源头，仍根深蒂固地贯穿于藏族人民的日常生活和社会活动之中，并不断吸收和融合邻近地区的民族文化，逐渐形成了独具特色、自成体系的藏族文化。至今，舟曲一带藏族仍保留对山神、土地神、灶神、屋神，以及天上的“赞”(btsan)、地上的“年”(gnyan)、地下的“鲁”(klu)等诸神进行煨桑、祈福禳灾等仪式，成为今天舟曲藏族日常生活中对诸神恭敬不违进行祭拜的程序。在舟曲藏区的一些地方至今还存在着“俄巴”(sngags pa，即苯教咒师)。

20世纪初，我国敦煌出土的包括苯教仪轨文书在内的一批珍贵吐蕃古藏文写卷流落海外，目前分别收藏于巴黎国家图书馆、伦敦大英图书馆等地方馆藏。2006年在西藏自治区山南市措美县当许镇蚌巴奇古塔发现的古老的苯教写本，是继1900年敦煌出土大批吐蕃文献以来，在西藏本土第一次出土的苯教文书。而甘肃文化出版社2011年和2013年分别出版的《甘肃宕昌藏族家藏古藏文苯教文献》和《甘、青、川民间古藏文苯教文献》已经在国内外引起了很大反响，并且把《甘、青、川民间古藏文苯教文献》作为国礼送给了牛津大学，从国家角度讲是对文献价值的认可。

2011年以来，在国内不同的媒体上刊发了舟曲周边宕昌、文县、平武、九寨沟等县发现苯教文献的消息后，作为舟曲本地人，责任感和使命感驱使我对舟曲苯教文献进行田野调查，个人认为保护少数民族文化不仅是少数民族的事情，也是国家和社会的责任。从2012年开始，我利用节假日先后到舟曲周边的宕昌、文县、九寨沟、平武、松潘等县做简单的走访调查，同时对舟曲县个别乡镇藏族村寨藏有文献的苯教世家通过多种关系进行私下了解，初步掌握了舟曲藏有苯教文献的具体家庭和地址。

2015年6月，我与甘南日报社藏文编辑部主任扎西才让同志前往舟曲开始了实地调查。舟曲山高沟深，乡村道路坎坷崎岖，一会儿上到山顶，一会儿下到沟底，其艰难程度，只有身临其境的人才能感受到做事的艰难与不易。我们先后到6个乡镇的12个藏族村寨几十户村民家中拜访，实地查看文献，统计实有文献数字，先后拍了几千张苯教文献、图幅、法器等照片，并对它们进行了造册登记，掌握了第一手资料。共发现苯教经文178函28500多页，禳灾图符及模板100余幅，法器40多种。2016年以来，我又带领人员先后多次到舟曲核对经文原件，一方面对原经文和整理文稿进行核对，另一方面对大龄法师进行采访录制视频、音频资料，请教疑难问题。

二、舟曲苯教文献现状调研

在调查中发现，文献纸页多为宽贝叶经式，装裱考究，纸张规格不一。每部写本首页除写有文献名称外，还饰有各类图案，有人首蛇身、人身鸟首，也有头戴五佛冠、手持金刚杵，长蛇绕臂，腰系虎皮的画像，颜色鲜艳。由于这些经卷年代久远、存放条件简陋、保管不善，部分经文已经发生破损霉烂，字迹严重退变，有的粘连在一起无法打开，个别家庭把家藏经文及法器因没有传承人而送人或倒卖给文物贩子，甚至部分家藏经卷已在家庭火灾中成为灰烬，文献遗失或损毁严重。在憨班和博峪乡还发现了两部古藏文天文历法，有各种动物图符和古藏文注释。目前，掌握谙熟苯教仪轨及文本内容的民间法师已先后离世，现健在的也已大多年届高龄，文献及仪轨传承面临濒危，抢救性挖掘并对其整理和保护的工作迫在眉睫。

为了更进一步了解文献价值，我带着部分文献实物照片及整理的文献目录，拜访了中央民族大学藏学研究院才让太院长、西藏社会科学院宗教研究所顿珠拉杰研究员和民族研究所共确降措研究员、兰州大学民族学研究院阿旺嘉措研究员、西南民族大学西南民族研究院同美研究员、西北民族大学藏学院道吉仁钦教授、甘肃民族师范学院安多藏文化研究中心桑吉克研究员等权威专家和学者，专家们见证实物后一致认为，这批古藏文珍稀苯教文献书写方式是极为罕见的藏文缩写体，从内容及书写方式看，有较多的古藏文词汇和大量的缩写字词，而且内容非常丰富，应属10—13世纪的古藏文手写文书。从文字特征、书写形式、书头符号、遣词用句以及写本中的插图、绘画等方面初步鉴定，该文献属于早期斯巴苯教内容，少部分属雍仲苯教内容的苯教手写文书，其书写方式上有很多未厘定之前的藏文书写方式，其间还夹杂着地方方言。内容涉及天文历算、节候气象、卜蓍卦辞、祈祷经文、治病除晦、祭祀山神、祈福招运、灵魂天人、禳灾防暴等方面；部分经卷中还有大量神秘难懂的苯教图符，这些图符应属苯教祭祀仪式中至为重要的内容，甚至还出现了类似象雄时期使用的“玛琼”文字，其内涵难以解读，史料价值和学术研究价值极高。是研究苯教文化、象雄文字、古藏文缩写法弥足珍贵的实物资料。

为了探究舟曲苯教文献的实际价值，2016年7月12—14日，特邀中央民族大学藏学研究院院长、博导才让太，西藏社会科学院宗教研究所研究员顿珠拉杰，西南民族大学西南民族研究院研究员、博导同美，兰州大学历史与文化学院教授、博导切排，西北民族大学藏语言文化学院教授、博导扎西才让，青海民族大学藏学院教授、硕导周毛吉，西南民族大学藏学院教授贡卜扎西、副教授乔登塔，甘孜藏族自治州档案局研究员泽仁邓珠，云南迪庆日报社副总编、教授白玛才让，甘南藏族自治州藏语委原主任贡老，甘肃省民委古籍处处长牧仁、副处长扎西卓玛等专家学者汇聚舟曲，在细雨绵绵中沿着崎岖山路，走访了舟曲县坪定、憨班等乡发现文献的藏族村民家，实地察看了家藏的苯教古籍文献，详细了解了文献的来龙去脉及传承方式等情况，专家们对文献的所属年代再次进行了探讨，对文献的保护和传承等方面存在的问题提出了指导性意见。

中央民族大学藏学研究院院长、博导才让太认为，虽然此次发现文献的纸质和藏文抄写不是非常久远，纸的历史、经文抄写的历史有一定的局限性，推不到7世纪之前，可能在10世纪之后，但是经文内容保存着大量的早期青藏文明源头的历史文化信息，应该属于原始的早期的斯巴苯教的继承。虽然佛教传入青藏高原后，在文化结构和历史等方面极大地丰富了藏族文化，但是在7世纪之前，斯巴苯教是占主导地位的唯一宗教，是早期藏文化历史、宗教、语言、思想、医学、科技、文字的源头。所以斯巴苯教对于研究藏族文化史具有极其珍贵的文献价值。这次在舟曲的文献中发现的“bla”的概念，是远古藏族先民对于生命状态思考、探究的结果，这些从其仪式中可以反映出来。山神崇拜同样可以反映人与大自然之间的关系。如西藏阿里以及邻近地区，先后在考古发掘中发现了距今两三千年之前的六张金面具。国际藏学会前主席卡梅桑丹专门发表论文《关于金面具在苯教古文献中的体现》，探讨了斯巴苯教对于青藏高原古代文明研究的重大意义。舟曲属于青藏高原的一部分，早期舟曲周边的文化属苯教范畴，佛教传入青藏高原后，苯教与佛教融合，形成新的藏传佛教和雍仲苯教，它反映了青藏高原文化演变的历史，从文化角度来讲，舟曲发现的古文献具有非常高的价值。因此，它不仅仅是斯巴苯教初步简单的仪轨方面的文献，而是藏文化早期形态的记载与传承。

原牛津大学人类学教授、国际藏学会前主席、现法国巴黎大学教授查理斯·兰博，在尼泊尔境内发现了大量的斯巴苯教文献，这些文献与舟曲发现的文献有很多类似与相同的地方，该文献都已扫描发布到互联网上，欧盟有关机构正在申请国际合作研究项目。

托尼·菲波尔是德国洪波大学的教授，长期关注研究苯教神山文化，近几年，在不丹偏僻的山区发现了大量的早期斯巴苯教文献，他认为其没有受到佛教的任何影响，现正在编辑出版当中。舟曲发现的古文献作为青藏高原古文明的一个重要分支，可与喜马拉雅山区文化联系起来解读。青藏高原古代文明作为丝绸之路沿线的古代文明，目前研究 7 世纪之前吐蕃文化的学术论文非常稀缺，很多丝绸之路发现发掘的古代文化与之前的象雄文化有直接的关系，需要通过参考斯巴苯教的文献资料进行研究。除了大量考古发掘的印证外，还需要这些文献记载的佐证，在阿里地区考古发现的金面具、丝绸等都说明了多民族文化交流的状态，其时正是斯巴苯教文明繁盛的时期，对它进行深入的发掘和研究，有助于为国家“一带一路”的建设构想提供新的思路。

西藏社会科学院宗教研究所研究员顿珠拉杰说：通过实地考察，让人很震惊，虽然通过现代技术文本文献可以印刷出版，但是要有人懂，有人会念，这很关键，因为藏文字体缩写法很特殊，如果没有活态的传承，只靠专家解读是很困难的，所以对传承人的保护也是很重要的，应利用视频、音频保留传承。斯巴苯教是佛教传入之前的土著文化，原始苯教，在学术界被称为象雄文化，其历史也需要进一步研究。此次舟曲发现的大批古藏文文献，也属于象雄文化，至于何时传入则需要做进一步研究考证，但在文献本身中也能反映出一些来龙去脉，对其内容可从历史、文学、语言、民俗、医学等方面发掘研究。舟曲发现的文本，从抄写字体与纸质来讲虽不是很久远，可能是 10—13 世纪的写本，文献写法与敦煌文献和蚌巴古塔中发现的苯教文献相类似。虽然这次舟曲发现的古藏文文献目前不是最早的文本，但是其中反映的内容是古老的，其价值主要是反映的历史文化丰富，档案价值高，从其保护的方面讲，先通过在国内召开文本研讨会作为起步研究，把国内藏学研究先开展起来，其研究要有高起点，要走在世界的前列，改变藏学研究西强我弱的局面。

西南民族大学西南民族研究院研究员、博导同美说：由于种种历史原因，雍仲苯教似乎成了被遗忘的角落，甚至被人误解，但它和藏传佛教有着千丝万缕的联系，特别是苯教和宁玛派都拥有大圆满教法以及伏藏法，它们的关系更是微妙。而今天藏族人的很多习俗和生活方式，都是象雄时代流传下来的。藏族的婚丧嫁娶、藏医学，在某种程度上仍沿袭着苯教的传统，藏族还有许多独特的祈福方式，比如转神山、拜神湖、插风马旗、插五彩经幡、刻石头经文、放置嘛呢堆、打卦、供奉朵玛盘和酥油花，甚至使用转经筒，都是苯教的遗俗。另有许多专家学者对舟曲发现的苯教文献给予了很高的评价，在这里不再列举。

此次调查中发现的文献，不仅数量巨大，涉及内容浩繁，而且文献中古藏文缩字书写法较多，书写方式不统一，无法识别顺序，大部分文献存在以下状况：

1. 古籍原本是梵箧装经文，函、卷、张数页码混乱，穿插加页现象普遍，造成页码混乱。

2. 有些收存家庭的经文放置混乱，存在倒放、倒页，造成梵箧装经文阴阳页面错综混杂。

3. 有些经文页面发霉、字迹模糊，周围残破不堪，无页码标记，难以排序。

4. 部分经文单函中遗失较多，有些只有单张或只有乱序的几张，在经函中难以查找。

5. 有些经文散页装箧阴阳页边参差不齐，出现褶皱、脱落等现象。

6. 不同函经文页码顺序标记不统一，有一定的独特性，出现各种简缩式和符号式标记，难以确认。

三、对苯教文献保护的建议

据当地苯教法师杨加喜等老人讲，数十年前在舟曲大部分藏族村寨，都有苯教法师，主持藏历一年中近20个节日的祭祀活动及乡间民众日常人生礼仪，其内容类别都有严格的程式。与各种祭仪相配套的苯教文献，由苯教法师父子或师徒口传身授代代相传，手写誊抄。家族世代守护，秘不外传，仅在祭祀或禳灾祈福时取出供奉。为保存这些宝藏，家族成员持咒盟誓，世代遵守，历尽艰辛。“文化大革命”期间，大批珍贵文献被毁，当地藏族民众冒着极大风险，秘密将这批苯教文书运至深山岩洞存放，或装入容器封存在房墙里，才躲过浩劫。但是，个别家庭因保管不善文献遗失，甚至有些家庭已经把文献倒卖给了文物贩子，文献流失严重。目前，他们最担心的就是这些家藏经卷因没有传承人濒临失传。

舟曲发现大量苯教古藏文文献后，县委、县政府高度重视，已经成立了舟曲县苯教文化挖掘和传承保护工作领导小组，选派调查人员深入有苯教传承人的村寨，了解掌握苯教文献保存现状，为抢救性挖掘、整理、保护、传承苯教文化，工作人员对苯教传承人及年代久远的苯教文献函卷、图符、法器进行扫描、拍照，对苯教传承人的基本情况做了记录，并录制了部分苯教传承人诵经卷、跳法舞的场景视频。

着眼未来藏族民间苯教文献整理研究，我认为学术界同仁要在以下两个方面加强合作，共同开发：一是对民间苯教文献、苯教法师及苯教仪轨进行三位一体的抢救性发掘整理，尤其对高龄法师及其所主持的苯教文本唱诵及祭祀仪轨的抢救性挖掘保护；二是运用数字化手段，建立包括苯教文献、苯教法师及苯教仪轨在内的藏族民间苯教文献文本及语音视频数据库，为藏族苯教文化及古藏文语言文字保护研究提供原始权威的基础资料，以填补藏学研究学术资料利用方式和研究手段的空白。

2017年10月

人生中灿烂的岁月

——在《格桑花》编辑部

完玛央金[①]

1984年初，我被调到了《格桑花》编辑部。《格桑花》杂志正式出刊，从州内各县抽调的编辑陆续上岗，我去报到的时候，州文联没有办公场所，借用州电影发行公司一间办公室作为“指挥部”，主席、行政办、编辑部各项工作一并在此“安营扎寨”，只是座位有限，我领了需要看的稿件回家去编选。

在《格桑花》编辑部，我是第一个调入的编辑。当时，见了办公室文书张力（后来任办公室主任）、会计支明琪、藏文刊物《达赛尔》编辑旺洛。旺洛很热情，带我去了他借住的州电影公司家属院的一间宿舍，告诉我藏文刊物从文字编辑到美术编辑都是他一个人在做。他除了改稿还兼做封面、组排版式，这让我倾慕，心中暗暗对他崇敬不少。当时我刚从西北民族学院汉语系毕业两年，头两年在州医药管理局人秘科做秘书。大学期间发表过几首小诗，却没接触过编杂志这个行当，对全部流程知之甚少，完全是懵懂模糊的。当年七八月，来了小说编辑扎西东珠（汉族名字贾东峰）、散文编辑曾维群，后又来了小说编辑蔡磊和道吉坚赞。

---

① 完玛央金，甘南州文联副主席。

尤其是与编辑部主任（我们叫他科长）齐运中见面的情景至今记忆清晰——在家属院大门口的马路上，一个穿笔挺藏蓝中山装，中等个头的中年男人用浓重的河南口音叫道："小丁！"（我的汉族名字叫丁玉萍），接着又道："我是齐运中"，笑模笑样，很是和善。我连忙答道："哎！哎！"却不知怎样称呼他。好多天以后去单位交稿件时，我才知道他就是我们的编辑部主任，由州委宣传部调来。他以前发表了不少诗歌、散文、小说作品。

文联全体编辑部成员见面会是在州群艺馆一楼大厅召开的，还有部分文联委员和各协会负责人参加。这时，文联办公地点移到了州文化局，在1986年，终于有了自己的小院。文联编辑、行政、协会工作人员皆大我十多岁，22岁的我自然成了受爱护、关心和哄他们开心的中心人物。编辑工作一开始就很愉快，年长于我的编辑们早已是成果累累，大名在外，我谦卑地工作，不敢疏乎一段文字。

我分管诗歌稿件，20世纪80年代是文学的勃发期，对于文学的崇敬，改变了许多人的人生价值观，改变了许多人的人生轨迹。诗歌稿件如雪片般飞进编辑部，每一次，我都抱走厚厚一摞。编辑部齐科长对我们要求貌似宽松实则严厉，稿件实行三审制，他把关特别认真，一丝不苟。主编，也是文联主席的尕藏才旦，更是严格，编辑中出错，比如校对、选发稿件，是要上杂志公开道歉或扣发编辑费的。我至今认真执着的工作态度就是从那时起养成的。

《格桑花》一年出四期，那些年我们一同下乡，到基层体验生活，召开笔会，开办写作培训班，评选"格桑花"文艺奖，编辑部里一派忙碌、团结、和谐、活泼的气氛。

蔡磊是个小说家，才华横溢，发表了不少小说，讲一口标准的普通话，兰州人。他跟别人都是大大咧咧的，唯独待我，是很"正经"的。

散文编辑曾维群是一个严谨的人，好交朋友，人脉甚广，开朗，自信，随和，多才多艺，会唱歌、下棋，喜欢打乒乓球，知识丰富，我常拿一些生僻字向他讨教。曾维群于20世纪90年代调到白银，临走时得了200多元稿费，买来一堆零食放到办公桌上，让我们分享他的喜悦，说到底，也是他对同事朋友的一片眷恋之情谊。

齐科长也是在那时调走的。他去了兰州一个工厂，做厂报总编，听说，落实了儿子、女儿的工作问题，还评上了高级职称，分到房子，把多年住在老家的妻子接过来，过上了后半生一家人团圆的日子。

编辑部剩我和扎西东珠两人的时候，处在了编刊最为艰难的时期。受经济大潮的冲击，文学跌入低谷，编刊经费到了无以维持的境地。幸好，又来了雷建政任主编，我们不再是坐在编辑部里，集中心思一个字一个字地改稿子了，而要走出大门四处拉关系找路子求得赞助，办专刊。雷建政是全国闻名的小说家，任州文联副主席，分管《格桑花》，也和我们一起一个一个地找人诉苦。编辑部分进了西北民族学院文秘班毕业的夏吾吉，人手是多了一些，但经费仍然没有好转迹象，《格桑花》由当初的季刊，缩减成一年两期，甚至一期。一次去省里开会，讨论起文学现状，老诗人赵之洵（已故）激动地高声叫道："甘南的《格桑花》现在成了年刊啦！"2000年前后，扎西东珠调往西北民族学院《格萨尔》研究所，文联副主席兼《格桑花》主编雷建政也去夏河任副县长，我由此升任《格桑花》主编。雷建政在夏河时赞助我在桑科草原召开了《格桑花》第二届编委会议。那时虽然季节尚早，草在泥土中努力发芽，天空飘着些雪花，但我的心中却是绿茵融融了。

一件幸运的事让我内心窃喜良久，那就是2000年后，政府统一采购，《格桑花》印刷公开招标，财政规定《格桑花》一年印刷两期，这样，不用再烦恼，两期的印刷费问题解决了。文联院里小二层办公楼上，《格桑花》编辑部原来的五间办公室此时也已被削减成两间，一间放资料，一间是我与夏吾吉的办公地，我们在夏季阴暗潮湿，冬季炭烟缭绕的小房间里编辑一年两期的《格桑花》杂志。2001 年是《格桑花》创刊 20 周年，我们俩使出浑身解数，争取到一点资金，召开了合作地区及基层文学爱好者参加的庆祝大会，并且接续颁发了中断近 15 年的《格桑花》文学奖。

之后，编辑部人员得到充实，来了助理编辑才让刀吉、才旦扎西，编辑部人员开门办刊，广泛联系文学爱好者和作者，争取社会资助，添置了电脑、打印机、相机等必备办公用具，先后去了玛曲、卓尼、临潭等县与基层作者联谊，并赴经济发达的沿海城市开阔眼界，增长学识。编辑部团结、和谐的作风得到传承。

我惊异于我们竟有如此强大的能量，能不断释放，使《格桑花》杂志维持到现在，并且越办越有活力。

2004 年，根据国家出版政策《格桑花》停刊，近一年后，偶然与时任州文化出版局局长的云丹龙珠相遇，谈到《格桑花》的遭遇，他十分惋惜，说愿意也能够出一把力到省上争取一下，我立刻打了报告，备齐所需材料交付于他，一个多月后传来喜讯，云局长说：你们可以办了。《格桑花》能延续办了，这朵艳丽、吉祥、幸福的花又能傲立风雨绽放了，我压制着喜悦和激动，一个个答复文友们的电话询问。

2008 年是甘南文坛喜获丰收的一年，从《格桑花》创刊至今一直发表作品的诗人，小说家李城、阿信、敏彦文、牧风、杜鹃、王小忠、完玛央金等，分别出版了个人作品集。《格桑花》编辑部为此隆重召开前 6 人作品集首发式暨第四届“格桑花”文学奖颁奖大会，邀请州委常委、宣传部长赵敏学及有关单位负责人，州作家协会及全州作家诗人代表参加，气氛热烈，影响广泛。

《格桑花》是吉祥之花、幸福之花和神奇之花，它怎么会凋谢呢？！起初，它的创办者们抱的是一个朴素的愿望——祈盼它成为甘南文化园中的一朵奇葩，做了将近30年的编辑、主编和执行主编的我，如今看到的是版式日趋新颖、内容更加充实、特色更加鲜明、创作人才阵容强大的《格桑花》，它的作用已不仅仅是活跃群众文艺，更在于一定程度上宣传甘南、代表甘南和提升甘南了。我们又有了文联主席、主编仁青才尕，文联副主席、副主编李城的加入，有老中青三代作者持之以恒的支持和关心，刚好处在甘南经济跨越式发展和社会长治久安的千年一遇的历史机遇，《格桑花》一定会更加美丽芬芳，醉人心田。

记得曾维群在一篇文章里写道："如果说当初的完玛央金是一棵小树的话，如今已长成一棵蓊郁的大树，她的周围团结着一批文学爱好者。"我对自己说：若能算得上是一棵挺得住，比起初长高了的大树，那些经历过的艰难、坎坷、欢欣和鼓励，应该是我汲取的丰富的营养。也有人说完玛央金成了《格桑花》的代名词，这么多年过去了，许多人都走了，她坚守了下来，我对自己说：你很幸运，平凡的日子与一种精神的寄托和追求紧紧结合在了一起，与理想能够比翼齐飞。我还对自己说：能对得起那些拓荒者们那朴素的愿望，不让他们发出遗憾的叹息，而感到欣慰了。真的要感谢《格桑花》相伴这么多年，检阅人生岁月，也能向他人说些故事。

2017年5月

合作寺米拉日巴佛阁重建记事

谢卫国[①]

合作寺，又称黑措寺，藏语称为“噶丹曲林”，坐落于甘肃省甘南藏族自治州合作市市区东北。据《安多政教史》记载，该寺是由贝·谢热却丹在合作地方首领的支持下，于清康熙十二年（1673年）开始建造的。米拉日巴佛阁始建于清康熙十七年（1678年），是合作寺院建筑整体的组成部分。

历史上的合作寺在19世纪中叶至20世纪20年代末先后遭遇过两次兵燹焚毁事件，特别是1846年清军攻打合作，烧毁寺院33座，僧院400余所化为灰烬。第三次被毁是进入20世纪中叶及以后，尤其是“文化大革命”时期，寺院被完全拆毁，藏经文物付之一炬，而且在寺址上修建民居，其间又建立了几个单位，寺院建筑荡然无存。

安多合作米拉日巴佛阁始建于清康熙十七年（1678年），是由合作寺的洛桑达吉上师仿照色喀古托寺而建。相传当年建造这座佛阁时，奠基前开挖过程中挖出了至尊宗喀巴传纪卷轴画等，出现了诸多奇异的吉兆。1982年，十世班禅大师来甘南藏区视察时，看到米拉日巴佛阁损毁殆尽的原址，心情沉重，表情严肃。他授命赛仓活佛捐办米拉日巴佛阁修复重建事宜。赛仓·罗桑华

① 谢卫国，合作市国土资源局干部。

丹却吉多杰活佛当即承诺“一定要让米拉日巴佛阁重放异彩”。之后，他先后三次向当地政府递交报告，要求重建米拉日巴佛阁。1986 年甘南州人民政府和合作镇人民政府决定，将合作寺原址上的九层佛阁旧址退还给合作寺，并批准寺院重建佛阁。

1981 年开始，合作寺开始修缮，重建了大经堂。1989 年，党的民族宗教政策得到进一步贯彻落实，在第六世赛仓·罗桑华丹却吉多杰活佛的关心和支持以及广大信教群众的共同努力下，开始动工重建米拉日巴九层佛阁，施工工期历时 5 年，于 1994 年建成并举行了落成开光典礼。开光典礼上邀请了第六世贡唐仓·丹贝旺旭活佛和第六世赛仓·罗桑华丹却吉多杰活佛。

据那吾乡南木娄村的索南布回忆：获准重建的安多合作米拉日巴佛阁建筑，外不见木料、内不见石墙，是石木结构的藏式碉楼建筑融合汉族古典建筑之一的歇山顶高大建筑。这座金瓦歇山顶佛教建筑，整个重建施工过程直接参与者是当年出任合作寺寺管会主任的高僧完玛散木旦。六年重建期间，他肩负重建工程施工质量监督，并且随时按照工程施工程序惯例，安排参与施工的工匠们随时需要增加，或施工进入精细工序环节，需要减少送料出勤人数等。用于重建米拉日巴佛阁的石材是由寺院周边 21 个部落的信教群众自愿奉献，所需建材物资供应源源不断。其中石材来源于那吾乡早子沟采石点。石材运输工具主要是马车拉运，但大多数信教群众甘愿从早子沟采石点上把一块块沉重的石块，依靠自己的臂力，背负送达 9 千米之外的砌筑石墙施工现场；木材来源由本州的迭部县和卓尼县、碌曲县的信教群众无偿捐献而来，也有四川阿坝的信教群众贡献的木材。6 年中，石木工匠的日常伙食，基本上是由寺院周边 21 个部落的信教群众和本地各族信教群众供奉捐助的，也有四川阿坝的信教群众专程来捐献的。木工工匠多数是从外地请来的，砌筑石墙的主要匠人是那吾乡早子沟的才让道吉等 20 名工匠。建造木材承载连接建筑上下主心骨的木匠，专业处理石墙弥合，精心排险重力作用的石墙砌筑匠的下手零工，均由周边21个部落的信教群众轮流负责值日当天的石材和木材，以及配套物料不间断供应。

最初开挖地基过程中，一位旦子闹村名叫洛桑闹日的施工人员，在下挖时虚土沉降，疏忽大意，来不及脱险被坍塌的土方活埋罹难。进入木材构建施工阶段，从碌曲双岔拉运木材的一辆载重车在翻越阿拉大山途中，料车在山上发生翻车事故，坐在副驾驶位置负责押运木材的一位早子沟的人遇难身亡。

佛阁6年建造期间，信教群众供奉捐献的酥油、糌粑、曲拉、清油、牛羊肉、蔬菜水果等食材，是工匠们日常生活资料。资金来源为各地信教群众民间自愿捐款集资，但总的来说建造资金是多方提供的。

早在佛阁重建之前的筹备阶段，六世贡唐仓活佛也极力支持米拉日巴佛阁在原址上重建，并赐予巨额布施，佛阁进入封顶工序之时，他又赐予了现金10万元人民币。众多大德高僧悉知安多合作重建米拉日巴佛阁，托人捎来了具有加持力的圣物及全套僧服，同时为佛阁的顺利重建提出了许多宝贵的建议，凡是与之相关的众多信息均收录于《安多合作米拉日巴佛阁圣物志》中。

1994年4月，米拉日巴佛阁修复工程完工，虽然整座建筑完全属于重建，但是很难看出新建痕迹，聚焦其施工工艺和技术表现在视觉效果层面上的效果，一目了然的视觉回应，极具浓郁的复古色彩和坚实的抗震力学保障，构成了安多合作米拉日巴佛阁建筑外观最迷人的亮点。

米拉日巴佛阁大殿内一层陈列的佛像是佛教三世之佛，即过去佛燃灯古佛、现时佛释迦牟尼佛、未来佛弥勒佛。第二层供奉着历世达赖喇嘛和班禅大师塑像。第三层正中供奉的是宁玛派创始人莲花生大师。第四层靠南边有两幅壁画，右边壁画画的是二十一度母。第五层中央供奉的是玛尔巴大师。第六层供奉的是密乘金刚佛像。第七层正面中间供奉的是金刚持菩萨。第八层供奉的主圣为五种如来，即具有不同法身的佛。第九层只具有象征意义，是一幅坛城，是释迦牟尼为大众讲说密宗时所坐的地方。

第三层到第八层所奉安的佛像都是用檀香木、神柏雕刻而成的。左右两侧小佛龛内共奉安有一肘高的释迦牟尼像 20 尊。整个佛阁的佛像总数为 1272 尊。佛阁四周的外围装有铜质大嘛呢经轮 130 个。同所有藏传佛教寺院一样，九层佛阁顶部也安放着祥麟法轮，象征着法轮常转、佛法不息。

米拉日巴佛阁内共有 1272 尊雕像，除了 1000 尊米拉日巴雕像外，这里还供奉着 270 位神佛、大德高僧和传奇人物。合作寺米拉日巴佛阁真正意义上是一座供奉藏传佛教各个教派，以及传承藏传佛教历史文化的博物馆。

佛阁建筑设计融藏族碉楼建筑与佛阁建筑特色为一体，其建筑造型沉稳庄重，建筑风格雄浑恢宏，建筑内饰沉着凝重，建筑观赏价值高雅，如今已经成为羚城首屈一指的一座标志性建筑景观，其魅力在于外不见木头、内不见石头。深沉的建筑外墙绛红色的色彩和金光灿烂的金瓦屋顶，支撑着金灿灿的宝瓶幢幡，祥麟恭维的法轮熠熠生辉。佛教建筑独有的庄严肃穆和金碧辉煌的视觉冲击，时时让信众感受爱国爱教、佛光普照的心理慰藉。巧夺天工的金瓦屋殿四角飞檐象鼻上随风叮咄作响的风铃妙音，以及金幢宝幡值守屋顶四角光鲜夺目，彰显着整个建筑的灵魂神韵。进入佛殿，映入眼帘的彩绘壁画与唐卡，与形象惟妙惟肖的高端精美塑像浑然一体，每一处具有宗教神秘色彩的贡品摆件，辉映着庄严神圣的佛教文化氛围。让善良的香客从楼底顺着内设的楼梯转到顶层，再从楼顶瞭望台顺转而下，来不及感叹一声，转身的一瞬依然抹不去留存在记忆里，惊喜之余虔诚地从左手上楼，从一楼逐层升高的木质楼梯通道，上楼顺时针行走，大幅度环绕正殿藻井一圈后在同一个角落再次上楼。再上楼直达九层佛阁高层顶楼观瞻瞭望台为止。

从楼顶匆匆折返底层，顺着来时的路归去，行走在建筑与建筑之间贯穿如一，平整干净的石板转经路直达一字排列的八宝如意塔，围绕向北、向西两座矗立的殊胜塔和涅槃塔的路径始终连接通往市内的主干道。

进入21世纪以来，合作寺整体面貌有了更高的提升，寺院内外两大环境得到长远性的改进。如今的寺院整体面貌焕然一新，宗教神职人员信心百倍，爱国爱教的僧俗信教群众精神更加饱满。

2017年3月

腊子口战役纪念碑修建经过

张永明①

“腊子口”系藏语音译，意为“险绝的山道峡口”，位于甘肃省迭部县东北腊子口乡政府北7千米处的深山峡谷腊子沟中。此地崇山峻岭，重峦叠嶂，形成一道道天然屏障，南北走向的腊子沟为古今唯一的天然通道，而腊子口正是这条通道中的一处险要隘口，是由两座山峰拢成的一道石门。整个隘口长约30米，宽仅8米，东西两面是斧劈刀削般的悬崖峭壁（修公路时有部分被破坏），抬头只见一线天。水流湍急的腊子河由北向南纵穿隘口，隘口处横架一座1米宽的小木桥。此地地势险要，易守难攻，是甘川古道之“咽喉”。

1935年9月，中国工农红军长征途径腊子口。甘肃军阀国民党陆军新编十四师师长鲁大昌部奉蒋介石之命在此守防，欲凭借天险腊子口消灭红军。经过激烈战斗，英勇善战的红四团出奇制胜，攻破天险腊子口，粉碎了国民党企图凭借天险腊子口将红军困死在雪山草地的阴谋。自此，红军顺利进入陕甘宁边区，为北上抗日创造了条件。1935年10月，毛泽东在《长征》一诗中所写的“更喜岷山千里雪，三军过后尽开颜”，就是抒发当年红军攻克天险腊子口后的喜悦之情。腊子口战役作为红军北上抗日征途上

① 张永明，迭部县政协文史资料和学习委员会主任。

一次重大战役被载入了中国革命之史册。

为了纪念红军长征的壮举，缅怀具有伟大历史意义的腊子口战役，国务院决定将腊子口战役旧址列为重点文物保护单位。1978年6月15日，迭部县革命委员会做出关于保护革命文物地区腊子口的决定。

1980年8月21日，甘肃省人民政府在腊子口南侧修建了腊子口战役纪念碑，1981年将其确定为省级文物保护单位。

因受当时修建技术限制，加上无人看管，七年后，纪念碑的地基出现裂缝。中共迭部县委、县政府十分重视，1987年8月31日，迭部县民政局向甘肃省民政厅申请资金3万元用于维修腊子口战役纪念碑。

1992年5月，甘南州人民政府为庆祝建州四十周年，决定建设十大献礼项目，腊子口战役纪念碑重建被列为十大项目之一。因资金困难，致函省林业厅申请建设资金。省林业厅认为："甘南四十年庆祝活动是件好事，林区就再不赞助钱了，可由省林业厅、甘南州、白龙江管理局、迭部局、迭部县五个单位共同负责新建腊子口战役纪念碑。因为腊子口战役是我军北上最后的一次关键战斗，没有腊子口战役的胜利，红军北上可能又要出现新的困难，这样一次重大战役，我们过去宣传得不够，为了教育下一代、纪念红军革命先烈，一定要把这件具有重大政治意义的工程搞好，争取明年6月底全部建成，作为甘南州建州四十年州庆的一项重要瞻仰活动。"（甘肃省林业厅副厅长禹贵民致甘南州政府函）

根据省林业厅、甘南州人民政府、白龙江林业管理局的批示，同意由迭部林业局负责承建，白龙江林业管理局设计室设计了纪念碑施工图，施工图报请迭部县委、县政府后，经甘南州委、州政府审查批准，由白龙江林业管理局建筑工程公司进行施工。

1992年9月16日隆重举行了重建腊子口战役纪念碑奠基仪式，甘肃省林业厅副厅长禹贵民、甘南州委书记郝洪涛、白龙江林业管理局副局长杨卫等领导参加奠基仪式并做了讲话。重建工程于 1993 年 5 月底完工，总投资 20 多万元。

重建后的纪念碑规模较大，美观、大方、雄伟、挺拔，“能体现出当年我军英勇奋战，取得伟大胜利的革命英雄主义精神”（禹贵民致甘南州政府函）。

纪念碑碑身为钢筋水泥结构，建于两层平台之上，四周围以栏杆，碑体长 2.5 米，象征二万五千里长征；宽 2 米，象征二次国内革命；高 9.16 米，象征 1935 年 9 月 16 日攻破天险腊子口。纪念碑西、南两面刻着杨成武将军亲笔所题“腊子口战役纪念碑”八个大字。北面刻着甘肃省人民政府对腊子口战役的简介和对革命烈士仰慕缅怀之碑文：“腊子口战役的辉煌胜利将永远彪炳我国革命史册；在腊子口战役中牺牲的革命烈士永垂不朽。”旧址还保留有栈道、碉堡等军事设施。2006 年被公布为全国重点文物保护单位，当时名为“腊子口战役旧址”。

如今，天险变通途，当年硝烟弥漫的战场已变得山清水秀，风光绮丽。腊子口已成为追怀往事、凭吊先烈、宣传红军英雄事迹以及进行爱国主义、革命传统教育基地，被列为省级“红色旅游精品景点”之一。游人至此，可实地凭吊当年红军攻打天险的辉煌历史，欣赏腊子口秀丽的自然风光。

2016 年 11 月

民俗风情

甘南汉族过年习俗

范卫平[①]

甘南汉族约占甘南藏族自治州总人口的40%，主要分布在临潭、舟曲两县。甘南汉族过年习俗虽以内地汉族过年习俗为主导，但是，由于甘南汉族生活在青藏高原和黄土高原的接合部，处于藏、回、汉为主的多民族文化互动共生地带，特定的生存环境和特殊的文化生态反映在节日文化上，形成了与中原汉族节日习俗总体一致，而又有“边缘标出性”和“互动融合性”的特色。本文在介绍甘南汉族过年习俗时，以临潭汉族（以下简称“洮州人”）过年习俗为主线，并择要介绍舟曲汉族（以下简称“舟曲人”）和卓尼洮河沿岸藏汉杂居村落汉族过年的特色习俗，并尽量使用当地人的习惯叫法，努力做到纪实性的描述。

一、过年

甘南汉族习惯把从大年三十贴好对联到正月十七早晨“下神”（舟曲人则到正月十九“迎婆婆”）的这段时间称为“过年”。洮州人从腊月十九“扫舍”开始“忙年”，到大年三十下午，家人到齐，贴好对联，就算开始“过年”了。

① 范卫平，甘肃民族师范学院河洮岷文化研究中心常务副主任，教授。

“过年”最看重的是大年三十、正月初一到十六这些天。但在传统观念中，整个正月都在“年里头”，到二月初二才算过完年，二月初二之前都可拜年走亲戚。

(一) 忙年

忙年从“扫余”开始。扫舍即打扫房舍。洮州人扫舍一般在腊月十九，最迟也要在腊月二十三及其之前扫舍毕。舟曲人则称“扫房”，一般在腊月二十四。

洮州人扫舍时，先要给“一家之主”的“灶火阿婆”(灶神)点灯、上香、叩拜，说明今天要“大动干戈”，扫舍了。农家扫舍，首先是“扒灰”，即把炕洞中烧熟的土灰扒出来，垫到猪圈、茅坑里，做农家肥；然后在炕洞中填好生土。其次是“扫炕”，把炕上铺的竹席撤到院里，把席子下铺了一年的麦草扫去烧炕，同时，用新扎好的扫帚扫除屋顶的积尘、墙上的灰尘、柜底的尘污，给炕上换好新麦草，把拍打干净的竹席重新铺好。扫舍完了，要“打醋汤”①，除尘味，安家宅。

腊月十九扫舍毕，二十以后，就开始大洗、刷屋子(或糊墙)、擦玻璃(旧时是糊窗纸)，男女老少，人人有事干，个个在忙碌。其间，要过“腊月二十三”。

① “醋汤”，或作“醋炭”“醋弹”。打“醋汤”前，先将三个鸡蛋大小的干净石子(醋汤石)放在木炭火或炉子中烧红，在大铁勺中放些碎的柏香。打醋汤时，将烧红的醋汤石捡到大铁勺中的柏香上，即刻，柏香燃起，香烟四散，主人一手端铁勺，一手拿醋水，边走边摇铁勺，边滴醋水到大铁勺中，从灶房到堂屋再到各卧室，柏香味、醋香味、烟味、烟气，弥漫房间，祛邪除晦，清新空气，一直到醋汤石冷却，不再腾升烟气。之后，将其送到大门外，倒在门脚下干净之地。“醋汤”有“醋汤神”，小孩不能用脚去踩踏“醋汤石”，待其冷却后，完好地捡拾起来，以备下次使用，烧裂的要丢弃到干净的地方。“打醋汤”是过年时敬神祭祖前的首要程序。

(二) 腊月二十三

洮州俗语说:“二十三日祭灶呢,猪朵脑(指猪头)的肉跳呢。”这句话道出了腊月二十三的节俗特点。

灶神,俗称“灶爷”“灶王爷”。传说姜子牙辅佐周武王伐纣胜利后,斩将封神,把渑池守将张奎封为“灶爷”,张奎的老婆遂之成了“灶火阿婆”,夫妻共主一家之“政”。所以灶神虽称“灶爷”,一般汉族地方当作男性神祭奠,其实是有女性的。洮州人称灶神时,谓之“灶火阿婆”,大概因为家务事、灶房事多由家中主妇来做,所以将“一家之主”的灶君也女性化了。腊月二十三,“灶火阿婆”要“坐娘家”去,到大年三十和正月初一相交的半夜才回来呢。

用猪头肉和“灰灰菜”祭灶是洮州地方特色。腊月二十三上午,男人把猪头、猪蹄燎毛洗净,中午以后下锅煮好。下午五六点钟,家中主妇擀开一大张面,用碗口“抠”出12块圆饼,烙好,叫“焦饼”,也叫“焦燎饼”,取意日子不容易、生活多“煎熬”、饮食需节俭。又用猪头肉炒“灰灰菜”。“灰灰菜”是当地一种野菜,春夏采摘,焯水阴干,专用于过腊月二十三,风味独特。

傍晚祭灶,供上“糖瓜儿”(麦芽制成,黏性大)、果品和12块“焦饼”,象征圆圆满满的12个月,若有闰月,要烙13块。饼上放些猪头肉炒的“灰灰菜”。另外,要供一碗清水和一小碟杂粮,上放一点草,是给灶马的。祭灶,先是“打醋汤”,之后煨桑、发灯、上香、烧表、跪拜、磕头,给象征灶君之口的锅头门上涂抹“糖瓜儿”或红糖,“贿赂”她给玉帝多说好话,也有粘住她的嘴的用意,使她少言语,免得言多有失。之后,撕下贴了一年的灶神像,和灶马一起烧到净水碗里,端上房顶或院门外,向东把碗里东西泼掉,喊一声:“送灶爷上天了!”并放鞭炮以示恭送之意。

在藏汉杂居村庄，受汉族影响，藏族则要过“腊月二十四”。传说，腊月二十三汉族祭灶这天，藏族家庭因为贫穷而祭不起灶，就给灶神插了三根“席芨草”代表三炷香，到腊月二十四，借钱买了香、表等祭品，弥补祭灶。所以，现今藏汉杂居村庄藏族过二十三是两天，第一天腊月二十三，给灶神插三根“席芨草”，跪拜磕头，说明原由；第二天腊月二十四正式祭灶，其仪式与汉族相同而略简。洮州俗话说：“西番不识字，过的二十四。”其实，这与是否识字无关，它反映了民俗文化互动共生的事实和藏族保持民族独立性的文化心理。的确，在藏汉杂居村庄，平时大家不分藏汉，但到腊月二十三，谁家过二十三，谁家过二十四，就才知道谁家的“根子”是汉族、谁家的“根子”是藏族了。

（三）大年三十

腊月的最后一天叫“大年三十”，如果这年腊月只有 29 天，仍然叫“大年三十”，或说“九代三十”。

俗语说：“有钱没钱，理发过年。”大年三十，男子要理发，女子要梳头，忙活半天，已过中午。家中主妇还要蒸馒头以备晚上“接先人”、“接神”和初三“上坟”时用，还得剁肉馅，包扁食（饺子），煮肉，担水。

当家男子负责写对联、剪长钱、“供家神”（家神多为“关老爷”）、“供祖先”。藏汉杂居村庄中的汉族受藏族“切玛”（ཕྱེ་མར，汉译为“五谷丰收斗”或“丰收吉祥斗”）的影响，在“供家神”“供祖先”的同时，还要“供斗”。一般“斗”内装五谷粮食，上插枝繁叶茂的柏香枝，挂上长钱，摆上各种干果或鲜果，显得神秘庄重，平添了许多年味。汉族聚居地方则无“供斗”习俗。

大年三十，牛羊也要回家过年，不能在外过夜。娃娃们的重要任务，就是到山头田野中赶回走散的牛羊，顺便从山路上捡拾3～6个鹅卵石，以便作“醋汤石”，因为三十晚上要打两次“醋汤”，一次是“接先人”前，一次是“接神”时。

下午5点左右，忙碌的一年终于接近尾声，当出远门的亲人最后赶进家门，全家人齐全了，就贴门神、对联和“福”字。灶台贴上新“请”的灶神像，像两边贴上“上天言好事，回宫降吉祥”的对联，以待灶神回宫；大门贴上秦琼、敬德的“门神”，挂起大灯笼，门外墙上贴“出门见喜”；堂屋门、灶房门贴“福”字；粮柜上贴“五谷丰登”；牲口槽头或门上贴“六畜兴旺”“牛羊满圈”；车辆（架子车、汽车、拖拉机）上贴“出行平安”等。过去，所有门楣上、农具上、粮柜、面柜、神龛、车辆、碌碡、鸡窝、狗窝等，都要贴“钱马”，现在基本改用斜对角折叠的黄表，谓之“压黄表”。贴完这些，庭院里已是五彩缤纷，年味浓浓。娃娃们鸣放鞭炮，就算“年了”。对大年三十放鞭炮，虽无严格的规定，但一般都是在贴好对联后才放鞭炮。

黄昏时分，家家烟囱冒烟，户户香气弥漫，鞭炮声此起彼伏，要“接先人”、迎“一家之主”的“灶火阿婆”回家过年了。首先仍然是“打醋汤”，从灶房到堂屋到各卧室，柏香味、醋香味、烟味、烟气、水蒸汽弥漫房间，令人神清气爽。打完醋汤，发灯（忌讳说“点灯”）、上香、跪拜、磕头，迎“灶火阿婆”回宫赐福。有些地方接灶神是在前半夜的人定时分。

之后，是“接先人”，或称“接家亲”。“接先人”之前，先要“敬天爷”，当家男子执事，先将庭院灯笼中的灯发着，将桑盆中的桑煨起，在檐柱香炉上敬香三炷，作揖、跪拜、磕头。此时，家中主妇也忙碌着将热腾腾的两小碗臊子面摆到堂屋神案上，这是献给“先人”的。堂屋神案前也供灯三盏，敬香三炷，当家男子跪拜、磕头，娃娃们放鞭炮敬神。之后，一家男性要去“烧路纸”“接先人”了。

“烧路纸”是朝墓地的方向焚香烧纸，以迎请、接引“先人”回家过年。烧路纸的地点，每家都有自家固定的地方。坟比较近的人家，现在也有直接去坟上烧纸的。舟曲人过年三十，则是“上午全家大小开始着新衣，上坟祭祖”[①]。

烧完路纸，天已擦黑，回到家，大门、堂屋门都敞开着，表示恭迎“先人”。大门和庭院中的灯笼，堂屋神案的供灯，把一家院落从里到外照个温暖；柏香味、油香味、饭香味、煨桑烟、香炷烟、饭菜的蒸汽，氤氲弥漫，无比温馨！

从大年三十晚上至正月十六，每天晨昏和饭前，都要给“灶火阿婆”“天爷”“家神”上香、烧表、跪拜、磕头、放鞭炮，同时，从除夕夜到初三、正月十三到十六这七天，还要给诸神位供灯。有些人家还供奉“小家神儿”或财神，过年期间，恭敬如上。

把“先人”接到家，开始吃年夜饭。一家人围坐在一起，共享一年丰收的喜悦和阖家团聚的天伦之乐。洮州的年夜饭以扁食为主。年三十的扁食是有讲究的，要在扁食中包进几枚铜钱或硬币，谁吃到谁就是全家最有福的人。为此，孩子们都要抢着多吃几个，从中找“福”。现在，也有学习城市人的做法，以炒菜为年夜饭的，但炒菜也有讲究，数量是十个，象征“十全十美”，要做全鱼，象征“年年有余”。

吃罢年夜饭，是“守岁”，也叫“坐夜”。俗话说：“天增岁月人增寿。”“守岁”为的就是增寿，尤其是小辈人为老人增寿。按照传统说法，谁能熬过除夕之夜而不打瞌睡，谁就从心底里对老人最孝敬。过去“守岁”，一般是一家人聚在一起听老人讲“古今儿”（洮州方言，指历史性、传奇性的故事）或拉家常，但忌讳说不高兴的事或批评小孩子。现在，“春晚”成为除夕文化大餐，一家人边吃、边喝、边看“春晚”，说笑着，评议着，其乐融融。一些大家族有“祖衔”神案的，三十晚上，各户主男都要领上儿孙，

① 《舟曲县志》，652页，北京，生活·读书·新知三联书店，1996。

拿上油、灯、香炷，带上酒菜、果品，到供奉“祖衔”神案的家里，给“祖衔”上香。这一夜，居住较近的同族人家，都要到家族中年长的老人那里磕头拜年。

子夜时分，“春晚”达到高潮，随着电视上敲响的新年钟声，辞旧迎新的鞭炮也一齐鸣放，震天响地。之后，有寺庙的地方，家家户户都要到寺庙里去上香，以早为好，谓之“抢头香”。但在藏汉杂居村庄，附近没有寺或庙，村里的男人们不分藏汉民族，都要到“山神”山上去煨桑、供灯，给“山神”拜年。

半夜五更（3点前后），要“接神”（也称“接天爷”），这是三十日晚上最庄重、严肃的时候，似乎大年三十的一切准备都是为“接神”：家中主妇要在白天蒸好十个大馒头；男人要架好“哔火架”（用干柴搭成四方的空心架），上面放好柏香，同时准备好一大把新竹子，以备“接神”时爆竹。

“接神”是当家男子的事。“接神”时，家里要安静，轻手轻脚，低声细语，不出声响。“接神”时，在堂屋神案上摆好馒头和各种供品，先是“打醋汤”，之后发灯、上香、跪拜、磕头、点燃庭院中央的“哔火架”。新竹子燃烧时的爆裂声噼噼啪啪，再加上一串鞭炮，使寂静的庭院骤然惊响，之后，又骤然寂静。“神”来“神”往，都在这“寂静—骤响—寂静”之时人们庄敬虔诚的信仰中。不一会儿工夫，“接神”结束。

卓尼洮河沿岸藏汉杂居村庄，在天始亮未亮的“黎明前黑暗”的时分，全家人要到房上去煨桑。这是大年三十晚上又一大“节目”，也是最后一个“节目”。煨桑时全家人都要起来，穿上新年衣服，到房顶上去。煨桑的材料除少许柏香，主要是松树枝。松树枝是腊月里专门花一天时间从山林中“打”（折）来的，高高的一大堆。全家人围着桑堆站着，看着桑烟、火光腾升，点燃花炮、鞭炮，观赏自家的，也观赏别人家的，好似一场花炮烟火的比赛。传说，“年”是个凶神恶煞，要在天亮前最黑又是人们睡得最香的时候，纵火焚毁人间，人间得知这个消息后，家家户户都在自家房上先煨起大桑，“年”看到人间火光腾升、浓烟滚滚，以为人间已成火海，于是不再纵火了，人间也由此免去一场劫难。所以，三十晚上的煨桑时间，要特别注意把握时间，不能早也不能迟，否则就会招致一年的不祥。

煨桑下来，天已亮开，儿孙们要在堂屋神案前给长辈磕头拜年，一边叩拜，一边说：“××，我给您拜年了！”不会磕头的婴儿，由其母抱着代为行礼。之后，长辈给儿孙“年钱”（压岁钱），每人一份，婴儿也不例外。汉族聚居区，这种给家中长辈行“拜年礼”的时间，是在五更“接神”之前，与中原相同。

过年给“年钱”，据传也与“年”的故事有关。“年”给孩子们带来了惊吓，“年”过去之后，为了压惊，祝愿孩子岁岁平安，健康成长，就给孩子们“年钱”，也叫“压岁钱”。其实，给“年钱”还营造了一种欢乐、热闹的家庭氛围。俗话说：“过年没有娃娃闹，家里凉得像冰窖。”家里有老有少，过年才有滋有味。亲朋邻居互相也给小孩“年钱”，从初一到十五这段时间，哪天给都行。十五过后或孩子长到十七八岁，就不给“年钱”了。

大年三十夜五更时，要给牛、马、驴、骡等大牲口一顿“饭”吃。所谓“饭”，或是专门剩留的腊八粥，或是面汤泡些年馍，每个牲口一盆子；也可直接喂年馍吃。人们相信牛、马、驴、骡虽是哑巴牲畜，但也是有灵性的，它们不辞辛劳，一年四季为人们耕地拉车，还要挨打受骂，皆因前世作孽，或欠了人家的情或债无法偿还，所以这一世任劳任怨、俯首帖耳地听从使唤，因此才有“今世欠的恩，今生不能报答，来世做牛变马也要报答”的俗语。虽然如此，人们也要体谅其辛劳，一年给它们一顿“饭”吃。主人看着它们吃着“饭”，抚摩着它们的头面、身背，与它们说着话，这是人畜之间最温情的交流。

（四）拜年

拜年是过年的一大习俗，从大年初一就开始了。拜年习俗，据说也与上面提到的那个“年”有关：人们在大年三十守夜防范、煨桑避灾，未受伤害，大年初一，大家见面，都要互问“过年好！”当然，这只是一个古老的传说，在实际生活中，拜年是人们庆贺新年、联络感情的特定交流方式。

初一拜年，不出远门，只在家族内部。初二拜阿舅、丈人（岳父）。如果初二不去拜阿舅、丈人，会被看做是失礼，特别是新婚女婿，初二拜丈人，这是“铁规”。新婚的女婿女儿拜丈人，丈人家要隆重招待，还要给一对新人“年钱”。新人拜年，不论路途有多远，都必须赶回家，不能住在外面。舟曲人的习俗，正月初二，城内大多家庭都要请临近老小姑娘回娘家过年一天。①

初三“上坟”，这是洮州人过年中的又一大事。因为三十日接“先人”回家过年，初三要隆重地送“先人”回归坟茔，到“先人”坟上拜年。初三“上坟”与清明“上坟”的不同之处有三：一是祭品从简，主要是馒头、年馍、腊肉、浇奠（茶水）、酒、烧纸、黄表、柏香、香炷等；二是不动土，不挂“纸耀耀儿”（五色彩纸带）；三是时间早且短，一般 9 ~ 10 点钟就要上完坟，因为上完坟还要去拜年或准备嫁娶事宜。

拜年的礼品，过去要拿十个馍馍、两色（样）或三色礼。给有长辈的亲戚拜年，还要拿一个做过祭品的馒头，表示对长辈的敬重。拜年待客的特色，一是端猪头肉，二是做暖锅子（类似火锅）。猪头肉是腊月二十三煮好的，上面插着刀子，客人吃时不能割掉猪耳朵，以便保持一个完整的猪头形，好让主人家招待以后的客人，这是一个不言自明的规矩。外甥、女婿女儿和娘娘（姑

① 《舟曲县志》，653 页，北京，生活·读书·新知三联书店，1996。

妈）来拜年，必须让吃猪肋巴，表示这是“亲骨连肉”的亲戚。暖锅（火锅）待客是洮州的一大特色，农家都备有铁、铜、砂质的暖锅。暖锅内装得像拼盘一样，底部放焯过水的萝卜或白菜、青菜，上面摆放肉块、丸子、粉条、木耳、黄花菜、海带等，各占一格，然后放上调料，用肉汤代水，炭火慢炖，使其煮沸，待将其端上桌面，揭去盖子，暖气融融，香气四溢，令人食欲大振。以砂质暖锅炖的最好吃。暖锅只在过年时用，节后做家具摆设，一般不使用。

拜年习俗中，一般初五不拜年，称初五为“破五”。何谓“破五”？说法不同，或说“破五”就是初五以前，百事禁忌，初五以后则可破忌了。但洮州民间传说，很早以前，鞑靼统治此地，初五这天，人们相约举义杀了鞑靼，所以称为“破五”。至今还留传着“杀鞑靼着过年呢”的俗语，也许其中隐藏着一段真实的历史。另外，从初一至初四所扫垃圾，须装在筐里或堆放一起，初五清晨在垃圾上插香，然后倒掉，谓之“扫五穷”。

记得1975—1977年，反对封建礼俗，禁止拜年，一些村子还组织了“棒棒队”，纠察、恫吓、驱赶拜年的行人，没收拜年的礼品，这算是拜年史上的一段小插曲。

（五）“跑马射箭造山神”

正月初六日，各地社火就出动了，扭秧歌、唱大戏、“浪会场”的欢庆活动拉开了帷幕。其内容和形式与内地汉族大同小异，故不赘述。

庙会、社火、秧歌、唱戏是伴生的，没有庙会的地方，如藏汉杂居的村庄，也就没有社火。虽然没有社火，却有“跑马射箭造山神”“打索车”（请苯本子念经）的神事活动。大约从正月初四到正月十五、十六日，藏汉民族杂居村庄，汉族也要请苯本子

（苯教神职人员）念经“打索车”“造山神”，祈求一年的平安幸福。其时，当你经过这些村子，几乎天天能听到苯本子的法鼓、法铃和高声诵经声。

每个村子都有“跑马射箭造山神”的固定日期，届时，全村人拿着自家的柏香枝、香炷、灯笼、酒、烟、年馍、腊肉等到村子的大场上，若是娶了媳妇的人家，要多带些酒、烟、肉、馍，让全村人分享。主持神事活动的几位“俄拉”（藏语，负责管理田间和村庄事务的人员），事先将村子中供为山神坐骑（或被认为化身）的神牦牛（雄性）赶来，其时，它也被“请”到大场中。平时威武庄严的神牦牛，此时很大气地接受苯本子诵经祈祷和众人的跪拜磕头，任由众人将哈达和五彩丝带系在它的头项和尾巴上。当苯本子口中念念有词并将神水清酒蘸洒到它硕大的躯体上时，它不禁要浑身打颤抖动，众人便急忙跪拜磕头，众呼“山神领了！”（山神领受了众人的祈福）。至此，“蘸坛”成功。之后，是跑马射箭。村中的青少年备马骑射，以应神事。跑马射箭既有习武练兵的实质，又有生殖崇拜的意味。“箭”，象征勇力、阳刚之性，在跑马射箭活动中，射箭能中靶，就个体而言，表示来年必得贵子，所以，“造山神”这天，新郎、新娘必来参加，新郎一定要参加跑马射箭，而且志在必中，祈求山神赐贵子；就整个村子而言，若村中青年射箭命中率高，则预兆当年风调雨顺、大吉大利。跑马射箭的神事活动结束后，男子们坐在一起唱《世巴》①，女人们跳“阿迦”，现在一些年轻人也有跳现代舞、唱现代流行歌曲的，但以藏族歌曲为主。全村人边歌边舞，分享各家带来的酒、肉、年馍，直到下午。晚上，全村男子聚集到“俄拉”家中，煨桑、供灯、上香、宰羊、吃饭、喝酒，由苯本子和《世巴》老人

① 《世巴》是藏族的问歌体创世史诗。“世巴”，或作“斯巴”“什巴”“社巴”“善巴”。藏语“世巴”，“意为存在、有、宇宙的意思”（见佟德富、班班多杰：《略论古代藏族的宇宙观念》，载《思想战线》1984 年第 6 期）。《世巴》是关于天地宇宙间存在的、有的事物的起源、来历的问答歌。

给年轻人教唱《世巴》，热闹高兴，人神共乐，通宵达旦。这些活动虽然是受藏文化影响而形成，但在藏汉杂居村庄汉族人的心里，它就是自己的节俗。这种民俗文化融合涵化、互动共生的现象，有重要的研究价值。

除了上述藏式的神事活动，汉族还有自己家里“念经”（宣“宝卷”）的习俗，所念的“经”主要是《娘娘经》（《灵应泰山娘娘宝卷》）或《关老爷经》（《伏魔大帝尽应卷》），有读书人的家里自己全家念，没读书人的家里就需要请人来念了。若当年因事杂不能“念经”，供有《娘娘经》《关老爷经》的人家也要择日在神案前打开经卷，供灯、上香、跪拜，翻一下“经”。这是文化“边缘标出性”的表现。

二、过十五

“过十五”既是过年的继续，也是过年的又一高潮。洮州人说：“三天十五三天年，过了还是原回原。”意思是说，过完年，日子又恢复到平常了。三天“十五”，指从十三、十四开始到十五、十六。舟曲人的“十五”更长，从十三开始到十九结束，要六天时间。

（一）点面灯

正月十五的中心是灯，捏灯、蒸灯、做灯、挂灯、提灯、放灯、摆灯、观灯、赏灯，是名副其实的“灯节”。“点面灯”是洮州人“过十五”的通行习俗。

正月十五这天，心灵手巧的媳妇们要捏出造型各异、形象生动的面灯。面灯分吉庆灯、月令灯和生育灯数种，并给全家人包括出门的人，按属相捏一盏“属相灯”。捏完后放入蒸笼蒸熟。

夜幕降临，各家开始点灯。点灯前先要把大门拴好，以防被人“偷”，认为被人“偷”了灯，会把一年的福气偷走。一些缺儿女的人家，事先到儿女多的人家去求灯，说好时间，待人家把灯发着后可去“偷”（其实是端来供到自家堂屋神案上）。发灯时用香、席芨草等缠上棉花，插在灯窝中做捻子（灯芯），然后用小勺从捻子上向下添好清油，先由年长者用香蘸上清油，把面灯发着（点亮），然后由大人小孩端着放到屋里的各个地方：“天灯”升到院中的灯杆上，“神灯”送至堂屋家神前，“寿灯”送至老人炕头，“属相灯”送到各自的卧室，“喜灯”分送粮柜、面柜、衣箱、门楣、窗台等处，“月令灯”分送磨房、草房、茅房、井台等处，“生育灯”分送牛槽、马厩、羊圈、鸡架、狗窝等处，凡是有人去的地方，都要点上面灯，不能有黑旮旯存在。为了不使风吹灯，又用彩色纸制成各式灯罩。一时间，农家小院，银河灯海，一片光明。

待灯发完，端放到位后，大人小孩，姑娘媳妇，便可走家串户，观灯赏灯，言笑晏晏。个别久婚未育的媳妇，趁机“偷”人家的面灯，意为“偷”到儿女了。有些缺少儿女的人家，还会连点三天三夜的灯，以求人丁兴旺。

灯圆了（忌讳说“灯灭了”），将四处的灯一一收回，从灯亮的时间长短和灯花的大小，判断来年粮食的丰歉、牲畜的兴旺，从各自的“属相灯”，评议各自的福份和运气。

甘南有特色的十五灯会有临潭县长川乡羊升村的“提灯会”、舟曲县东山的“转灯踩道”、舟曲县城的“松棚楹联灯会”。

（二）临潭县长川乡羊升村的“提灯会”

每年正月十五夜晚，临潭县长川乡羊升村要举行“提灯会”，俗称“小儿会”，意谓祈求村中儿童平安生长。事先，由青苗会会长召集负责人选“灯窝子”（多为各家轮流承担），被选的人家作为东道主，备好香纸、灯油、提供场地。家家户户将准备好的灯笼提到“灯窝子”，然后抽签决定各户提灯次序。提灯分两路进行：第一路由80多家提灯，由会长二人高举大红灯笼前导，其余各家依序随后，鸣炮、吹号、鼓乐奏响，进入灯盏阁；第二路由60多家提灯，从灯盏阁加入。两路队伍形成灯的长龙，浩浩荡荡去庙上祭祀“龙神”（这里供奉着明朝大将胡大海）。祭祀时，所有提灯人员须正帽、整衣，行跪拜礼。之后，绕村一周，经过家家户户的门前，并进行祝福。最后，以大红灯笼为龙头，后边跟着各式花灯，花灯多用剪纸、绘画、书法为饰，各显其能，花样翻新，争奇斗艳。提灯会进入高潮阶段，整个村子火树银花，一派灯火闪闪的壮丽景象。

（三）舟曲县东山的“转灯踩道”

每年正月十五前后，舟曲东山弓子石、鲁家上湾、真节村和大川乡大川村一带，要举行“转灯踩道”活动。据传，某年东山一带虫旱灾降，庄田俱毁，为免除灾难，形成“转灯踩道”活动，留规至今。

从腊月起，村民农闲时，或破竹扎灯，剪花糊灯，或割草劈柴，捆扎火把，准备“转灯踩道”的工作。正月初三过后，按会规程序的排号，轮到某家做会东，就要负责筹备费用、做各类供品及筵席。“转灯踩道”者只限于男性，包括男孩，家有几男，制作几灯。灯式各异，有手提宫灯、八卦灯、孔雀灯、白菜灯、萝卜灯、石榴灯以及象形鸡、鸭、鱼、桃、李的灯；还有身后背灯，长约65厘米、宽约30厘米，上端收口略小，可插纸花，其灯三面糊以细白亮纸，纸上粘贴精美的剪纸图案，如“孔雀戏牡丹”“狮子滚绣球”“三娘教子”“五郎探母”“王祥卧冰”“孟宗哭竹”等。

夜幕降临，“转灯”者按指定的时间、地点集合，整队排号。

一时三刻，三眼火炮轰鸣，鞭炮烟花不息，锣鼓唢呐喧天，宁静的山村沸腾起来了。几百人将灯放于身后的撑灯支架上背起，手持火把响器，入场“踩道”。“道头”在前引路，为表对神的诚心，不与任何人说话，按提前定好的字形比例迈步；身后跟随的人紧踏其脚印，随锣鼓击鸣的节奏，一步踏一步，左旋右转地行进。身后灯笼随身晃动，花束唰唰作响，灯火五光十色。“踩道”完毕，将灯挂于树间长绳，群聚庙前，烧香饮酒，会长定量三大碗，其他人自便。次日晨起观看，大场地面有印章一样的字形，真草隶篆不等，字迹清晰可辨，多为“福”“禄”“寿”“喜”“顺”“丰”等字。

按规定，“转灯踩道”转三年歇两年，每年在自村举行，隔三年与邻村相聚，以便相互祝福，增进友谊。转灯活动，以真节村独具风采。真节村灯队到大川村转灯，每人手持用毛竹或洋麦秆扎成的几丈高的火把，在黑夜里燃烧得烟雾腾腾，去邻村时，在崎岖不平的山路上小跑，远远望去，好似一条飞奔的火龙，十分壮观，人称“狼灯”。当灯队来到大川村山顶，众人暂时熄灭灯火，聚于山腰片刻。大川火把队此时也已候于黄土楞干接应。忽见山腰一火把左右各绕三圈，又听山下三声炮响，顿时，灯笼齐明，火把齐燃，蜿蜒而下，与大川火把交相汇集。此刻，黄土楞干亮如白昼，黑牛湾口炮声如雷，锣鼓、唢呐、号角排前引路，灯队火把随着进村，顺路各家农户联合一处，设宴招待，焚香化纸，捧茶、递烟、敬酒、祝福。午夜进入大场“踩道”，欢乐舞蹈，通宵达旦。所踩之字，保留数日，以盼来年民康村泰、人畜兴旺。

（四）舟曲县城的“松棚楹联灯会”

舟曲县城“过十五”从正月十三开始，到正月十九结束，历时六天，由“松棚楹联灯会”“十五庙会”“黑十七”“十九迎婆婆”

几个小节组成，独具特色。

从正月初八开始，县城四街两关的群众就要组建各自的灯会组织，划定各家地段，每家负责各自地段的立架、蓬松枝、挂灯等事宜。正月十三，搭好松棚架，蓬好松枝，街道焕然一新，全城顿时变成绿色的世界。正月十四，白天各街挂好灯对。灯对长方四棱形，木框架灯，宽6寸，高2米。每组灯对包括三副对联，两幅横额。对联贴法是两灯对立，观灯人可从两边楹桩上都能看到一副对联。楹联内容以歌颂、抒情、励志、教化为主，如："藏乡江南成名胜，泉城舟曲自古今"；"九街灯对列火树，万副妙联绽银花"；"开万古先河耕地免缴农桑税，破千年惯例读书不花学费钱"；"东接秦关南通巴蜀西控青藏北依洮岷由来陇上福祥地，汉为羌道宋曰宕州明称西固今号舟曲且看眼前尧舜天"，匾额多写"风调雨顺""国泰民安""五谷丰登""不二扬州""三阳开泰"等。灯对多达800多架，楹联多达2400余副，方灯和彩灯多达1170条只。入夜掌灯，县城街巷变成了五光十色的松棚连环宫殿，徜徉这灯火的海洋、书画的长廊、诗词的世界，翠波映动，万灯斗艳，如梦似幻。

溯源舟曲县城元宵松棚楹联灯会，"灯起隋唐，文盛明清"，据传是承袭盛唐京城长安灯市。也有一种说法，认为灯会兴起于明代初年。明初，人称"对联天子"的朱元璋，采取行政手段，颁旨助推对联文化，西固民间贺、寿、颂、喜、讽、山水联一时兴起。随着内地人口大量迁徙入境，当地仿江淮之风筑城、建寺、辟集市，崇文尚武。明代西固守御所千户长吏王忠实，扬州人，为持孝道，千里迢迢接父母到西固。逢过年和十五,二老心事重重，精神不畅，怀念故乡灯节。王千户心中有愧于父母，遂招来人才，效法扬州元宵灯节，自出银钱，派官兵百姓采来松条，苫于街巷木椽搭成的架上，别出心裁地挂出三面成对的联语灯对，悬吊各式方灯、宫灯、走马灯等，并亲自书写"不二扬州"和"半间松棚半间架，一重明月一盏灯”；“虽是西陲边塞地，赛过扬州城中灯”的楹联。入夜掌灯，王千户父母出门逛街观灯，心悦眉开，如在江南。从此以后，西固城十五松棚灯会流传下来，影响所及，在明末散文家张岱的《陶庵梦记》中都有记述：“吾尝闻陇右边陲西固，于城廓十字街巷搭木棚，挂长条联语灯，悬配小方灯，画二十四孝，千家诗故事……极其绝，二扬州也。”

（五）临潭旧城正月十五扯绳赛

正月十五的特点就在一个“闹”字。临潭旧城正月十五扯绳赛是有特色、有影响的“闹十五”活动，也是洮州汉、回、藏数万群众共庆佳节的一种独特方式。

扯绳比赛源于军中“教战”活动，距今已有六百多年的历史，后由军中传入民间，流传至今。扯绳活动在每年正月十四、十五、十六晚上举行，每晚三局，三晚九局。特别是正月十五这天，来自甘南、临夏、定西等地的汉、回、藏各族群众，身着艳丽的民族服饰，齐拥临潭县城。傍晚，筹办者将重达 8 吨左右、长约 2000 米、主绳直经达 14 厘米的钢缆绳放置十字街口，由群众推举“少壮”担任“连手”，将双方“龙头”（即绳头）连接。赛前，将绳捆扎成头连、二连、三连、连尾（俗称双飞燕）。

扯绳“以西城门为界，上下齐扯。凡家居上者上扯，家居下者则下扯”（《洮州厅志》卷二《风俗》），不分回汉民族，不别男女老少，只以“家居”上下分别之。于是，为了“家居地”的幸福安康，回、汉、藏不同民族，男女老少各色人等，都来扯绳。他们攀附在绳上，密密麻麻，在指挥者的统一指挥下，向各自的方向拼命拉扯。同时，“老弱旁观”者，齐声呐喊，加油鼓劲，“鼓噪声可撼岳”（《洮州厅志》卷二《风俗》）。观览扯绳情状，钢缆绳随着人们的呼叫声，时而上移，时而下行，上下跃动，如蛟龙出海……一条绳，一条心，将当地不同民族、不同信仰、不同习俗的人们凝聚成团结、合作、友爱的社会群体。这是甘南草原族群合作、民族团结的重大活动，也是世界拔河史上绳最重、直径最大、长度最长、参与人数最多的拔河比赛。2001年正月十四，中央电视台《走进西部》专题组受《中华民族》栏目的委派，专程就洮州万人扯绳活动进行了现场直播。同年，该活动被申报批准载入上海“世界吉尼斯大全”。

（六）临潭冯旗“打切刀”

每年正月十六，临潭县长川乡冯旗村要演出《混五子招亲》的武术、魔术节目，当地称“打切刀”，是流传甚古的“血社火”。

“打切刀”是神事活动，仪式前，村里老人代表全村男女老小到村庙中焚香、上黄表，恭请神灵“冯旗太太”来看戏。“打切刀”是独本戏，表演之前，先在场地上搭一帐篷，台前供演员表演。随着一阵急促的锣鼓声，五名生角出场，并各念一段台词：“切开红肚肠，拳大胳膊壮，打死不拉勾，要问麻引个，双股一齐上。”然后绕场、亮相，集体表演武术。接着五名旦角（由男性扮演）上场，表演武术，生、旦开打。武术套数有开怀、解膀、扫踝等，一招一式，配合默契。此时，紧锣密鼓，鸣号摇旗，喊声如雷，炮声震天，营造出一个真刀实枪、肃杀实战的场面。经过一番激烈较量，生败逃，旦追进帐。不一会儿，生、旦成对出场，生角头部插着切刀、剪子、锥子、镰刀、斧头五件器具，头颈鲜血淋漓，令人惊悚。观众不知刀剪如何插在生角头部，但场景逼真，真伪难辨。这一表演为村中赵、武等姓弟子扮演，从不外传。

这个剧目源于一个古老的传说。明洪武年间，冯旗村附近山头有一伙土匪，占山为王，经常骚扰周边村庄。一天，匪首看上附近村庄一户曹姓人家的女子，于是带领手下弟兄抢来做了压寨夫人。在晚上同房时，这位曹姓女子发现匪首是个秃疮，令人作呕，难以接受。她乘匪徒们喝酒之际，悄悄溜出，联系上其他几位要好的姐妹，找来镰刀、锥子、剪刀、斧子、菜刀等利器，趁夜深人静，土匪们酒醉熟睡之际，将其刺杀，从而获救。后来，村里人以再现丫头媳妇除魔过程的剧目来祈求风调雨顺、国泰民安。

这个故事，情节简单明了，甚至有些粗糙，表演过程中对白很少，主要以武打场面为主，锣鼓伴奏，基本上属于“哑剧”。但也有局部细节的深刻渲染，比如“磨工具”一节，费时较长，逼真地表现了打磨工具的过程和试切刀、斧子、镰刀、剪刀等锋利程度的神态。

冯旗“打切刀”血社火承载着丰富的历史文化信息。关于“打切刀”的起源，据老人们讲，过去冯旗村多灾多难，尤其是中青年妇女非正常死亡情况较为突出，于是村民们到处卜卦禳祭，在村子两头修建了牌坊，仍无济于事。后来村上来了一位陕西的高人，传授了绝活“打切刀”，并定于农历正月十六举行，从此村里风调雨顺，人畜兴旺。无独有偶，在陕西宝鸡、渭南和山西晋南也传承着血社火。这个传说透露出“打切刀”起源的移民文化性质。

另外，据村民们说，过去冯旗村还有“三杀”，即《高耀子借头》《宋江杀楼》《杀狗劝妻》等秦腔剧目，也很有名，现已失传。这里反映了中国戏剧发展变化的某些信息。中国戏剧从秦汉“百戏”中的幻术表演到后期戏剧广泛运用的血彩道具，现在都已难觅踪迹，唯独冯旗村的“打切刀”，作为一种民间活态世代承袭的剧目，仍在表演，这为学术界研究古代“百戏”及戏曲发展变化提供了鲜活的资料。

“打切刀”作为神戏是献给神的，同时它是警示人的：一方面，通过血淋淋的画面，教育男人们要善待妻子；另一方面，妇女们在观看“妇女”将切刀、斧头等砍向“男人”头部的瞬间，平日里积压心底的对丈夫的怨恨得以宣泄，是一种情绪的释放，有利于日后的生活。

(七) 舟曲县城正月十九迎“婆婆”

“婆婆”是舟曲人对道教女神“太乙元君九天圣母子孙娘娘”的俗称。正月十九迎“婆婆”，是舟曲县城的狂欢节。

正月十九上午，各寺庙将自己的“婆婆”和轿子精心打扮一番。“婆婆”轿是按比例缩小的宫殿建筑，金顶飞檐，轿子四周挂满玻璃方灯、香包、香袋，四周立柱回廊上有木刻孩童、龙凤、花鸟、禽兽等物。轿正面有木刻匾额和对联。“圣母娘娘”正坐轿中，头戴银凤冠，身着蟒袍、霞帔，雍容端庄，神态慈祥。轿门左右两边是赤身穿红兜肚的木雕童子，各打一个宫灯，上书“圣母庙”。

晚9时许，舟曲城内外十六轿（位）“婆婆”集会于城东驼岭山北段的东门上。集会结束，出巡礼炮鸣响，轿子依序缓缓下城。“婆婆”轿周身灯火灿烂，流光溢彩，遥望状若团团花簇从天而来。鼓乐齐鸣，鞭炮震耳，观者前呼后拥，缓步行进。每轿彩旗开路，宫灯、牌灯和锣鼓相随。青少年手执金瓜、钺斧、朝天镫、乾坤圈、芭蕉扇及玻璃牌灯等物巡护。其后有唢呐手，吹着令人神怡的曲子。身着道装的道士和身披袈裟的僧人不停地诵经。再后是鼓钹乐队。抬轿者踊跃轮换。男女青年们和刚结婚的新郎倌儿争抢着抬轿，意乞圣母早赐贵子。

圣母轿每经一户人家门前，则略停片刻，接受迎户的虔诚叩拜，迎户焚香化纸，鸣炮燃花，给抬轿者敬酒递茶。轿停之处，人们争先恐后地弯腰钻穿轿底，意乞圣母娘娘消灾免祸，保佑孩子健康成长；新媳妇争相摘取轿前悬挂的荷包，希望赐予娇儿。

迎“婆婆”活动距今已有500年的历史，在其发展、演变的过程中，吸收了藏传佛教、道教的精华，其文化功能也由以前单一的迎生送子、求儿求女，扩展为保佑一方平安、祈福禳灾的民俗活动。舟曲县境白龙江沿岸各村，都有正月十九迎“婆婆”的习俗。

人是生活在民俗中的，民俗文化活动是人类生活的精神家园。节日不仅使我们感知时令，张弛有节，与天地合一，而且使我们超越庸常，回归历史与传统，与祖先交流，与神灵沟通。在节日中，我们休养自己的身心，感受生命的快乐，寻觅生活的意味，放飞希望与梦想。

2013 年 6 月

本文原载《甘南日报》，2016 年 2 月 17 日、2016 年 6 月 8 日。

甘肃唯一的萨迦派寺院——迭部多儿白古寺

杨淋多杰

迭部多儿白古寺，全称白古寺德庆冷周林，意为“安乐圆满洲”。位于今多儿乡白古村下面的斜坡上，占地面积 45 亩。该寺始建于清道光十八年（1838 年），是由四川省若尔盖县求吉前扎阿巴活佛的转世更旦仁波切和多儿西让村的格巴二人主持创建的萨迦派寺院，系岱卫求吉寺的属寺。

寺院坐南朝北，建筑宏伟壮观，僧舍林立，清静幽雅。寺前多儿河汹涌湍急奔流不息，寺院附近清泉溪流淙淙，四周覆盖着茂密的原始森林，檀香、沉香等名贵树种郁郁葱葱。秀丽迷人的景色，独特的建筑风格，庞大的建筑群，与寺院外墙上一红一白的花道显现了该寺悠久的历史与厚重的文化底蕴，无不令游客赞不绝口，流连忘返。

原寺址在白古村邻近处，藏历火猴年修筑围墙，土猪年大经堂正式建成。原寺址内至今尚有完整无损的大经堂和弥勒佛殿，供有高达一丈有余的弥勒佛像。后来白古寺搬迁到白古村下面的斜坡上至今。

白古寺前后历经闹哇、佳加哇、前扎巴、桑旦、青扎、俄旺扎西等人的管理，均属历辈求吉活佛派遣的赤哇（即法台）。

该寺主要供奉的佛像是护法神“青交塔傲巴”。正月有祈愿法会12天。二月十一日至十七日有7天的“杰多普哇”会。三月有普明供修会7天。四月有禁食斋戒会和《甘珠尔》经吟诵会4天，四月十九日开始有7天的“多杰普哇”会。六月和十一月各有7天的“南交”及禅定法会，六月十五日至八月初一为夏令安居。九月有集密法会7天，另有1天的佛祖降仙会。每月二十九日为“桑永”法会。

1958年前夕，白古寺有经堂1座5间，弥勒佛殿、密殿、释迦牟尼殿、修行殿各1座5间，僧舍98院。1958年寺院关闭。1981年批准重新开放。1996年依法进行了登记，获发“宗教活动场所证”。到2016年，信教群众来自白古、西让、然子3个阴山村庄和四川大恒的半个村庄，共1800人。现今，该寺住持为洛珠香巴仁青，系白古村人，他爱寺如家，广结善缘，广修善事，新建有经堂、密殿、囊欠、弥勒佛殿、修行殿、学经殿、茶房各1座，佛塔8座。现有僧舍103院，住寺僧人103人。寺内镇寺之宝有至今保存完好的千人大铜锅一口。

2017年7月

拉卜楞一年四季的宗教节日

索代

拉卜楞寺每年举行许多法会，主要的有正月法会、七月法会、九月法会等。

一、正月法会

拉萨有雪顿节，安多有拉卜楞正月法会。

正月法会源于宗喀巴大师于1409年在拉萨举办的祈愿法会，在拉卜楞寺开始于第二世嘉木样活佛久美昂吾时期。法会自正月初三晚起，到正月十七日止，历时15天。正月法会的特点是举行一系列活动。

在法会期间，拉卜楞寺的全体僧人，每天要在大经堂诵经六次。第一次叫晓会，第二次叫晨会辩论，第三次叫午时会，第四次叫祈愿会，第五次为晚茶会，第六次为晚辩诤会。

正月初八为“放生”节，这项活动在图丹颇章院内举行，摆出寺内珍藏的宝物，供人们参观。随后由僧众诵《招财经》，伴有简单舞蹈；接着给事先准备好的马、牛、羊身上洒净水，在它们的耳朵上系上彩色绸带然后放走，叫作“放生”，凡被放生的马、牛、羊，均被视为有神护佑，任何人不得猎取。

正月十三日为晒佛节，也称亮佛节，此会在午前进行，开始时，由拉卜楞寺大法台率领僧众在寺对面山麓举行瞻佛仪式，由“花身土地”为前导，边跳边舞，狮虎欢跃，僧众边走边诵经，僧众抬着巨幅的彩绣大佛像——释迦牟尼佛、弥勒佛和宗喀巴大师，每幅像宽12丈、长30丈，用有色绸缎剪堆制成。当僧众将佛像在晒佛台展开后，僧众颂赞佛陀功德，念沐浴经，万众肃然，默默念诵，祈祷平安。

正月十四日跳法舞，于中午时刻在大经堂前广场进行，参加舞蹈者30人左右，主角为法王及其妃，还有戴面具的鹿和牦牛等，在乐队伴奏下，先将放置在场中心的人形符焚毁投进油锅烧掉，表示把妖魔鬼邪镇压了，最后由大法台率领舞者和僧众将“朵玛”（用糌粑捏成角以施鬼的食品），送至寺郊焚烧，预祝一年吉祥如意。

正月十五日晚举行“酥油花灯会”，其活动是供展拉卜楞寺六大学院及大小活佛制作的酥油花。正月十五日晚，在大经堂周围各固定的位置上支起木架，在木架上陈列各种制作精美的酥油花，前面供有许多酥油灯，在酥油灯的照耀下使酥油花更加艳丽夺目，观看者人山人海，摩肩接踵，不到深夜不止。

正月十六日“转强巴”，意为转弥勒。这一天僧人们抬着弥勒佛从经堂开始，在乐队伴奏下，绕寺一周，表示释迦牟尼佛五千年教法当有五佛治世。因为弥勒佛在众佛中代表未来，故众多的信徒争相绕寺转经轮，祈愿未来幸福。

二、二月法会

二月法会，藏语叫“尼贝措却”，是聚供养的意思。

这次法会是从农历二月初四至初八，历时五天，由各个学院联合举办。其主要活动有：

农历二月初五，是拉卜楞寺创始人第一世嘉木样大师圆寂之日，所以又称“良辰会”。这一天，寺内除日常的佛事活动外，在每日午会时，全体僧人接受施主的斋供布施。晚上僧人们聚集在大经堂诵超度经。同时，由各学院选派一名年高德重的僧人作为代表，也集中到大经堂内祈祷诵超度经。各经堂、佛殿、囊欠和僧舍的屋顶上都点燃酥油灯，以示纪念。

农历二月初八“亮宝”，藏语叫“赛日昌”，意为格鲁派僧徒列队亮宝。僧人数百人，衣帽鲜明，持幢幡宝盖、各种仪仗，每个僧人各持寺内最为珍贵的宝物一件，如犀牛角、象牙、珊瑚、玛瑙、法器等，伴随着化装了的狮子、野牛、大象、老虎从大经堂出发，绕寺一周，也为供养之一种。宝物之中，以吉祥结、如意树果、龙蛋（据说是鸵鸟蛋化石）、清康熙皇帝所赐锡杖、御赐养老牌和百两重的金元宝等，最为名贵。

绕寺一周后返回讲经院，由小沙弥作舞。舞毕，宣布结束。彼时，将各种宝物一一陈列在讲经台上，任人观赏。僧众还向名僧大德生前的遗物，如法衣、法器等叩首顶礼，以示信仰。

三、拉卜楞寺七月法令

七月法令，称为“柔扎”，也叫七月说法会。它开始于第二世嘉木样时期，据说这个法会由格鲁派创始人宗喀巴的弟子加杨却杰首创，目的是为纪念护法神和法王的。七月法会主要有两项内容，一是六月二十七日和二十八日（农历）两天的宗教大辩论，二是七月初八举行的米拉日巴劝法会的广场演出。

米拉日巴劝法会的广场演出情形是：演出在闻思学院门前的广场，前殿一楼前廊左侧为在职僧官的席位，右侧为一般僧人的席位，演出场内层为本寺僧人坐处，外层为观众席。

乐队有执锣鼓者各一名、执钹者一人、吹长筒号者一人，安排就绪则表演正式开始。

第一场，山神在鼓钹及号声中入场，名叫阿杂拉，头戴螺纹鬼脸面具，颏下有黄须，着绿色短上衣，腰系黄、红、绿三色百褶短裙，下穿花蓝色裤，手执短棍入场，跳舞，打脚尖，翻筋斗，打车轮，演完退场。

第二场，另一名山神出场，在长号声中引两狮子入场。山神拿着一条彩绳，与两个狮子相戏而舞，狮子跳跃、翻滚，上下颚不时相击作声，狮子以舞蹈表示对佛的崇拜。狮子舞毕退场，山神打着脚尖，单手扶地翻着筋斗离场。

第三场，两个戴着绿头盔的花脸小土地神（名叫阿杂拉）上场，穿花上衣，双肩披黄、红色宽带，在胸前形成交叉十字，脚穿白皮软鞋，先向大地撒鲜果，然后面对大经堂做深呼吸，不时起伏，转身作 180 度旋转舞，演完，先后下场。

第四场，两个戴着黄皮遮脸、鼻前系着一个小螺壳的土地神上场（名叫特合恰瑞）。他们白须白发，外套红、金两条云彩衬肩，腰缠绳索象征龙，下系短裙，身背用黄绸裹包着的经卷，入场后，分别旋转作舞，短裙旋起呈伞状。土地神用手撒大麦，表示对神的祭祀。接着，旋转舞至中央，打开所背的经卷，土地神用念经的语调介绍米拉日巴的生平和业绩，原来经卷是用来记载米拉日巴生半、业绩的。

第五场，两个土地神（特合恰瑞），引着两个头戴白、蓝、红、黄幢形帽的僧人入场，帽子四周散垂着黑线，将面部遮住。两个僧人着同样装束，身背经卷，一手持锡杖，一手拿小型法鼓，两人绕场一周后，走到后场太师前坐下，土地神叩拜后退场。入场的两位僧人即米拉日巴。为何有两名，一为其真身，一为其化身，但也为了表演方便，两人易于对话，也使四周观众都能看到米拉日巴，听到米拉日巴说法。出场的猎人、鹿、犬也成双成对近乎分身表演。

紧接着两只鹿一前一后出场，跳跃、舞蹈，向米拉日巴求救。米拉日巴让鹿卧于身边。紧接着两个童子用鞭子打着两只狗出场，狗上场后逐鹿。米拉日巴站起，摇着法鼓，唱经给二犬听，劝猎狗不要起杀心，因果轮回终是苦恼。唱毕，又摇法鼓坐下。二犬起舞，表示信服，后蹲于米拉日巴右侧。

接着，两个戴赭色面具，翻穿灰色黄色皮袄，项挂大念珠，腰佩长剑的猎人各随两名拿着弓箭及包袱杂物的童子，先后入场。两人先粗声自言自语，后一问一答。边回答边表演，在场中往来复去，先谈地点、人物，用说唱的腔调，讲地方上的事情，讽刺那些不守教规的人，嘲笑摄政，尽情发泄。

过一会儿，二猎人寻找猎物，发现犬与鹿卧于二僧人之侧，两个猎人互问互答，争吵，分别后跑到米拉日巴、犬、鹿四周环视，不知究竟。一猎人取弓箭交于另一猎人，朝着米拉日巴射去，竟不中，箭反而折回。这时，米拉日巴摇鼓而起，唱道歌进行劝化，讲了许多信佛、解脱的道理。两猎人终于明白，放弃杀生业，扔掉手中弓箭，站在米拉日巴面前，表示忏悔，皈依佛教，犬与鹿皆大喜，共同起舞，道歌声中，演出结束。

可见七月法会是通过广场剧的形式，传诵米拉日巴这个藏传佛教上著名的噶举派大师的功德，借而宣传佛教的弃恶扬善。

七月法会的演出，使米拉日巴这个1000多年以前的西藏圣者复活在拉卜楞，米拉日巴和贡保道吉，是拉卜楞地区人人皆知、家喻户晓的传奇人物。

七月法会演出，具有广场剧的表演特点。

四、九月法会

农历九月二十九日举行的九月法会，是一次禳灾法会，由喜金刚学院主办，有十年以上表演经验者40余人戴护法面具，在20

余人组成的乐队伴奏下，由舞官领头，表演法舞。这次法舞演出场面多且复杂。

广场上摆有象征地、水、火、风的三角叉，有两名吹胫骨喇叭的僧人、八名吹长筒喇叭的僧人，还有六名鼓手。

九月法舞的表演分四场进行。

第一场，六童子出场表演，土地神出场，头戴五人头面具，身着串满人骨珠子的服装，右手执旗，左手执枪，胸前悬镜，镜中心画有符咒意义的符号。随后，一名叫阿杂拉者出场，绿脸，绿袍，左手拿着人腿骨。之后是阿杂拉的侍从——两名黄脸、四名红脸、一名绿脸者出场，每个侍从右手执刀，左手执套索，均头戴三只眼睛五人头的面具。这些角色扮演者按规定动作进行舞蹈，并轮换退出场地。

第二场，戴牛头面具的法王出场，右手执人骨架棒，左手执套索。法王的明妃也戴面具，一手执三叉戟，一手执人头骨。武士跟随，戴五人头面具，手执大刀。最末出场的是戴鹿头面具者。出场者形成圆圈形，法王居中与众随从一起舞蹈。

第三场，阿杂拉抬着大圆喇叭出场，北方天王和三名随从出场。天王红脸，右手执伞，左手执猫鼬，随从一名持匕首，一名拿枪和旗，一名拿盾，一名执刀，随后天王、侍从一起表演舞蹈。

第四场，即末场，15 名戴黑帽为舞者出场。每人右手拿着金刚杵，左手拿着人头骨，黑帽为六角帽，每一角画有人头，帽顶中心有黑绒球；绒球上面，依次有一个头骨、金刚及金云，在云的下边有六轮。云代表火，而轮象征愤怒。跳舞者以黑布蒙口，黑线画脸，袍外佩戴人骨念珠，代表经典齐全，袍上绘有五人头兽形图。

当跳舞者形成圆圈时，两名持瓶者，面对面站立场中，他们把“金酒”倒于杯中，再加一些大麦粒，然后手拿着杯子跳舞，边舞边把“金酒”和麦粒抛撒出去。这样的动作重复四次，前两次撒向后面的喇嘛和护法，后两次撒向前面的护法侍从和土地神。“金酒”是把铁、金、银、铜捣成粉末，再将酒里注入粉末而成。拿“金酒”供奉神明，以求保护佛法。

四次奠酒后，首领居中心，其他舞者打击画布上的人形，于是做手势、跳舞、念咒，再做手势，然后将置于桌上的黑布揭开，展现出一盘各种小型武器。首领再用这些东西作为道具跳舞，直到最后换成套索，一端连在金刚杵上，一端连在钩子上，然后掷套索于盘子内的人形上，覆以黑布；接着再从盘子中取出一条链子，拿着跳舞，然后又掷于盘内人形上，覆以黑布；这样的动作再重复一遍，将桌上的武器一件件拿下来作为道具跳舞。

再接下来首领又拿人头骨杯和金刚杵跳舞，口念咒语，然后换成斧子和钉子，将人形钉死。复又拿起人头骨杯和金刚杵跳舞，舞后放回桌子上。两手合掌，口念真言，念毕，抡起短剑砍入黑布上假设的肉体。最后，以短剑换成人头骨杯和金刚杵，回到随从行列。最后侍僧将肉体分放每一跳舞者的人头骨碗中，舞蹈者合在一起跳舞。舞蹈者用手举起人头骨碗，跳舞。又用金刚杵舞蹈，然后离场。

九月法会是典型的法舞。法舞是各寺院法会上的跳神舞。跳神起源于8世纪，吐蕃赞普赤松德赞兴建桑耶寺时，莲花生为调伏恶鬼，为所行仪轨中率先应用的一种舞蹈。这种象征佛法形象的神鬼舞，经过后世宗教大师们的相继改进和规范，又作为宗教仪轨，世代传承，这便是流传在各地喇嘛寺院的法舞——跳神。

跳神没有歌唱，是哑剧式的系列舞蹈，除寂静尊神不戴面具外，怖畏金刚的忿怒尊护法神和牛神、鹿神、鸟兽、骷髅以及各种鬼怪精灵都戴性格面具。各种神祇手持不同的法器，如刀、剑、戟、铃、杵、钵等，身着色彩各异的法衣，以示法力不同并区别身份。一般讲，护法神形象威猛，动作幅度大，舞蹈速度缓慢，动态造型性强，具有一种庄严肃穆的威慑感。鬼怪舞蹈节奏急促零乱，张牙舞爪，灵活多变又富有神奇多变的恐惧感。加之场上鼓钹齐鸣，号角声声，唢呐阵阵，使人顿觉进入一种震撼心灵的宗教文化境界。

五、历世嘉木样圆寂日

农历二月初五为第一世嘉木样圆寂日，农历十月二十七日为第二世嘉木样圆寂日，农历九月初六为第三世嘉木样圆寂日，农历二月二十二日为第四世嘉木样圆寂日，农历二月二十三日为第五世嘉木样圆寂日。

在各大法会期间，藏、蒙古等民族数万名信徒从各地前来，进行朝拜，寺院各佛殿全部开放，妇女们也可以入寺朝拜。同时，在大会期间，也是各族人民进行贸易的主要时间。特别是在正月毛兰姆大法会和七月的大法会期间，远近各个部落的农牧民群众除了朝佛之外，还赶着牛、羊、马匹，带着皮毛和酥油等畜产品，内地和拉卜楞地区的商人，也从各地运来哈达、绸缎、礼帽、腰带、珍珠、玛瑙、珊瑚等民族特需品，以及面粉、糖、茶、龙瓷碗、铜锅、铜壶、腰刀等日用百货，进行贸易，互通有无。

本文选自《让世界发现拉卜楞》，甘肃民族出版社，2010年12月。

苯教寺院在迭部

杨淋多杰

据考证，迭部苯教文化是造帕达旺加参和肖巴尼玛旺增二人播下的种子繁衍的。1958 年前，迭部有日盖寺、萨让寺、谢协寺、纳告寺、乍日寺、桑周寺、恰日寺、黑日寺、迪日寺、高布寺 10 座苯教寺院。日盖寺、萨让寺、谢协寺现合并于拉路佐仓寺，黑日寺、迪日寺、高布寺未恢复重建。纳告寺、乍日寺、桑周寺、恰日寺得以恢复开放。

一、纳告寺

纳告寺，位于今迭部县阿夏乡纳告村山脚下的河滩边，在达西隆哇沟的达西隆哇河与阿夏河交汇的三山脚河谷中，占地面积 42 亩。这里森林茂密、鸟语花香、环境优美，实属建寺造庙的好地方，处在古时阿夏通往四川的茶马古道上。纳告寺始建于唐乾符二年（875 年），是由香帕主持创建的苯教寺院，系四川更江寺的属寺。该寺创建后先后由香帕、赛闹旦智、仁青、次周诺达、向卓彭措、家仁丹智、勒珠、欧保仁青、洋召、赛闹益黑等活佛与高僧主持与管理。末世活佛洋召于 1905 年坐床。主要佛事活动有每年农历三月十三日纳告寺与哉玛达巧寺在更江寺聚会，举行跳法舞、蹈鹿、蹈狮子习俗。

1958年前，有经堂1座，僧舍39院，住寺僧人50余人。1958年关闭，1991年12月6日迭部县政府（1991）116号文件批准开放。1996年依法进行了登记，颁发“宗教活动场所证”，登记证号为（96）14号。截至2016年，信教群众来自大板、爱哇、纳告、作木、白赛5个自然村和西居的几户人家共560人。寺院开放至今一直由赛闹益黑精心护持管理。现有经堂1座，经堂内供有敦巴辛饶、香帕、娘美等苯教佛像。有囊欠、茶房各1座，僧舍17院，住寺僧人24人。

二、乍日寺·雍仲美日琅

乍日寺·雍仲美日琅，寺名以美日神山而得，其法名“雍仲美日琅”，意为“苯教神山寺”，位于今迭部县城背面尼傲乡尖尼沟境内，占地面积21亩。苯教活佛造帕达旺加参最初在尖尼地方传教。1192年由香藏加那仓、阿尼更尕二人主持创建了旷黑寺。明洪武二十一年（1388年），由高僧给格次九主持将附近原有的七处小寺合并于旷黑寺。明万历间，在赛闹江巴的提议下搬迁旷黑寺，建立乍日寺。

乍日寺创建后近200年间，相继由给格次九、尊努布次力的转世灵童尊拜旺丹、高僧黑如九塔、加旺次丹等人主持。为使血统有灵童转世，建立了受戒制度。该寺创建人给格次九年幼时曾赴四川阿西香仓寺学经。学成准备归寺时，阿西香仓寺赐给他诸多法器经典以示嘉奖。为使相隔只有一座山的卡坝尼欠地带弘扬教法，约在明洪武二十七年（1394年），他主持在尼欠尼吉巴村邻近处修建了桑周寺。高僧赛闹江巴当时收有谢协寺学徒，学徒们学成返回时，向他们赠送了许多珍贵文物，并帮助该寺修建正规的大经堂。因而有谢协寺与桑周寺是旷黑乍日寺分户之说法。之后，在赛闹江巴的亲自提议与策划下，建立了乍日寺。在以后的近400年中，相继由次九闹达、恩主、曹哇公雷、次九坚才、阿古、次成闹达、桑在、给格次力等人主持与管理寺务。由活佛负责管理全盘，下设有恩布、夏欧、吾在、丛德哇等职。该寺正月有加哇念美钦宝纪念法会，念“毛兰”经，转强巴佛，举行施食回遮法、晒佛、跳法舞等活动。三月举行“登至司英”法会，有7天的九王活动。五月有夏令安居、“万赛周巴”法会。主要供奉的佛像有觉悟、王山、恩巴等5种。

阿兴活佛于1899年降生在腊子黑多村，1957年圆寂，享年58岁。加参尕让活佛于1936年降生在尼傲巴藏的日古卡村，1958年错捕入狱，后在狱中圆寂，享年42岁。1973年落实政策得到平反。第四世乍日仓活佛雍仲加参于1984年4月降生于腊子黑多村，2001年4月坐床，2002年12月31日圆寂。

该寺1958年前有经堂1座、囊欠2座、小佛殿1座、库房3间、僧舍78院，有活佛2人、经师1人、住寺僧人125人。1958年关闭，1983年5月10日迭部县委统战部（1983）5号文件批准开放。1996年依法予以登记，颁发“宗教活动场所登记证”。截至2016年，信教群众来自10个自然村共2000余人。新建有大经堂、囊欠、茶房、白塔各1座，僧舍35院，住寺僧36人。

与乍日寺不远处，有尖尼木日“乃康”和“巴洞”。洞内有自然凸凹的大象、蟠龙、飞禽走兽等多种奇异图案和佛塔形状，洞外磐石上有自然形成的藏文“嗡”字样。另有外转、中转、内转的转经的地方三处和许多佛塔形象，实属自然之奇观，是善男信女朝拜的胜景。

三、桑周寺·措美桑周茂吉盖派琅

桑周寺，全称桑周寺·措美桑周茂吉盖派林，意为“圣湖如意不变成就洲”，位于今卡坝乡尼欠沟上游三山角汇合处，占地面积20亩。

该寺创建于明洪武二十八年（1395年），是由给格次九提议，尼吉坝村赛组部落的活佛黑如欧周和牙利坝村木日部落的活佛与历辈建寺总监贡吾巧吾仁增、代利怕哇久、尼格次拉帕等5人组织周围3个自然村的群众合资修建而成的苯教寺院，系四川省阿西香仓寺的属寺。

桑周寺对面是翠绿成荫的赛黑大山灌木丛。这座古老的苯教寺院仿佛坐落在三角河谷之中，形若“天三角、地三角”中一朵花。背靠巍峨的赛尕山，左右常年流淌的尼吉坝河和牙利坝河似金鱼成对。东侧是四季常青的风景林，称虎穴林。左右靠山处有红西加湖和黄西加湖，被人们誉为神灵湖。此地百鸟啁啾，风光秀丽，为建造寺院的最佳之地。

本寺第一位活佛加哇，是尼吉坝村赛组部落人。该寺未建前的管理者是黑日寺活佛。第二任青久加哇，第三任桑代加哇，第四任黑如欧周，第五任牙利活佛。前两任活佛是该寺的组建者。第六任加采，尼吉坝人。第七任闹卡加采，早逝。第八任次周加采，电尕尼西村人，去西藏拜佛求学，归来时住在贡布地区，脱寺还俗。第九任尼吉坝村下如部落人。第十任仁青闹吾，尼吉坝村木日部落人。第十一任仪黑次周，尼格卡村人。第十二任丹增旺杰，尼吉坝村木日部落人，赴西藏拜佛两次，给本寺传授过各种经文。第十三任尕让加贝，尼吉坝村赛组部落人，相传到过拉萨、印度、香港等地，求学拜佛，学识渊博，曾获得过书写文书稿件奖，他的雕塑艺术在业内有较大影响。第十四任木智措哇，牙利坝村人，在本寺传授过各种经文，教徒遍及各地，组织过大经堂油漆绘画工程。第十五任丹增加采，据说该活佛生前曾显现各种精通，有许多利乐六道众生的传奇故事，一直负责搞筹备资金和经堂的修缮工作，并主持护理该寺各项事务，1990 年 8 月圆寂。

该寺正月有祈愿法会，举行诵“毛兰”经、跳法舞、晒佛等仪式。四、五月内有夏令安居。十二月有 3 天的诵经会。主要供奉旺晒、桑加、达喇、玛西加、晒罗拉热尼布、木地、阿赛等佛像。曾建有经堂 1 座，内供《甘珠尔》《丹珠尔》两部大藏经和各种佛经、佛像、古具法器。另有僧人茶房 1 座、僧舍 33 院，住寺僧人 73 人。1958 年关闭，1981 年 6 月 19 日县政府（1981）38 号文件批准开放。1996 年依法予以登记，获颁发“宗教活动场所登记证”。截至 2016 年，信教群众来自尼吉坝、牙利坝、尼给卡、益乍、格路沟 5 个自然村共 1300 人。在老吾塔、闹加次力等施主的大力支持下，寺院建设日新月异。新建有经堂 1 座、僧舍 12 院，住寺僧人 22 人，所有僧人均毕业于四川阿西香仓寺大圆满学院。

四、恰日寺

位于今迭部县达拉乡岗岭村附近，地处达拉通往四川的茶马古道上，占地面积 12 亩。始建于清同治五年（1866 年），是由高吉村的首领崔伦主持创建而成的苯教寺院，系四川阿西香仓寺的属寺。该寺建成后经历了恩宝仁青、云忠、措彭、楚城、龙智西让、旦巴达尔吉、楚成智巧等人的主持，崔伦的子孙康主休、旦古、阿四等人曾修葺并管理过该寺院。1920 年该寺失火焚毁，后由著名僧人阿桑主持在距原寺址 1.5 千米处的山坡上按原样重建经堂。随着宗教活动和管理的需要，1943 年确立了 7 周岁的次主为本寺活佛。

1958 年前，该寺有经堂 2 座，佛殿、密殿、囊欠、千佛殿、茶房各1座，僧舍38院，住寺僧侣61人。1958年关闭，1991年12月6日迭部县政府（1991）116号文批准开放。1996年依法予以登记，颁发“宗教活动场所登记证”。截至2016年，信教群众来自5个自然村共900人。新建有经堂、囊欠、茶房、白塔各1座，僧舍22院，住寺僧人24人。

五、拉路佐仓寺·桑恩蒙照达吉琅

拉路佐仓寺·桑恩蒙照达吉林，意为“密宗脱昧兴旺洲”，位于今迭部县电尕镇拉路村附近，占地面积62亩。寺院坐北朝南，地势缓坡，背靠树木葱茏的北山，面对松林茂密的南山，白龙江从寺前奔流不息，气候宜人，风光旖旎。1981年6月19日，迭部县政府（1981）39号文批准开放。该寺是由日盖寺、萨让寺、谢协寺合并而新建的苯教寺院，供奉护法神释迦、阿赛、蒙迪等。1996年依法予以登记，颁发“宗教活动场所登记证”。截至2016年，信教群众来自19个自然村共2450人。现有经堂、囊欠、茶房、白塔各1座，僧舍28院，住寺僧人40人。

勺哇土族人家年节习俗琐谈

曾维群

卓尼县勺哇土族乡的土族人家，因人口稀少（目前仅有500多人），居住地域狭窄（仅有8个自然村），被夹峙在广大的藏族（卓尼、夏河等县）和汉族地域（临潭县等），尤其是因其和藏族、汉族通婚的结果，其过年过节的习俗已同时融入了当地汉族和藏族的风俗习惯。但是，由于其居住地域封闭狭窄，8个自然村均散落在山高沟深、交通不便的白石山麓坡谷地带，历来过着半农半牧、自给自足的小农经济生活，同外界的经济、文化、思想交流又相对减弱，加之本民族的语言习惯、生活习惯及民族自尊心理等因素，他们还是保留了一些土族特有的古旧民族习俗。经一些专家研究，他们和青海各地的广大土族在语言、服饰、习俗上都存在差异。因此，在一些论著中，索性称他们为“勺哇人”。

勺哇土族人家和汉族共同的节日及习俗有：农历二月二，炒豆子吃，祝愿农事顺利。五月初五端阳节，喝自制的青稞烧缸酒、吃甜醅、醪糟及用肉和洋芋丝、胡萝卜丝做馅的菜包子等，门头不插柳。六月初一至初六，参加莲花山“花儿会”，也参与对歌，唱土族、藏族、汉族的“花儿”，已婚女人则一定要去娘娘顶，烧香拜佛求儿女。当然，现在土族人家也实行计划生育。

勺哇土族人家不过中秋节。

和藏族同俗、且最隆重的是在农历七月中下旬，庄稼收割以前，合家、合族或合村都到离村庄外不远的山坡、山嘴或山头去“支巴嘎”野餐；扎下一顶或数顶帐房，宰牛又宰羊，提前酿好大量的青稞烧缸酒；酒量如海的，嫌烧缸度数低不过瘾，还从供销社买来瓶装酒，掺兑着喝。还炸制油圈子、油馓子、油饼，大铜壶里熬奶茶。本村本族的说唱家们，这时则尽情尽兴地说唱着本民族或藏族一些传统故事、叙事诗、酒曲等。真可谓大吃大喝、豪歌漫舞。这几年经济搞活了，也从康多乡、冶力关乡请来小型放映机电影队来山头、山嘴、山梁包场放电影，一晚放几部，打破时空界限，融古今中外、惊险风雅于一夜。“支巴嘎”的欢乐要延续七至十天。这和夏河及各地藏族“香浪节”的习俗相仿。

春节，是汉族及一些信奉佛教、且使用农历干支纪年的少数民族一年中最隆重的节日。按照勺哇土族人家的习俗，“年头正月最吉利”，但在年及年前年后的过法上，他们却有另外一些讲究。比如：汉族是腊月二十三祭灶神，土族人家是腊月二十四祭灶神；汉族是腊月初八吃“蒸子饭”，而土族人家则正月十五吃“蒸子饭”。“蒸子饭”的做法，因年景因家庭因原料而大同小异，大多是石磨磨碎或石杵砸碎的青稞、小麦（不是磨成面粉）、米粒，配以熏腊肉或羊肉、牛肉、粉条、红枣、花生米、核桃仁、葡萄干等做成的混合饭。

祭灶神的讲究也不同，他们仍是从冶力关或康乐附近集市上买一张灶神爷的木刻像，在灶神牌位前祭献的大蒸馍也有定数：无闰月的一年献 12 个，有闰月的一年献 13 个。

除夕之夜，在各门扇（大门、耳门）及面柜上都贴一张黄裱，把写有符语记号的正方形黄裱对折成等腰三角形，折缝处抹上糨糊粘在各门上框，然后，在门缝处插香焚燃，这叫作“裱练塞闹”，大约是求福辟邪之意。除夕夜，还要给贴有灶神爷牌位的灶头奉献一个小木匣，这个小木匣无盖，里面装上粮食，麦稞豆子均可；然后以连在一起的每三根香为一束，插在匣中粮食上，共插三束。其中一束从中腰破开一点缝，缝中夹一丝棉花或白羊毛。三束香柱均不点燃。然后又在匣中粮食上再放油馓子、油饼、油条等，这些祭品均要油炸过的，共放三样。是夜，并给牛、马喂小豆、青稞等精饲料，给狗喂白面馍，以示慰劳。

家中当年有丧事戴孝的一年，除夕之夜不贴“裱练塞闹”，但给灶神还是要献供的。

这个风俗表示勺哇土族人家在对灶神的敬畏之情上，和以农为主的汉族是一样的。

大年初一拂晓，全家酣睡时，由家中一位主事老人悄悄起床接灶神。他在家中正庭点起油灯，在院子中心和大门外煨桑火、放鞭炮。打开大门后又用大蒜抹门扇、门框，随后抹各种门和偏门的门扇、门框。天亮后奉行上述议节的老人最先登上木楼，听最先传到耳中的是什么叫声。最希望听到的叫声是牛叫、羊叫、鸡叫、狗叫，则表示年景如意，六畜兴旺。若是喜鹊的叫声，则满心欢喜，表示这一年有喜有利；若是麻雀叫，则表示家庭内部有争吵矛盾等麻烦事。因土族人家旧俗不兴分家，怕把“福气”分散了彼此都不吉利，所以过去家家都是由老人执掌家政，儿孙大团结，四代同堂，十几口人的家庭是很平常的。所以正月初一清早登木楼的老人很忌讳听见麻雀叫。现在这种几十口人的大家庭则很少，子女成亲后分家另过已是常见，树大分枝，合情合理。另外，最忌讳听到的就是乌鸦叫，表示这一年家庭成员有病有灾。若正月初一清早听到乌鸦叫，这年这家的木楼正庭檐下必须挂一面圆镜辟邪。同时还要在院廊板墙上张挂寺院的护符。

勺哇土族人家和藏族一样，崇信佛教。过去，每家都有到本地勺哇寺出家的僧人。依佛教之说，由于出家人的苦心修行，拜佛诵经，才会保佑勺哇人百事如意，吉祥平安。因此，正月初一的首要大事，就是去勺哇寺给家中出家修行的和尚拜年。初二、初三、初四才给亲戚、丈人家拜年。

从正月初八开始，至正月十五，各村的嘎尔队即献歌献舞。在村中的大场上点燃大火，嘎尔队即围着火堆歌舞。这是勺哇土族人家特有的秧歌庆祝形式。队员们一手持短把羊皮巴郎鼓，一手提红灯笼，所以又称红灯巴郎鼓舞，嘎尔队边唱边舞，唱词中把太阳巧喻为掌握、驱赶春夏秋冬四时交替的“天上的缰绳”；以月亮巧喻圆而又黄的烙饼；以星星巧喻庄稼丰收后的“磨物”（粮食）。唱词很长，很讲究排比、押韵，音节整齐等。红灯巴郎鼓舞是勺哇土族人家宝贵的民间音乐舞蹈及民间文学遗产，已引起不少专家学者和音乐舞蹈工作者的重视。在演唱嘎尔前后还要耍狮子，但不耍龙。队员们口吹响亮的口哨，舞动红灯，摇响羊皮巴郎鼓，“嘎尔爸”手敲金锣，领歌领舞，其动作腾挪有力，气氛欢悦激动。这是勺哇土族人家敬天祭地的一种形式。为了禳灾灭祸，各村还互请互邀嘎尔队。一位家住勺哇土族乡地尕河自然村现已60多岁的跳了半辈子嘎尔的“嘎尔爸”尼盖才郎说：“唱嘎尔是当年庄稼好，耍狮子是当年畜牧好。”可以想见，跳嘎尔的人和看嘎尔的人们的心灵都是虔诚的，绝不同于一般行乐时的凑热闹。

正月十五晚饭后，家中还须举行一个隆重的仪式，就是把各门及面柜上张贴的“裱练塞闹”揭下来烧掉，同时把给灶神前奉献的三色粮食斗（匣）里插的三束香撤卜来烧掉。家中无论老幼，只选男性一人举行这个仪式。首先，在院子中心燃起一堆香柏木的大火，执行人朝火堆毕恭毕敬地磕三个响头，就将揭下来的“裱练塞闹”和“三色斗”里撤下来的三束香柱投入柏香火中。这时，全家人在院、房中恭敬肃立，只有孩子们急不可耐，因为只有举行完这个仪式，全家人才能出门去勺哇寺院，观看由僧民们抬着勺哇寺院信奉的马王爷、骡子天王、白马爷的纸具像，在寺院经堂前的空地上载歌载舞，并观看造型精美逼真、色彩艳丽异常的酥油花，同时参加寺院僧众的诵经祈祷仪式。

除了如上这些节目，属于勺哇土族人家特有的节日或欢庆仪式还有每年农历三月十五日在勺哇寺院举行的面具舞，扮跳寺院保护神白马爷。当然，最隆重的还要数农历五月二十五日至二十七日为常爷池（冶海）的神灵常爷举行的神会了。这是根据一个美丽的传说而流传下来的风俗：很早很早以前，属于勺哇部落的拉巴常姓老夫妇生有一个极丑陋的女儿，长到十五六岁时，满脸淌脓，秃头秃脑的。谁知却被游历路过此地的东海龙王的小王子看上了。王子托梦常爸，要借他的一对老犏牛和犁杠用一用。一连三夜，夜夜如此。每天清早，常爸看见自家的老犏牛浑身大汗淋漓，犁尖也磨秃了，心中十分诧异。第四天，常家老阿姨（土族人家语，阿妈、阿姨同称阿姨）上山打猪草，听见白石山头有一个雷鸣般的声音问她："阿姨，山开了没有？山开了没有？"常家阿姨吓破了胆，战战兢兢地答应了一声"开了……"，就听见山呼海啸般的声响，眼前现出一个绿波荡漾的海子。当天，常家丫头跪请双亲，说自己长大了，要出嫁。老两口以为她又犯了傻病，就想由着她的性子闹去，没有提亲说媒的人，看你出嫁到天上还是海底去。从此，常家丫头在自己的小木楼里开始了"坐嫁"，不出门，也不吃饭喝水。老阿姨偷偷去瞧，只见她从头顶取下疮壳子，顿时雪面乌丝，光彩照人。老阿姨被惊呆了。

七天坐嫁期满，借犁的少年在梦中向双亲求婚。少年、常丫双双跪下磕头后辞去。双亲梦醒，急奔常丫住房，已是人去楼空。双亲寻到海子边，只见常丫的一双花鞋漂在水上，顿时凄绝欲以身殉，遂双双投海。倏然睁眼，却已置身在琼楼玉宫，少年、常丫侍奉甚周。听其诉来，原来王子羡常丫美貌，欲结万年姻缘，遂借了牛、铧，犁通了海眼，偷来东海水，自成小天地。又奉请老龙王恩准他镇守此地，保境安民，疏通云雨。双亲听后大喜，居三日乃出，人世已三年。故事传开去，海子遂称为常爷池。常丫被称为常大爷，姑爷被称为常爷。勺哇人所居各村落就当然成为常大爷的娘家，常姑爷的丈人家了。每逢农历五月二十五日常丫出家后该回门转娘家的这天，勺哇人就敲锣打鼓，又吹铜箫，用彩轿去常爷池边刺沟大庙里把二位神像抬到拉巴村，方圆几十里的土、藏、汉族百姓都去拉巴进香朝佛。在拉巴梁上还要举行赛马敬神仪式。届时，勺哇人无论男女老幼，皆盛装艳服彩饰，去拉巴浪神会。各地的小商贩也闻风而动，翻山越岭到拉巴梁摆摊设点，凉面凉粉煮醪糟，针线花布小百货，韭菜大葱酥糖果，还有三教九流、五花八门耍把戏、卖膏药的，争先恐后纷纷来赚拜佛人的钱。二十六日把佛爷抬到大庄，二十七日抬到出录庙，小商贩们也跟着佛爷转移，把朝佛人兜里剩下的几个钱不算计完就决不罢休。这时，勺哇人各村的“排子”（即村长）都要日夜轮流到出录庙去守神灵。一直要守到农历六月初一，才把二位常爷抬回冶力关次沟大庙唱大戏。这时恰值庄稼出穗灌浆季节，人们农闲无事，又是自己部族的神灵“省亲”回门转娘家，所以勺哇人每家除了留下守门的，几乎家家倾巢出动，村庄成了无人村。这可以算勺哇人一年中除春节外最隆重的庆典活动了。

常丫因成了神，尊之为常大爷，姑爷只好屈居第二，又不好称常二爷，只好仍称常爷。抬佛爷时，常大爷的神灵塑像彩轿走在前，常姑爷的彩轿走在后。看来，即使偏僻乡村里，人一旦成了神，男尊女卑的界限就自然打破了。不过，勺哇人的这种排位法却多少有点实用主义的味道。

勺哇土族人家每逢年节神会，男女老幼都要穿戴一新、银饰熠熠。其穿戴法很奇特，妇女们一般外罩“达袄”。这是一种用大红或紫红色布做面，蓝布夹里的无袖长披衫，前后襟片仅在肩部缝连，罩在蓝色长布袍外边。无论男女腰间都系一条红色或绿色的腰带，显得干练窈窕。妇女们都穿黑裤，但在裤脚处缝缀大红布边，年轻妇女宽约四指多，老年妇女窄仅二指。妇女的首饰、佩饰主要有“章嘎”、“谢逗”、“那娄”、“车介”、班钮、手镯、戒指等。男子佩饰主要是“考昌”、戒指。梳妆时，已婚妇女们把发辫盘结在头顶，后脑部的发辫上平铺着银质圆形的“章嘎”；绕头顶一圈是别在羊毛护圈上的铜质泡钉状“谢逗”。“谢逗”每组九颗或八颗。耳饰有银质的“那娄”，像两个大大的问号。“问号”的弯勾穿过耳环挂在缠于头部的银丝链上。银丝链上还挂着垂吊于胸前两侧的圆形银饰“车介”。衣领处缝着银质的班钮。同时还佩戴银手镯、银戒指等。新嫁娘在新婚一月内回娘家、走亲戚或遇喜庆节日抛头露面时，要佩戴十颗“谢逗”，“那娄”问号的弯钩要穿过耳环倒垂下来，用以区别身份，表示她是刚过门的新媳妇儿。勺哇土族人家男人们除了佩戴银戒指外，主要头饰就是斜佩在左额角的银质“考昌”。所有这些饰物的造型、花纹、图案都很精美。大多银质饰物表面都镶嵌着大小不等的红珊瑚，价值很高。

勺哇土族人家有自己的语言，属藏语系。出于交往需要，一般中青年人都能熟练使用土、藏、汉三种语言，都是出色的翻译。他们与藏、汉民族均通婚，但多属入赘招婿。一般在农历腊月嫁娶。新娘在出嫁前一月要行坐嫁仪式，沐浴减食，令体态白净苗条。新娘出门时唱《哭嫁歌》，其曲调委婉哀伤，对娘家留恋惜别。婚礼过程中有赛马、泼水仪式。双方聘请的说唱家对唱“勺嘞”（勺哇酒歌）、“汤嘎买”（筵席曲）等。客人告别时，主人敬酒，并在客人额头抹炒面祝福。

据有关专家考证，他们是唐末吐谷浑覆国时散居深山的残部，是在长期的历史变迁中和藏族融合而繁衍的后裔。从他们的语言、习俗里，人们可以追溯、想象、考察历史上吐谷浑部落的风采。

本文原载《格桑花》，1987（4）。

舟曲春节习俗：正月十九迎婆婆

张恒

正月十九迎婆婆，是舟曲县元宵节的最后庆祝活动，也是节日的高潮。这天各婆婆寺庙，很早就安排人擦洗花轿，擦洗大小玻璃灯，心灵手巧的一些青年男女，自动地去打扮婆婆，装饰花轿。挂荷包，扎制各种各样大大小小的彩绸花朵，悬挂流苏冕旒，悬挂大小各式玻璃灯饰，精心尽力地把本村庄、本街到敬奉的婆婆及其花轿，打扮得最美观、最漂亮，装饰得最华丽、最排场，以表现出本村本街坊的文化品位。

城区所迎的婆婆共16位。迎婆婆的排列次序和所走的路线，都是前辈人传留下来的，很少有人去考证根源，只是遵循而已。16位婆婆的寺庙，各距驼岭山东门坡的远近不同，所以正月十九这天中午后，各自出庙的时间不相同，但都要在这天晚上9时左右，到驼岭山东门坡集中，同时各按其每年迎时的排列次序排列。次序是：翠峰山大轿子第一位、二轿子第二位，坝里太阳寺第三位，驼岭山大轿子第四位、二轿子第五位，东街净胜院第六位，月圆龙山寺第七位，西关西胜寺第八位，寨子清凉寺第九位，锁儿头清凉寺第十位，真垭头清凉寺第十一位，罗家峪洪福寺两位是第十二位、第十三位，河南望江楼第十四位，寺门宝峰阁第十五位，瓦厂百子楼第十六位。当然，这种前后排列次序，并不是都能自觉遵守的，如罗家峪两位婆婆，在迎婆婆的历史上，就有过几次地往西关、寨子、锁儿头、真垭头所谓四寨子婆婆位置前冲，但从来没有冲到前面过。

迎婆婆的路线是从东门坡“之”字形的路起，缓缓下来，经以前的所谓衙门口，再过大桥即以前北街大沟上的一座龙桥，到北大街，经北大街到十字街，再到西大街。这是16位圣母娘娘即婆婆都要迎走的路线，而到西大街的下街口时，在前7位婆婆，就从下街下去。西关、寨子、锁儿头、真垭头这4位婆婆，就直接从西街楼子下通过，出西城门，经西关街，便各回其庙去了。在四寨子婆婆后的第十二位至第十六位婆婆，也要从下街下去，过清河巷到南大街。从下街下去经清河巷到南大街的12位婆婆，翠峰山2位，坝里1位，驼岭山2位，东街1位，龙山寺1位，罗家峪2位，共9位还要经过东街。过东街，东街净胜院婆婆回庙了。而其他8位都要过马家巷后，驼岭山两位婆婆回庙。翠峰山坝里、龙山寺、罗家峪这6位婆婆，要再次过北大街，走上街出北城门。而后翠峰山婆婆上二郎山回庙了，龙山寺、罗家峪婆婆向东路线走，各回庙去。只有坝里婆婆要从北城背后经过，穿过西城上城巷到西关街，这时大约到二十日凌晨2点以后了。所以坝里婆婆迎走的路线最多最长，回太阳寺时，多在二十日一大早了。河南、寺门、瓦厂3位婆婆，到南街后，就出南城门，各回其庙了，而河南婆婆到后坝庄村时，还要在后坝里迎接，然后才能回望江楼庙去。

每位婆婆在迎时，一般是大鼓、大锣、大铙钹敲打在前，接着是打牌灯的，再接着是打彩旗或万民伞和金瓜、钺斧、朝天镫、乾坤圈、大窝扇等銮驾的行列。离婆婆大花轿最近的是敲打着鼓乐、七星磬，摇着铃铛的边行边诵经的阴阳先生一班子人。有些还请有吹唢呐的喇嘛。对迎婆婆都显得十分虔诚、庄重、严肃。迎婆婆时，除安排有职务的人员外，像坝里、真垭头、锁儿头、河南里、罗家峪等距城区较远的庄村，几乎是全村庄的人都要跟随着迎婆婆的行列。所以十九晚迎婆婆的人，看热闹的人，跟婆婆的人，接婆婆的人，城区人，远乡人，本县本地人，邻县外地人，真是人山人海，把个舟曲城区挤得水泄不通，热闹非凡。近几年来，还把一些现代化的照明设施及音响设备逐渐用到装扮花轿迎婆婆上，使婆婆花轿更显得绚烂亮丽，更增强了热闹的程度和效果。

迎婆婆时，由四个人抬轿子，轿杆两边还有好几个人帮扶着，抬轿人的步子迈得很缓慢，轿子抬得很稳。抬轿者大多是才婚娶的青年小伙儿，他们争相为婆婆尽一片诚心，希望子孙娘娘赐给自己儿子女儿。每到迎接之处，就要停下来等着燃放鞭炮、火花、上香、叩头、化码、奠酒，仪式完毕后，才能起轿行进。有的在等待迎接时，让孩子钻婆婆轿子，即从轿子下面穿过，说这样可以过关，消灾免难，婆婆可以佑护孩子健康成长。这些都反映了民众对圣母娘娘神灵的祈求和心愿。

以往，迎接婆婆放鞭炮、火花是很有限的，一串鞭炮也不过只有五六十响，其鸣响程度也不很大。火花大多是自己用黑色土制火药，加入砸得细碎的一些锅铁、铧铁制做成的，数量非常有限。所以主要迎接形式是摆香案、点灯烛、献供品、供果、鲜花、上香、化码、奠酒、磕头。自1982年恢复元宵灯会，恢复正月十九迎婆婆的民间习俗以来，正月十九晚迎接婆婆的形式与以往发生了很大的变化，摆香案迎接的形式逐年有所减退，而大量燃放鞭炮、火花，燃放大型烟花的逐年有所增强。正月十九晚迎婆婆真是万民狂欢的不眠之夜，鞭炮连天，烟花映空，锣鼓、铙钹、唢呐鸣响不绝，吆喝声、诵经声连续不断，真是狂欢沸腾之夜，通宵达旦不眠之城！

洮州城及端午节迎神庙会

杨重琦 [①]

洮州城即今临潭县新城镇。

洮州城是历代多次建置过郡、州、县政权的历史名城，是洮州政治、经济、文化的中心。在北魏置洪和郡，北周置美相县，隋置临洮郡、美相县，唐置美相县，天宝中更名为临潭县，宋置通民堡，元、明、清三代为洮州府、卫、厅址。民国二年二次列名为临潭县，一直到1953年县府西迁旧城。

洮州城是西北地区保存最完整的卫城，气势雄伟，犹如巨龙盘绕，被列为省级重点文物保护单位。早在唐代由于李晟和李朔父子的出现而闻名于世，是元世祖忽必烈的平滇大军于1252年(壬子)“八月绝洮”驻跸过的行营所在地。

洮州虽历经沧桑巨变，但一年一度的洮州端午节迎神赛庙会却传承不断，洮州端午节迎神庙会是全县规模最大、地域辐射面最广的庙会活动。除本县19个乡镇外，周边7个县的群众也竞相参与，使这一民俗活动一直绵延了500多年，是全国独特的民俗活动，是藏乡风俗与江淮古风完美结合的一种别具一格的民俗文化，充满了极其浓郁的地方特色，至今方兴未艾。

---

① 杨重琦，高级编辑、书法家、作家，现任兰州市摄影家协会名誉主席、兰州大西北文化传媒有限公司总裁、鑫报社社长。

据史料记载，明洪武二年（1369年）八月，朱元璋为了战略需要，表彰和激励将士，钦定功臣位次，敕命在江宁府鸡鸣（笼）山建立功臣庙，供奉徐达、常遇春、李文忠、胡大海、康茂才等21人“死者肖像祀之、生者虚以待位”。全国统一后，明太祖朱元璋将开国功臣都封为“神”，敕命全国各地立庙祭祀。

明洪武十二年（1379年），大将军沐英为了解决军需供应困难，将所带大部江淮一带军士留当地开荒屯田，遂在洮州定居下来。后来，他们为了纪念自己的将领和先祖，故尊其为人造福之“洮州十八位龙神”。这一活动既是庆祝民族光复的节日，又是缅怀先烈的祭祖活动。企翼诸将“生为人杰，死必神灵”庇佑一方平安、稼穑之丰收，消灾弭祸，后演变为每岁端午节，肩舁这些偶像赛跑之龙神庙会。

一、新城一日

我们曾到过陇原大地的不少名城古镇，但令我们激动和沉思的，莫过于临潭县的新城镇了。

2006年5月31日，洮州民俗文化节在新城镇举行，我们应邀前往，感受了这里的古韵新风，令人欣喜迷恋……

这天一大早，四路八乡的汉、藏、回等族群众，身着节日民族服装，成群结队，喜气洋洋地拥往这里，参加这一盛会。顿时，古镇汇集成了人们欢歌笑语的海洋。

在盛大的洮州民俗文化节开幕式上，丰富多彩的民族歌舞“花儿”演唱、民族服饰表演深深打动和吸引着前来参加的人们，连新城镇人民广场周围的房屋顶上都站满了人，据说观众达到十万人之多，场面蔚为壮观。这一天的端午迎神庙会，更是让人们惊喜若狂。

洮州端午节迎神庙会，是临潭县规模最大、地域辐射面最广的庙会活动之一。记者看到，从上午8点左右开始，迎神庙会的队伍就陆续抵新城南门聚集。每支队伍大约有由三四十人组成，共18支队伍，各队的组成形式大致相同。每支队伍的最前列由4位老者带领，他们头戴礼帽，身着黑色长袍，戴着铜腿茶色眼镜，手执长香，面色严肃而凝重，俨然一派绅士风度。其后为旗乐队，队员穿着统一的服装，或现代，或拟古，手执龙旗、黄罗伞，吹着铜喇叭、唢呐，敲打着锣、镲，有一定的韵律感。最后，由4名古代兵卒打扮、精神威武猛勇的年轻人，抬着他们着意装饰的五彩轿子，轿子供着“龙神像”。

下午3点，参加迎神庙会的队伍由聚集的新城镇南门出发，缓缓行向隍庙。此时，早就等待在沿途街面、铺店前观光的人们，都已准备好了鞭炮，在迎神队伍经过时，都要点燃鞭炮，顿时，炮声震天，浓烟密布，声势非凡。人们大约是以此来祈盼那些“生为人杰，死必神灵”的祖先庇佑一方平安，求得一年风调雨顺、国泰民安、万事顺心吧！记者被此举动和场面深深感染，不由得也买了两鞭爆竹，燃放了起来。至于此时此刻的心绪，却是无法理清……

十八路迎神庙会队伍最后抵达隍庙，以500多年延续下来的特有祭祀仪式，将“龙神”安放到其神位，才陆续散去。据说，十八路“龙神”当晚在此开会叙谈。它们究竟在谈些什么呢？想来，既然后人对其有着如此的虔诚和缅怀之情，它们也理应有感应之举吧。至于更多的，也许凡人无法知之。

据介绍，端午节迎神庙会，共分三天进行。记者目睹的是第一天的“接迎会”、第二天的“踩街”和第三天的“上山”仪式，未能亲眼看到，只好留下记忆中的遗憾。

新城镇具有浓郁地方特色的端午节迎神庙会，给我们留下了深刻的印象，使我们体察到江淮移民和当地汉藏群众经过长期融和而达到的自然和谐，感受到淳朴、善良的他们不忘祖先功绩，崇尚武功的情怀和精神。

当夜幕徐徐降临，望着天空冉冉腾起的五彩缤纷的烟花，听着悠扬悦耳的“秦声”，我们不禁叹道：本来宁静祥和的新城，将度过一个激情燃烧的一天，这一天属于人民，还有他们没有忘记的先宗英烈……

二、民族服饰展显江淮遗风

2006 年 5 月 31 日，端午节，一大早，记者看到身着节日服装的妇女，三五结伴，漫步在新城街头，她们或窃窃私语，或嬉戏逗闹，或相互梳理发饰，无不满面春光，悠然自得。

当我们来到她们当中仔细打量时，她们的着装令我们惊诧。经过询问，其服装大多继承了明代的服饰风格，额头银饰点缀极为华丽，后面梳起一个骨朵，再用白银制成的梳子一样的东西固定起来，盘成了一个宛如半月形的发式，然后戴上用白布扎成的类似秀才帽的头巾。她们身着各色绸缎制成的长袍，脚穿分头绣花鞋，据说以前连鞋带都是用银制成，整体显得高贵典雅。再看看街上往来的一些男士，他们有的头戴礼帽，身着黑色长袄，年纪大的还戴了一副铜腿茶色眼镜，极具绅士风度。

据当地人讲，十多年前，这里的人大多是这般打扮，随着历史的进程，后来不少人都已现代着装。据史载，明朝初年江淮移民至此的人数可达 10 万人。这些服装充分展示了江淮遗风在洮州的延续和深厚的文化底蕴，仿佛将人们带入了 500 多年前的江淮水乡。

三、洮州卫城·苏维埃旧址

“洮州卫城”，即今临潭县新城，东距县城 35 千米，是一座历史悠久、充满神奇色彩的文化古城。最早建于北魏太和五年（481

年)，为吐谷浑十一世十四传王符连筹所建筑。古称洪和城，据今已有 1600 多年的历史。

这座古老的城垣，四面环山，城北有大石山、三角石山、凤凰山，城西南有烟墩山，东南有仁寿山、紫螃山，正南有红桦山。四方皆设城门，城门上方原建有敌楼，四处均有瓮城。南门河自西向东绕城而过，全城气势雄伟，犹如巨龙盘绕。经过六次修葺，到光绪初年，达到了它最完美的顶峰，成为屹立于洮河北岸的西陲重镇，是丝绸之路和唐蕃古道的重要驿站，是唐、宋（金）、元、明、清至民国，郡、州、县府的所在地，是洮州政治、经济、文化的中心。

1936 年红四方面军长征到临潭，在此召开了中国革命史上著名的具有战略转折意义的“洮州会议”，建立了“临潭县苏维埃政府”。1991 年 9 月 11 日举行了“苏维埃旧址”匾额揭帷典礼。这一重大庆典，使古老的洮州厚重的历史文化底蕴鲜活地呈现在世人面前，引起了省内外的广泛关注，激发了它的生命力。

迭部藏族风土人情

杨世雄

俗话说：“入乡问俗，入境问禁，十里不同风，百里不同俗。”迭部县是一个以藏族为主的多民族聚居区，这里的藏族有着独特的风俗人情。现将下迭部的风俗习惯作简要介绍。

一、服饰

迭部的传统藏族的服饰很是美观大方。下迭藏族男子头裹黑色头巾，上身穿大襟衣服，下着白色裤腰的黑蓝裤子，腰系黑色羊毛织成的腰带，脚穿“萨合”（是妇女自己做的尖头高筒布鞋，酷似鸟形，故称“鸟姿鞋”，鞋帮上绣有精致美观的“连甲”（即各种精美的花纹图案），鞋底子分三层、五层、七层、九层、十一层、十三层不等，最多的十三层，常见的多是三五层底的，七层以上底子的，只有出门做客时穿。男的穿黑鞋帮、白鞋筒、黑筒口鞋；女的穿蓝色或者天蓝色鞋帮、红鞋筒、黑筒口鞋；和尚穿全红鞋。鞋底子层数的多少和“连甲”绣得美不美，是衡量妇女手艺技巧高低的基本标准。男子左侧腰间佩着“尼加”（即原始火镰），右侧挂着腰刀，斜挎着祖先留传的“尼达”（即土枪，又叫鸟枪），膝头飘着妇女亲手织赠的“海录叉叉”（即七彩裤带两头的流苏线头），好不威武自豪，逢年过节，老爷子们时而穿着祖先遗留的绸缎“尕日”（即清朝时期的长袍），怡然自得。

青年妇女一般喜欢穿蓝色、天蓝色、草绿色、粉红色等花色上衣；中老年妇女多穿棕色、深蓝色、黑色大襟上衣，下身都穿黑色绸缎大裆裤。

迭部藏族妇女不分老幼都喜欢戴耳环。青年妇女的头饰、手饰都是昂贵的金银、珊瑚制品，主要有“莲尕”、“额多子”、“哈扎”、“那龙星星”、“那龙黄黄”、“那龙考子”、“由合”、“组几”（戒指）、“独琥”（手镯）、“高吾”等，一整套头饰、手饰做下来价值不菲。

每当逢年过节，青年妇女们都梳头辫盘“下海”“下底”和“索线莲子”（即流苏头绳之类），妇女们穿上雪白的衬衫，套上黑色坎肩（即马褂），腰系红色羊毛带，下着黑色大裆裤，裤口扎着亲手织就的“合皂”，身后飘着漂亮的“喜郎”（即宽约 5 寸、长 3 尺左右黑白相间的布条装饰），好似报喜的喜鹊。然后，头戴珍贵的“哈扎”“莲尕”，耳坠“那龙星星”，领口琉璃“由合”，背垂一对“额多子”，还挂一串珊瑚“下安”，胸前佩戴吉祥三宝“高吾”（即装有佛像三宝的银质小匣子）、“可考”（即口弦）、“开户”（即针套）、“拉布千”（即獐子虎牙，掏牙用具）和精致的“拉喜”（即手绢）。她们打扮得如花似玉，浑身珠光宝气，走起路来身姿摇摇，金光闪闪。

女孩只梳一条辫子，姑娘长到了十七八岁方梳两条辫子（当地叫“托拉握拉”），表示已成年，可以嫁娶；30 岁左右的妇女辫为“苏兰”（即梳三条辫子），表示已过成年，有些还举行“苏兰”仪式。

二、饮食

迭部藏族饮食习惯中，以肉食和面食为主，随着人们生活水平的不断提高和藏汉以及各民族饮食文化的相互交融，特别是交通的改善，这里的饮食结构正在悄然发生变化，现如今逢年过节，除了传统单调的菜肴外，还有丰富多样、口味各异的家常小炒，深受人们的喜爱。

（一）肉食类

这里的群众家里都养猪，每年到腊月初开始宰猪，一般将活猪用小绳勒紧口鼻后用利刀刺通咽喉放血，用提前准备好的干净盆子把血接上，然后在滚开的水中烫猪拔毛，洗干净后开膛破肚，将猪胸椭圆形镟下来（叫“帕交”），脖子上的肥肉从颈椎上割下来（叫“帕给得”），习惯将颈椎煮熟后连同猪大肠最肥的约一米割下来送给宰猪主刀人。接下来的分工是：两个人洗肠子、灌肠子、煮肠子，其他人剔肉，顺脊椎取下约20厘米宽的长条肉（叫“五项”），家里办大事用，中间的排骨部分取下（叫“帕闹早”），一般给回娘家的姑娘和尊贵的客人来时煮，猪头上坟用，顺脊椎劈成两半，再约五指宽为一条，每两条连在一起为一串，均匀地分割开，撒上食盐、花椒粉放一个晚上后，取出挂在灶房里任烟熏风干，干透后收于竹篓里挂起。

血肠、面肠、肉肠、油肠。血肠是往猪血里放上葱末、食盐和花椒粉，用手捏拌调匀灌进小肠，放进锅里煮，用削尖的竹棍或针在血肠上刺放气泡以防炸裂，煮熟捞出盛入盘子，切着吃，边吃边吮，味道鲜美无比。面肠是在清水里放上食盐、葱末、花椒粉等调料，用荞麦面搅成糊状灌进小肠，如同血肠放进锅里煮熟。肉肠是在切细的碎肉丁里加上调料拌匀，从带油的大肠细端边装边翻，煮熟后放在木质托盘里，放上一把小刀，供食用者切成小段吃，食用起来味美而不腻。

（二）面食类

迭部农区以种植大豆、小麦、青稞等农作物为主。主要面食有擀面条（“达道”）、面片（“散赖巴”）、擀长面（“秀九”）、拌汤（“然日”）、搅团（“乌”）、烧馍、烙馍、炸油馍。油馍分油饼“页高”、长方形的“达尕高甲”、细长绕圈炸的“加邦”和姑娘出嫁时特地烧的“塔路”。圆馍中间是空的，周围用切刀或木梳均匀地压上图案烧制的。

（三）饮料类

迭部的饮料主要有青稞酒、黄酒、罐罐酒和茶等。青稞酒的酿制程序是：先将青稞粒用清水淘净，倒入锅中煮熟，舀到大铺篮或案板上，待温度降到适度后拌上曲子待发酵，发酵后装入陶器缸里加盖，并用泥巴封口，置于炕上或锅台角恒温发酵，根据情况启封取槽置入小陶罐中，掺入开水稍浸后用竹管插进罐内直接咂吮，通常叫“巧筒筒”喝罐罐酒。也可在陶缸底部预制一个竹眼，让发酵好的黄酒通过竹眼细管流到容器里，舀到碗里喝，汁液呈金黄色，所以叫（“牛可”）黄酒。将酒糟倒入锅里加温煮沸，再通过专用木管收聚其水蒸汽，用冷水或冰块制冷为蒸馏水，便是烧酒，又叫（“然可”）青稞酒。

青稞酒醇香味美，是藏族人民悠久历史和文化的产物，藏族人普遍喜欢饮酒，家家会酿酒。凡逢年过节、婚丧嫁娶、修房乔迁、请客送礼、劳动休憩等，都离不开自己酿制的青稞酒，他们喝酒未必摆菜肴、不猜拳行令，而是互唱酒曲，在歌声中开怀畅饮。

这一带民众饮的茶大多是四川松潘大叶散茶和茯茶，即在茶壶中放一大把茶后加水炖煮成淡红色，倒入小龙碗饮用。还有一种喝茶法，即将茶叶放入小砂罐或小瓷缸里煮熬，并用小竹棍搅动，待茶水熬炖成牛血似的颜色后，倒进小盅，再加点盐，边吃馍边喝茶。农民在每天清晨先喝上几盅罐罐茶，可保一天不渴不累，精神充沛，几乎和其他食物同等重要。

三、居住

迭部下迭洛大一带居住的房屋基本上是土木结构的一二层“人”字形脊榻板木楼和平顶房，有些则为两檐单面楼，屋顶苫盖榻板，榻板上压石块，以防被风刮解。屋子横梁有中梁、前梁、后梁，每根梁由垂直竖立的木柱撑起，横梁与立柱结合处套金铆。大门讲究高大宽敞。房屋建筑多是四合院，坐北朝南，以北为上，房屋间数多是 3、5、7 间不等，正屋厅内空间一般两间或三间连成通间，是家人集结或者招待客人的活动场所，一个大三脚铁架下是大火塘，花格窗扇，屋内连锅炕，家具有炕桌、大方坛桌、高低方凳、三足树杈凳、方高揭箱、两扇门箱、平面板箱，装粮放面的长条柜、炊具碗架等都为直线方块组合。这些房舍又经过长期日晒烟熏，黑色发亮，为本来庄重平稳的农家小屋平添了几分质朴、自然和安详。

迭部境内居民生活生产用具大多相同，室内木质器具有桌、凳、柜、箱、匣、桶、槽、木勺、木碗、木托盘等，还有铜锅、铜罐、铜壶、铜盆、铜酒壶、铜佛像、铜经轮等民族专用器具。农具有犁、锄头、镢头、镰刀、铩刀、斧头、刮刀、木叉、木耙、木锨、连枷、纺车、织机、石磨等，还有竹编背篼、筐子、筛子、簸箕、筐、篮等，这些农具大多就地取材自制而成，体现了山区群众生活的本色。

四、婚俗

迭部境内藏族青年男女婚俗的程序和礼仪大体相同。传统习惯有两种：一是奉行“父母之命，媒妁之言”，由父母做主包办，父母有养育和解决子女婚姻大事的责任，子女有孝敬和服从父母的义务，父母定的一般不能反对。二是青年男女自主择偶，当男方看中女方的人品、相貌、手工等后，便主动找机会接近女方，通过接触交流，对唱情歌等形式相互了解后，告知父母，征得父母同意方才确定。传统的结婚方式，要举行公开隆重的婚礼仪式。

这种传统的婚俗要通过以下几个程序来完成。

1. 择偶

在婚嫁选偶时，男女双方家庭都需要相互选择，包括对男女青年为人的选择和对家庭的选择。选择的习惯标准，既要看对方的相貌、身体是否健壮、操持家务能力，还要打听对方家庭“骨头”是否干净（指祖辈中有无狐臭、麻风病等），是否正派人家。如果选中，就请僧人卜算，根据男女双方年龄、属相确定能否作亲，认定后方可请媒人提亲。

2. 提亲

由男方家请自家亲友或熟悉女方父母的人做媒人，提上一陶罐（约3斤）青稞酒，并在容器上系上红绳线，前往女方家求婚，由媒人向女方父母介绍男方家的基本情况，并把提亲的酒放在堂屋家神前柜子上面。媒人便说，姑娘已长大成人，到了出嫁的年龄，属相与男方小伙儿相合，劝说成全这门婚事的好处，提出何时定亲为好，还请求女方父母和其他亲戚把提亲酒喝了。女方家为了慎重起见，无论是否同意均留下提亲礼物，待一个礼拜左右后答复。女方家商定若不同意作亲，就在期限内把男方家送来的提亲礼物原封退还，若女方家商定同意这门亲事，当天就开瓶共饮，表明态度，待喝完礼酒，将酒壶退到男方家时，等于收到女方家同意作亲的喜讯。

3. 定亲

举行定亲仪式即喝大酒。一般定亲事先要征得女方家的同意，才定吉日。在男女方择定的吉日里，男方家选派本族中有威望的长辈，同求婚小伙儿、媒人等一行携带订亲礼品前往女方家。这天，女方家把直系家族长辈均请到，小伙儿按媒人的吩咐，向女方长辈一一叩头，长辈们也分别给准女婿提些条件和要求，媒人替小伙儿一一应承许诺，随后双方开始商定结婚吉月吉日，定亲仪式顺利完成。

4. 结婚

按照定亲仪式上商定的迎亲吉日，男女两家都为迎亲和送亲做忙碌的准备。迎亲队伍一般 3、5、7、9、11 人不等，讲究以奇数为吉。除了媒人和新郎外，还特意选派一名能说会道、随机应变的歌手，以便到时对唱应答。牵着接亲马匹，驮上酒肉礼品于结婚前一天赶到新娘家，临近女方家村庄时，聪明的歌手就把“劳巧”（即让道酒）提在手里，做好各方面的应酬准备。村口、村中和女方家门外设三处堵棘设卡，全村男女老少都埋伏在进道两旁，堆土待撒。新郎一行在媒人的引领下巧妙地闯过一道又一道火焰冲天的关卡，来到女方家门口时，大门紧闭，从门内不断传来设问的歌声，这时，男方选派的聪明歌手随即赶到，于是，一场论“道”对歌开始了。按习俗，双方全部用歌对答，对答时旁边放一桶冷水，谁赢了就往输者头上浇冷水。主客双方都触景生情，随机应变，设法难倒对方以取胜。

门里人唱道：

尊贵的客人辛苦了，

跋山涉水来迎亲，
沿河“嘛呢”多少座？

门外唱道：

尊敬的主人请理解，
马蹄似风不停步，
沿河“嘛呢”没看清。
……

聪明的歌手反应敏捷，对答如流，主方热情打开门，新郎一行迎亲者终于来到新娘家，新娘家早已为新郎一行设宴恭候，共进晚餐。

晚餐刚刚进罢，歌舞马上开始。一切都在女方家长辈的操持下进行。全村男女老少都前来祝贺，所有的歌舞对唱都按约定俗成的“要次”（即贺喜祝福）这个主线进行。男队在前领头，女队随后紧跟，高唱着祝福贺词舞进女方家，女方家及时捧酒迎接全村男女老少，一一敬酒请进。然后，时而对唱，时而跳舞，时而独唱，特请歌手献歌。歌者自编自唱，有的从青稞酒的来历起首，也有的用歌点破龙碗口上三点酥油的含义及其象征等。每唱完一曲时，听众同时高声赞叹“依傲义”！有人还伸出拇指赞叹：“巴了”（即唱得好）！如此歌舞，通宵达旦。

第二天，太阳刚刚露出笑脸时，迎亲送亲即开始。彻夜未眠的新娘在母亲和姐妹的操持下，打扮得花枝招展，在极度紧张中等待着那最庄严而难忘的时刻到来。这时，送亲的人们陆续赶来。她们在烧好的“塔路”馍上系些花线或几尺布，特地赶来送亲（“塔路”馍即象征花好月圆、白头偕老等意义的吉祥馍：中间圆孔，上面用篦子压了花纹，娘家烧的“塔路”中间不留圆孔，上面要压上碗口和碗底双层纹印）。迎亲开始了，新娘听完父母的叮嘱（“咖达”即教导），便想到就要和养育自己的亲生父母、朝夕相处的姐妹亲友告别，离开自己生长的娘家故土，恋恋不舍，拥抱着父母哭起来。在姐妹亲友的劝导下擦干泪水，全村男女老少前簇后拥地赶到村口送新娘，新娘临行要绕堂屋中央立柱三圈后走出家门，扶上迎亲马，告别家乡，同迎亲送亲队伍一行浩浩荡荡前往新郎家。按照当地习俗，新娘走出家门直到新郎的家，绝对不能回顾为吉。

此时此刻，男方家里期待着迎亲队伍的到来。全村男女老少照例堆刺设卡三道，进道两旁堆土待撒，迎亲队伍回到村口，新郎赶忙扶新娘下马，顿时，周围人声鼎沸，呼喊撒土。新郎冒着不断抛撒的灰土，奋力冲卡开路，两旁的男女老少高喊：“嗷——帮玛天波，嗷——帮玛乃录……”快到新郎家门时，新郎父母也嘴不合拢地赶来，嘴上劝大家别撒别打，而心里在说使劲撒、狠狠打。

在男方家大门口点燃一堆篝火，请一位“巴义”即和尚念经祝福，新娘在篝火旁用新郎阿舅备好的“神水”洗手洗脸，洗罢将一枚亲手戴过的顶针或戒指扔进洗脸盆，连同洗罢的水一同泼出；然后，让新娘背上备好的一桶清水，从篝火上迈过，走进新郎家。传说，撒土、让新娘从篝火上迈过均是为了驱鬼辟邪；让新娘背一桶清水进门是预祝新婚夫妇的生活像源源不断的流水，取之不尽，用之不竭。

新婚宴席开始，在男方父母长辈的操持下，举行盛大的新婚歌舞晚会，晚会上请长辈致祝福（酒）辞，敬酒、歌舞少不了，规模更大些，婚礼在热闹的高潮气氛中结束。

五、丧事

迭部藏族的丧葬习俗基本相同，都实行火葬，只是在装尸方法、出殡时间、尸体处理等方面有些区别。下迭洛大一带，火葬后的灵骨还要土葬。整个丧葬过程有报丧、念经、发丧、孝期等。

下迭洛大一带，人死后马上用柏香水洗身，换上事先准备好的寿衣，用白布把死者的脸裹起来，用白布条或棉绳将尸体趁热束扎成胎儿状。据说，婴儿胎内时双拳紧顶下颔，蹲式而怀；人死后也应束扎成这种姿势，方能超度转世。捆扎后当天就装入轿子形棺材，使死者呈坐式。请剪纸匠用各种颜色的油光纸，剪裁各种佛教超度吉祥图案，裱贴在棺材上。并设灵堂，灵堂前除必需的供品外，用红纸糊一顶贴有“六字真言”的“嘛呢”筒插在一个蒸馍上，“嘛呢”筒下点燃一盏酥油灯，随时添油，利用灯的火焰力转动“嘛呢”筒，昼夜长明，转动不停。按照“孜巴”（算卦和尚）算定的出殡吉日等事宜，请和尚为死者超度念经，全村成年男子都主动前来守灵，严防家猫在灵堂周围逗留，妇女们也主动前来帮忙背挑水、做馍、炒菜等。老人正常去世，除炎夏在家守放两三天外，一般都在家守放一至两周。这期间，请方圆各寺院和尚诵经超度。全村男女夜夜在灵堂前高诵“六字真言”嘛呢经。在整个办理丧葬期间，本村或本家族中选一位这方面有经验的人，作为掌管和料理丧事的总管，所有准备的酒肉、馍、烟、茶等全交给他来掌管安排，由他负责招待前来吊唁的客人和帮忙的村人。

在发丧的前几天就选定火葬地点，用石头和泥巴垒成直径 2 米左右的围圈。送葬的这天清晨，全村成年男子都主动上山拾火葬柴（火葬一般都用柏木柴，使灵骨完整），把柴火背到火葬地点后不能回家，先到死者家洗漱吃饭，然后方可回家。拾火葬柴去的往返途中斧头必须扛着走，平常去劳动干活儿时斧头可别在腰带间。

起灵出门时，和尚们托着白布条，组成吹鼓队，敲锣打鼓，吹奏哀乐，在前开道，孝子们紧随其后，用头、手扶住布条号啕大哭，孝子们的后面便是由四人抬着轿子棺材，再后面就是全村送葬人，一路向火葬场缓缓走去。灵柩抬出大门口时，由死者最小的儿子将灵前供奉的食品、烧纸钱的破碗一下摔碎在灵柩前，传说这表示死者在人世间的一切就此结束了。灵柩经过的人家门口都点燃起草糠，以此辟邪。灵柩抬到火葬点“井”字形柴火堆上，待娘家(即阿舅们) 揭盖查看许可后，方可点燃焚送。子女亲属叩头哭泣不已，由其他人劝慰扶回，回到门口一律用死者家事先准备好的“灌灌酒”漱口后才进屋。火葬场全由本村选定好的长辈们自觉操劳。

火葬后的第七天，请一位长辈 (死者生前亲友为佳) 到火葬点去拣灵骨，按人体自然结构将灵骨拣进骨灰盒。子女后代每周在十字路口画圈给死者烧纸，如此延续七七四十九天。子女儿媳均戴白帽白头巾为孝，姐妹和儿媳们的孝巾必须由死者儿子亲自奉送。周年做一次小“合底”(即小祭奠)，三周年做一次大“合底”(即大祭奠)。戴孝期三周年，特忌孝帽孝巾被踩踏。戴孝期间，子女后代不能参加娱乐活动，不能和别人争吵打架，不能骑牲畜等。

本文选自《迭部文史资料》，第一辑，1993年。

香浪节

李禾[1]

七月，是甘南藏胞的香浪节。

那时候，山最绿，水最清，天空最蓝，云最白，野花最多、最香。

这节日却也怪，十天半月地过，没个准儿。

你到处走走，随时可见白色的帐篷。有的一顶接一顶，掩住半座山；有的三五相连，扎在小溪旁，像丛生的蘑菇；也有的孤孤零零，悬在巍巍峨峨的山尖，像一朵飘来的白云。

我来到一个帐篷不多也不少的山坡。山下，大夏河蜿蜒而去，金瓦寺圣光辉煌；山上，松涛轻拍，鸟语啁啾，一层层的绿。极目而望，天宇间流泻着浩浩渺渺的苍茫，似要涤尽身上的浊气，便不由得赞叹：好去处。

我去了一顶又一顶帐篷，受到侠义好客的藏胞的热情款待，虽然我是一个陌生人。我几乎尝遍了藏族特有的美味佳肴，并和主人对饮了几杯醇香的美酒。老实说，我并不那么喜欢吃手抓羊肉，也不习惯喝奶茶。虽然这里的酸奶子好得可以使城市的酸奶子不称其为酸奶子，偏偏我无福消受。我最馋嘴的是灌汤包子，

① 李禾，中国作协甘肃分会会员，长期从事文学编辑工作，现在甘肃省文联《飞天》编辑部工作，副编审。

我最欣赏的是可以视为艺术品的油炸馃。我不习惯酥油味，但是，当蓝色的龙碗盛来浇有酥油的人参果米饭时，那珍珠玛瑙般的色泽，那沁人心脾的清香，呀！可真是人间的仙食哩！

这当然便是过节了。我知道汉族的节日无不与吃有关。无节不食，无食不节。吃饱喝足，便是过得好。否则，便意兴索然，直觉得人生了无情趣，活得好没意思。于是创造了可以称之为灿烂的饮食文化。

我准备心满意足地归去，却听得帐篷外一阵嘻闹喧哗，原来几顶帐篷的青年凑在一起做游戏竞赛，赛跑、摔跤、大象拔河。参赛者不拘条件，人人有份，优胜者当场奖给几个蜜桃或几块西瓜。赛者笑，观者也笑，笑声汇聚成一股野趣，漾漾然，盈盈然。

瞬间，忽听得山腰雾岚中歌声冉冉而起，翻译出来，那意思是：

我玩着玩着天上去，
和天上的龙王一起玩耍；
我玩着玩着地上去，
和地上的野牛一起玩耍；
我玩着玩着村庄去，
和村庄的朋友一起玩耍；
……

那歌声，野味十足，粗犷而率真，高亢而欢畅。歌声里漾出一个老人深沉的微笑，那老人的帐篷扎在高高的山顶。老人刚刚从印度返回故乡，不幸身患绝症，自知不久于人世，却要儿孙们抬上山来，度过久别多年却又是最后一个香浪节。呵，可敬的老人，此时此刻，您在回味什么？

唱歌的是一位正在某音乐学院就读的姑娘，姑娘的歌喉原来就是乡邻的骄傲，音乐学院里走了一遭，回来后乡邻们却不爱听了。姑娘诧异，山里浪了浪，这才悟出真谛，便抛掉了洋腔洋调，依旧唱那饱蘸了山林气韵的野腔野韵。果然，姑娘又获得了承认。

我顿悟了，这香浪节，原本是回归大自然的节。人是大自然的骄子，从洪荒时期至今，是大自然给予肌肤，给予灵性，给予生命。大自然爱恋自己的孩子，孩子怎不爱恋自己的母亲？难怪，任它百样事儿缠身，也要年年岁岁扑向母亲的怀抱，吸吮母亲的乳汁，滋润倦怠的心灵；恣情纵意地上天入地，献出带有野性的纯情。更难怪，即使独家独户，也要潜入山林，与大自然母亲朝夕相处，理所当然地住上十天半月。

多好的节日！我不由得赞叹。

却又生出一个奇想：这节日似乎可以推而广之呢！

本文选自吴春岗主编：《三河一江吟唱》，甘肃民族出版社，1992年3月。

洮州婚俗

毛建功①

我这里说的洮州，是指现在的临潭。其实，古洮州是指以临潭为中心，包括卓尼、碌曲、玛曲、夏河等县的大部分地区。洮州地处唐蕃古道，历来是部族集团争夺之地，这里既有西北高原的粗犷与豪放，也有江南水乡的隽秀与柔美，是移民文化和高原少数民族文化的结合。由于这里独特的地域文化，造就了丰富多彩的民俗文化，我这里介绍的其实是临潭东部藏汉杂居区的民间婚俗。

这种风俗现在已经不多见了，不论走进城市还是乡村，看到的不是现代版的，就是不土不洋、不伦不类混合版的。当然，也不失为一种实用的形式，但比较起来，还是觉得少了些许趣味。

以往人们联姻是要严格按规矩操办的，来不得半点马虎。人们一般都尊从媒妁之言，但也不乏私订终身者，不管是哪种情况，都必须先请媒人出面。

首先是“落话”，即请媒人和家长一道拿上“落话礼”去和女方家长见面，如果单单是由媒人撮合的，一般当面是不会直接挑明的，等过几天，“落话礼”被原封不动地退了回来，就说明这门

① 毛建功，甘肃临潭人，爱好中国古典诗词及书法，有民俗文章散见于《甘南日报》等报刊。

亲事没戏了。

“落话”有了眉目后，接着便是“订亲”。“订亲”的礼档要丰厚一点，金银首饰是少不了的，并要敲定聘礼，一般由女方说了算，当然，也有讨价还价的，一切谈妥后，便要讨回女方的生辰八字，然后由双方各做一个清油灯，男方向屋里，女方向屋外点着，各自焚香行礼完毕，就算这门亲事正式确定了，因此，民间也有叫“点灯”的。

接下来便是“吃酒”了。“吃酒”其实就是送聘礼，时间由男方决定，通知女方提前做好准备，男方除媒人外，还要请上家族或亲属中几个上得了场面的人。一同前往，一来是壮壮势，显得隆重，主要是能应酬酒席上的大碗酒，绝不能有人让女方给灌趴下了，那样是很没面子的。临别时媒人还有一件重要的事要办，就是把“喜帖”交给女方，这个帖子就是男方根据双方的八字，请阴阳先生择定的完婚吉日，帖子书写在一方黄纸上，上书：某某，某某，天做之合，择定某年某月某日为黄道吉日，某时完婚，大吉；新人坐什么位，朝什么向，某时“上头”，某时上马，什么属相“上头”，什么属相辟忌，等等，不一而足，最后是一串如“百年好合，白头偕老”等吉祥话。于是双方按照各自的情况进行认真的准备。

从此开始，女方是再不允许姑娘干农活儿的，一门心思地的准备嫁妆了。大凡早时，所有嫁妆都是手工缝制的，姑娘们这时便使出浑身的解数一展身手，绣花鞋、绣花枕是不能逊色的。到了迎娶的时候，新人按照“喜帖”所说的方位坐定，并邀两名平时最为要好的同伴，且属相合，不辟忌地陪着“哭嫁”。“哭嫁”说是哭，其实是唱，要哭得好，是要哭出韵律来的，悠扬而婉转，略带伤感，但不悲伤。“哭嫁”的大意是哭父母的养育之恩，哭离别之情，哭思念之意。就像洮州“花儿”一样全是即兴发挥，稍有才华的姑娘，哭出来的意味会更为深远一些。

娶亲的队伍由“东家”也叫“带东”、“媒人”、“新郎”、“拉马娃”也叫“拦马娃”和“上头客”，也有叫“梳头阿婆”的组成，“上头客”一定是长辈女性。迎亲的队伍一到，便由媒人领新郎到堂前行参拜礼，结束后，各自落坐，此时，“上头客”便要为新娘“开脸”，其实就是拿一根搓紧的粗线在新娘脸上象征性地滚一遍，接下来“上头客”要向两位陪伴要一盆水，并散开新娘的发辫梳头，但需要向两位陪伴付红包的，否则，是梳不了头的，“上头客”为新娘盘好头并在脑后绾一个髻，平插一支银簪，然后围着髻一圈插上银针和泡针，再戴上鬓花，新娘便打扮一新，银光闪闪，风姿绰约，俨然是一位小夫人了，盖上红盖头，“上头客”便大功告成，此时，茶饭结束，“上头客”和新郎倌儿就可以提前动身了，出门时，新郎倌儿忘不了拿一副碗筷，寓意“带走食禄”。

等到上马的吉时一到，便由主事的主持，新娘参拜父母，行离别礼，之后，由族中平辈抱新娘上马，新娘的脚是不能着地的，于是，送亲的队伍、随迎亲的队伍一同浩浩荡荡地出发了。

由于地域的关系，这里的人们都是用马队娶亲，也不用鼓乐、响器。迎亲的队伍到达后，首先由男方选定的两位妇人迎接新娘，这两人是有讲究的，必须要有儿有女，并且不是离异或再婚的才有资格，在和“拉马娃”几番周旋并给了红包后方能将新娘扶下马。门口设有香案，供上斗，焚上香，由主事持香，口中念念有词，祷告一番，然后手捧清水碗，用柏树枝叶蘸水，洒在新娘身上，再抓一把斗里的粮食，撒向新娘，此谓“退五道”，意为退却秽气、邪祟。此时，大门前早已摆好了一盆清水、一盆火，并在门槛上放一副马鞍，在两位妇人的搀扶下，逐一跨过，然后，入堂行礼，送新人入房，仍按“喜帖”要求的方位炕上坐定，这一天是再不出屋的。

关于新娘跨水盆、跨火盆的意思我们不难理解，但关于跨马鞍有什么含义，我是始终没弄明白，我曾经请教过很多当地老人，但说法不一，都是知其然，不知其所以然。

送亲的队伍一入席，筵席才算开始，随着酒酣拳热，气氛达到了高潮，直到尽兴而归，婚礼才算告一段落。这里不兴闹洞房，但会有淘气顽童到晚上在窗户底下偷听洞房，以满足好奇。

等到曲终人散后，才算是新人们的天下了。

第二天一早，新郎的长辈们陆续到齐后，新娘便将准备好的茶端上来，长辈们接过茶的同时，便要在茶盘里放钱，此谓“尝茶”，实则是长辈们给新媳妇的见面礼。到了晚上，新娘便要下厨，做第一顿饭，新娘将已擀好的面切下来就行，是谓吃“试刀面”，仍然是请长辈们吃，试试厨艺的意思。第三天，小两口便要“回门”，也就是认女方亲戚，回门时间的长短，视女方亲戚多少而定。至此，一个新家便组建了起来，开始了他们的新的生活。

从这些习俗中我们不但能看到高原少数民族的影子，也不难看出江南民族的痕迹，如“哭嫁”的风俗，原本是卓尼一带藏族流行的婚俗，而“尝茶”等习俗，明显带有江南民族的色彩，在历史的长河中随着岁月的更迭，被完美地糅合在了一起，形成了洮州独特的民俗景观。

黑错婚礼

完玛草[①]

“黑错”在汉语中是羚羊的意思，清乾隆二十七年（1762年）河州同知移驻循化营，并在今青海省循化县设循化厅，在向化族地设南番二十一寨，向化族名遂被“南番二十一寨”所替代。据《循化厅志》载，南番二十一寨中，有今合作市属的黑错寨（今那吾乡大部）下哈加寨（今卡加曼乡）、下则盖寨（今佐盖曼玛乡和佐盖多玛乡）、多尔替寨（今多合村）、上哈家寨（卡加道乡）、波合什寨、果莽寨（今勒秀乡）。黑错寨所辖人户数居“南番二十一寨”之首。

中华人民共和国成立后，黑错寨成立了合作镇，后来建市的时候便称为合作市了，其名称取“黑错”谐音，寓意各民族合作团结。合作在六十年前是没有城市的，只有周边的几个部落，这里只有成群的羚羊和一望无际的沼泽。在大家的印象中藏族是一个很神秘、很豪爽的民族，在电影、电视中少数民族姑娘都是敢爱敢恨的女人，其实不然，至少在我们部落就不是。首先我们这里没有自由恋爱，从我知道起就是父母之命、媒妁之言，女孩子是没有权利选择自己的婚姻的。

我们这里实行早婚，女孩子一般在十六七岁时出嫁，我母亲

① 完玛草，合作市勒秀乡干部。

生我的时候只有17岁，想想17岁的概念，在豆蔻年华就当了母亲，硬生生肩负起了一个母亲的使命。一个女人过早地开花结果，其人生总归是不完美的。

合作周边有21个部落，这21个部落分散在各个村子，在我们村就有几个部落，我们部落的人数仅次于“阿拉智哇”部落。“阿拉智哇”部落是黑错寨最大的一个部落。藏族原先是以部落为单位，一个部落相当于一个姓氏，只是在历史的进程中，我们的姓氏淡化了，只留下了部落。

这里的姑娘很少有远嫁的，多半会嫁到21个部落中的某一个部落。合作的这21个部落，跟夏河、青海、四川阿坝的口音不一样。

姑娘出嫁时媒人是不可或缺的，就算两个人是自由恋爱的，怎么定婚、怎么去迎娶都是有程序的。每一桩婚姻伊始，媒人都会拿着一瓶青稞酒、一条白色的哈达来到女方家里，如果长辈同意这门婚事，父亲会当场收下酒和哈达，反之，当然是拒绝。当长辈收下这些东西就表明女儿今年就要嫁出去了。女儿是很可怜的，其实这一切她都没有权利参与。私下里母亲会悄悄告诉她，今年她将要嫁给谁，没有权利反对。旧时期，祖祖辈辈都是这么过来的。

在媒人去女方家提亲之前，男方家人会去觐见活佛或请精通历算的高僧到家里来测算一番女孩和男孩的生辰八字，求得属相相配，更重要的是两家供奉的家神是相配还是相冲。如果这中间的一环不合适，那么这桩婚事就没戏了。所以在我看来，一对男女走到一起，虽然没经历什么事，但这么多苛刻的要求，走到一起也实属不易。在我们部落，媒人必须是男人，就算是女人从中撮合的，场面上的事都要男人出面。当然，当媒人还是有好处的，两家都会给媒人羊肚和羊腿。婚事商妥，接下来得定婚，这里的定婚仪式不像其他民族那样要宴请客人，而是商量女方的装饰品哪些由男方家置办、哪些由女方家置办。所以请一个能说会道的媒人真的是很关键的，他直接影响着男方家财物付出的多少。

在黑错，新娘的装饰品直接反映男方家庭的经济状况。也就是说，一家好不容易挣的那点钱全花在那些装饰品上了。这不是女孩的要求，而是这里的习俗。就算再怎么穷，珊瑚和金耳环是不可或缺的。这样计算下来，在黑错娶一个媳妇还是挺花钱的。首先是藏袍，分为春夏的，高原夏短冬长，都以冬装为主。里面以羊毛为主，面料有氆氇、绸缎、哔叽等，颜色以红色、深色为主，而绸缎以宝蓝色、绿色为主，大部分以羊毛为主。其中有一款我们叫“卡撒”，价格至少在5000元以上，男方女方各买一件。然后是出嫁时穿的绸缎装，也由男方出，大概在3000元以上。以前，在女孩袍子的下摆处放几寸宽的水獭皮，按宽度而定，多则几万元，少则五六千元，也由男方出。所戴的狐皮帽，由女方出，大概1000元。不过后来为了保护野生动物，藏区再很少使用水獭皮和狐皮。以上这些是小件，下来就是盖金（珊瑚项链），按现在的市场价格，1克红珊瑚500元左右，佩戴的天然石，算下来也要十几万元，多半由男方出。还有“娜德”（耳环），上下是纯金，中间是红珊瑚，估算2万元左右，由男方出。还有“倩玛”（腰带）长条的银质泡扣上镂刻着浮云浮雕，嵌有珊瑚，根据银泡个数，一条腰带镶嵌的银泡上面至少有七八个珊瑚，大概两三万元，这个由女方出。左右腰侧前各佩挂镂刻和镶嵌有双龙等精美花纹及上面镶嵌有红珊瑚的“肖项”（奶钩）和桃形“龙高”（装饰品），因为材质大多是银质的，加上装饰的珊瑚不多，大概1万元，由女方出。

新娘出嫁，必须选择日落黄昏。这一天从早上开始，新娘的亲戚都会带着礼品来新娘家，当然不需要搭很多礼，因为主办方在男方，结婚仪式主要在男方家举行，新娘家只是会会客而已。这一天新娘要很早起床，因为要梳头。梳头要梳上五六个小时，正如大家在电视、电影中看到藏族姑娘的头饰，分很多小股小辫子。与其他地区不同的是，我们的发股不是很多，只有二十几股，其余的头发结成两辫垂下来。而这二十几股要固定在跟发色接近的布上，用针线缝合起来，然后再在上面点缀珊瑚和玛瑙，这就是“吾玛”妆束，我们把新娘叫“吾玛”。所以藏族姑娘从小很少剪头发，都是长发，便于以后结婚时扎辫子。当然，藏族还有比结婚隆重的成人礼，我们叫“贾沃”，汉族人叫“笄礼”，专指女孩子的成人礼。不过因为结婚早，我们部落的女孩成人礼与婚礼多半同时举行，一举两得，花费较少。而这个给“吾玛”梳头的人，必须是家中父母双全、儿女双全、夫妻和谐，至少得四代同堂，婚龄在20年以上的女人来梳头，更重要的是与“吾玛”的属相相配，所以能梳“吾玛”头的女人是比较荣耀的。像我们村这种“十全”的女人还是很多的，大家结婚早，五代同堂的比比皆是。所以姑娘出嫁的这一天，在“吾玛”家忙的只是梳头者跟“吾玛”，梳头者弄发型，“吾玛”被头发弄得很紧张，而其他人只是吃吃喝喝，唱唱跳跳。等到日落时分，即5点左右，大家开始要忙活了。在“吾玛”家，会有请来的僧人念平安经，开始煨桑，当看到袅袅的桑烟时，全村人就会接踵而至，为“吾玛”送行。“吾玛”已经打扮完毕，在藏衣的后背上要挂一个蓝色的哈达，蓝色意为风华正茂，结婚时在蓝色哈达上串有指环，以示成婚，而这个指环以白色和黄色为主，意为吉祥。送亲队伍由“吾玛”家的舅舅、父亲、兄弟组成，以单数为主，意为单身，六个男人，一个吾玛，数字“7”在藏族看来是个很吉利的数字。六人的送亲队伍中，舅舅是必不可少的，也是东家，女方出嫁，娘舅家全权做主。这个送亲队伍被称作“衷布”，大意就是客人。僧人念完经之后，母亲带“吾玛”去佛堂点酥油灯，母亲手捧一碗鲜奶，并用无名指蘸牛奶点在“吾玛”的舌头上，这叫“呐可”，意为少女接受祈祷后能婚姻美满、幸福。然后“吾玛”跟送亲队伍开始启程，还有两个伴娘，“吾玛”自始至终要弓着腰，并用袖口掩住脸。

出门前，在正客房放一个打酥油的桶子，是木质的，然后在糌粑团上点三根香，“吾玛”、伴娘、送亲队伍都要绕着那个桶转三圈，因为藏族女人的一生要跟牛奶、酥油打交道。这时候在相同的部落找两个女歌手，要唱出嫁歌，从正厅的绕木桶转圈开始唱，唱到“吾玛”到门前上马背为止。歌曰：“昂衣，叔叔如山，雄伟壮丽，姐妹如水，情意连绵，小女出嫁，祝你们合家幸福。”“吾玛”骑上一匹白马，围着自家大院转三圈，到了东面时，陪同的妇女们唱：“昂衣，今早马儿朝哪走？今早马儿朝东走，东金刚菩萨祝福你”；到了南面时，陪同的妇女们唱：“昂衣，今早马儿朝哪走？今早马儿朝南走，南珍珠大神祝福你”；到了北面时，陪同的妇女们唱：“昂衣，今早马儿朝哪走？今早马儿朝北走，北如意菩萨祝福你”；到了西北角时，“吾玛”把堆放在自己面前的几个土块一一踢开，意为“吾玛”能在自己的人生路上遇到困难就如同踢开土块一样能顺利走完自己的人生。而跳火是希望驱邪避魔。然后全部落的女人送到村口，七个人，七匹马，浩浩荡荡，而伴娘还有送亲的女人会停在村口，这时有一个女人在人群中向着走远的马队唱歌，歌声悲悲切切，讲述女人一生的操劳，还要“吾玛”嫁到男方家恪守妇道。这时候在场的每个女人都会流出眼泪来，虽然我当时年幼，但听到这个送别歌，也会悲从心中来。

这七个人骑着马从黄昏时出发，幸好在我们这里多半是跟临近的村庄结亲，如果要嫁到外地，这马得骑到什么时候啊。视路程而定，短则半个小时，长则三四个小时，到男方家时已经繁星满天了。到村口的时候，男方所在的全村人会来迎接“吾玛”，到门口时，男方家已经煨桑，在门口燃着火堆，当然有僧人念经，僧人边念经边把青稞撒向空中，纷纷扬扬落在新娘的头上。这时男方家的伴娘会扶着“吾玛”、六个“衷布”依次下马，“阿香”是走在最前面的。“阿香”是舅舅，在这里，“阿香”的地位高于“吾玛”的父亲。

到了门口，“吾玛”和“衷布”相继跨过火堆，以示驱邪避魔。这时“阿香”会拿着一个彩色的杆子，上面挂满了哈达还有羊毛，然后要唱歌，我们叫“曲派”，当然手里拿的是酒，向天，向地，向神弹三下，然后开始唱。“阿香”手里的“曲派”是重要的，这个象征女方部落的神山；而男方要做的就是由阿香把男方跟女方每个所在的部落、所在的神山相互介绍，要结为一家人，首先要做的就是求自己的神山以后一如既往地保护“吾玛”，以及她未来的家庭。唱完后，“阿香”跟“吾玛”相继进屋，“阿香”坐在右边炕上，右代表尊贵，他所坐的背墙上一定要挂有“尚玛”，“尚玛”是家神，是画在纸上的，跟唐卡一样，全部是彩色的，上面有许多动物，这个“尚玛”一定要由寺院的僧人绘制。

“阿香”上了炕，会把那从女方家带过来的一支彩色箭铎插在“尚玛”下边的“切玛”里，然后婚礼的高潮部分才开始。男方的亲戚已经玩了一天了，到了晚上，全村的人都会过来饮酒、对歌，而“吾玛”是不能上炕的，她要双腿并拢，还是弓着腰，袖口掩着脸，两个伴娘会左右侍候她，这一天是不能睡觉的，假如“吾玛”熬不住，可以提前去睡觉。但必须由两个伴娘陪着她睡。第二天早上 7 多点，吃完早饭，“吾玛”要用牛奶洗脸，而后骑上马，男方这边的客人跟同村的人过来送行，“阿香”把另一支彩色的箭铎拿在手里，依然到了村口，每个“衷布”的马背上有布袋，里面装有红枣、水果、糖等东西，他们会把那些东西撒给送行的人们，人们会争相抢夺，讨一个吉利。然后“阿香”又拿着一支箭铎开唱，大意就是我们的女儿嫁到你们这个村子，希望在以后的生活中，你们都能接纳她，能给她帮助，让她尽早融入你们中间。然后送行的人会大声回答，婚礼至此结束，那个彩色的箭铎要拿回女方家插在“尚玛”摆放的“切玛”里。

当然，这时候男方家主持的婚礼还是没有完的，第一天邀请的是亲戚，第二天邀请的是部落跟村里的人，他们还得继续。

花儿飘香试刀面

——洮州婚仪“花儿”记趣

武锐

古洮州民俗，新媳妇进门第二天得下厨房做第一顿饭，初试厨刀，故称“试刀面”。正如中唐诗人王建所写“三日入厨下，洗手作羹汤；未谙姑食性，先遣小姑尝”。可在古洮州，这个试刀面却不仅仅是为翁姑所尝，而是婆家人和娘家人共同品尝的，被称作“喝试刀面”。

“喝试刀面”一般定在婚礼第二天或第三天，也有合并到婚礼当天的。妹妹出嫁，我作为送亲的阿哥去婆家送亲。婆家亲房有“花儿”把式一人，我早有耳闻，以前虽然晤面几次，但未深交，不知底里。婚礼当天晤面后把式便敞口说：“我知道亲戚你对‘花儿’感兴趣，有研究，但是咱不能今天显摆呀！今天人多，场面大，咱反客为主，那就不好了。我们约到明天‘喝试刀面’，你看行不?”我连连点头。

次日，我带着“喝试刀面”的娘家亲戚一行人登门，婆家亲戚族人早已齐聚，等候在桌前。我想象的场面并没有出现。但我想，在门口迎接的“花儿”把式一定会开口迎接：

斧头剁了连枷把，
各位亲戚来了吗？
我问你们走乏了嘛没有乏？

可惜没有，当然幸亏没有，如果有，我们还真还不上来。就像莲花山马莲绳绳儿拦路歌，对不上还真有点难堪。也许是把式考虑到我们难堪，也许是把式怕人笑话，因为“花儿”历来不登大雅之堂的。会被那些守旧的“老执固”们笑话的。

在互相的寒暄问候后，客人坐定，主人陪坐。端馍上茶，糖果盘、瓜子盘等一并端上。馍一般是只看不吃，因为后面主食马上端来，馍馍吃饱了就没地方吃主食了。再者大肆吃馍会招致主家笑话。因此尽管主人一再劝说吃馍馍，客人也只是嘴里回答说“吃着哩吃着哩”，其实并不动手。客人只是喝茶嗑瓜子，这时候的主客双方均是心照不宣。看到碟子里盛着的花卷、馓子、馃等各色馍馍，我就想起一个“花儿”：

馍馍是这盘盘儿里，
尕妹到我前边儿里，
将合一朵莲花儿里。

可是这属于野花，不能在这个场面上说出来，洮州“花儿”分类很多，按作用或场合大致分为“野花儿”“喜花儿”“神花儿”等。“野花儿”为爱情“花儿”，粗犷、大胆，是不能在家里唱的，只能在山外野坡唱，故称“野花儿”。洮州“花儿”有唱“山里野花儿胡唱里，谁还把我拦挡里”。在这个喜事场面应当唱“喜花儿”，这样仍然会有人不喜欢，但也找不到反对的理由。

端馍上茶不久，便上打冷菜一碗，这碗菜在以前是烩菜，现在多是清汤羊肉。这碗菜也是可吃则吃，也可不吃的。打冷的意思是让你热热身子，然后才是主宴席。

主宴席一开，首先便是新人敬酒，新人酒敬到我跟前，我端着酒杯边说：“今日这杯酒，非同寻常，‘花儿’把式跟前，我要班门弄斧了，唱不成就说一个‘花儿’。”“花儿”把式亲戚接过话茬说：“那敢情好啊！我们听一听！”我便对着一对新人说：

华山顶的灵芝草，
第一先要你们百年好，
第二堂上二老是活宝，
老人好了你们好！

这“花儿”先祝福，再劝慰，博得了满堂喝彩，这令我兴奋不已。“花儿”第一句“华山顶的灵芝草”与整个语句意思关联不大，只起到押韵的作用，这叫起兴。在民歌中起兴是很常见的，也源远流长。比如诗经《关雎》“关关雎鸠，在河之洲”就是起兴。依我不成熟的想法，起兴之句说与整句关联不大，但是如果既韵脚相关，又意思关联，而无牵强之感，那就是天然妙绝，当属上乘了。如《关雎》中的雎鸠，如鸳鸯，相鸣河洲，就像君子淑女之相爱倾慕，所以千古以来，《关雎》久传不绝。正是这个想法，我起兴之句“华山顶的灵芝草”先是想到“镰刀割了席芨草”，后来转念：“喜事宴席，怎能如此起兴？不行！”便思索再想“房檐边的雷子草”。这句虽无大碍，却也不雅，后来才定为“华山顶的灵芝草”，灵芝草示祥瑞啊。

这一开场，一来活跃了气氛，二来也为“花儿”把式撑了胆，属于抛砖引玉之举。当酒敬到“花儿”把式跟前，只见他红光满面，端起酒杯就说：“既然亲戚们这么热情，那我就斗胆来一个。”接着便开唱了：

镰刀要割席芨呢，
各位的亲戚都到屋里呢，
先要唱个吉祥如意呢，
给我兄弟办理婚事呢，
叫我兄弟媳妇明年养个儿子呢！

这“花儿”唱起来悠扬婉转，余音绕梁，自然不同于我这个门外汉说“花儿”，因而亲朋好友掌声雷动，喝彩不绝。

新人酒刚敬完，主家劝酒者便分头到客人座前劝酒，或敬酒，或碰杯，或猜拳，一时间劝酒声、碰杯声、猜拳声此起彼伏，萦绕耳际。“花儿”把式劝酒劝到我座前，我端杯在手，说：“我这嗓子是破锣，再者‘花儿’调调儿摸不着，我就继续说一个。”

锅一口锅摞锅，
沙尼老哥花儿多，
我有事情忙不过，
再不是我们到亮坐。

“花儿”把式接着说：“今晚夕我们到亮唱，叫它凌霜落着朵脑上。”这个“花儿”没有起兴，是他说出来的，听起来也饶有趣味。

接着“花儿”把式又说道：“只要你有这个话，我把那天不怕来地不怕。”这是一句“花儿”把式对唱时常用的，属于“野花儿”，一般是男女双方相互爱慕起誓用的，用在这里是表示接受对方的允许和鼓励。

一会儿，新人“试刀面”端上来了，这可是压轴戏。这“试刀面”就是长饭，也叫汆汤。在古洮州，主要的节庆待客面食有两道，一是汆汤，二是扁食。洮州人把面或饭称作汤，问你喝汤了吗那就是问你吃饭了没有。你要喝碗面汤那就不能说我要碗汤，而要说成面汤或清汤，否则盛上来的不是汤而是面了，让你吃不了兜着走！尕汤就是长面，洮州人也叫长饭，就像外地人的扯面或臊子面，做起来像兰州牛肉面，先炒好臊子，再下面，面捞到碗里后盘堆成一团，再盛上清汤，清汤不能太多，不能没过面，就像海岛要露出海面一样，然后在面顶上调上香味诱人的臊子，端上去放到客人面前，瞅着面白汤清臊子香的尕汤，客人一定会垂涎欲滴的！这尕汤的臊子现在花样繁多了，在以前则是肉末加上葱末炒就的，炒时加点花椒和精盐就行了。这样炒出来的臊子味道纯鲜，被称为“葱花儿”，因为有的人家是连肉末也没有的。嘴馋的娃娃常常守在锅头巷里向母亲讨要“葱花儿”，母亲疼爱，让给一点点，这才咂巴着嘴找小伙伴玩去了。

下长饭过节那是求人长寿、好事永恒（平安）之意。扁食就是饺子，洮州人之所以吃扁食，一是因为扁食不扁是圆的，象征团圆，所以在大年除夕大团圆节吃扁食；二是扁食为荤食，属于待客食品，特别亲的亲戚或特别好的朋友莅临则待之以扁食；三是扁食为江南遗风，扁食俗称饺子，饺子就是交子的意思，晚上11点至次日1点为子时，是从第一天到第二天过渡的子时，被称为交子，冬至和年三十为一年中的大交子，所以要吃饺子。话题越扯越远，还是回到“试刀面”，这“试刀面”其实是婆家人做的，而不是新媳妇做的，新媳妇这大卜厨房到案板上象征性地切一刀，这叫试刀，这一试刀而不再动手，就做出了“试刀面”，可见新媳妇神通广大。

“试刀面”端上之后，我搅着面，便问亲家公公：“不知这面味道如何？”亲家公公先是一愣，不明就里，还以为是我嫌饭不好。我看着亲家公公的愣怔大笑说：“亲家阿爷误会了，这新媳妇‘试刀面’是头一回给公婆做饭，不知合不合口味？若合，那是没得说；若是不合啊，那就要婆婆多多指教啊！”众人一听此话，哄堂大笑。亲家公公端着碗连忙说：“合得来，合得来！香的很，香的很！”

这时只听“花儿”把式悠扬婉转地已经起了兴：

苞谷炸了爆米花。

这一起兴，众人知道，好听的来了，立时鸦雀无声，侧耳倾听：

苞谷炸了爆米花，
我把亲家阿爷问个话，
今儿个的饭你们心上到着啦，
调货盐们少着啦！

果然不错，我没说出来，“花儿”把式替我唱出来了。我就端杯在手，说道：“沙尼老哥，果然是个老把式！我回敬一个。”

房檐边里雷子草，
沙尼老哥唱得好，
嗓子将合百灵鸟！

这时只听窗外有人说：“今儿个是‘好家遇上要家了，再也不说那话了。”这“好家”“要家”也是“花儿”把式对唱常唱的，有点“棋逢对手将遇良才”的意思。

在洮州所有的待客程序上，长面是最后一道饭菜，一般在客人一再地告辞暗示，而主家心照不宣地一再挽留之后才端上来的，客人吃毕以后就得告辞，所以这碗面叫作“起脚面”，又被谑称为“滚蛋汤”。前面说过，洮州人的汤就是面。所以这兼带着“起脚面”职能的“试刀面”，也是在我对主家的要求和暗示下端上来的。这“试刀面”却也不能白吃，是有偿的。在拾碗的时候，主客双方都得在碗里放入钱币，算是对新媳妇的奖赏。

“起脚面”吃毕，告辞出门，我握着“花儿”把式的手说：“有缘相聚，真是‘没约上着撞上了，撞着你和我的向上了’，我再说一个‘花儿’吧！”

两把笤帚扫了地，
你们坐着我们起，
各有各的忙活事，
时候有了再相聚！

“花儿”把式这回没唱，也说了一个“花儿”：

两把笤帚扫地呢，
你们坐着我起呢，
屋里有点忙事呢，
给鸡娃儿给点儿食起呢！

这真是：

褡裢要装林檎呢，
好花儿要唱一个呢，
权当送个人情呢！
我们就带着这人情告辞回家了！

本文原载《甘南日报》，2015 年 10 月 14 日。

拉卜楞地区别具风味的饮食习俗

华锐·东智①

饮食民俗，亦称食俗、食风、食礼，它是指有关食物和饮料在加工、制作和食用过程中形成的风俗习惯及礼仪常规。拉卜楞藏族饮食习俗的形成，主要受制于其居住地域特定的自然环境、气候物质以及由此伴生的特定生产和生活方式。人们常说“民以食为天”，由此可见，饮食在人类生活中占据十分重要的地位，它不仅能够满足人们生理的需要，而且在长期的历史发展过程中，由于社会生产的发展、经济生活和文化生活的不断改善，饮食文化、饮食风俗也不断丰富起来。

一、饮食渊源

据考证，6世纪是藏族饮食烹调技术第一次发生较大变化的时期。吐蕃通过商贸交易与中原内地和亚洲各国开展了广泛的经济文化交流，丝绸之路的开通丰富了藏族烹调原料内容，使烹调技术得到了发展。当时的藏族医药事业在食补方面也有了长足发展，《四部医典》给人们展示了藏族烹调原料的丰富资源，并从医学理论上阐述与饮食有关的上千种本土植物、动物、矿物细化药理功

① 华锐·东智，甘肃省藏学研究所研究员、副所长。

效。通俗地说，就是告诉人们什么东西可以吃，什么东西不能吃，以及怎样吃。同时中西雅食文化的进入，使藏族药膳制作渐渐兴起，为藏族饮食烹调理论奠定了基础。藏族第二次藏式烹调发展阶段是 18 世纪，这一时期是清朝光绪皇帝统治时期，随着经济文化交流、藏汉人员的往来，内地饮食文化不声不响地传入了藏族地区，在藏族聚居区重镇街上的各种蔬菜、瓜果、厨具、器具开始逐渐增多，一些比较简单的烹饪技术也流传到民间，有力地促进了藏族烹饪技术的发展。这一时期，藏族的融食、娱、游、乐于一体的饮食文化开始进入上层贵族家庭，而藏族广大农牧区的人们仍靠原始而简单的烹调方式，这种状况一直延续到 20 世纪 50 年代。藏族第三次烹调发展阶段是 20 世纪 80 年代。在改革开放政策的推动下，藏族地区的“旅游热”使饮食业得到了空前发展。在吃什么、怎么做、怎么吃这些最基本问题上开始朝由简至繁、由粗至精、由低级到高级的方向发展。自此揭开了烹调的新篇章，并逐渐形成一个全新的饮食文化和饮食特色。

二、饮食观

拉卜楞地区的饮食观深受本民族传统文化的影响。敦煌古藏文文献中，有专门论述接人待物、处世修养的长篇伦理学文献《礼仪问答写卷》，其中提出了为人之道、为政之道、为友之道、为子之道的广泛伦理关系。松赞干布制定的《十六净法》，把孝敬父母、恭敬有德、尊长敬老、正直无欺等作为重要内容，对藏族的伦理礼仪习俗的形成产生了深远的影响。藏族古典文学名著《萨迦格言》中记：“平日不为别人着想，他的行为牲畜一样；专门寻找自己的吃喝，难道牲畜不也是这样？”从这首格言中不难看出，人生的第一件事就是吃饭，然而吃饭必须有道。拉卜楞人认为，吃饭虽是人生的第一件大事，但是为了吃饭又有许多事要做，一味贪图吃喝、不务正业，不过禽兽而已。藏族一首谚语中说："红蓝宝石价连城，珍馐美酒人人爱；如果得来无道义，视之如石和流水。"从中又道出了拉卜楞人勤劳、诚实、节俭的饮食道德观。拉卜楞人讲究饮食不仅仅是为了满足自己的食欲，而是为了尊客敬友，正如谚语中所说："把锦衣美服留给自己，把珍馐佳肴献给别人""投石于河是渡之方，献美食于人是尊客之道"，充分反映了拉卜楞人在接人待客上的赤诚和坦荡。

拉卜楞地区的饮食观和饮食中的科学性主要来源于藏医古典名著《四部医典》。《四部医典》中指出：人体健康之道，首先要讲究饮食原料和方法，其次是德性修养和体育锻炼，最后是药物治疗。考究饮食艺利弊，加以充分利用，就会对人的健康和长寿有莫大裨益，而对饮食不加以研究、考察，随意吃喝，就会招来疾病，甚至丧生。为此，藏医把食物加以分类，并指出了各类食物的性能和作用。饮食共分为食物、饮料两大类。食物可分为谷物、肉、奶、油脂、蔬菜等类；肉类可分为陆栖、水栖、水陆两栖。就肉类而言，陆栖动物肉性味轻、凉、粗，食后可驱风痰之热；水栖动物肉细、沉、热，食后益肠胃，可疗风寒诸病；两栖动物肉兼有上述两种功效。藏医对人类赖以生存的水也有分类研究，把水分为泉水、河水、井水、雨水、海湖水、冰雪消融水等，认为泉水最有益于人体的健康，其次是河水、井水、雨水、海湖水、冰雪消融水。

拉卜楞人在持以上佛经和古典医学中的饮食观之外，还持节俭之观点，认为浪费食物是一种罪过，因为凡烹饪之物，无论是大自然赐予或是人工培养，都消耗了人的劳动，来之不易。因此，凡能食之物都要充分利用，一点肉、一点糌粑、一粒米、一叶菜也要尽力加工成食物，否则认为罪莫大焉。

三、膳食特点

在拉卜楞地区，大部分藏族的日常食俗是日食三餐，但在农忙或劳动强度较大时有日食四餐、五餐、六餐的习惯。大部分藏族以糌粑为主食，即把青稞炒熟磨成细粉。特别是在牧区，除糌粑外，很少食用其他粮食制品。食用糌粑时，要拌上浓茶或奶茶、酥油、奶渣、糖等；糌粑既便于储藏又便于携带，食用时也很方便。在拉卜楞地区，随处可见身上带有羊皮糌粑口袋的人，饿了随时可食。自古以来，拉卜楞人就生活在平均海拔3000米以上的雪域高原，独特的地理位置和气候特点构成了拉卜楞人有别于其他民族的膳食习俗，具有独特的民族特色和地方风味。

青稞：我们说，只有青藏高原上的沃土才能培育出拉卜楞人喜欢而又不可缺少的食物之一青稞。青稞有白、黑两种，是拉卜楞人磨制糌粑的主要原料。据科学鉴定，青稞的营养比较丰富，其内所含营养素要高于其他谷类食物。在酥油汁中放入糌粑就是极富营养的酥油糌粑，它不仅是拉卜楞人千百年来的传统主食之一，而且作为藏餐，今天已成为招待游客的重要食品之一。

肉：拉卜楞人长期以畜牧业生产为主，独特的生产方式造就了肉类是人们的主要食品之一。拉卜楞地区的肉类分牛、羊肉两种，牧区群众主食肉，较少食蔬菜。众所周知，牛、羊肉含热量高，这对于生活在高海拔而又寒冷地区的拉卜楞人来说有利于提高抵御寒冷的能力。从牧区原来较单一的饮食结构来看，这里都属高脂肪、高蛋白饮食区。拉卜楞也有食生肉的食俗，人们将秋季宰杀的牛羊肉割成条挂在屋内或帐篷内让其自然风干，这种风干肉，一是可长期保存，二是味美可口，是人们春季的主要食品。倘若家中有客人来访，热情好客的主人会拿出风干肉让你品尝，这种独特风味只有在包括拉卜楞地区在内的高原藏家才能品尝到。

烩菜：烩菜藏语称“嘉投”，它的制作方法较为简单，先煮熟牛肉，肉汤备用，将牛肉、萝卜切成片（条），和粉条放入肉汤内，再适量加入调料即食。这种食法一般出现在节日、婚礼和丧葬等活动中。

酸奶：酸奶藏语称“肖”，原料为牛奶，系热性食品。其制作时，首先将牛奶煮沸倒入干净桶内，等牛奶微温时把酵头搅入桶内，将桶放置在一个温度适宜的地方，几小时后，桶内的牛奶就可结成块状，至此酸奶就算做成。食用时加上白糖，酸甜适度，清凉可口，有和胃之功效，是拉卜楞地区夏、秋两季的主要饮料之一。许多人称其为“长寿食品”，原因是它能够抑制和消除人体肠道中由腐败产生的毒素。

以上可称作是拉卜楞藏族的传统饮食，平时待客时先后有序，依次为奶茶、蕨麻米饭、藏包、手扒羊肉、烩菜和酸奶。

此外，拉卜楞地区还有一些独具地域和民族特色的食品，我们称之为“风味小吃”。

辛：将酥油溶化成汁盛入一容器内，然后在酥油汁中放上适量糌粑、碎奶渣及红糖，搅混糅合，其上放几颗红枣，等酥油汁再次凝结时，藏式点心“辛”算已做成。食之香甜可口，可切成小块吃，也可与糌粑配食。

香肠：有肉肠和血肠两种。肉肠是用绞碎的肺、心、肾等牛羊内脏加切碎的蒜苗和食盐灌入牛或羊的大肠内；血肠用绞碎的肉放在牛或羊的血中，加上食盐、花椒粉搅匀灌入细肠。肉肠、血肠均用清水慢火煮熟食用，其味道鲜美，营养丰富，深受人们的喜爱。

道拾：这是牧区独有的野外食肉方法。牧羊人将羊肉割成小块，堆在一起，加上食盐、花椒粉等调料拌匀，然后在洗好的羊肚内塞一把肉，装一些已烧红的蛋形青石头，直至将肉和石头装完后用细绳将口扎牢，以防漏气。这时，羊肚里“嘭嘭”鼓涌，似欲崩破，待热气降温，停止蹦跳时，用刀子划开一小口，吃一块肉，喝一口汤，其滋味别具一格。在拉卜楞的民间传说中，人们将这一传统饮食称为“盗马贼”食法。说盗马贼白天黑夜来无踪去无影，生活飘摇不定，为了充饥，偷不到马便偷别人的羊来维持生命。在荒山野沟无法保证餐具的情况下，只能宰了羊后用这样最方便的方式来食用。久而久之，这种饮食方法便传入了民间。

人们在享受丰富多样的饮食的同时也总结出了许多有关饮食方面的规矩：端饭敬茶首先要给老人和客人，一定要按辈分、年龄大小依次用餐；吃饭时不得大声吵闹嬉戏，不随意走动，不敲碗筷，心平气和；客人光临，必须以丰盛的饮食来盛情款待，绝不冷淡客人；注重节约，视浪费食物是一种罪过，来世要转到地狱成为饿鬼；不食不义之食，凡偷、抢或不明不白的食物绝不动口。

2013 年 9 月

本文选自《夏河县文史资料》，第四辑。

博峪采花节

邹卫东

每年农历五月初五到初六，是甘肃省博峪藏族同胞一年一度的节日——采花节。

采花节的习俗，相传已有数千年的历史了，关于采花节的来历，在当地藏族人中流传着许多传说，比较普遍的说法有两种。

一说：在遥远的过去，博峪当地人用野菜猎物充饥肠，树叶兽皮当衣裳。后来，从山外来了一位名叫莲芝的美丽姑娘，她眼睛像月亮一样明亮，品德像雪山一样崇高。她教会了人们开荒种地务庄稼，又向妇女传授了纺线织布缝衣裳、浆染毛线织锦带的本领。在遇到灾荒年月时，她还上山挖来各种山菜让人们充饥度荒；采来百花为乡亲们治病医伤。当地的人们都非常喜欢这位心地善良又聪明有本领的姑娘。可是，在一年五月初五这一天，莲芝姑娘上山去采花时，不幸被狂风暴雨卷下了山冈（又说是遇到了一只恶虎），使姑娘丧生。人们为了纪念她，从此，每年五月初五这一天都要上山去采花。就这样年复一年，流传至今。

另一种传说是：很久以前，博峪是个穷地方，人们过着艰难困苦的生活。有一天来了一个叫扎海的年轻人，他的智慧像山泉一样流淌，常常将所观测到的天气变化情况提前告诉乡亲们。在他的帮助下，人们过上了丰衣足食的幸福生活。这消息传到国王耳中后，就派人请他到王宫做事。但他拒绝了国王。国王恼羞成怒，一定要杀他。消息传来，乡亲们一个个好不着急，但又一时想不出什么好办法救他。就在这紧要关头，一位名叫达玛的漂亮姑娘，她唱出了一条妙计：

林中荆棘来拦路，
挥舞柴刀砍条路。
石崖壁立来拦路，
请石匠儿子凿条路。
河水汹涌来拦路，
手握木瓢舀条路。
……

于是，大家明白了达玛姑娘的意思，让扎海换上姑娘的衣服，在姑娘们唱着欢歌上山采花的掩护下，瞒过了官兵的盘查，逃进了高山深处。在“刺儿坎”山上，美丽的达玛姑娘放开歌喉，向小伙子倾吐了埋藏心底的爱慕：

山坡和谁相陪伴？
树林和谁相陪伴？
河流和谁相陪伴？
石崖和谁相陪伴？

小伙子也唱出对达玛的感激和赞美之情，并将一朵鲜花插在姑娘头上：

鲜花陪伴青山坡，
枇杷陪伴松树林；

金鱼陪伴清泉水，
香柏陪伴高石崖。

姑娘们捧上美酒，高歌欢舞，祝贺他俩的婚礼：

采百花敬献至尊的天王爷，
谢您高撑天穹万物才有光明。
采百花敬献至圣的地王爷，
谢您夯压大地万物才有生存根基。
采百花敬献至威的水王爷，
谢您智施法力人间才能风调雨顺。
采百花敬献至贵的祖宗，
谢你们历经劫难将民族延续至今。
采百花敬献至贤的父母们，
谢你们大恩大德孕育如花的女儿们。
采百花敬献至情的恋人，
谢你们鸟儿成双早生贵子兴旺家业。
……

后来国王知道了扎海的下落，终于杀害了他们。乡亲们知道了这不幸的事后，纷纷赶到“刺儿坎”山上，含着热泪将两具尸体埋在山上。不久，在埋葬他们的山坡上长出了青翠的香柏树，开出了洁白的枇杷花。因五月初五是这一对情人遇难的日子，也是花神诞辰、百草泉水最具药性的日子，所以每年的这天，博峪七姐妹山的姑娘们都要汇聚到“刺儿坎”山上采花、跳舞、对歌，举行隆重的纪念和祈福活动，数千年来，代代相传，慢慢形成了今天的采花节。

富有民族特色的采花节，大致由三个部分构成，除“抢水”

活动外，“采花”和“祝福”两项活动都包含着浓厚的民族歌舞内容，可以说是当地最有代表性的一种歌与舞的民族风俗节日。

节日活动由“抢水”拉开序幕。在节日第一天日出前，乡亲们纷纷赶到附近的山上抢泉水，有的手托水桶痛饮，有的背水回家洗发、净身。传说这天太阳出来前的山泉水，喝了可使人消病，沐浴可以给人带来吉祥。

“采花”是整个节日的重要内容。当“抢水”完毕后，各家父母都要把自己女儿打扮起来，给她们头顶系上叠成多层的四方青色新头帕，由一条三指宽的彩色锦带箍着；宽袖子的花衣裙，套穿了一件又一件，有穿到七层之多的，每一层都露了一些；再挂上嵌有玛瑙的直径为七八寸大的银盘；耳朵上也吊上精致的银耳坠、银耳环；满头小辫与草原的藏族相类，但又以牦牛线续之，垂之腰际再绾成结，使其成一个粗大的“羊尾巴”。她们的衣是对襟大敞胸，长不过膝，袖不及肘，内穿抹胸。腹扎一条血红的三角兜。穿着红绿裤的膝盖下面，是洁白的“缠子”（裹腿）；脚蹬绣花鞋。博峪男子的服装则与四川岷山中诸羌及康定鱼通部相类：大包头，着长衫和山羊皮背心，大裹腿；身背弓箭，手持猎枪，腰挎夹板刀，好不雄健英武。节日期间的姑娘们，一个个像花朵一样美丽。

按其风俗，节日期间出嫁到外寨的年轻媳妇要回娘家，同娘家寨子的姑娘们一同由自己的哥哥或弟弟陪同上山。若没有亲兄弟，也可以由堂兄弟陪同。

当太阳从东山顶上冉冉升起的时候，男女老少都换上节日的盛装，到寨口欢送上山的人们。姑娘们在“噢咾”（领队）的带领下，向前来送行的乡亲们唱起了《告别歌》：

遥望高山群，
飘着朵朵白云；

那不是白云，
是“花神”在召唤。
告别乡亲上花山哟，
采回鲜花送亲人。
……

人群唱着歌，吹起“森咤”（唢呐），放起了鞭炮，把采花姑娘的队伍送出村庄。

踏上路途的采花队，在小伙子们的伴送下，过小河，爬山坡，向几十里外的“花山”走去。一路上，姑娘们相互盘问着唱起了《上山歌》，嘹亮的歌声在山谷中回荡……

什么花开白如雪？
什么花开过端午？
枇杷花开白如雪，
芍药花开过端午。

姑娘们一路歌声不断，越过高山，穿过茂密的森林，进入了百花盛开、芳草嫩绿的采花地点——“刺儿坎”。他们忘记了长途跋涉的劳累，急忙支锅做饭。这时小伙子们在山峰上祭祀“花神”的地方插上新的木刀、木斧和木箭等，以表示保护他们崇敬的“花神”。让“花神”永远保佑家乡风调雨顺、人畜平安。

采花开始了，这是最使姑娘和小伙子们醉心的事情。只见他们一群群、一伙伙结伴而行，在这风景秀丽、鲜花盛开的山坡上，边唱着歌儿漫山遍野地到处游逛，边采摘着各种各样艳丽的花朵。那洁白的枇杷花、火红的杜鹃、粉色的马莲花、娇艳的芍药花，一朵朵插满了姑娘的头顶。

姑娘们在采花时放声唱道：

美丽花山百花开，
层层都是花神栽。
头层山坡兰花开，
兰花一开牲畜乖。
二层山坡红花开，
红花一开米粮多。
三层山坡枇杷开，
枇杷盛开人免灾。

小伙子们也尽情地喝着美酒，唱着歌，攀上高高的山崖，折下一束束香柏枝，挖下一棵棵野菜、药材等，装满了自己的背斗。

傍晚时分，他们围着堆堆篝火，吃着姑娘们做的美味佳肴，尽情地唱歌、跳舞，通宵达旦，使往日的寂静山林，彻夜飘逸着欢歌笑语。

第二天，当东方发出鱼肚白时，欢唱了一夜的年轻人们吃完最后一顿野餐，为下山回寨做准备了。小伙子们收起帐篷，背起满筐的野花、山菜、香柏枝等，姑娘们整理好头顶上的花环。这时，他们面对山崖高唱起了《离别歌》：

五色山花采到了，
心中的祝愿诉尽了，
耳听口弦声响了，
离别的时间快到了。
羊皮鼓儿声响了，
眼含热泪离去了，
明年百花开园了，
采花姑娘又来了。

人群随着这悠悠动人的歌声，离开了采花坪，向着回家的路上走去。当他们走到离村寨不远的博峪桥时，桥头上早已站满了迎接他们的乡亲们。

桥头上由寨里人推选出的三名歌喉出色的中年妇女，双手捧着斟满香酒的小龙碗，边唱边向采花人敬酒，为他们接风洗尘，唱起了《敬酒歌》：

酒儿本是三兄弟，
水儿木儿和土儿。
拉萨人喝的是酸奶酒，
北京人喝的是大米酒，
我们喝的是蜂糖酒，
不喝的人儿喝三口。
……

采花姑娘接过酒，唱着谢酒歌，饮着香甜可口的蜂糖酒，按其风俗，敬酒完毕三名妇女拦挡桥头，用歌声向姑娘们提出一些问题，如果头一位对答不上来，就由第二位回答，直至对答如流，才放采花人过桥回寨。内容一般是当地节目中的传统词。如问：“上山时遇到恶狼怎么办?”采花人就回答：“留一只肥羊恶狼就走开了。”再如问道：“毒蛇挡路怎么办?”采花人就回答“撒一把麝香药将它毒死了”，等等。当传统仪式进行完毕，妇女们点头表示满意，就带领着采花人向村寨里走去。

这时，立在高处的人观望到采花队开始过桥，立即通知寨子里的乡亲们。乡亲们便擂起鼓，放起鞭炮，有的还鸣放猎枪。欢腾的人群站立在寨口迎接采花姑娘们进寨。

人群簇拥着采花姑娘们来到打麦场上。这时，大家手拉起手，围成一个大圆圈，领头的妇女摇起马铃，跳起了富有民族特色的

“朵迪”舞，开始了“祝福”活动。大家边舞边唱道：

采花姑娘们归来了，
兴高采烈地欢舞了。
鲜花把村寨装扮了，
我们的家乡像“岷县”了。
在这欢乐的节日里，
不唱的人也开唱了。
在这幸福的节日里，
不会跳舞的人也舞开了。
……

姑娘们时而排列成一条长龙似的队形，时而又变成一个圆圈，时而相互左右交错，时而出现引人注目的“头叽地”（双人舞）。此刻，歌声、舞步声、铃声、欢笑声汇成一片，在山谷回荡，整个博峪山寨沸腾了……

在这欢乐的节日里，当地习俗认为采花姑娘是吉祥幸福的使者，所以寨里的一些缺儿少女的人家，或在这个大喜日子里举办嫁娶迎亲的人家，总是备下节日的美酒和饮食，热情地邀请采花姑娘到自己家里来。姑娘们将所采来的鲜花、香柏枝，赠送给这家人，或将鲜花献给节日中的新娘，这样就认为可以“先开花，后结果”了，预示新婚夫妇以后所生的孩子，男孩就会像传说中的扎海一样勤劳勇敢，女孩就会像达玛、莲芝姑娘一样聪明美丽。接着姑娘们在这户人家中又跳舞，又唱歌。

节日的夜晚，整个山寨的人们，又聚集在打麦场上，燃放数堆熊熊篝火，男人们喝着酒聊天，观看着妇女们高歌欢舞。妇女们手拉手围成一圈圈，围着篝火，迈着欢快的“朵迪”舞步，兴高采烈地舞呀、唱呀：

跳呀跳，彩绣头帕随舞步欢舞了！
唱呀唱，美妙铃声随歌声飞远了！
跳呀跳，天空的星星随我们欢舞了！
唱呀唱，飞翔的锦鸡随我们高唱了！

“歌和花是博峪藏人向着太阳的一对翅膀”，看啊，听啊，节日的博峪山寨，变成了鲜花和欢歌、狂舞的海洋……

临潭的立房习俗

张俊立 ①

在甘肃临潭，农村人盖房，一般分为采地、动土、锯木、立房四道程序。因其耗资巨大，又费时费力，因此，这是一个家庭或个人一生中最重要的重大活动。因而，为家庭、个人和邻里十分看重。特别是立房的那日，亲朋好友和邻居都会自觉自愿地前来帮忙，并兴高采烈地向房主人祝贺道喜。其场面既隆重紧张，又热闹非凡。长期以来，人们围绕立房，形成了许多习俗规程。

立房也叫立木，就是提前把加工好的木柱、梁、檩条、榱等房屋框架拼套支立，并搭架固定起来。它是整个建房过程中很重要的一环，被当作房屋建起来的标志。在立房过程中，又以上红梁最具有象征意义。红梁搭好，被看成是立房成功的标志。

所谓红梁，其实就是指堂屋从后边向前数的第三根檩条（当地人盖房，主房一般是五间或七间，堂屋居中，相当于正厅），在其中间部位凿一小方坑并用红布包裹，将金、银、珍珠、玛瑙、珊瑚及麦子、青稞、胡麻等统称为八宝的贵重之物和朱砂、神砂、薄荷、新红等被称为十二金药的珍贵中药包好放在小坑内。同时，还要将铸有太平、顺治等含吉祥平安意义的麻钱也放入其中。然

---

① 张俊立：甘肃临潭人。爱好中国古典诗词及书画篆刻，有民俗文章散见于省内外报刊，主编《临潭金石文钞》，辑录校注《洮州厅志校注》等。

后，盖好小方坑的盖子，并用富贵有功名人家的酵头糊严缝隙。再将一小块墨锭、一支毛笔用一块一尺见方的红布对角包裹在小方坑的位置，用斩截为四半的一枚麻钱将红布四角钉住。最后，取红筷子一双，大头朝左，小头朝右，用七色钱（七色各不相同的扣线）绑在红布之外。当地习俗，立房必须择在吉日，而上红梁又一定要选在吉日的良辰。

到了立房的这一天，亲朋好友和邻居都会前来鼎力相助，男人们帮着立柱立梁，女人们帮主人家在灶房里忙活。将加工好的木柱、梁、檩条、椽按房屋结构要求拼套支立，搭接固定起来。等良辰一到，便由属相为龙、虎的人分别抬起红梁左右两端，并使凿有小方坑的一面朝下，在其他人的帮助下，稳稳当当地将红梁搭在堂屋两侧的大梁上。搭好后，立即燃放鞭炮，儿童们跳跃欢呼，以示庆贺，并将“青龙扶玉柱、白虎架金梁”“周公卜定今日好、鲁班造就万年新”“千秋永固”“艰苦奋斗”等楹联贴于木柱和椽上。至此，立房便告结束。帮忙的人们开始在檩条上覆蔓板、蔓柴、蔓草及土、沙等。主人便热情接待前来贺喜的客人，并待之以饭菜美酒。

旧时农人立房，整个木柱、梁、檩条、椽的支立拼套搭接的全部过程，包括上红梁在内，都是在预先择定的吉日良辰完成的。而现在，人们仅仅将上红梁这一道工序留在吉日良辰来进行，其他工序都于头天下午就预先完成了。包红梁的习俗，现在也已失去了它原有的以此祈求顺遂富贵、年成丰稔、平安健康、诗书文化的诸多含义，而仅仅成为人们表达美好生活愿望的一种习惯方式。人们也已很少将名副其实的八宝十二金药如数包进红梁，更多的是用铜、铝等物代替金银等物。

在“文化大革命”期间，包红梁的习俗曾一度废止。但也仍有人暗中行事，将小方坑转向上方，虽未用红布包裹，还是被人察觉了，结果又被人戏谑为把良心背到脊背上了（即不讲、不顾良心了。梁、良谐音；以梁之中心喻人之良心；以梁之朝上一面为背，喻人之脊背），又落了不少戏谑和骂名。仔细想来，那也是那个年代良心泯灭、人性被严重扭曲的一种折射以及对那一社会现象的辛辣讽刺与嘲讽。

卓尼车巴沟的插箭节仪轨琐记

仁青肖①

我的家乡车巴沟，位于卓尼县城西北部，距离县城60余千米。沟内的两个乡和沟口的一个镇，习惯上合称为车巴三乡，人口不足两万人，全是本土藏族，是卓尼县比较典型的半农半牧地区之一。插箭造山神是这里的主要民俗活动之一。

每年农历二月十一日开始至八月十五日，车巴沟各村大小不等的插“箭”活动接连不断，当地人把这种插有木箭的鄂博，称之为“拉泽”，意思是山神。这种插箭仪式，随着时间的推移逐渐形成了当地民间的一项重要活动。

拉泽的用途多种多样，有的成了两个部落间的地理分界标志。祭祀拉泽的目的各不一样，或为部落的平安、家族的繁衍，或为求得财富、消除灾难，或为五谷丰登、六畜兴旺，或为前途广阔、飞黄腾达，或都兼而有之。在每年农历六月十九日，车巴沟的每户出一个男丁，去尼巴沟沟脑，为全沟最大的山神“阿尼华尔干”进行插箭祭祀仪式。

祭祀“拉泽”的主要内容是维修“拉泽”、插新神箭、竖风马旗和煨桑火祭等，这种祭祀活动一般是部落或村子的集体行为，后来举行“拉泽”仪式祭拜山神的日子逐渐演变为人们世俗的节

---

① 仁青肖，卓尼县刀告乡藏传佛教寺庙办公室副主任。

日，称为插箭节，也称为“拉泽节”或“攒山神节”，其实质是祭山神会。

村庄和部落用以插箭祭拜山神的“拉泽”，是按严格的宗教仪轨进行选址修造的。“拉泽”的择址，是经过村民会议讨论决定后，选派村子里三代人以上男丁兴旺，并且属相为虎，全身没有伤口，相貌富态、伟岸的三至五人，到村子管辖的各高山胜地，取土、石、水、木，经由黄教高僧或宁玛派咒师担任主持，根据地理风水原理选定的。“拉泽”由地下和地上两部分构成，地下部分有一个伏藏盒，藏语称“待尔贡”，盒内装有各种金银珠宝和锦缎丝绸，周边置有宝瓶，藏语称“奔巴”。“待尔贡”和“奔巴”上苫盖柏树枝、白羊毛，祭祀时要撒上酸奶和牛奶。

“拉泽”的核心中柱木，藏语称“索西”，必须是柏树木。采伐柏树的地点，若是车巴沟下沟人，一般选择在地名十分吉利的林间，车巴沟及其附近的人一般采伐柏树的地点就在刀告乡龙多村委会龙纳自然村的扎西娄和贡巴村委会英加山自然村的诺吾娄林间，而采伐的人必须保持身体清洁，不带秽气，一年内没有接触过遗体，这样才有资格参加采伐活动。

砍伐时必须在此木的生长时朝东的一侧做一个记号，然后削成四方体，用黄缎缠裹，高僧以此标记要在它的东南西北四方写上不同的祈祷语，做一系列的宗教法事活动。同时要求参加这一活动的主要执事者不但要保持洁净，而且要戴寺院特制的黄色布质口罩，以免口气污染所有宗教用品的纯净。

中柱置于宝箱顶部的中央，其四边有四根小木杆支撑，首先有高僧象征性地将白哈达、黄锦缎、白羊毛缠缚在其上，然后由其他人员加以固定。这时高僧在帐篷内诵经，进行祈祷。

中柱周围放置内装有金、银、珠宝、青稞、大米、麦子之类的宝瓶，以及柏树枝和白羊毛等物，上部插有人工制作的饰有木片箭羽木箭、白羊毛、柏树枝、哈达、经幡等。其宗教含义是求得村庄或者部落的平安、家族的繁衍，求得财富、消除灾难，求得农牧业兴旺发达。

进行这一活动时，始终有三个属虎的年轻汉子分别手持长箭、短刀和弯弓周旋在“拉泽”周围，意示箭、短刀和弯弓是奉献给“拉泽”的神器。“拉泽”的主箭，藏语称“玛达”（是指某一村庄或部落集体制造的母箭）立起前，严禁妇女出现在这一圣洁庄严的场所。

车巴沟人共同插箭祭拜的山神，是位于尼巴大沟甘川交界的阿尼华尔干山神。这是一位年轻英俊、雄健威武、已修证八地的地方保护神，它头戴白毡帽，帽筒饰有红缨，肤色洁白如朗月，双耳戴圆环，上唇八字黑胡，下颏长白须；身穿黄、绛两色相间的长袍，领、袖赤红；右手高举长矛，左手于胸前托一神鼠，鼠口含蓝色如意宝；腰佩长刀，背挎弓箭筒，骑一头四蹄伸展、怒目如炽的青色牦牛，朝右方疾突猛跃。

祭祀阿尼华尔干山神的盛会在农历六月十九日左右举行，祭山神时需插长箭。箭长 8 ～ 9 尺，上端系上彩绸或彩带，象征箭杆。箭羽用长 2 ～ 3 尺、宽 3 寸的薄木板制成，木板上绘有红、黄、蓝、绿等五色云图，分四层，最上层是日月，日月连着莲花，中间是狮子、海螺、法器、菱形符号等，最下层是蓝色的海浪。箭的顶端用羊毛线拴上一束松枝。插箭时由男性各执其中一杆，到指定地点集中，然后将箭杆和箭羽插成一簇，上缠嘛呢经幡，下部以石块固定，周围以木栅、荆棘丛防护，并扯缠白毛线网罩。据说箭羽上的红色代表太阳，绿色代表草原森林，黄色代表厚土大地。

六月十九日，当旭日东升时，插箭仪式在村长或护田员“拉加罗”的欢呼声中开始。第一道程序是煨桑，在祭坛上堆放柏枝、糌粑、酥油以及不同形状的“朵玛”等供品，用火将其点燃，最后向祭品上洒净水，以此献祭神灵。

在献祭的过程中，每一个人都呼诵神的名号，向神求助，祈呼所有的神使自己前途广阔。第二道程序是向长空扬撒纸风马，扬撒时高呼“龙达叶拉觉”，祈求神灵护佑自己，使自己心想事成。之后插箭仪式正式开始，每个人双手高擎自己的木箭，按顺时针方向缓缓绕煨桑台一圈，然后绕插箭堆三圈，之后才把箭插进堆里，人们再一次狂呼战神的英名，欢叫“拉加罗”，按顺时针方向围绕插箭堆转圈，有马的骑着马围绕插箭堆狂驰，给山神助威添胆，表示自己诛伏邪魔恶敌，整个仪式达到高潮。

由于车巴沟阿尼华尔干山神远在尼巴大沟沟脑的甘川交界处，交通不便。1890 年左右，由第一世噶饶仓请来阿尼华尔干山诸神，在贡巴寺附近的英加山桥头，亲自进行了安神开光和祭祀箭插仪式。每年农历二月十一日，刀告乡僧俗同日进行插箭仪式，僧先俗后，而位于甘川交界的阿尼华尔干山神，则于每年农历六月十九日祭祀，每三年举行一次维修插箭仪式。

车巴沟的插箭节，带有浓郁的古代部落祭祀神灵的遗风，并成为具有一定规模和地方性特征的民族文化。此项活动具有独特的文化积淀和人文内涵，从一个侧面展现了宗教文化源远流长的发展历史，宗教信仰对民俗形成的巨大作用，展现了人类渴望与大自然和睦相处的美好愿望，是藏族民众以崇高的信念和虔诚的心灵向自然万物表达的一份纯真之情和真诚之爱。

江淮人家

敏奇才

在青藏高原与黄土高原的交接之处，是古老的洮州（临潭）。在洮州那不为人知的山山湾湾里隐藏坐落着十几个纯回族庄子，生活着两万四千多名勤劳的江淮回族后裔，在那里点点斑斑地遗留着明朝初期带至洮州的江淮遗风。而其中敏家咀就是江淮遗风最浓厚、最典型的一个庄子。在敏家咀庄子里，敏姓人口占大多数，其余为马姓和丁姓。据传说，明初，有敏姓兄弟三人跟随征西将军沐英戍边屯垦，其老大敏大镛留居旧城，老二留居长川乡敏家咀，老三留居三岔乡敏家村。据史料载，随沐英西征的回族将领中确有洮州卫指挥使敏大镛其人，由此推断敏姓回族确由江淮一带迁移而来。现在，只要是略略懂事的孩子，当你问其祖上时，他一定会说：我们祖上是南京纻丝巷人，而且也会说是他爷爷的爷爷告诉他爷爷，他爷爷又告诉他的。著名历史学家顾颉刚在《西北考察日记》中所书洮州女人“其履尖上翘，所谓‘凤头鞋’也，头上云髻峨峨，盖皆沿明代迁来时装束。经行人丛中，如入博物院，亦此生一快事”。因此，让我们踏着顾颉刚的历史足迹一路走来，于是，在天朗气爽、碧翠四野、山泉叮咚、莺歌燕舞的季节里，迎着温润的风尘，沿着唐蕃古道，走进景色宜人的洮州，走进敏家咀的江淮人家，走进江淮人家的故事，体验历史风烟的悲壮，倾听江淮吴语的韵味，遐思秦淮歌声的清悠，探究接续记忆的渊源……

走在敏家咀庄子里，倾听人们打闹、说笑、谈论，那点点斑斑的江淮吴语就不时地溜入耳际，恰如《红楼梦》里的人物对话。当年，我上初中的时候，看了几遍《红楼梦》，就不知天高地厚地在学校放寒暑假的时候，念给庄子里的同学们和两个弟弟听。有时候，奶奶、父亲和母亲也坐在院子里或是炕上跟两个弟弟一道听我一段一段往下念《红楼梦》。起初，谁也没有在意我念的，后来，奶奶就幽幽地说，书上写的和我们说的一样，土里土气的，怪亲切的。父亲是读过几年书的，一般的书他是能够读下去的，当奶奶那样一说的时候，父亲就从我手里接过书，自己读了起来，然后就喃喃地说，自从民国动乱年间烧了敏家家谱之后，敏家的来源就没有人能够说清楚了，这不是找到根据了吗？《红楼梦》就是根据。我们就是金陵（南京）人，你看《红楼梦》上说的话跟我们说的话一模一样。于是，他为了验证是南京人，把个《红楼梦》读了好几遍，当然他是从语言上来证明。临潭的方言自始至终保留着金陵一带的说腔，同时也保留了一些古语，这些方言和古语都可以从《红楼梦》里找到。后来，父亲就把这一发现说给了每一个能读书的人。当有人不相信的时候，他就跑回家里抱出《红楼梦》，逐章逐节地念给那些人听，直到让那些人口服心服，他才肯罢休。于是，在他的倡导下，在庄子里的识字人当中形成了一段时间的读书热，有好多人还真把《红楼梦》看了个透彻。15 年前，我的一个姑舅哥哥刘诚上南京林业大学，父亲就叮嘱姑舅哥哥，要他在学习的空闲到南京周边的乡下去走走，听听那里的乡下人是怎么说话的。后来，姑舅哥哥也就照父亲说的，在南京周边的乡下走了走，看了看，而且还用洮州方言试着和那里的人交流谈话，结果，他说的话，那里的人全能听得懂，也和那里乡下的一些人认了乡亲，至今书信不绝。他回来后，学着说那里乡下人的话，父亲听了很高兴。有一次，父亲对我们兄弟三人说，我们原是江南人，我们骨子里有江淮文化的基因。我们兄弟三人听得一头雾水，觉得父亲像一个哲人。时至今日，看着庄子里的好庄风和人们对文化的重视程度，再回过头来思谋父亲说过的话，我们才明白，是父亲拿庄子里的好风气跟其他庄子比较。今天，当翻开父亲曾经看过的《红楼梦》，见其上用蓝色钢笔整段整段地圈点着我们日常所说的话语，当我再一次拿起《红楼梦》阅读这些圈点的话语时，读得亲切，读得热泪盈眶，很多时候觉得是和祖辈在默默地交流，于是情不自禁地哼出了儿时放牛放羊时唱了无数次并在洮州大地上传唱了六百多年的民歌："你从哪里来？我从南京来，你带得什么花儿来？我带得茉莉花儿来。"洮州没有茉莉花，何谓茉莉花，很少有人说清楚，但人们还是要唱下去、传下去。

夏天到了，在庄子里，时常有放羊或是放牛的儿童挥着牧鞭在山坡上扯开嗓子唱那首民歌，唱得如痴如醉。此民歌确实生动而又形象地描绘了当地回族群众思忆故地和接续记忆的一种强烈愿望。当陌生人听到这歌声时，不会想到这就是当地群众思忆故地和接续记忆的一种方式，而当几位手搭在眼前遮阳闲谝的本地老者听到这样的歌声时，就禁不住有些眼角发涩，潸然泪下，不觉思忆起自己的先辈是怎样地历经千辛万苦，一路踏着血泪而来。

明洪武十二年（1379 年），回族将领沐英率军西征，从南京、安徽、江苏等地带来了大批回族军士家眷，在洮州大地落户屯垦，繁衍生息。此时沐英西征中的部分回族军士家眷正式定居洮州，成为洮州回族的最早先民。南方回族移民的迁入，带来了江南先进的耕作技术和文化。尤其是农耕文化的大力推广和兴起，推动了临潭回族民间文学艺术的萌芽。首先是推动了口头文学的兴起。口头文学以讲故事、唱民歌、唱"花儿"的形式，一代又一代地传承着故地先辈的记忆。我们小的时候，奶奶就给我们讲过一个民间传说故事《媚狐子的故事》，故事当中有一个回族失明老阿婆，她的显著特点是身着白衣、头戴白盖头、足穿凤头鞋。奶奶讲那个故事的时候跟说聊斋差不多，只是故事中的景致不是洮州，而是江南一带青山绿水的景致，山是矮山，树是水柳，花是茉莉花，水是清悠悠的河水。故事中的狐不是洮州的野狐，而是《红楼梦》中讲的媚狐子。奶奶的故事很多，那个时候和奶奶同龄的几个老奶奶也时常给我们讲一些故事，故事中少不了江南的风物景致，即使是一些当地的故事，也掺入了江南的成分。讲故事推动了洮州大地口头文学的兴起，更为今天的洮州大地留下了丰富的文化遗产和颇具大明风韵的江淮遗风，于是也就产生了牧童时常唱的那首民歌，也就有了一座座具有江南水乡意韵的回族村庄。

炊烟缭绕的庄子中央矗立着一座高出民房的建筑，尖顶如塔，塔顶上一轮新月熠熠闪亮，时刻在照看着前来虔心拜主的人们。这是回族人一天五番叩拜真主的地方——清真寺。在清真寺旁边有一座老宅子，是典型的深宅大院，不知修于何年何月，门楼早已倒塌，但迎门而立的照壁上却描绘着一些江南水乡的景致，一泓池水清澈见底，几朵荷花冰清玉洁，几只鸭子划着水波游来游去，悠闲自在。只是这座老宅子早已掩藏在了现代建筑的夹缝里，苟延残喘。偶尔，在村巷里传出几声颇具江淮意蕴的吴语，一个稚嫩的声音在喊道：“阿婆，您在哪儿？家下们都到齐了，姨娘要您最拿手的吃食呢！”阿婆在不远处应声答道：“先把家下们让在堂屋里，像往常一样陪侍着照应看承妥当，我给娃娃们寻几个盘缠就来。”听着这样的话语，仿佛来到了清波荡漾的江南水乡，遐思清悠的秦淮歌声和江淮吴语的韵味，久久回不过神来。让你仿佛突然信步在江淮的某个小镇，驻足不前，流连忘返。看着姑娘们远去，你才会从江南的那小桥流水、秦淮歌声里醒悟过来，确信是走在村庄的某个角落里。点点斑斑的江淮吴语在洮州大地一说就是六百多年，从中真真切切地感受到了江淮遗风在洮州大地上的延续和再现。

在这里也充满了江淮人背井离乡的愁绪。在村庄的任何一处，只要拦住一位儒雅的长髯老者，与他谈其祖上时，他会毫不犹豫地告诉你："我的祖上是江淮人氏，是南京纻丝巷的。"但在他的话音里也能听出一丝淡淡的愁绪。然后默不作声，仰头去望庄子里的天空，看着艳艳的太阳，再深深地叹息上那么一两声。这是六百多年来辈辈思忆故地接续记忆的一种方式，听多了，也会让你蒙上一层淡淡的背井离乡的愁绪。在洮州大地的深处思忆起江南，有点残不忍睹，江南有的是水，而洮州缺的恰恰是水。于是在思忆当中不由自主地想起白居易那首著名的《忆江南》。

清真寺里几位老者洗毕小净站在寺院墙边，默默地看着穿村而过的河水清悠悠地流淌，舒畅地抚着长髯，忘记了他们彼此交谈过的一些话来，此时的他们也许是沉浸在了思忆故地和接续记忆的思谋中，也许是倾听到了江南那小桥流水的韵致，抑或是什么都没想，只是有了一种江淮人的那种闲适吧。

一群老阿婆围坐在路边的一棵垂柳下，树顶一片白云悠悠地飘荡着。她们说着话儿，手里拿着针线活儿，比画着给怀中的孙儿孙女做凤头鞋，鞋面的花样是水仙和梅花。这时候，她们笑着说出来的话更多了江淮吴语的韵致。

几个孩子头戴草帽，赶了一群鸭子往小河里追，鸭子则扑楞楞地飞下了水，孩子们高兴得手舞足蹈。鸭子喜水，孩子们也喜水，更喜凫水。其实，他们从骨子里就喜欢水，他们本应是和水相依相伴的，但他们缺少了水。一点儿水就可以把他们拉到接续记忆的河脉里。

洮州是江淮血脉的延续之地，江淮是洮州接续记忆的故地。

洮州的回族庄子凝聚了江淮回族人的精神，也固守着江淮回族人原有的淳朴和风采。我小的时候，有人从外面回来，骑马骑车走到庄子外头，那一定是及早要下马下车的，不然庄子里的人会拿你笑话上几辈子，说你没有礼貌，这也许是江淮一带礼性的一种体现。但当你读书读出成就回家省亲的时候，那些年龄大一些的老人就会给读书人起立问好，这大概又是江淮一带尊重知识、尊重读书人的一种具体体现吧。

而今，当年洮州繁华的江淮景象已掩藏在了历史的岁月里，只有那思忆故地和留存记忆的江淮遗风散落在洮州各个村庄的角落里，抹不去岁月的浮尘和截不断记忆的长河。

本文原载《回族文学》，2009（5）。

吉尼斯世界纪录——甘肃临潭万人拔河纪实

海洪涛[①]

中国许多民族自古就有“闹正月”、过元宵节的风俗。正月到来，不论是南方还是北方，也不论城市乡村，人们都怀着迎来新春的无限喜悦，张灯结彩，载歌载舞，大闹正月，欢度元宵佳节。耍社火、踩高跷、放花、观灯、唱戏曲……诸多形式，应有尽有。

古老的洮州——临潭县旧城（城关镇）却以独特的形式——扯绳来欢度元宵佳节，大闹正月十五，而且有几个民族一起积极参加。

拔河在临潭俗称扯绳，具有600多年的历史。在每年正月十四、十五、十六晚上举行，每晚三局，三晚九局。据《洮州厅志》载：“其俗在西门外，以大麻绳挽作两股，两钩齐挽，少壮咸牵绳首，极为扯之，老弱旁观，鼓噪声可撼岳，为上古牵钩之遗俗。”拔河绳为长1808米的钢丝，重8吨，绳粗16.5厘米，其规模之大，场面之壮观，人数之众多，是世界拔河史上绳最重、直径最大、长度最长、参与人数最多的民间体育活动，被载入世界吉尼斯纪录。

---

① 海洪涛：1940年生，1964年毕业于甘肃教育学院，长期从事教学工作，业余从事文学创作。临潭县县志办原主任，现已退休。

关于拔河的来历，我曾走访过数位广经博闻的老人，说法不尽相同。

古洮州是汉、回、藏杂居之地，三个民族向来友好相处。在清同治初年，因统治阶级的挑拨离间，使洮州汉、回、藏三族人民关系不睦，互相戒备，各踞一方，枕戈以待，大有一触即发之势，人人处在惊恐万状之中。据传，当时洮州都司丁永安代协台职后，为了缓和矛盾，加强三族团结，规定在正月十四、十五、十六三晚，不分民族，不分男女老少，只分上下两片来进行拔河比赛。以后年年如此，延续百余年之久。也有人说是从古代沿袭下来的一种军中“教战”游戏。距今已有600多年的历史，明洪武十二年（1379年），明将沐英为平叛，兵至洮州旧城，沐英将军驻旧城期间，以“牵钩”（即拔河）为军中游戏，用以增强将士体质。后来明朝实行屯田戍边，许多人落户于洮州，拔河之俗遂由军中转入民间。人们还对它赋予迷信色彩，“以为扯势之胜负，即以占年岁之丰歉焉”，说那片取胜，那片当年的庄稼不遭天晒雨打，必定丰收。这当然是鼓励人们积极参加拔河，也反映了广大人民渴望丰衣足食的善好愿望。

正月初，当人们沉浸在节日的欢乐之中，各家在拜年恭贺、探亲访友时，就开始谈论将要到来的拔河节。从热炕头到庭院里，从各角落到大街小巷，无论男女老少，都心情激动，热情高涨，滔滔不绝，谈论不止，到处充满了兴奋而热烈的气氛，给闲适的新春佳节增添了奇异的色彩。

正月十四这天午后，人们把早已准备好的绳索摆放在上下两片指定的长长的西街上，人们把它称作两条“龙”。每条“龙”长约400米，以街旁的西城门口为界，二“龙”的头在此临近相望，“龙”尾分别朝反方向伸向远方。“龙”头长10米左右，是用直径约6厘米的钢丝拧成的，足有碗口粗，绳的两端再缠上若干圈麻绳，以便让参加比赛的人抓得很牢。

这一天，除了城里人外，还有四乡各村的汉、回、藏三族人民，无论男女老少，无须他人动员，从上午或中午就穿上节日盛装，男女青年都打扮得漂漂亮亮，怀着欣喜激动的心情，来到西凤山下的旧城大街上。有些年逾古稀，终年足不出门的乡下老人，也要骑上牲口或坐上架子车，让儿孙拉着进城观看。

下午，山城的街上热闹非凡，人来人往，络绎不绝。各自不同的打扮，五颜六色的服装，在夕阳的余晖中光彩夺目，远远望去，大有绚丽斑斓的长“龙”蠕动之感，节日的气氛更加浓郁。

在摩肩接踵，熙熙攘攘的人群中，一些孩童搀扶着步履蹒跚的老人，来在街道两旁商店的高台阶上，选择好地点，安放好凳子，老早坐下，等看拔河。

夜幕降下，圆月东升。鞭炮声此起彼伏，疏密有致；摔炮、两响炮噼啪作响，频频欢爆；“电光炮”“满天星”腾空跃起，迸放异彩，如无数繁星悬挂在夜空。

成千上万的人群站在二“龙”两侧，摆成一条长蛇阵。人人摩拳擦掌，个个严阵以待。决战前夕，空气分外紧张，一场酝酿已久的比赛即将开始。

“抓好绳，做好准备!”指挥者上下奔波，严肃地警告大家。人们立即用双手紧紧抓住“龙”。上下两队分别组织了数十名身强力壮、膀大腰圆的年轻人去把握关键性的“龙”头。他们有的是裸露臂膀、剽悍英武的藏族青年，有的是头戴白色小圆帽、身穿白衬衣青夹夹的精明伶俐的回族小伙子，有的是风度翩翩充满青春活力的汉族后生。一个个站稳脚跟，铆足劲头，雄纠纠、气昂昂，立等下令，进行拼搏。

两个分别是凹凸形的“龙”头套在一起，然后用直径约 10 厘米、长约 1 米的桦木棒串起来，二“龙”连到一起了。

“啪——”总指挥的号令枪一响，比赛开始了，惊天动地的轰响传来了，排山倒海的气势出现了。

“嘟嘟——”从远处传来激昂的进军号声。人们如上战场，使出浑身力气投入战斗。

“吭吭吭——吭吭吭!”这是双方战斗员在拼命拉扯时整齐而有节奏的、雄浑而有力的喊叫声。这声音粗犷豪放，威力无穷，大地为之颤动，人群为之沸腾，群山为之共鸣，明月为之惊叹。

“一二——加油！一二——加油!”这是双方的指挥员圆睁双目，奔波跳跃，用洪亮有力的声音在竭力喊叫，拼命鼓劲儿。

“嘘嘘嘘——嘘嘘嘘——”这是双方和着统一节拍，由孩子们自由组成的啦啦队的各种哨声。

各种声音交织在一起，谱成一支惊心动魄的交响曲，越过无垠旷野，划破茫茫苍空，传向远方……

比赛进入相持阶段，被拉直绷紧了的僵硬的“龙”身不动了，巨大的声响暂停了。指挥者深感重任在肩，事关大局，非同小可，如疯似狂地暴跳大喊“稳住！压低!”人们把“龙”压得更低，拽得更紧，他们弯下腰，屏住气，汗流浃背，拼死回扯。手磨破了，不觉得疼；衣服裂口了，并不可惜。此刻，所有的人都忘记了节日的愉快，忘记了忧愁苦恼，只是一股劲儿地扯，全力以赴地拉。

这时候，登高望远的姑娘媳妇们，再也不忍袖手旁观，她们一反忸怩害羞的常态，刹那间变成“巾帼英雄”，在皎洁的月光下投入战斗，奋力拉扯。那些离战地较远的叫卖者，也撂下小摊，加入战斗。一些观望的老幼病残者，虽无力战斗，却情不自禁地捏着把汗，提心吊胆，屏息鼓劲儿，比拔河的人更显紧张。

这时候，人们全然不知队友姓甚名谁，来自何方，是藏，是回，是汉？三个民族的男女老少团结得如此紧密，配合得如此协调，步调是如此的一致，产生了一股坚无不摧、攻无不克、战无不胜的巨大力量。他们同呼吸、共战斗，心脏一起跳动，热血一起沸腾，劲儿往一起使。他们怀着一个目标，朝者一个方向，不惜任何代价，一个劲儿地扯拉。这时只要齐心协力，共同奋战，就是亲密战友，就是一家人。

僵局打破了，“龙”又蠕动了，震耳欲聋的叫喊声山洪般爆发了……

就这样，长长的“龙”一时被拉上去，一时被扯下来；一时稳住，一时蠕动；人们一时哑然无声，一时发出天崩地裂的呐喊，反复较量，局势多变，胜败难决，紧张无比。

最后取胜的一方，把“龙”拉过去约七八十米后，手持大斧，专门指定的裁判员敲开木棒，二“龙”脱离，胜败已决，一局结束。又是一阵震撼大地的胜利者的狂欢声。

二三局赛完后，月照中天，将近午夜。人们恋恋不舍地离开战地，踏着月光，论着胜败各自回家。

十五、十六的晚上，败队不气馁，胜队不骄傲，十分友好地进行若干回合的大战，照样让山城沸腾，让大地轰鸣，让群山欢呼，让元宵佳节在团结紧张、和睦友好的气氛中度过，结束了用民族大团结的友谊谱写出的雄壮凯歌的演奏。

近年来的元宵节拔河活动，规模之大，场面之壮观，人数之众多，更加呈现了亘古未有之盛况。1990 年，第十一届亚运会期间，甘肃省体委将此项活动的电视纪录片呈送展出，得到了亚洲各国朋友的好评，新华社香港分社记者在《中国体育报》上发表了《巨龙流动闹元宵——洮州万人扯绳奇观》的专题报道。2001 年正月十四日，中央电视台《走进西部》专题组受《中华民族》栏目的委派，专程到临潭就洮州万人拔河活动予以现场转播，影响颇大，同年该活动申报批准载入上海世界吉尼斯大全。2007 年 7 月 17 日，甘肃·甘南·临潭“冶力关杯”2007 全国拔河锦标赛、洮州第 618 届万人拔河赛、少数民族大象拔河甘肃选拔赛在临潭县冶力关举行。来自各地的 15 个团体 40 支代表队 320 多名运动员参加了比赛。中央电视台四频道、《人民日报》、《中国体育报》、上海东方卫视、福建电视台等 30 家新闻媒体对此项活动进行了宣传报道。2009年中国拔河公开赛暨洮州拔河节活动在甘肃临潭冶力关4A级风景区隆重开幕。在开幕式上，中国拔河协会主席刘元福向临潭县授予“全国拔河之乡”称号。至今全国拔河公开赛在冶力关已成功举办五届，享誉华夏。

2016年5月

洮州龙神会

李城[①]

端午那天，新城的大街小巷人山人海，旌旗蔽日，来自东西南北各乡的十八支农民队伍身着古装，簇拥着各自的龙神轿子汇集东门城郭，在锣鼓声、鞭炮声、呐喊声中，浩浩荡荡向隍庙进发。

一年一度的龙神会，民间的叫法是“跑佛爷”，由于旅游业的推波助澜，近年来成为洮州农民的盛大节日。

五月的洮州杨柳展叶，马莲开花。新城大街上满是花枝招展的洮州娘娘，苫着花手巾儿，穿着西湖水色衫子，脚上是喜鹊踩梅的绣花鞋，袅袅娜娜，顾盼生辉，万种风情。若不是高原的紫外线给她们两腮打上“红二团”烙印，肯定会让人产生时光回流的错觉，误以为置身于数万米以外、六百多年以前的明代应天府了。

他们的祖先为何舍弃富庶的鱼米之乡来到“别有天地非人间”的大西北？我曾听到过一首流传至今的《洮州农歌》：“正月里来是新年，我的老家在江南，自从来到洮州地，别有天地非人间。”“十一腊月雪花飞，漫山遍野一片白，今年农事还未了，又把来年粪土背……”洮州农事的艰辛，引发了他们对江淮故乡的思念，因而那首歌从正月一直唱到腊月年终，期期艾艾，如泣如诉。

在新城，有人讲过这样一个故事：朱元璋在南京应天府登基

① 李城，甘南州文联原副主席，现已退休。

后，年年都要组织规模宏大的元宵灯会，渲染太平气氛。应天府纻丝巷有人出了一道别出心裁的灯谜：在灯笼上画了一个女人，大脚，怀里还抱了一个西瓜。谁都知道，皇后马秀英是个大脚女人，怀抱西瓜则影射“淮西”，那是马皇后的出生地。没想到朱元璋见了大发雷霆：“侮辱皇后娘娘者，杀无赦！”好在马皇后为人厚道，体恤下情，也清楚有人敢于如此，无非是自作聪明，至多是个变相的讨好而已。她急忙出面向皇上求情，算是保住了那个耍小聪明者的性命，可全纻丝巷居民受到株连，统统被发配到西北不毛之地受苦。

而懂得历史的人会有较为可信的说法。大明帝国建立之初，洮州一带尚有元朝残余，并且势力不小，他们自立为王，公开与新政权抗衡。于是朱元璋命沐英、金朝兴、李文忠等发兵洮州，平定动乱，然后筑城驻守，保护地方百姓免遭涂炭。可洮州地处偏远，粮草供应难以为继，军人们不得不拿起锄头，成为“上马为兵、下马为民”的屯军。岁月流失，朝代更替，他们悄然完成了由军到民的根本性转变。

朱元璋坐稳江山以后，就嘉奖开国功臣，将徐达、常遇春、李文忠、胡大海等21位有功之臣封为“神”，死者肖像祀之，生者虚位以待，命令全国立庙祭祀。因驻守洮州的将士是其中18位功臣的下属，从此也就有了18位龙神，在各自的驻守之地雕像修庙，初一、十五奉以香火。

这一说法带给我两方面的收获，一是回答了人的来历，二是回答了“神”的来历。

端午那天，18位龙神会合于隍庙，在龙神祠以功名大小排了座次。位居中间的是“开国第一功臣”徐达，他的雕像平时供奉在城背后村的庙宇，群众敬称其为“敕封驼龙宝山都大龙王”。徐达右侧是常遇春，雕像供奉在冶力关池沟庙，谓之“敕封总都三边常山盖国都大龙王”。洮州农民通常是神、佛不分的，18位龙神也称为十八位佛爷：徐达被称为城背后佛爷，供奉于洮州南路青石山的胡大海，则被称为南路佛爷，如此等等。

据说早些年间跑佛爷，重在一个“跑”字，形同全民健身运动，以弘扬先民的尚武精神。端午那天时辰一到，地方行政长官念完祭文，18支队伍便从东门争先恐后地向隍庙进发，以先到者为胜，场面之激烈，无异于攻取城池，其间难免硝烟弥漫，人仰马翻。第二天龙神踩街，掀开轿帘亮出神像供人瞻仰，除了看到那些红脸长须的木雕个个大同小异，并无什么故事发生。而到了第三天，18位龙神要上大石山，一路上旌旗翻卷、喊声震天，又是一场体力和意志的艰苦较量。各支队伍选出最强健敏捷者合力抬轿，舍弃个人安危，一鼓作气登临山顶，若能取得头筹，预示该乡将风调雨顺，五谷丰登，六畜兴旺。因而竞争过程中，人员受伤乃至中途丢掉佛爷的事时有发生。那些一身蛮力的年轻人只顾冲锋陷阵，哪知神像躺在半道，气得胡子都翘起了。

这个仪式已经举办了600多年，而今洮州龙神会的形式已经偏重于娱乐，追忆明代开国将领、传播尚武精神的本意却完全淡化了。

我们的愿望不正是这样吗？只要世道太平，我们宁可只要娱乐，而不要许多所谓的“意义”。

卓尼的“巴郎”舞

罗乐 ①

每年春节，卓尼新堡乡、拉扎乡、洮砚乡一带藏族群众就跳起“巴郎”来。“巴郎”是藏语，译成汉语，便是镶着把子的鼓。

从正月初三开始，晚上在村子当中的场上就燃起熊熊大火，全村男女老少都围在大火周围。这时会跳“巴郎”舞的人都拿起“巴郎”，站成一列，由领头的人提起曲头，大家便举起“巴郎”，很整齐地一边摇，一边跳，一边唱。一种曲调一种跳法。曲调和跳法有十几种，除祭神的以外，大多是互相祝贺各家大小健康平安，祝贺新年愉快，祝贺五谷丰登，祝贺六畜兴旺，祝贺风调雨顺、国泰民安。

“巴郎”舞不分男女老少，会跳的人都可以跳，一般是男女分成两班，轮换着跳。歌曲都是问答句。问答的内容大多是庄稼行里的事，如什么时候种田、什么时候锄草放水、种田是怎么个姿势、锄草放水是怎么个姿势。从积肥、运肥到春种夏耕、秋收入库都要问答到，尽情地歌唱劳动的幸福和伟大。曲词有的是自古编好的，有的由跳的人边唱边跳边编的。

“巴郎”舞跟着年景转，年景好的一年，“巴郎”舞跳的比较

---

① 罗乐，甘南日报社原副总编。

兴盛。自去年以来，又逐渐兴盛起来，特别是今年，有的村里几乎家家户户制作了一把“巴郎”，跳得很热闹。

1963 年 3 月

本文选自甘南日报社编:《芳草地》，2003 年 8 月。

百年甘南实录．6卷

策划：李万瑛　才让加　罗焰
责任编辑：千日
字数：392千字
印张：30